STARK

ABITUR 2012

Prüfungsaufgaben
mit Lösungen

Geschichte

Grund- und Leistungskurs
Gymnasium • Gesamtschule
Hessen

2009–2011

STARK

ISBN 978-3-89449-912-9

6. ergänzte Auflage
www.stark-verlag.de

Inhalt

Autoren:

Dr. Hermann Henne: Tipps und Hinweise, Ü 1, 4, 5, 6, 7 (4), 8 (3), 9, mündliche Aufgaben 1, 2, 4; 2009/LK A, C, 2010/GK A, B, 2011/A, C; Dr. Martin Liepach: 2009/GK B, 2010/LK B, 2011/LK B; Wolfgang Münchenhagen: Ü 4, 8; Herbert Preissler: Ü 2, 2009/GK A, LK B, 2010/GK C, LK C, 2011/GK A, B; Dr. Markus Reinbold: Ü 3, mündliche Aufgabe 3, 2009/GK C; 2010/LK A, GK C

Vorwort

Liebe Schülerinnen und Schüler,

mit dem vorliegenden Band wollen wir Ihnen alle wesentlichen Fragen zum hessischen Landesabitur beantworten und Ihnen helfen, sich effektiv auf Ihre schriftliche oder mündliche Abiturprüfung vorzubereiten.

Das einführende Kapitel **Tipps und Hinweise** gibt Ihnen zunächst einen Überblick über den Ablauf und die Anforderungen des Zentralabiturs. Sie erfahren

- **Grundsätzliches** zur Abiturprüfung 2012,
- **welche Themen** (Lehrplan und Schwerpunkte), **Quellen** und **Methoden** (zum Beispiel Textanalyse) in der Prüfung vorkommen können,
- wie **Prüfungsaufgaben** formuliert sind,
- **nach** welchen **Bewertungskriterien** Ihre Abiturklausur oder Ihre mündliche Abiturprüfung beurteilt wird.

Außerdem erhalten Sie viele gut umsetzbare **Tipps** zum Verfassen der Abiturklausur sowie zum Ablauf der mündlichen Prüfung und der Präsentationsprüfung. Sollten nach Erscheinen dieses Bandes noch wichtige **Änderungen** in der Abitur-Prüfung 2012 vom Kultusministerium bekannt gegeben werden, finden Sie aktuelle Informationen dazu im Internet unter www.stark-verlag.de/info.asp?zentrale-pruefung-aktuell

Im **Hauptteil des Buches** finden Sie **neun komplett ausgearbeitete Übungsklausuren** für Grund- und Leistungskurs entsprechend den Bedingungen des hessischen Landesabiturs 2012 sowie **vier Übungsaufgaben** für das mündliche Abitur. Jede dieser Übungsaufgaben umfasst

- **die Aufgabenstellung** (insgesamt zu Themen aller drei bzw. vier Kurshalbjahre),
- **das Material** (Texte, Karikaturen),
- durch ◆ Rauten optisch hervorgehobene **Hinweise** zur Bearbeitung,
- ausführliche **Musterlösungen**.

Mit den grundlegenden **Informationen**, den umfassenden **Übungsaufgaben** und den praktischen **Tipps und Hinweisen** können Sie sich intensiv und erfolgreich auf Ihr Abitur vorbereiten.

Autoren und Verlag wünschen Ihnen dabei Ausdauer, Freude, Glück und natürlich viel Erfolg bei Ihrer Abiturprüfung!

Stichwortverzeichnis

Tipps und Hinweise zum Abitur im Fach Geschichte

1 Das hessische Landesabitur im Überblick

Zentrale Prüfungsanforderungen
Das Besondere am schriftlichen Abitur ist, dass nicht Ihr Fachlehrer, sondern das hessische Kultusministerium die Prüfungsaufgaben stellt. Dadurch sind die Aufgaben für alle hessischen Abiturienten gleich; die mündlichen Prüfungsaufgaben (im 4. und 5. Prüfungsfach) dagegen konzipiert Ihr Fachlehrer. Sie (und Ihre Lehrer) müssen sich also genau mit den vom Kultusministerium festgelegten **Prüfungsanforderungen** für das schriftliche Abitur auseinandersetzen: Sie müssen wissen, welche **Inhalte** vorkommen können, welche **Methoden** Sie beherrschen müssen und welche fachspezifischen Leistungen von Ihnen erwartet werden.

Prüfungsthemen
Grundlage für Ihre schriftliche Abiturprüfung ist der **gesamte Lehrplan** der Halbjahre Q 1 bis Q 3. Aus diesen Stoffgebieten hebt das Kultusministerium bestimmte Inhalte hervor, auf die sich die Prüfungsaufgaben insbesondere beziehen (**prüfungsdidaktische Schwerpunkte**, siehe Seite VI ff.).

Aufgabenstellung
Die Arbeitsanweisungen der einzelnen Teilaufgaben werden mit Hilfe sogenannter **Operatoren** („erläutern", „erörtern" usw.) formuliert. Damit Sie die Teilaufgaben zielgerichtet bearbeiten können, müssen Sie genau wissen, was mit diesen Anforderungsverben jeweils gemeint ist (siehe Seite VIII–XI). Als fachspezifische Aufgabenart kommt die Darstellung historischer Sachverhalte in Form einer historischen Argumentation in Frage.

Erlaubte Hilfsmittel
Die offizielle Liste der Operatoren dürfen Sie während der Klausur genauso benutzen wie ein **Wörterbuch der deutschen Rechtschreibung** und je nach Aufgabenstellung eine unkommentierte Ausgabe des Grundgesetzes für die Bundesrepublik Deutschland. Bei bilingualen Prüfungsaufgaben (Englisch/Französisch) darf zusätzlich ein zweisprachiges Wörterbuch benutzt werden.

Bewertung
Ihre Abiturarbeit wird von Ihrem Prüfer und einem weiteren Lehrer Ihrer oder einer benachbarten Schule korrigiert. Bei ihrer Bewertung und Beurteilung der Abiturklausuren sind die Lehrkräfte an die Vorgaben des Kultusministeriums zur Lösung der Teilaufgaben und zu der **erwarteten Leistung** für 5 und für 11 Punkte gebunden. Auch die **Gewichtung** der Teilaufgaben ist vorgegeben. Diese Gewichtung ist auch auf Ihrem Aufgabenblatt angegeben (in Bewertungseinheiten, BE).

Wahlaufgaben und Prüfungsdauer
Ein bedeutender Unterschied zu Ihren gewöhnlichen Klausuren besteht darin, dass Sie drei komplette **Aufgabenvorschläge** vorgelegt bekommen und innerhalb von 45 Minuten einen zur Bearbeitung auswählen müssen. Die eigentliche Arbeitszeit beginnt erst nach dieser Auswahlzeit und beträgt für die **Leistungskursklausur 240 Minuten** und für die **Grundkursklausur 180 Minuten**. Jede Prüfungsaufgabe kann ihrerseits noch **alternative Arbeitsanweisungen** enthalten, sodass Sie sich ggf. auch zwischen zwei Teilaufgaben entscheiden müssen.

Termine
Der **Termin** Ihrer schriftlichen Abiturprüfung in Geschichte ist für den Grundkurs Mittwoch, der 28. März 2012 und für den Leistungskurs Montag, der 19. März 2012, jeweils ab 9:00 Uhr.

Rechtliche Bestimmungen
Über alle rechtlichen Bestimmungen Ihrer Abiturprüfung in Geschichte informieren wir Sie in diesem Band umfassend und verständlich – gemäß den einschlägigen Rechtsvorschriften, die Sie auf der Homepage des Kultusministeriums finden (Oberstufen- und Abiturvorbereitung, OAVO, i. d. F. von 2010; den Lehrplan von 2010, die prüfungsdidaktischen Schwerpunkte für 2012, die Prüfungstermine 2012, die Liste der Operatoren) und auf der Homepage der Kultusministerkonferenz (Einheitliche Prüfungsanforderungen im Fach Geschichte, i. d. F. von 2005).

2 Allgemeine Anforderungen im Abitur

Wir haben Ihnen auf den folgenden Seiten die wesentlichen Bestimmungen zur Abiturprüfung 2012 in Geschichte zusammengestellt und erläutert. In Verbindung mit dieser Einführung sollten Sie unbedingt die **Übungsaufgaben** in diesem Band sowie die offiziellen **Prüfungsaufgaben** des Landesabiturs 2009 bis 2011 durcharbeiten. Alle Aufgaben entsprechen den ministeriellen Vorgaben und veranschaulichen Ihnen die Prüfungsanforderungen durch **konkrete Hinweise** und **ausgearbeitete Lösungsaufsätze**.
Im Folgenden werden Ihnen zunächst einige **allgemeine Tipps** und Hinweise u. a. zur Arbeit mit **Quellen und Methoden** gegeben. Danach folgen ausführlich die Anforderungen in den schriftlichen und mündlichen Abiturprüfungen (ab S. VI), und zwar:

– die **Inhalte**, auf die sich die Prüfungsaufgaben beziehen,
– die Art der **Aufgabenstellungen** und
– die Kriterien für die **Bewertung** der Prüfungsleistungen.

2.1 Das Abschlussprofil als Orientierungs- und Entscheidungshilfe

Am Ende des Lehrplans finden Sie das sogenannte „Abschlussprofil am Ende der Qualifikationsphase“ (Lehrplan 2010, S. 50 ff.). Es listet die **Qualifikationen und Kenntnisse** auf, die Sie im Grund- oder Leistungskurs am Ende von Q 3 bzw. Q 4 erreicht haben sollen.

Ein **Grundkursschüler** sollte zum Beispiel Kenntnisse haben „über die nationale und liberale Bewegung im Vormärz“ oder über „den Verlauf, die Struktur und die Folgen der Französischen Revolution“ oder er sollte um „die Wechselbeziehung zwischen der weltpolitischen, der europäischen und der deutschen Ebene der historischen Entwicklung nach 1945“ wissen usw.
Diese Lernzielformulierungen sind nicht verbindlich für die Prüfungsinhalte, aber sie können für Sie eine **wichtige Orientierungshilfe** sein, wenn Sie vor der Entscheidung stehen, ob Sie sich im Abitur **in Geschichte prüfen lassen** wollen (schriftlich im dritten Prüfungsfach oder im mündlichen Abitur).

Im Übrigen kann Ihnen als **Grund-** oder als **Leistungskursschüler** das Abschlussprofil als **Checkliste für Ihre Vorbereitung auf die Abiturprüfung** in Geschichte dienen: Wenn Sie das alles wissen und können, was hier steht, kann Ihnen in der Abiturprüfung eigentlich nichts mehr passieren.

2.2 Quellen und Methoden

Im Laufe Ihrer Schulzeit haben Sie in Geschichte und in anderen Fächern **Verfahren zur Analyse und Interpretation** von Texten (besonders im Fach Deutsch), Bildern, Grafiken usw. kennengelernt. Im Folgenden wird im Zusammenhang mit Ihrer Vorbereitung auf die Abiturprüfung in Geschichte an wesentliche Aspekte solcher fachspezifischen Methoden erinnert. Angesprochen werden die in Geschichte am häufigsten vorkommenden Materialien: **Texte**, **Karikaturen**, **Plakate** und **Grafiken**.

Abgesehen von besonderen Fragestellungen und Anweisungen durch Operatoren werden Materialien grundsätzlich in **drei Schritten** bearbeitet:
1. Analyse der Form:
   – äußere Gestalt,
   – Anlass,
   – Datierung,
   – Verfasser,
   – Adressat,
   – besondere Umstände usw.

2. Analyse des Inhalts:
   - inhaltlicher und gedanklicher Aufbau,
   - historischer Hintergrund und Kontext,
   - Erkenntniswert,
   - Deutung,
   - Vergleich usw.
3. Reflexion und Problematisierung:
   - Bewertung,
   - Beurteilung,
   - Auseinandersetzung usw.

Dieser dreigliedrige Aufbau kann sich bei den unterschiedlichen Quellenarten jeweils verändern, aber das **Grundmuster Form – Inhalt – Reflexion** bleibt immer gleich. Bei der (schriftlichen oder mündlichen) Darstellung einer gesamten Analyse und Interpretation einer Quelle sollten die einzelnen Schritte nicht unvermittelt nebeneinanderstehen, sondern argumentativ miteinander verbunden werden.

Texte

Texte stellen für den Geschichtsunterricht die überwiegende Anzahl **historischer Quellen** dar. Sie kommen in verschiedener Form vor: offizielle Dokumente, Reden, Beschlüsse, aber auch Memoiren, Berichte von Zeitzeugen, Liedtexte usw. Zudem kennen Sie **wissenschaftliche Texte** als Materialgrundlage von Prüfungsaufgaben, vor allem im Leistungskurs (zum Beispiel zum Historikerstreit); bei solchen Forschermeinungen handelt es sich nicht um historische Quellen, sondern um **Sekundärliteratur**, die sich um die Deutung und Auslegung eines bestimmten Sachverhaltes bemüht. Als Dokument ihrer Zeit und des Zeitgeistes können aber auch wissenschaftliche Texte als historische Quellen dienen.

Die Analyse von Textquellen orientiert sich grundsätzlich an folgenden Aspekten:
1. Beschreibung des Textes (Autor, Anlass, Datierung usw.) und seines Inhalts (Gliederung, Paraphrase des Inhalts usw.)
2. Klärung der Zeitbezüge (historischer Kontext) und Deutung der Absicht
3. Bewertung und Auseinandersetzung

Bildquellen

Bildliche Quellen kennen Sie aus dem Unterricht in vielfältiger Form: als Gemälde, Karikaturen, Plakate, Fotografien, Postkarten usw. Im Folgenden seien Karikaturen und Plakate herausgegriffen, da ihre Analyse grundlegend auch für andere Bildquellen ist und sie in Prüfungsaufgaben am ehesten vorkommen.

Karikaturen

Eine Karikatur ist bildliche **Satire** und gezeichneter **Kommentar** in einem. Sie wird geprägt von der **kritischen Aussageabsicht** des Karikaturisten. Diese Aussageabsicht kommt in der Regel durch eine pointierte und überspitzte Darstellung zum Ausdruck und ist trotzdem nicht immer leicht zu erkennen. Denn Karikaturen verwenden einerseits eine symbolträchtige Zeichen- und Bildsprache, die man verstehen muss (zum Beispiel Figuren wie den deutschen Michel). Andererseits entstehen Karikaturen oft als gezeichneter Kommentar zu aktuellen politischen Auseinandersetzungen, sodass man zeitgenössische Anspielungen und Bezüge durch historisches Wissen rekonstruieren muss. Oft hilft zum Verständnis einer Karikatur allerdings ihr Titel oder hinzugefügte Textzeilen (zum Beispiel ein kurzer Dialog der abgebildeten Personen).

Folgende Aspekte sollten Sie bei der Analyse einer Karikatur berücksichtigen:

1. Benennung und Beschreibung relevanter Bildelemente samt besonderer Gestaltungsmittel
2. Entschlüsselung der Zeitbezüge und Deutung der Aussageabsicht
3. Einordnung der Karikaturin ihren historischen Zusammenhang und ihre Bewertung

Tipp: Bearbeiten Sie die Übungsaufgabe 2 (S. 9) in diesem Buch, um die Analyse einer Karikatur zu üben.

Plakate

Plakate dienen der öffentlichen Information (Bekanntmachung, Ankündigung) oder der Werbung (für Parteien, Veranstaltungen, Produkte). Besonders geläufig im Geschichtsunterricht sind Wahlplakate politischer Parteien. Die meisten Plakate enthalten sowohl bildliche Elemente als auch Text; es gibt auch reine Bild- oder reine Textplakate.

Ähnlich wie bei der Karikatur sollten Sie folgende Aspekte bei der Analyse eines Plakates berücksichtigen:

1. Benennung und Beschreibung relevanter Bild- und Textelemente sowie ihres Zusammenwirkens samt besonderer Gestaltungsmittel
2. Entschlüsselung der Zeitbezüge und Deutung der Funktion und Aussageabsicht
3. Einordnung des Plakates in den historischen Zusammenhang und seine Bewertung

Tipp: Mithilfe der Aufgabe 1 zur mündlichen Prüfung (S. 71) können Sie die Analyse von Plakaten üben.

Grafische Darstellungen

Grafische Darstellungen kennen Sie als Quelle in vielfältiger Weise: als Schema einer Staatsverfassung, Diagramm mit Wahlergebnissen, Tabelle mit Nahrungsmittelpreisen, Landkarte der Kolonien in Afrika usw. Wesentlich bei der Analyse und Interpretation grafischer Darstellungen ist, dass Sie sich genau darüber klar werden, was in einer Grafik jeweils dargestellt ist und was nicht. Sie müssen sich fragen, wie weit die Angaben reichen, wo ihre Grenzen sind, was sie ggf. unterschlagen. Nur so können Sie zuverlässig den Aussagewert einer Grafik bestimmen.

Insgesamt sollten Sie diese Aspekte bei der Auswertung einer Grafik berücksichtigen:

1. Benennung der Rahmendaten (Gegenstand und Elemente der Grafik) und Beschreibung des Inhaltes und seiner Besonderheiten
2. Erläuterung der erkannten Aussagen vor ihrem historischen Kontext (Ursachen, Trends, Querverbindungen usw.)
3. Bewertung der Aussagekraft oder Aussageabsicht

Als **Leistungskursschüler** müssen Sie in Geschichte eine Abiturklausur schreiben. Wenn Sie im **Grundkurs** sind, haben Sie die Wahl, ob Sie sich in Geschichte oder in einem anderen Fach des zweiten Aufgabenfeldes prüfen lassen wollen, gleichgültig ob schriftlich oder mündlich; falls Sie Hilfe für Ihre Entscheidungsfindung benötigen, lesen Sie Abschnitt 2.1 in diesem Buch. Zu den Fächern dieses **zweiten Aufgabenfeldes** gehören: Geschichte, Politik und Wirtschaft, Religion, Ethik, Erdkunde, Philosophie und Wirtschaftswissenschaften.

3.1 Inhalte

Lehrplan mit Schwerpunktthemen

Im Lehrplan ist jedem Halbjahr ein **Thema** zugeordnet (für Q 1 zum Beispiel „Gesellschaftliche Veränderungsprozesse am Beginn der Moderne"). Zu den Themen gehören verbindliche **Unterrichtsinhalte** (etwa „Die großen Revolutionen und ihre Folgen") und einschlägige **Stichworte**, die diese konkretisieren (etwa „die Krise des Ancien Régime").
Aus diesen Unterrichtsinhalten und Stichworten hat das Kultusministerium für Ihre schriftliche Abiturprüfung 2012 **prüfungsdidaktische Schwerpunktthemen** ausgewählt, die wir nachfolgend abdrucken. Dabei wird in einem Fall zwischen Grund- und Leistungskursen unterscheiden. Die Schwerpunktthemen für den bilingualen Geschichtsunterricht entnehmen Sie bitte dem Einführungserlass 2012 der Homepage des Hessischen Kultusministeriums (vgl. Seite II).

Q 1 Gesellschaftliche Veränderungsprozesse am Beginn der Moderne

Politische Revolutionen in Europa und ihre Folgen *(nur für den Grundkurs)*
- Die Französische Revolution: die Krise des Ancien Régime; die Radikalisierung der Revolution; Nationalbewusstsein und Nationalstaatsbewegung in Deutschland und Europa; der Wiener Kongress; Restauration und Vormärz

Die großen Revolutionen und ihre Folgen *(nur für den Leistungskurs)*
- Die Französische Revolution: die Krise des Ancien Régime; die Phasen der Revolution; Modernisierungsprozesse in den von Napoleon besetzten Ländern; Restauration und Vormärz; Nationalbewusstsein und Nationalstaatsbewegung in Deutschland und Europa

Die Industrielle Revolution und ihre Folgen
- Mechanisierung des Produktionsprozesses: die technischen, ökonomischen und sozialen Veränderungen; die „soziale Frage" und die Lösungsversuche; die Grundthesen des Marxismus

Der Imperialismus und seine Folgen
- Der verspätete Imperialismus im deutschen Kaiserreich; der wachsende Nationalismus und Chauvinismus in Europa und der Kriegsausbruch 1914

Q 2 Deutschland zwischen Demokratie und Diktatur – Weimarer Republik und Nationalsozialismus

Weimarer Demokratie versus nationalsozialistischer Führerstaat
- Entstehungsbedingungen der Republik im nationalen und internationalen Umfeld (Pariser Vorortverträge); Weimarer Verfassung; politische Parteien; die Krise der Weimarer Republik und Ursachen ihres Scheiterns
- Der völkische Staat: Ideologie und Wirklichkeit; Zerschlagung des demokratischen Rechtsstaates

Modernisierung des Kapitalismus versus Wirtschafts- und Sozialpolitik des Nationalsozialismus
- Das Krisenjahr 1923; Weltwirtschaftskrise; Autarkiepolitik; Rolle der Industrie im Nationalsozialismus

Außenpolitik der Weimarer Republik versus nationalsozialistische Außenpolitik und Zweiter Weltkrieg
- Ideologische Grundlagen der nationalsozialistischen Außenpolitik; außenpolitische Strategie und Taktik Hitlers

Die Verfolgung und Ermordung der europäischen Juden
- Die NS-Rassenlehre als Abkehr von den Prinzipien der Toleranz, der Humanität und des Pluralismus; zwischen Unterdrückung und Selbstbehauptung: die Situation der jüdischen Bevölkerung in der Zeit der Verfolgung; die Pläne zur „Endlösung der Judenfrage"; die staatlich organisierte, planmäßige Ermordung der europäischen Juden

Q 3 Konflikt und Kooperation in der Welt nach 1945

Die weltpolitische Ebene: Von der Bipolarität zur Multipolarität
- Die unterschiedlichen Ausgangssituationen, Interessen und Strategien der USA und der UdSSR; der Zerfall der Anti-Hitler-Koalition und der Beginn des Ost-West-Konflikts; die bipolare Struktur internationaler Politik im Kalten Krieg;
  Tendenzen zur Aufhebung der Bipolarität: Entspannung zwischen USA und UdSSR und ihre Auswirkungen

Die europäische Ebene: Integration und neue Nationalismen
- Die Teilung Europas im Zuge des Kalten Krieges; Kooperation und Integration in Westeuropa

Die deutsche Ebene: Teilung und Einheit
- Gründung der beiden deutschen Staaten; Veränderung im Zeichen neuer Ostpolitik und Entspannung; die Vereinigung der beiden deutschen Staaten (Ursachen, Verlauf und Folgen)

Zu den verbindlichen Themen des Lehrplans (über die prüfungsdidaktischen Schwerpunktthemen hinaus) gehören in diesen drei Halbjahren außerdem:
- Bürgerliche Identität und Industriegesellschaft (für den Leistungskurs)
- Der Widerstand gegen den Nationalsozialismus
- Neue Weltmächte: China oder Japan (für den Leistungskurs)

3.2 Aufgabenstellung

Aufgabenart

Als Aufgabenart ist die Darstellung historischer Sachverhalte in Form einer **historischen Argumentation** auf der Grundlage von Quellen vorgesehen. Als Material kommen dafür Text- oder Bildquellen (Grafik, Karikatur usw.) in Betracht; dabei kann auch eine produktorientierte Bearbeitung verlangt werden (zum Beispiel das Entwerfen von Reden, Briefen, Strategien).

Kursübergreifender Bezug

Die Aufgabenstellung darf sich **nicht nur auf die Sachgebiete eines Schulhalbjahres** beschränken. Sie müssen sich also darauf einstellen, dass jede Prüfungsaufgabe einen kursübergreifenden Bezug aufweist. Zum Beispiel durch die thematische Verbindung des Grundgesetzes der Bundesrepublik Deutschland zur Weimarer Reichsverfassung (Q 1 und Q 2) wie in Aufgabe GK 2009-17 ff.

Arbeitsanweisungen

Trotz eines kursübergreifenden Bezuges stellt jede Prüfungsaufgabe eine thematische Einheit dar. Diese **thematische Einheit** bleibt auch durch die **Unterteilung der Aufgabenstellung in einzelne Arbeitsanweisungen** gewahrt, denn die Arbeitsanweisungen sind keine unzusammenhängenden selbstständigen Teilaufgaben, sondern sie helfen die Aufgabenstellung zu strukturieren: Sie grenzen die Aufgabenstellung ein, akzentuieren und präzisieren sie. Dadurch wird es Ihnen erleichtert, die Aufgabe zu lösen, und Ihr Prüfer kann später Ihre Leistung gezielter bewerten und beurteilen.

Operatoren

Die Arbeitsanweisungen werden mithilfe **festgelegter einheitlicher Operatoren** formuliert. Operatoren sind Aufforderungsverben wie „wiedergeben“, „erläutern“, „vergleichen“ usw. Die Definition dieser Operatoren müssen Sie genau kennen, um zu wissen, was von Ihnen verlangt wird. Während der Abiturklausur liegt Ihnen die Liste sämtlicher Operatoren vor.

Die Operatoren sind drei **Anforderungsbereichen** zugeordnet. Damit erfolgt eine weitere Strukturierung der Aufgabenstellung und Ihrer Prüfungsleistung. Wenn Sie zum Beispiel einen Text nur wiedergeben müssen, handelt es sich eher um eine reproduktive Leistung (AFB I), während das Erklären (AFB II) und erst recht das Beurteilen (AFB III) eine größere Selbstständigkeit voraussetzen. Die Zuordnung eines Operators zu einem Anforderungsbereich verrät Ihnen also, auf welchem Anforderungsniveau man eine Lösung von Ihnen erwartet.

Anforderungsbereich I

Im Anforderungsbereich I wird von Ihnen die Wiedergabe von Sachverhalten aus einem abgegrenzten Gebiet im gelernten Zusammenhang und die Beschreibung und Verwendung gelernter und geübter Arbeitstechniken in einem begrenzten Gebiet und in einem wiederholenden Zusammenhang verlangt.

Operatoren	Definitionen
(be-)nennen	zielgerichtet Informationen zusammentragen, ohne diese zu kommentieren
berechnen/ ermitteln	Aufgaben anhand vorgegebener Daten und Sachverhalte lösen
beschreiben	spezifische Textaussagen oder Sachverhalte in eigenen Worten strukturiert und fachsprachlich ggf. unter Zuhilfenahme eigenen Vorwissens darstellen
skizzieren	einen Sachverhalt oder Gedankengang ins einen Grundzügen angeben
wiedergeben	Informationen aus dem vorliegenden Material unter Verwendung der Fachsprache in eigenen Worten ausdrücken
zusammenfassen	ausgehend von einem Einleitungssatz die wesentlichen Aussagen eines Textes komprimiert und strukturiert darlegen

Beispiel:
Fassen Sie zusammen, wie Riem die Leistungen des Revolutionärs Robespierre beurteilt.
Bei der Zusammenfassung ist zu beachten, dass nicht der gesamte Textauszug wiedergegeben wird, sondern nur die vom Autor genannten Leistungen Robespierres. Für die Lösung siehe GK 2010-3.

Anforderungsbereich II

Hier wird Folgendes von Ihnen erwartet: selbstständiges Auswählen, Erklären, Anordnen, Ordnen, Verarbeiten, Bearbeiten und Darstellen bekannter Sachverhalte unter vorgegebenen Gesichtspunkten und Fragestellungen und das selbstständige Anwenden und Übertragen des Gelernten auf vergleichbare neue Sachverhalte und Situationen. Dabei kann es sich entweder um veränderte Fragestellungen, um veränderte Sachzusammenhänge oder um abgewandelte Verfahrensweisen handeln.

Operatoren	Definitionen
analysieren	Merkmale eines Textes, Sachverhaltes oder Zusammenhanges kriterienorientiert bzw. aspektgeleitet erschließen und zusammenhängend darstellen
anwenden	einen bekannten Sachverhalt oder eine bekannte Methode auf etwas Neues beziehen
auswerten	Daten oder Einzelergebnisse zu einer abschließenden Gesamtaussage zusammenführen
begründen	einen Sachverhalt bzw. eine Aussage durch nachvollziehbare (Text-)Argumente stützen
charakterisieren	Personen/Figuren, Vorgänge oder Sachverhalte in ihrer jeweiligen Eigenart treffend und anschaulich kennzeichnen und ggf. unter einem bestimmten Gesichtspunkt zusammenfassen

Operatoren	Definitionen
darstellen	Zusammenhänge und übergeordnete Sachverhalte ggf. mithilfe von Materialkenntnissen und bekannten Deutungen strukturiert beschreiben und erklären
einordnen/ zuordnen	Sachverhalte unter Verwendung von Vorwissen begründet in einen (historischen, literarischen, thematischen …) Zusammenhang stellen
erläutern/erklären	Materialien, Sachverhalte oder Thesen ggf. mit zusätzlichen Informationen und Beispielen verdeutlichen, in einen Zusammenhang einordnen und begründen
herausarbeiten	aus Materialien bestimmte Sachverhalte erschließen, die nicht explizit genannt werden
in Beziehung setzen	Zusammenhänge unter vorgegebenen oder selbst gewählten Gesichtspunkten begründet herstellen
untersuchen	die Übereinstimmung vorgegebener Kriterien oder Normen mit bestimmten Sachverhalten prüfen
Vergleichen/ gegenüberstellen	nach vorgegebenen oder selbst gewählten Gesichtspunkten problembezogen Gemeinsamkeiten, Ähnlichkeiten und Unterschiede ermitteln und darstellen

Beispiel:
Erläutern Sie die Ausführungen des Autors vor dem Hintergrund der inneren Entwicklung in Deutschland vom Oktober 1918 bis zum August 1919.
Hier sollen Sie die spezifischen Aussagen des Autors aus dem Text erschließen und unter Berücksichtigung des vorgegebenen zeitlichen Rahmens in den größeren Zusammenhang stellen. Für die Lösung siehe LK 2009-9 ff.

Anforderungsbereich III
In diesem Anforderungsbereich wird von Ihnen planmäßiges Verarbeiten komplexer Gegebenheiten mit dem Ziel erwartet, zu selbstständigen Begründungen, Folgerungen, Deutungen, Wertungen, Lösungen und Gestaltungen zu gelangen. Dabei werden aus gelernten Methoden bzw. Lösungsverfahren die zur Bewältigung der Aufgabe geeigneten selbstständig ausgewählt oder einer neuen Problemstellung angepasst.

Operatoren	Definitionen
beurteilen	zu einem Sachverhalt oder einer Aussage unter Verwendung von Fachwissen und Fachmethoden Stellung nehmen, um zu einer begründeten Einschätzung zu gelangen
bewerten/ Stellung nehmen	wie Operator „beurteilen“, aber zusätzlich die eigenen Maßstäbe darlegen und begründen
diskutieren/sich auseinandersetzen mit	zu einer Problemstellung oder These eine Argumentation entwickeln, die zu einer begründeten Bewertung führt

Operatoren	Definitionen
entwickeln	einen eigenen (bewertenden) Gedankengang zu einem Thema entfalten und Schlussfolgerungen ziehen
erörtern	die Vielschichtigkeit einer These oder Problemstellung erkennen, eigene Gedanken dazu entfalten und unter Abwägung verschiedener Standpunkte zu einem eigenen wertenden Urteil gelangen
gestalten/ entwerfen formulieren/ verfassen	Aufgabenstellungen kreativ und produktorientiert bearbeiten, z. B. auf der Grundlage eines Textes und seiner inhaltlichen oder stilistischen Gegebenheiten eine kreative Idee in ein selbstständiges Produkt umsetzen
interpretieren	auf der Grundlage einer Analyse Sinnzusammenhänge aus Materialien methodisch reflektiert erschließen, um zu einer schlüssigen Gesamtauslegung zu gelangen
überprüfen	Aussagen, Behauptungen oder Urteile kritisch befragen und auf der Grundlage erworbener Fachkenntnisse begründet beurteilen

Beispiel:
Beurteilen Sie, inwiefern die Bundesrepublik Deutschland politische bzw. verfassungsrechtliche Lehren aus dem Scheitern der Weimarer Republik und dem NS-Staat zog.
Hier müssen Sie aufgrund Ihrer eigenen Kenntnisse die Genese und den Charakter des Bonner Grundgesetzes darstellen und anhand der von Ihnen vorgebrachten Sachverhalte, Aussagen und Behauptungen zu einem begründeten Sachurteil kommen. Für die Lösung der Aufgabe siehe GK 2010-16 ff.

Gewichtung der Teilaufgaben
In der Praxis sind die Anforderungsbereiche allerdings kaum so scharf voneinander zu trennen und es kommt zu Überschneidungen. Deshalb werden die zu erbringenden Prüfungsleistungen gelegentlich auch zwei oder gar allen drei Anforderungsbereichen zugewiesen, wie Sie an den **Tabellen** zur Bewertung im Aufgabenteil dieses Buches erkennen können. Die Tabellen stehen jeweils am Ende der Lösungsaufsätze.
Dort können Sie auch feststellen, dass der **Schwerpunkt** der von Ihnen zu erbringenden Prüfungsleistung stets **im Anforderungsbereich II** (ca. 50 %) liegt. Die beiden anderen Anforderungsbereiche werden entsprechend weniger gewichtet (jeweils 25–30 %), wobei im Leistungskurs der AFB III etwas stärker berücksichtigt wird als im Grundkurs. Die prozentuale Verteilung der Anforderungsbereiche wird sowohl durch den Aufbau der Aufgabe als auch durch die Gewichtung der Arbeitsanweisungen deutlich, die Sie in den auf Ihrem Aufgabenblatt angegebenen **Berechnungseinheiten** (**BE**) erkennen können.

Zusammenfassend lässt sich sagen: Durch die Festlegung der Operatoren und durch ihre Zuordnung zu den drei Anforderungsbereichen sowie durch die prozentuale Verteilung der Anforderungsbereiche wird für Sie transparent und nachvollziehbar, welche Prüfungsleistung Sie erbringen sollen.

3.3 Bewertungskriterien

Grundlage der Bewertung Ihrer Prüfungsleistung sind die mit den einzelnen Operatoren verbundenen allgemeinen Anforderungen sowie die Gewichtung der einzelnen Teilaufgaben. Konkretisiert werden diese Anforderungen durch die Hinweise des Kultusministeriums zur Korrektur und Bewertung: Sie konzentrieren sich auf die inhaltlichen Aspekte der jeweils vorliegenden Aufgabe und skizzieren beispielhaft eine für 5 und für 11 Punkte zu erbringende Leistung.

Als übergeordnete **allgemeine Kriterien** zur Bewertung von Abiturprüfungen gelten neben der **Selbstständigkeit** die Qualität, die Quantität und die Kommunikationsfähigkeit. Die **Qualität** Ihrer Ausführungen misst sich etwa an der Genauigkeit Ihrer Kenntnisse und Einsichten, an der Sicherheit in der Anwendung der Fachsprache und fachspezifischer Methoden, an der Konzentration auf das Wesentliche, an der Differenziertheit Ihrer Aussagen und an Ihrer Fähigkeit, die Bedingtheit und Problematik eigener und fremder Aussagen kritisch zu würdigen. Zum Kriterium der **Quantität** gehören der Umfang Ihrer Kenntnisse und Einsichten, die Vielfalt der Methoden, Aspekte und Bezüge sowie die Breite Ihrer Argumentationsbasis. Eine gute **Kommunikationsfähigkeit** zeichnet sich dadurch aus, dass Sie die Aufgabenstellung genau erfassen, sich präzise ausdrücken und Ihre Ausführungen klar gliedern.

Wie in allen Geschichtsklausuren in der Oberstufe gilt auch in Ihrer Abiturklausur der offizielle **Fehlerindex**. Gewertet werden Fehler der Rechtschreibung, der Zeichensetzung, der Grammatik und des Ausdrucks (zum Beispiel auch der fehlende Gebrauch von Fachausdrücken: „in dem Text vorne im Grundgesetz" statt „in der Präambel des Grundgesetzes").
Wenn Sie in Ihrer Klausur drei solcher Fehler auf einhundert Wörter machen, haben Sie den **Fehlerindex 3** erreicht und bekommen **einen Notenpunkt** abgezogen, bei sechs solcher Fehler pro einhundert Wörter haben Sie den **Fehlerindex 6** erreicht und bekommen **zwei Notenpunkte** abgezogen.

3.4 Tipps zum schriftlichen Abitur

1. Zur Vorbereitung auf das schriftliche Abitur sollten Sie sich mit den **Prüfungsanforderungen** vertraut machen. Lernen Sie den **Stoff** (vielleicht auch durch dessen Umgestaltung in grafische Übersichten) und lesen Sie frühere Angaben aus dem Landesabitur, die Sie in diesem Buch finden. Üben Sie gezielt **Operatoren**, um Missverständnisse bei den Arbeitsanweisungen zu vermeiden.
2. Bereiten Sie unbedingt den **gesamten Prüfungsstoff** vor, auch wenn Sie in der Prüfung zwei Aufgabenvorschläge weglegen können. Sie schränken sonst Ihre Wahlmöglichkeit unter Umständen erheblich ein. Außerdem ist nicht ausgeschlossen, dass ein und dasselbe Thema in allen drei Aufgaben vorkommt.
3. Diskutieren Sie beizeiten in Ihrem Kurs und mit Ihrem Lehrer vernünftige Kriterien für eine angemessene Entscheidung bei der **Auswahl der Abituraufgabe**.

4. Bemühen Sie sich, in **allen drei Anforderungsbereichen** gut zu sein: Sie brauchen gute Grundkenntnisse und methodische Fähigkeiten, Sie müssen sie aber auch anwenden und problematisieren können. Verlieren Sie sich einerseits nicht in Gedankenspielen und bleiben Sie andererseits nicht nur auf der Faktenebene.
5. Üben Sie **schreiben**. Da Sie sich auf eine schriftliche Prüfung vorbereiten, sollten Sie sich auch schriftlich vorbereiten. Begnügen Sie sich nicht damit, Übungsaufgaben „im Kopf" durchzugehen, sondern arbeiten Sie Ihre Lösungen tatsächlich auf dem Papier aus.
6. Nutzen Sie als Leistungskursschüler die **Klausur unter Abiturbedingungen** in Q 3 bewusst als Generalprobe fürs Abitur. Überzeugen Sie Ihren Lehrer davon, die Abiturbedingungen möglichst realitätsnah zu simulieren, nicht nur durch eine längere Arbeitszeit (Zeiteinteilung üben!), sondern vielleicht auch durch Auswahlaufgaben oder alternative Teilaufgaben.
7. Befolgen Sie die **Operatoren** gewissenhaft und verlieren Sie sie beim Schreiben nie aus den Augen. Die Arbeitsanweisungen bestimmen, wie Sie Ihre Aufgabe aufbauen und wonach Sie sie durchweg ausrichten müssen. Oft lösen Sie Aufgaben nicht richtig, weil Ihnen nicht klar war, was gefragt ist. Wenn zum Beispiel historische Zeitspannen angegeben sind, wie „Ordnen sie den Text in die außenpolitische Situation 1936–1939 ein" (GK 2009-8), sind in der Regel die genannten Jahre vollständig mit einzuschließen; aber auch wenn kein Zeitabschnitt genannt ist, kann einer gemeint sein: „Erläutern Sie […] die politische und ökonomische Situation der Weimarer Republik 1923" (LK 2011-10) verlangt, die Entwicklung von 1918/19 bis 1923 zu berücksichtigen.
8. Formulieren Sie einen **Einleitungs- und einen Schlusssatz**, die zur jeweiligen Aufgabenstellung passen: Was ist mein Ziel, was will, was werde ich tun? Was ist – hinsichtlich des Operators – mein Fazit? Achtung: Gelegentlich sind in einer Teilaufgabe zwei Operatoren zu befolgen!
9. **Konzipieren** Sie Ihre Lösung zunächst auf Ihrem Konzeptpapier, bevor Sie mit der Ausformulierung beginnen. So gelingt es Ihnen besser, Ihre Ausführungen sinnvoll aufzubauen und zu gliedern.
10. Nach Abschluss jeder Teilaufgabe sollten Sie sich die Arbeitsanweisung und das Material noch einmal anschauen, um zu **überprüfen**, ob Ihre Lösung vollständig ist und tatsächlich zu der Aufgabe passt („prüfender Rückblick").
11. Wenn Sie ein Wort des Textmaterials nicht verstehen, schlagen Sie im zugelassenen **Wörterbuch zur Rechtschreibung** nach: Vielleicht haben Sie Glück und es wird dort erklärt.
12. Planen Sie genügend Zeit zum **Überarbeiten** und **Korrekturlesen** ein.

4 Das mündliche Abitur

Wenn Sie sich in Geschichte mündlich prüfen lassen wollen, können Sie entweder im 4. oder 5. Prüfungsfach eine **mündliche Prüfung** ablegen oder im 5. Prüfungsfach eine **Präsentation** machen.[1] Dabei gilt für die Inhalte und Fachmethoden sowie für die Aufgabenstellung und für die Bewertung und Beurteilung Ihrer Prüfungsleistung im Prinzip das Gleiche wie für die schriftliche Prüfung. Orientieren Sie sich an den Ausführungen zu Operatoren und Anforderungsbereichen im Abschnitt 3.2 zur schriftlichen Prüfung in diesem Band.

4.1 Inhalte und Aufgabenstellung

Ein grundsätzlicher Unterschied zum schriftlichen Abitur besteht darin, dass im mündlichen Abitur die **Aufgabe von dem Lehrer**, der Sie prüft, und nicht vom Kultusministerium gestellt wird. Es gelten also keine prüfungsdidaktischen Schwerpunktthemen und der Prüfungsstoff schließt Q 4 mit ein (für die Präsentation ist Q 4 nur bis zur Ausgabe der Prüfungsaufgabe vor den Osterferien relevant). Aber auch im mündlichen Abitur haben die Aufgaben einen **kursübergreifenden Bezug** (zum Beispiel Q 2 mit Q 4).

Für das Prüfungshalbjahr Q 4 sieht der Lehrplan folgende Längsschnitt-Themen vor:

Q 4 Schlüsselprobleme der Gegenwart in ihrer historischen und in ihrer zukunftsrelevanten Dimension

1. Deutsche Geschichte im Spannungsfeld von Restauration und Modernisierung
2. *(für den Leistungskurs; fakultativ für den Grundkurs):* Europäische Integration, Globalisierung und die Zukunft des Nationalstaates

Fakultativ:

3. Migration
4. Mensch und natürliche Mitwelt
5. Rolle der Frau und Geschlechterbeziehungen
6. Das Spannungsverhältnis von Staat und Individuum

Für den LK sind die Themen 1 und 2 sowie eines der fakultativen Themen (3–6) verbindlich, für den GK das Thema 1 und eines der fakultativen Themen (2–6).

4.2 Bewertungskriterien

Mündliche Prüfungen und Präsentationen werden von einer **Prüfungskommission** Ihrer Schule abgenommen. Sie besteht aus einem dreiköpfigen Fachausschuss: Ihrem Prüfer, einem Protokollanten und einem Vorsitzenden. Diese drei Mitglieder des Fachausschusses sind in der Regel Lehrer Ihrer Schule. Die Aufgabe und Fragen

1 Auf die Möglichkeit, eine „Besondere Lernleistung (BLL)" zu machen, soll hier nicht eingegangen werden; eine BLL ist grundsätzlich keinem bestimmten Fach zugeordnet und unterliegt ganz anderen Anforderungen und Bewertungskriterien als eine mündliche Prüfung oder eine Präsentation.

stellt Ihr Prüfer, Protokollant und Vorsitzender können ergänzende Zusatzfragen stellen. Die Prüfer werden Ihnen dabei keine unzusammenhängenden Fragen stellen, sondern sich auf die Aufgabenstellung und auf Ihren Vortrag beziehen. Damit bleibt die thematische Einheit der Aufgabenstellung auch im Prüfungsgespräch gewahrt.

Außer der Prüfungskommission dürfen Sie in Ihrer Prüfung auch **Gäste** erwarten. In der Regel sind das Lehrer Ihrer Schule. Wenn Sie es erlauben (was Sie tun sollten!), können sogar Schüler, die im Jahr nach Ihnen Abitur machen, bei Ihrer Prüfung zuhören.

Die Bewertung Ihrer Prüfungsleistung erfolgt auf Vorschlag Ihres Prüfers durch die Prüfungskommission nach einer kurzen Aussprache im Anschluss an Ihre Prüfung. Die Kriterien für eine gute Prüfungsleistung im mündlichen Abitur sind die gleichen wie im schriftlichen Abitur: Wichtig sind wieder die **Selbstständigkeit** und die **Qualität** und die **Quantität** Ihrer Leistung sowie – im Mündlichen naturgemäß besonders – Ihre **Kommunikationsfähigkeit**.

4.3 Die mündliche Prüfung

Die mündlichen Prüfungen finden in der Regel im Juni statt. Vor der Prüfung haben Sie mindestens zwanzig Minuten Zeit, sich in einem **Vorbereitungsraum** mit der Aufgabenstellung vertraut zu machen und Ihre Lösungen zu notieren. Die Prüfung selbst dauert rund zwanzig Minuten. In den ersten zehn Minuten stellen Sie in einem kurzen, möglichst frei gehaltenen **Vortrag** (evtl. auf der Grundlage von Notizen aus der Vorbereitungszeit) Ihre Ergebnisse zu den einzelnen Arbeitsanweisungen dar. Darauf folgt ein circa zehnminütiges **Prüfungsgespräch** mit den Mitgliedern der Prüfungskommission.

Aufgabenstellung

Aufgabenstellung und Materialvorgabe sind weniger umfassend als im schriftlichen Abitur, entsprechend der kürzeren Vorbereitungs- und Prüfungszeit. Zur Vorbereitung können Sie die drei mündlichen Übungsaufgaben in diesem Buch bearbeiten (siehe Seite 71–97).

Bewertungskriterien

Als besondere Bewertungskriterien der mündlichen Prüfung gelten, dass Sie Ihren **Vortrag** zusammenhängend und sprachlich angemessen und korrekt halten und dass Sie im **Prüfungsgespräch** auf Fragen und Einwände sachgerecht eingehen, Hilfen verwerten und Ihren Standpunkt begründet darstellen.

4.4 Tipps zur mündlichen Prüfung

Für eine erfolgreiche Prüfung sollten Sie die folgenden Tipps beachten:

1. Üben Sie – im Unterricht oder in Ihrer Freizeit – zur Vorbereitung das, was in der mündlichen Prüfung von Ihnen verlangt wird: Halten Sie **kleine Vorträge** zu einschlägigen Aufgabenstellungen und **diskutieren** Sie mit anderen über Ihre Ausführungen.
2. Lesen Sie den Prüfungsplan bitte genau: Seien Sie rechtzeitig **zur Vorbereitungszeit** in der Schule (nicht erst zur Prüfungszeit)!
3. Ob Sie Gäste bei Ihrer Prüfung zulassen, können Sie noch bis kurz vor dem Betreten des Prüfungsraums entscheiden. Für Ihre **Mitschüler aus der Jahrgangsstufe unter Ihnen** kann es – wie für Sie im Jahr vor Ihrer Prüfung – eine wichtige Erfahrung sein, vor dem eigenen Abitur mündliche Abiturprüfungen kennengelernt zu haben. Geben Sie sich also einen Ruck!
4. **Lassen Sie sich Fragen gefallen!** Unterstellen Sie Ihren Prüfern nicht, sie wollten Sie mit ihren Fragen aus dem Konzept bringen oder reinlegen. Nehmen Sie ihre Fragen grundsätzlich positiv auf – als Möglichkeit zu zeigen, was Sie können. Denn auch Ihre **Kommunikationsfähigkeit** wird bewertet.
5. Es ist *Ihre* Prüfung! Sorgen Sie für eine **entspannte Atmosphäre** und helfen Sie mit, durch eine klare Strukturierung Ihres Vortrags und Ihrer Antworten eine **abgerundete Prüfung** zu gestalten.

4.5 Die Präsentation

Eine Präsentation ist ein **medienunterstützter Vortrag** mit anschließendem **Kolloquium** (Prüfungsgespräch). Wenn Sie diese Prüfungsform wählen wollen, müssen Sie sich zu Beginn von Q 4, also **Anfang Februar**, bei Ihrer Abiturmeldung dafür entscheiden. Ihr Prüfer übergibt Ihnen dann in der Regel am letzten Tag vor den Osterferien Ihre Aufgabe. Sie haben keine Mitsprache bei der Festlegung des Themas und der Aufgabenstellung. Für die Bearbeitung Ihrer Präsentation haben Sie in den Osterferien und danach noch mindestens **vier Schulwochen** Zeit.

Bei der Wahl der **Medien** sind Sie zum einen daran gebunden, welche Medien Ihre Schule grundsätzlich jedem Schüler zur Verfügung stellen könnte. Zum anderen sollten Sie das Medium sicher beherrschen und es sollte zu Ihnen und zu Ihrem Vortrag passen. In Frage kommen: physikalische Folien mit Overhead-Projektor und Leinwand, PowerPoint-Folien mit Beamer und Leinwand, Flipchart mit vorbeschriebenen oder mit zu beschriftenden Blättern, Pinwand mit Karten, Plakate und Poster, Wandtafel mit Kreide, Whiteboard mit Stiften, Handout, Wandkarten usw.

Spätestens **eine Woche** vor Ihrer Präsentationsprüfung müssen Sie Ihrem Prüfer eine **schriftliche Dokumentation** über den geplanten Ablauf Ihrer Präsentation abgeben, damit die Schule sich auf Ihre Prüfung vorbereiten kann (Bereitstellung entsprechender Medien, Formulierung eines Erwartungshorizonts für die Mitglieder des Fachausschusses). Dieser Ablaufplan geht nicht mit in die Bewertung ein. Wenn Sie ihn aber nicht rechtzeitig abgeben, haben Sie die Präsentationsprüfung und damit die gesamte Abiturprüfung nicht bestanden!

Ihre **Prüfung** dauert insgesamt 30 Minuten. Die erste Hälfte davon bestreiten Sie mit Ihrem medienunterstützten **Vortrag**. In der zweiten Hälfte folgt das **Kolloquium** mit den Mitgliedern der Prüfungskommission.

Aufgabenstellung

Die Aufgabenstellung ist **umfassender und offener** als in der mündlichen Prüfung. Sie müssen sich **selbstständig** einen methodischen Zugang zu dem Thema überlegen und es für die Darstellung angemessen strukturieren sowie die grundlegenden Informationen dazu besorgen (Bücher, Internet, Umfragen usw.). Eine ausreichende Materialvorlage und eine Betreuung durch Ihren Lehrer bekommen Sie nicht. Grundsätzlich erwartet Sie bei einer Präsentation eine **kritische Auseinandersetzung** mit historischen Quellen oder mit Fragen der Geschichtsschreibung und -überlieferung.

Beispiele:

Thema: Frage der Kriegsschuld im Ersten Weltkrieg

Aufgabenstellung: Stellen Sie die besondere Bedeutung des Kriegsschuldparagraphen im Versailler Vertrag (Art. 231) dar und erörtern Sie die Kontroverse unter den Geschichtswissenschaftlern über die Kriegsschuld Deutschlands im Ersten Weltkrieg.

Thema: Revolutionäre Gewalt in der deutschen Geschichte

Aufgabenstellung: Stellen Sie dar, vergleichen Sie und bewerten Sie Art und Ausmaß revolutionärer Gewalt an ausgewählten Beispielen der Deutschen Revolution 1848, der Novemberrevolution 1918/1919 und des Mauerfalls 1989.

Thema: Fortschritt oder Rückschritt?
Die Rolle der Frau im Deutschen Kaiserreich und im Dritten Reich

Aufgabenstellung: Beschreiben und vergleichen Sie jeweils die Rolle von Frauen aus unterschiedlichen sozialen Schichten. Verwenden Sie dazu unterschiedliche Arten von Quellen (Lebensberichte, Rechtstexte, fiktionale Texte usw.). Bewerten Sie die Rolle der Frauen jeweils unter dem Aspekt der Emanzipation der Frau.

Thema: Résistance/Kollaboration und Aussöhnung:
Die deutsch-französischen Beziehungen

Aufgabenstellung: Résistance oder Kollaboration? Analysieren und bewerten Sie die französische Politik gegenüber dem nationalsozialistischen Deutschland in der Zeit von 1939 bis 1944. Betrachten Sie vor diesem Hintergrund dann die deutsch-französischen Beziehungen in der Nachkriegszeit: eine gelungene Aussöhnung?

Bewertungskriterien

Bei der Bewertung Ihrer Präsentationsprüfung gibt es keine Aufteilung in **Vortrag und Kolloquium**, beides gehört zusammen. Geachtet wird dabei besonders auf die Qualität und die Quantität der vermittelten Informationen, auf eine gute Strukturierung der Präsentation, auf Aktualität und Kreativität, auf einen angemessenen und gelungenen Einsatz der Medien, auf die Präzision und Nachvollziehbarkeit Ihrer Darstellung, auf rhetorische Fähigkeiten sowie auf Ihre Fähigkeit, über die gewählte Präsentationsmethode und die vorgetragenen Inhalte und Argumente zu reflektieren.

Viele Schulen haben zur Beurteilung von Präsentationen eigene Bewertungsbögen entwickelt. Dabei findet sich häufig folgende **Gewichtung** der drei wesentlichen Kompetenzbereiche:
60 % Fachkompetenz – 20 % Medienkompetenz – 20 % kommunikative Kompetenz

Als Kriterien zur Bewertung der einzelnen Kompetenzbereiche kann man sich folgende Aspekte vorstellen, die die Vielfältigkeit der Erwartungen andeuten:

Fachkompetenz
- Art der Problembeschreibung (differenziert, logisch, verständlich, sachlich richtig, umfassend)
- Reflexionsfähigkeit (selbstständig, kritisch, begründet, schlüssig, vertiefend)
- Problemorientierung und Lösungsansätze (aktuell, kreativ, originell, nachvollziehbar)
- Art der Darstellung (gegliedert, systematisch, logisch, problemorientiert, gewichtet, glaubwürdig)
- Sprachliche Gestaltung (klarer Satzbau, Wortwahl, Terminologie)

Medienkompetenz
- Medieneinsatz (angemessen bezüglich der Problemstellung, Reflexion des Einsatzes, Alternativen denkbar)
- Gestaltung des Materials (formal einwandfrei, übersichtlich, ansprechend, gut erkennbar, strukturiert)
- Ablauf der Präsentation (technisch reibungslos, zeitlich angemessen, Zusammenspiel Vortrag – Material)

Kommunikationskompetenz (im Vortrag und im Kolloquium)
- freier Vortrag
- Vortragstechnik (Tempo, Betonung, Pausen)
- Körpersprache (Mimik, Gestik, Blickkontakt)
- Einbringen der eigenen Person (engagiert, überzeugend, selbstbewusst, flexibel, anregend, adressatenbezogen)
- Gesprächsverhalten (dialogfähig, reflektiert, flexibel, offen, kritisch, sprachlich variationsfähig)

Die **Fachkompetenz** ist die Leitkompetenz und gibt den Ausschlag.

Tipps zur Präsentation

Die meisten Tipps für die mündliche Prüfung gelten auch für die Präsentationsprüfung. Außerdem ist zu beachten:

1. Bevor Sie sich für eine Präsentationsprüfung entscheiden, sollten Sie eine Präsentation mit Zeitbegrenzung (15 Min.) und Medieneinsatz **ausprobiert haben** – möglichst im Unterricht.
2. Wählen Sie die Präsentationsmedien bewusst aus. Stellen Sie sich darauf ein, Ihren **Medieneinsatz** im Kolloquium begründen und reflektieren zu müssen.
3. Lassen Sie Ihren **Ablaufplan** (Dokumentation) von Ihrem Prüfer schon ein, zwei Tage vor dem Abgabetermin durchsehen, damit Sie durch ggf. notwendige Ergänzungen nicht in Zeitnot geraten. Geben Sie den Ablaufplan unbedingt pünktlich ab!
4. Gerade wenn Sie sich bei der (technischen) Vorbereitung Ihrer Präsentation helfen lassen, sollten Sie bis zur Prüfung den Umgang mit Ihren **Medien** und das Thema Ihres Vortrages perfekt **beherrschen**.
5. **Üben Sie das Präsentieren!** Probieren Sie die Technik vor Ort aus und halten Sie den Vortrag vor Freunden. Überladen Sie die Folien und Plakate nicht und schreiben Sie ausreichend groß. Setzen Sie Folien nicht zum Mitlesen Ihres Vortrags ein, sondern zur Visualisierung gedanklicher Vorgänge und Strukturen.
6. Lernen Sie Ihren Vortrag **nicht auswendig**! Das engt Sie ein und hört sich gekünstelt an. Orientieren Sie sich beim Vortragen – wie Ihr Publikum – an Ihrer medialen Unterstützung, zum Beispiel an dem, was auf Ihren Folien steht.
7. Halten Sie die 15 Minuten Vortragsdauer möglichst genau ein! Wenn Sie die **Zeitvorgabe** überschreiten, wird Ihr Vortrag notfalls abgebrochen. Gönnen Sie sich zwischen Vortrag und Kolloquium eine kurze Pause; vielleicht wollen Sie sich für das Gespräch mit den Prüfern auch hinsetzen.
8. Ihr Vortrag *stützt sich* auf Ihre Präsentationsmethode. Das Präsentieren darf **nicht zum Selbstzweck** werden. Andererseits stört es Ihren Vortrag sehr, wenn das Präsentieren nicht funktioniert.
9. Was eine gute oder schlechte Präsentation ist, kann im Einzelnen umstritten sein. Informieren Sie sich über allgemein anerkannte Kriterien einer guten Präsentation (Fachbücher, Internet). Vergessen Sie aber nicht, dass **das Entscheidende der Inhalt** Ihres Vortrages ist und dass es im Kolloquium auf Ihr Fachwissen und Ihre fachspezifischen Fähigkeiten ankommt.
10. Achten Sie nicht zu sehr auf separate Handlungsanweisungen wie Blickkontakt zu halten, laut zu sprechen usw. Dröseln Sie Ihr Verhalten nicht in solche Einzelhandlungen auf, die Sie in der Aufregung dann doch wieder vergessen. In erster Linie müssen Sie sich **mit dem Inhalt** Ihres Vortrages **identifizieren**, Sie müssen ihn zu Ihrer Sache machen (auch wenn Ihr Lehrer das Thema ausgesucht hat) und Sie müssen Ihren Inhalt den anderen tatsächlich vermitteln wollen. Dann werden Sie Ihre Zuhörer von alleine anschauen und laut und deutlich zu ihnen sprechen: Sie wollen ja, dass man Ihnen zuhört und Sie versteht! So werden Sie authentisch und überzeugend sein!

Hessen – Geschichte – Grundkurs
Übungsaufgabe 1

Thema: *Motive, Verlauf und Folgen des deutschen Kolonialismus*

Aufgaben

1. a) Zeigen Sie auf, wie Schwabe das Verhältnis zwischen den Kolonialherren und der eingeborenen Bevölkerung darstellt.
   b) Arbeiten Sie, ausgehend vom Text Schwabes, die ideologischen Grundmuster heraus, die die Überlegenheit der weißen Europäer gegenüber den afrikanischen Völkern begründen sollten. (30 BE)

2. Stellen Sie die Entwicklung der Kolonialpolitik in der deutschen Außenpolitik von Bismarck bis zum Versailler Vertrag in Abgrenzung zu anderen europäischen Staaten dar und diskutieren Sie auf der Grundlage des Textes von Gründer, inwiefern die weitgehende Ausblendung der Kolonialvergangenheit im deutschen Geschichtsbewusstsein berechtigt ist. (40 BE)

3. Erläutern Sie unter Bezugnahme auf den Text Schwabes die verschiedenen Imperialismustheorien, die eine Antwort auf die Frage nach den Ursachen imperialistischer Politik zu geben versuchen, und nehmen Sie Stellung zu der Relevanz der Theorien. (30 BE)

Material

M 1: Kurd Schwabe, Der Krieg in Deutsch-Südwestafrika 1904–1906

Kurd Schwabe, Ende des 19. Jahrhunderts Hauptmann in der deutschen Kolonialarmee und danach in der Kolonialverwaltung tätig, stellt die Inbesitznahme Afrikas durch europäische Nationen zu Anfang des 20. Jahrhunderts dar:

Die Aufteilung Afrikas durch die europäischen Nationen und die intensive Besitzergreifung – die Ausbreitung der Herrschaft und der Besiedlung in den besetzten Gebieten – hat in der neuesten Zeit ein bis zur Fieberhaftigkeit gesteigertes Maß angenommen. Ein Netz von Dampferlinien umspannt den schwarzen Erdteil; tief in sein Inneres dringen von allen Seiten die Schienenstränge vor; zahllose Expeditionen durchwühlen an geheiligten Stätten den Boden nach Schätzen, und die Wogen der stillen Seen und der geheimnisvollen Riesenströme werden gefurcht von den rauchenden Schiffen der Weißen. Den Schritt der neuen Herren vermag nichts aufzuhalten: In kühnem gewaltigen Bogen überspannt ihre Brücke aus stählernen Lianen die Wunderfälle des Sambesi; auf den Wällen der heiligen Städte am Niger schreiten die Posten im Kakikleide, und die Fahne des Propheten, die Schädel-Pyramiden vor den

Altären der blutigen Götzen, die geheiligten ewigen Feuer, sie sanken dahin, sie erloschen vor dem Kreuz der Eroberer.

Tief hat dies alles in das Leben, in das gesamte Dasein der eingeborenen Völker eingegriffen. Sie sahen ihre alten Institutionen, ihre Begriffe von Recht, ihre Sitten und Gebräuche, ihre zügellose Freiheit und Unabhängigkeit im innersten Mark bedroht. Und wie den Europäern immer deutlicher die Erkenntnis erwuchs, dass die Auffassungen der Eingeborenen von Staat, Religion und Wirtschaft zum größten Teil kulturfeindliche seien, so kam diesen allmählich die Erkenntnis von der drückenden Überlegenheit der verachteten europäischen Kultur.

Und aus stiller Wut wuchs rasender Hass, offene Feindschaft und endlich in zwölfter Stunde das wilde Begehren, sich den fremden Eindringlingen im Kampf bis aufs Messer zu widersetzen.

Willy Scheel: Deutschlands Kolonien. Verlagsanstalt Weller & Hüttich: Berlin 1912, S. 52.

M 2: Horst Gründer, Geschichte der deutschen Kolonien

Der Historiker Horst Gründer, der führende deutsche Kolonialismus-Forscher, geht auf die Bedeutung der Phase des deutschen Kolonialreiches im Geschichtsbewusstsein der Deutschen ein:

Die deutsche Kolonialgeschichte scheint im Geschichtsbewußtsein der Deutschen und in der deutschen Geschichtsschreibung nach 1945 eher eine nebengeordnete und beiläufige Rolle zu spielen. Das mag sowohl aus der Kurzlebigkeit des deutschen Kolonialreiches resultieren, das nur exakt dreißig Jahre effektiven Bestand hatte (1884–1914), als auch aus der relativen Folgenlosigkeit dieser historischen Erfahrung für das gegenwärtige politisch-historische Bewußtsein in Deutschland. Daß das Deutsche Reich 1919 im Versailler Friedensvertrag seine Kolonien in Afrika und in der Südsee sowie sein „Pachtgebiet“ Kiautschou in China definitiv verloren hatte, wurde nicht zuletzt deshalb geradezu erleichtert registriert, weil Deutschland zumindest für die im Dekolonisationsprozeß evident werdende imperialistische Vergangenheit Europas und für die anschließend mit Vehemenz einsetzende Diskussion um die Probleme von „Ausbeutung“ und „Unterentwicklung“ nur indirekt die Verantwortung zu tragen schien. Im übrigen ließen und lassen sich bis heute die Beziehungen Deutschlands zu seinen ehemaligen Kolonien weitgehend ohne Belastung durch die eigene koloniale Vergangenheit gestalten.

Dagegen stellt die koloniale Erfahrung für die Betroffenen einen wesentlich tieferen Einschnitt in ihre Geschichte und in ihre Kultur dar als für die ehemaligen Kolonialeroberer.

Horst Gründer: Geschichte der deutschen Kolonien. Schöningh Verlag: Paderborn 2004, S. 9.

Lösungsvorschläge

Inhaltliche Schwerpunkte:
Die Thematik der Aufgabe, einer Problemerörterung auf der Basis von Textmaterial in Form einer Primär- und einer Sekundärquelle, bezieht sich auf das Schwerpunktthema aus 12/I „Gesellschaftliche Veränderungsprozesse am Beginn der Moderne“. Voraussetzungen laut Lehrplan sind: „Die Industrielle Revolution und ihre Folgen“ (12/I) – so in Aufgabe 3, wo auf die Auswirkungen der „Großen Depression“ von 1873–98 als Motivation zur Expansion einzugehen ist; „Der Imperialismus und seine Folgen“ (12/I, in allen drei Teilaufgaben, zugleich prüfungsdidaktischer Schwerpunkt); „Außenpolitik der Weimarer Republik vs. nationalsozialistische Außenpolitik und Zweiter Weltkrieg“ (12/II) – wenn auf die Bestimmungen des Versailler Vertrags hinsichtlich des Verlusts der deutschen Kolonien und der Hochseeflotte in Aufgabe 2 hinzuweisen ist, um die Relevanz der Kolonien für das Geschichtsbewusstsein der Deutschen zu erörtern.

1. a) *Wichtig bei der Beantwortung der Frage ist es, auf die Perspektivgebundenheit des Autors dieser Primärquelle zu achten: Er schildert seine Sicht der Dinge, die auch entsprechend einseitig ausfällt. Zum großen Teil ist nun durch die Wiedergabe der wesentlichen Inhalte (Anforderungsbereich I) der Quelle zu zeigen, dass der Text verstanden wurde und strukturiert werden kann, und zwar bezogen auf die Fragestellung nach dem in der Quelle geäußerten Verhältnis zwischen den Kolonialherren, für die der Verfasser steht, und der unterworfenen Bevölkerung.*

   Die Primärquelle vom Anfang des 20. Jahrhunderts spiegelt die **Sicht eines Europäers** auf die Unterwerfung des afrikanischen Kontinents wider. Kurd Schwabe, selbst als Hauptmann Ende des 19. Jahrhunderts in die Eroberung bzw. Verwaltung von Kolonien auf dem afrikanischen Kontinent eingebunden, skizziert die immense Überlegenheit der europäischen Kolonialherren gegenüber der indigenen Bevölkerung. Während letztere noch in ihren alten Sitten und Bräuchen (Z. 15 f.), ihrem Götzenglauben (Z. 12) und der durch Fehlen eines modernen Rechtswesens sowie Zügellosigkeit (Z. 16) gekennzeichneten Lebensform verhaftet gewesen seien, werde ihnen langsam, aber sicher die **Überlegenheit der europäischen Zivilisation** klar: Dampferlinien, Schienennetze und Brücken überziehen den Kontinent und demonstrieren, so Schwabe, die kulturelle Hoheit der Europäer, die gerade aufgrund der „drückenden Überlegenheit“ (Z. 19 f.) von den als „kulturfeindlich“ (Z. 19) bezeichneten Afrikanern verachtet werde. Die Wut über die nicht vorhandene Ebenbürtigkeit habe dieses Gefühl der Verachtung zu „rasendem Hass“ (Z. 21) gesteigert, der zum Abwehrkampf gegen die Europäer motiviere.

   Insgesamt verwundert bei der Perspektivgebundenheit der Darstellung Schwabes die deutliche Klassifizierung der **Afrikaner als Kulturfeinde** und der **Europäer als Kulturträger** nicht. Maßstab dieser Einschätzung sind die ungleichen Auffassungen von **Staatswesen**, **Religion** und **Wirtschaft**. Interessanterweise stellt Schwabe nicht nur aus seiner Sicht eine Überlegenheit der Europäer fest, sondern unterstellt den Eingeborenen selbst ein Unterlegenheitsgefühl (Z. 19 f.).

1. b) *In dieser Teilaufgabe wird einerseits genaue Textarbeit verlangt, indem anhand von genannten Begriffen das Denken der Kolonialherren herausgearbeitet werden soll; zum anderen ist auf generelle Verhaltens- und Denkmuster im Zuge des Kolonialismus zu verweisen – Grundmuster, die auch heute mitunter noch anzutreffen sind, wenn es um Fragen kultureller Überlegenheit geht, die aber vor allem die Ideologie zur Zeit des Imperialismus kennzeichnen und zur Rechtfertigung der Herrschaft über fremde Gebiete unterentwickelter Kontinente dienten (hauptsächlich Anforderungsbereich II). Wichtig dabei ist es, Ansätze von Differenzierungen des Autors zu erkennen, der sich, bei aller Fragwürdigkeit der Ergebnisse, zu denen er dabei kommt, in die Eingeborenen und deren Denken hineinzuversetzen versucht.*

Bei der Darstellung Schwabes fallen bestimmte Begrifflichkeiten auf: Er spricht von den „Weißen" (Z. 8), die den „schwarzen Erdteil" (Z. 4) in Besitz nehmen, und zwar unaufhaltsam (Z. 8 f.). Es wird also eine Zwangsläufigkeit festgestellt, wobei die Überlegenheit schon an der Hautfarbe zu erkennen sei. Unzweifelhaft wohnte dem europäischen Kolonialismus ein gewisser **Rassismus** inne, bei dem man vor allem der schwarzafrikanischen Bevölkerung mit wenig Respekt begegnete. Deren Rückständigkeit aktivierte das **Sendungsbewusstsein** der Europäer, fremden Völkern nicht nur den christlichen Glauben zu bringen (**Missionierung**), sondern insgesamt mit den Segnungen der europäischen **Zivilisation** vertraut zu machen. Rudyard Kipling sprach diesbezüglich von der „Bürde des weißen Mannes", die „Wilden" zivilisieren zu müssen. Auch bei Schwabe ist vornehmlich von **kulturellen Leistungen** in Staat und Wirtschaft die Rede, während der Bereich des Politischen und damit der Machterweiterung im Konkurrenzkampf der europäischen Staaten ausgeblendet wird. Letztlich liefert seine Argumentation auch die Legitimation für den Kampf gegen die Eingeborenen: Diese, von Hass und Neid auf die Überlegenheit der Eroberer getrieben, werden als **rückständige Aggressoren** dargestellt, denen man sich als höher entwickelter **Träger des Fortschritts** zur Wehr setzen müsse. Über kurz oder lang erfolge dann zwangsläufig die Durchsetzung der Herrschaft über die unterentwickelten Gebiete, da im Denken des **Sozialdarwinismus** stets der Stärkere gegen den Schwächeren siegt. Dieses Denken auf verschiedene Völker (Nationalismus) und Rassen (Rassismus) übertragend, sahen vor allen die Briten Rhodes und Chamberlain die gesamte **Geschichte als Rassenkampf**.

Bemerkenswert an Schwabes Text ist der Versuch, zumindest die **Position der Gegenseite** nachzuvollziehen und die Rolle der Europäer als „Eindringlinge" (Z. 22) doch ansatzweise zu reflektieren, auch wenn er an der prinzipiellen Richtigkeit des Vorgehens der Kolonialherren keinen Zweifel lässt.

2. *Hier wird eine strukturierte Darstellung der deutschen Kolonialgeschichte erwartet, die den Wandel von Bismarck zu Wilhelm II. herausstellt (vor allem Anforderungsbereich II). Im Vergleich zu anderen europäischen Staaten bemühte sich das Deutsche Reich äußerst spät um Kolonien – ein Umstand, der auch bei der Diskussion um die Bedeutung der deutschen Kolonien für das Geschichtsbewusstsein eine Rolle spielt, genauso wie das abrupte Ende des kolonialen Abenteuers durch den Versailler Vertrag. Am Ende sollte ein historisches Sachurteil stehen, das die Frage nach der Bedeutung der Kolonialzeit einerseits aus der Perspektive der Deutschen erörtert, andererseits den Blick auf die Verantwortung für die Folgen in den ehemaligen Kolonien richtet (Anforderungsbereich III), d. h. multiperspektivisch beleuchtet. Dabei ist eine differenzierte Sicht angeraten, die den sicherlich zahlreichen negativen auch die positiven Folgen des Kolonialismus hinzufügt.*

Während die alten Kolonialmächte Spanien und Portugal bereits im 16. Jahrhundert im Zuge der Entdeckungsfahrten Kolonialreiche errichteten, im 19. Jahrhundert allerdings politisch von geringer Bedeutung waren, traten **Großbritannien** und **Frankreich**, daneben noch die Niederlande, seit dem 17. Jahrhundert in Asien und später auch in Afrika auf die koloniale Bühne. Diese Mächte hatten somit einen erheblichen **Erfahrungsvorsprung** und verfügten bereits über ein ausgedehntes Imperium, bevor das Deutsche Reich überhaupt als solches geeint war.
Nach der Reichsgründung 1871 verfolgte **Bismarck** seine **Politik der Saturiertheit**, d. h. das Reich sollte nach innen gefestigt und nach außen hin abgesichert werden, wobei Konflikte mit anderen europäischen Mächten in Kolonialfragen zu vermeiden waren. Dennoch erwarb das Deutsche Reich in den 1880er-Jahren sogenannte **Schutzgebiete**, in denen deutsche Unternehmer unter der Obhut der Schutztruppen Handel treiben konnten. Die **Umwandlung in Kolonien** erfolgte auf der Basis verschiedener Motive, die später noch zu erörtern sein werden. Ohnehin waren die meisten Gebiete bereits vergeben, sodass man sich mit unzusammenhängenden Kolonien in Afrika (Südwestafrika, Kamerun, Togo, Ostafrika) und im Pazifik (Neuguinea und andere Inselgruppen) begnügen musste.
Nach der Entlassung Bismarcks aus dem Amt des Reichskanzlers 1890 forcierte **Wilhelm II.** eine nun weitaus **aggressivere Außenpolitik**, die den Wettlauf nach Kolonien propagierte, um die eigene **Weltmachtstellung** zur Geltung zu bringen. Zugleich wurde ein ambitioniertes **Flottenbauprogramm** unter Admiral Tirpitz aufgelegt, das einen Konflikt mit Großbritannien heraufbeschwor. Nationalistisch gesinnte Interessenverbände wie der „Alldeutsche Verband" förderten den „**Neuen Kurs**" der Außenpolitik mit dem Ziel, einen „Platz an der Sonne" zu erlangen. Folgerichtig besetzte man Kiautschou in China gegen Ende des 19. Jahrhunderts, geriet beim **Bau der Bagdadbahn** seit 1903 in Konflikt mit den Interessen Russlands und Großbritanniens, aus den **Marokkokrisen** (1905/1911) resultierten Spannungen mit Frankreich.
Die deutsche Kolonialpolitik unter dem persönlichen Regiment Kaiser Wilhelms II. unter gleichzeitigem Abbau der Sicherheitsgarantien des Bismarckschen Bündnissystems trugen wesentlich zu Spannungen im Vorfeld des Ersten Weltkrieges bei. Nach der deutschen Niederlage sah der **Versailler Vertrag** 1919

unter anderem den **Verlust aller deutschen Kolonien und der Hochseeflotte** vor – Deutschlands kurze Kolonialzeit war damit beendet und verschwand allmählich aus dem öffentlichen Bewusstsein.

Gründer nennt als naheliegende Ursachen dafür die **kurze Dauer des deutschen Kolonialreichs** von knapp 30 Jahren (Z. 4 ff.) sowie den Umstand, dass wir heute **keine folgenreichen Auswirkungen** dieser Zeit mehr spüren (Z. 5 f.). Zudem habe man damit dem schwierigen **Dekolonisationsprozess ausweichen** können (Z. 9–13), während andere Kolonialmächte wie Großbritannien oder Frankreich noch immer mit den Folgen ihrer kolonialen Vergangenheit zu kämpfen haben. Da sich auch das **Verhältnis zu den ehemaligen Kolonien weitgehend konfliktfrei** ausnimmt (Z. 13–15), gebe es insgesamt kaum Gründe, dieser Zeit aus deutscher Sicht allzuviel Beachtung zu schenken.

Dies alles sind in der Tat überzeugende Erklärungen, warum **aus Sicht der Deutschen** und ihrer Interessenlage die Verdrängung der Kolonialzeit erklärbar ist. Doch Gründer deutet am Ende seiner Ausführungen an, dass die **Folgen für die betroffenen Völker** ungleich gravierender waren (Z. 16–18). Nicht nur, dass sie sich einem **radikalen Wandel** unterwerfen mussten, dem **kulturelle Identität geopfert** wurde. Man war gezwungen, auf der Grundlage der alten Kolonien neue staatliche Identitäten zu finden, was sozial, kulturell und materiell schmerzhaft war. Die rigide Behandlung der Eingeborenen durch die Kolonialverwaltung in Afrika beispielsweise oder gar der Vernichtungskrieg gegen die Herero in Deutsch-Südwestafrika legen Zeugnis ab von der Inhumanität im Zuge der Kolonialisierung. Dabei ist andererseits zu betonen, dass die Neuerungen, die die eingeborenen Völker erfuhren, nicht nur negativer Art waren. Es wurde ein **Modernisierungsprozess** in Gang gesetzt, der in einer Welt, die immer rascher im globalen Maßstab funktionieren sollte, über kurz oder lang unausweichlich war. Zudem gab es **Unterschiede in den Wirtschafts- und Herrschaftsstrukturen** der einzelnen Kolonien – es gab Handels- (Togo) wie Siedlungskolonien (Deutsch-Südwestafrika), und es existierten zunächst Formen indirekter, später meist direkter **Herrschaft** –, sodass auch die Erfahrungswelt der Eingeborenen unterschiedlich war. Mitunter führte die Entmachtung traditioneller Herrschaftsgruppen zu einer Öffnung für breite Schichten, und insgesamt schuf die zunächst erzwungene **Entwicklungspolitik** die Voraussetzung für die spätere Integration der ehemaligen Kolonien in das, was wir heute Weltgemeinschaft nennen. Da es sich bei den neuen politischen und wirtschaftlichen Strukturen nicht um gewachsene, sondern aufgezwungene handelt, fällt es den heute selbstständigen Staaten, die ehemals Kolonien waren, oftmals schwer, eine funktionierende Demokratie und eine marktwirtschaftliche Ordnung zu etablieren.

Betrachtet man die Kolonialzeit also nicht allein aus deutscher Perspektive, sondern auch aus der der indigenen Bevölkerung, so sollte zumindest die **Verantwortung für die bis heute nachwirkenden Folgen** des Kolonisationsprozesses im Geschichtsbewusstsein der Deutschen verankert werden, auch wenn diese Folgen aus den bereits genannten Gründen weniger gravierend sind als etwa im Falle des Britischen Empire. Heutige Entwicklungspolitik dürfte von einem solchen Bewusstsein profitieren.

3. *Bei der Darstellung, Analyse und Bewertung der verschiedenen Imperialismustheorien kommt es darauf an, jeweils die unterschiedlichen Voraussetzungen, die in den Theorien deutlich werden, herauszustellen. Jede Theorie bietet andere Motive zur Dynamik imperialistischer Politik an, die – isoliert betrachtet – dem Gesamtphänomen nicht vollständig gerecht werden. Daher empfiehlt es sich, bei der abschließenden historischen Bewertung des Phänomens Imperialismus ein multikausales, pluralistisches Erklärungsmodell zu befürworten, das die je nach Staat, gesellschaftlicher Gruppe, Kolonie und Phase verschieden gelagerten Motive integriert. Dies erfordert eine Argumentation auf hohem Reflexionsniveau (Anforderungsbereich III), aber auch hier werden Textarbeit (Bezugnahme auf M 1, Anforderungsbereich I) und gezielte Einordnung historischer Sachverhalte in einen theoretischen Zusammenhang (Anforderungsbereich II) erwartet.*

Grundlage für die verschiedenen Imperialismustheorien sind bestimmte Motive, in denen man den Hauptgrund imperialistischer Politik sieht. Aus der vorliegenden Quelle Schwabes spricht die Vorstellung eines **Kulturimperialismus**, d. h. die Idee, fremden Völkern in einer Art zivilisatorischer Mission die eigene überlegene Kultur zu bringen, was nicht ohne Herrschaftsausübung durch die Kolonialherren funktionieren kann. Es handelt sich dabei um eine zwangsläufige Entwicklung im langfristigen Prozess der Zivilisation, der keiner besonderen Planung bedarf. Kolonisten, Pioniere, Missionare, Abenteurer – nicht etwa die große Politik – seien als eher unbedeutende Gesellschaftsgruppen die Triebkräfte dieses Prozesses, der seine Dynamik aus dem Ungleichgewicht der Macht zwischen Europa und dem Rest der Welt beziehe.

Die **politische Imperialismustheorie** sieht den Konkurrenzkampf der europäischen Mächte auf andere Kontinente verlagert. Angetrieben durch einen aggressiven Nationalismus und Militarismus, versuche jeder Staat, die eigene Position im Konzert der Mächte durch den Erwerb von und die Herrschaft über Kolonien zu stärken und das nationale Prestige zu erhöhen. Eine intensive militärische Aufrüstung geht mit dieser politischen Zielsetzung einher.
Darüber hinaus sehen die Vertreter der **ökonomischen Imperialismustheorie** vornehmlich wirtschaftliche Interessen am Werk: Neue Märkte sollten erschlossen, Rohstoffvorkommen gesichert und Kolonialsiedlungen und Handelsniederlassungen etabliert werden. Auch wenn sich der tatsächliche wirtschaftliche Nutzen vieler Kolonien, zumal in Afrika, in Grenzen hielt, sei die Erwartung nach ökonomischem Profit dennoch ein Hauptmotiv gewesen.

Grundlage der von Hans-Ulrich Wehler entwickelten Theorie vom **Sozialimperialismus** ist die Annahme, dass die europäischen Mächte in der Phase der wirtschaftlichen und sozialen Krise von 1873 bis 1896 einen Fluchtpunkt suchten, den sie in der wirtschaftlichen Expansion in fremden Kontinenten fanden. Der Absatzmarkt sollte somit erweitert, die Wirtschaftskraft angekurbelt und damit auch das Gros der Arbeiter im Inland von dem Druck der Krise befreit werden. Innenpolitische Spannungen sollten folglich nach außen abgeleitet werden.

Demgegenüber betonen die Vertreter der **Kollaborationstheorie** (auch **peripherieorientierte Imperialismustheorie** genannt) die Wechselwirkung von europäischer Politik und den politischen Gegebenheiten vor Ort in den Kolonien. Wirtschaftliche und machtstrategische Komponenten aufseiten der Europäer hätten sich mit exogenen Faktoren, d. h. den örtlichen Möglichkeiten einheimischer Kollaboration oder Widerstands gepaart und so erst die Dynamik des Imperialismus erreicht, ja oftmals sei die Situation an der Peripherie des Kolonialreiches entscheidender für dessen Ausbau gewesen als die politischen Konzeptionen im Mutterland. Nicht in den europäischen Metropolen selbst seien die Weichen für die Expansion gestellt worden, sondern diese sei Reaktion auf die unbefriedigenden Verhältnisse an der Peripherie, sprich in den Kolonien selbst, gewesen. Es habe keine Gesamtstrategie für eine planmäßige Expansion vorgelegen; vielmehr hätte Krisen in den besetzten Gebieten Eingriffe der Kolonialmächte zur Herrschaftssicherung erfordert, darunter auch die Schaffung formeller kolonialer Verwaltungsstrukturen, wo vorher nur eine indirekte Herrschaft bestand.

Jede der verschiedenen Theorien mag zahlreiche Beispiele für deren Richtigkeit und Beispiele für die Unrichtigkeit anderer Theorien aufweisen; eine für alle imperialistischen Staaten, Kolonien, verschiedenen Bevölkerungsgruppen und Phasen gültige Theorie, die zugleich den vielen unterschiedlichen Motiven gerecht wird, findet man am besten in der **pluralistischen Imperialismustheorie** Wolfgang J. Mommsens. Es sollte folglich eine **multikausale Erklärung angestrebt** werden, die den jeweiligen Besonderheiten gerecht wird. Das heißt beispielsweise, dass in der Zeit wirtschaftlicher Blüte die These vom Sozialimperialismus weniger ins Gewicht fallen dürfte als in den Jahren der Rezession nach 1873; Kolonialherren wie Kurd Schwabe wurden eher von kulturimperialistischem Denken angetrieben als etwa Händler, die sich zuallererst wirtschaftliche Vorteile versprachen. Und dass die Gegebenheiten von Kollaboration und Widerstand vor Ort Einfluss auf den Fortgang des Kolonisationsprozesses hatten und Formen der Zusammenarbeit die imperialistische Machtausübung erleichterten, dürfte unbestritten sein. Zusammenfassend ist also zu betonen, dass sich die meisten erläuterten Theorien jeweils nur auf bestimmte Aspekte des Phänomens anwenden lassen.

Teilaufgabe	AFB I	AFB II	AFB III	BE
1	20	10	–	30
2	5	25	10	40
3	5	15	10	30
Summe	30	50	20	100

Hessen – Geschichte – Grundkurs
Übungsaufgabe 2

Thema: *Die deutsche Einheit und der Kalte Krieg*

Aufgaben

1. Die Berliner Mauer war ein Symbol sowohl für den Verlust der nationalen Einheit der Deutschen als auch für die Unerbittlichkeit im Kalten Krieg
   Stellen Sie zunächst den Prozess der nationalstaatlichen Einigung der Deutschen in der Zeit von 1815 bis 1871 dar und nehmen Sie dann zum Erreichen der nationalen Einheit für das deutsche Volk Stellung. (25 BE)
2. Geben Sie wieder, wie Willy Brandt (M 1) den Bau der Mauer bewertet. (20 BE)
3. Vergleichen Sie, wie Willy Brandt (M 1) und der Karikaturist (M 2) den Bau der Mauer bewerten. (30 BE)
4. Bearbeiten Sie eine der beiden Aufgabenstellungen:
   a) Bewerten Sie die beiden Reaktionen auf den Mauerbau (M 1 und M 2) vor dem Hintergrund des Kalten Krieges. (25 BE)

   oder

   b) „Die Westmächte müssen unserer Meinung nach darauf bestehen, daß die rechtswidrigen Maßnahmen rückgängig gemacht werden und die Freizügigkeit wiederhergestellt wird." (Z.13–16) Erörtern Sie diese Forderung Willy Brandts. (BE 25)

Material

M 1: Auszug aus einer Erklärung des Regierenden Bürgermeisters von Berlin, Willy Brandt, auf einer Sondersitzung des Berliner Abgeordnetenhauses am 13. August 1961

Willy Brandt (1913–1992) war ein bedeutender SPD-Politiker. Von 1957 bis 1966 war er Regierender Bürgermeister von Westberlin. Danach – von 1966 bis 1969 – amtierte er als Bundesaußenminister und von 1969 bis 1974 als Bundeskanzler.

Die vom Ulbricht-Regime auf Anforderung der Warschauer-Paktstaaten verfügten und eingeleiteten Maßnahmen zur Abriegelung der Sowjetzone und des Sowjetsektors von Westberlin sind ein empörendes Unrecht. Sie bedeuten, daß mitten durch Berlin nicht nur eine Art Staatsgrenze, sondern die Sperrwand eines Konzentrationslagers gezogen wird. Mit Billigung der Ostblockstaaten verschärft das Ulbricht-Regime die Lage um Berlin und setzt sich erneut über rechtliche Bindungen und Gebote der Menschlichkeit hinweg. Der Senat von Berlin erhebt vor aller Welt Anklage gegen die widerrechtlichen und unmenschlichen Maßnahmen der Spalter Deutschlands, der Bedrücker Ost-Berlins und der Bedroher West-Berlins. [...]

Wir haben uns unverzüglich mit den Herren Kommandanten unserer Schutzmächte in Verbindung gesetzt. Dabei habe ich sie darum ersucht, im Gebiete ihrer eigenen Verantwortung tätig zu werden und ihren Regierungen vorzuschlagen, daß energische Schritte gegenüber der Regierung der Sowjetunion unternommen werden. Die Westmächte müssen unserer Meinung nach darauf bestehen, daß die rechtswidrigen Maßnahmen rückgängig gemacht werden und die Freizügigkeit wiederhergestellt wird. Es kann nicht meine Aufgabe sein, den Entscheidungen der für unsere Sicherheit verantwortlichen Regierungen vorzugreifen. Aber ich spreche sicherlich im Sinne dieses Hohen Hauses und im Namen der gesamten Berliner Bevölkerung, wenn ich der Meinung Ausdruck gebe, daß es mit bloßen Protesten nicht sein Bewenden haben sollte. [...]

In Wahrheit hat das kommunistische Regime in den letzten 48 Stunden das Eingeständnis dafür geliefert, daß es selbst Schuld ist an der Flucht von Deutschen nach Deutschland. Eine Clique, die sich Regierung nennt, muß versuchen, ihre eigene Bevölkerung einzusperren. Die Betonpfeiler, der Stacheldraht, die Todesstreifen, die Wachtürme und die Maschinenpistolen, das sind die Kennzeichen eines Konzentrationslagers. [...]

Es wird keinen Bestand haben. Wir werden in Zukunft noch sehr viel mehr Menschen als früher nach Berlin bringen, aus allen Teilen der Welt, damit sie die kalte, die nackte, die brutale Wirklichkeit eines Systems sehen können, das den Menschen das Paradies auf Erden versprochen hat.

Bulletin. http://www.chronik-der-mauer.de/index.php/chronik/1961/August/13/
Die Rechtschreibung der Textquelle (M 1) entspricht der des Originals.

M 2: Karikatur im „Neuen Deutschland“ vom 23. August 1961

Das „Neue Deutschland“ (seit 1946) war die auflagenstärkste Tageszeitung in der DDR. Als Organ des Zentralkomitees der SED vertrat es die offizielle Linie der Partei- und Staatsführung. Die Karikatur erschien in dieser Zeitung am 23. August 1961.

Quelle: „Neues Deutschland“, 23. August 1961.

Lösungsvorschläge

Inhaltliche Schwerpunkte:

Die Aufgabe bezieht sich hauptsächlich auf das Halbjahr 13/1 „Konflikt und Kooperation in der Welt nach 1945“. Dabei geht es vor allem das Thema „Die deutsche Ebene: Teilung und Einheit“, und zwar unter der Perspektive „Schritte auf dem Wege zur Teilung Deutschlands“. Der halbjahresübergreifende Bezug wird durch die erste Arbeitsanweisung hergestellt, die sich auf das Halbjahr 12/1 „Gesellschaftliche Veränderungsprozesse am Beginn der Moderne“ und dort auf das Schwerpunktthema „Politische Revolutionen in Europa und ihre Folgen“ mit all seinen Aspekten bezieht: „Nationalbewusstsein und Nationalstaatsbewegung in Deutschland und Europa“, „Restauration und Vormärz“, „Demokratiebewegung und Revolution 1848“ und „Grundlinien und regulative Prinzipien der Innen- und Außenpolitik Bismarcks“.

1. *Mit dem Operator „darstellen" ist gefordert, dass Sie die historisch Entwicklung sowohl beschreiben als auch erklären sollen (überwiegend AFB II, durch die Wiedergabe von Wissen sind aber auch Leistungen im AFB I verlangt). Insgesamt müssen Sie die inhaltliche Ausrichtung der Aufgabenstellung stets im Auge behalten: Es geht (nur) um die nationalstaatliche Entwicklung, und zwar (nur) in Deutschland und (nur) zu einer bestimmten Zeit (von 1815 bis 1871). Bleiben Sie also unbedingt beim Thema und problemorientiert. Ihre Darstellung gewinnt, wenn sie erkennbar gegliedert ist. Als Anfangs- und Endpunkte bieten sich die beiden in der Aufgabenstellung genannten Jahreszahlen an, da sie jeweils einen bestimmten Grad der nationalstaatlichen Entwicklung beschreiben: 1815 Deutschlands Zersplitterung im „Deutschen Bund" und 1871 die Vereinigung im Deutschen Kaiserreich. Dazwischen liegt mit der ersten deutschen Nationalversammlung von 1848 ein herausragendes Ereignis im Bemühen um die nationale Einheit. Mit der Zeit vor und nach 1848 sind Entwicklungsprozesse darzustellen: der Vormärz einerseits und die Einigungskriege andererseits. Insgesamt ergäbe sich folgende symmetrisch um 1848 angelegte Gliederung Ihrer Darstellung:*
   - *1815 Deutscher Bund (fortwirkender defizitärer Zustand der Einheit)*
   - *Vormärz (Forderung nach nationaler Einheit gegen restaurative Tendenzen)*
   - *1848 (besonderes Ereignis; krönender, aber gescheiterter Vormärz-Abschluss)*
   - *Einigungskriege („Blut und Eisen"-Politik Bismarcks)*
   - *1871 Deutsches Kaiserreich (fortwirkender zufriedenstellender Einheitszustand)*

   Die abschließende kurze Stellungnahme verlangt Leistungen im Anforderungsbereich III: Sie müssen den Stellenwert des Erreichens der nationalen Einheit für das deutsche Volk bestimmen, um dann begründet zu beurteilen, wie wichtig dieses Ziel für die nationale Identität der Deutschen war.

Nachdem der **Wiener Kongress 1815** den „**Deutschen Bund**" geschaffen hatte, war Deutschland weit davon entfernt, eine nationale Einheit erreicht zu haben, wie es sie in England und in Frankreich schon lange gab. Deutschland war im „Deutschen Bund" in 35 Teilstaaten und 4 reichsfreie Städte zersplittert. Der Bundestag in Frankfurt am Main regelte unter dem Vorsitz Österreichs die gemeinsamen Angelegenheiten des lockeren Staatenbundes, an dem einerseits auch ausländische Mächte partizipierten (z. B. König von Großbritannien als König von Hannover) und von dem andererseits Teile Deutschlands ausgeschlossen blieben (z. B. West- und Ostpreußen).

Im **Vormärz** entwickelte sich daher eine Oppositionsbewegung, die die nationale Einheit Deutschlands forderte. Es gab zwar keine klaren Vorstellungen von dem angestrebten nationalstaatlichen Gebilde (Verfassung?, Staatsgebiet?). Aber das **Verlangen nach einem geeinten Deutschland** verband große Teile des Bürgertums. Durch verschiedene Großveranstaltungen wie das Wartburgfest 1817 und das Hambacher Fest 1832 trug die Vormärzbewegung ihre Forderung nach nationaler Einheit in die Öffentlichkeit und entwickelte sie weiter.

In der **Revolution von 1848** schien die nationale Einheit tatsächlich erreichbar zu werden, als in der Frankfurter Paulskirche das erste deutsche Nationalparlament zustande kam. Aber einerseits war diese Frankfurter **Nationalversammlung** zu zerstritten über die zu schaffende Staatsform und andererseits waren die Einzelfürsten stark genug, um ihre Souveränität zu verteidigen. Preußen, dessen König gemäß der favorisierten kleindeutschen Lösung ausgewählt worden war, an der Spitze des neuen deutschen Reiches zu stehen, lehnte diese Krone aus der Hand bürgerlicher Revolutionäre entschieden ab. Damit war das Bemühen der bürgerlichen Revolution von 1848 um eine nationalstaatliche Einigung gescheitert.

Bismarck ging als preußischer Ministerpräsident ab 1862 einen anderen Weg zur Überwindung der Zersplitterung Deutschlands. Er forcierte die nationale Einheit von „oben", statt durch eine bürgerliche Revolution von „unten". Mit „**Blut und Eisen**", also auf militärischem Wege, überwand er durch seine drei sogenannten **Einigungskriege** – 1864 gegen Dänemark, 1866 gegen Österreich (mit der Schaffung des Norddeutschen Bundes 1867) und 1870 gegen Frankreich – sowohl Österreich als den Konkurrenten um die Vorherrschaft in Deutschland als auch die auf Unabhängigkeit bedachten Fürsten (vor allem Süddeutschlands) und schuf 1871 unter preußischer Führung **das Deutsche Kaiserreich**.

Damit hatte das deutsche Volk erstmals eine **nationale Einheit erreicht**, um die es andere Völker Europas (Frankreich, England) immer beneidet hat. Diese Einheit muss als ein **großer Erfolg** in der deutschen Geschichte gewertet werden. Ein rascher **wirtschaftlicher Aufstieg** der in der Industrialisierung verspäteten Nation Deutschland war die Folge. Auch die **innere politische Entwicklung** konnte jetzt richtig einsetzen (politische Parteien, Parlamentarismus usw.), wobei noch vieles unzulänglich blieb (Sozialistengesetz, geringer Einfluss der Parteien usw.).

Die neu gewonnene **nationale Identität** entwickelte sich über ein stolzes **Nationalgefühl** im Kaiserreich allerdings schon bald zu einem **nationalen Chauvinismus**, der zur Entstehung des Ersten Weltkrieges beitrug und sich im **Rassismus** der Nationalsozialisten bis zum **faschistischen Völkermord** steigerte.

2. *Es kommt darauf an, nicht den gesamten Text von Willy Brandt wiederzugeben, sondern gezielt jene Aspekte herauszusuchen, die unmittelbar eine Bewertung des Mauerbaus darstellen; es überwiegen also Leistungen im Anforderungsbereich I. Dabei sind Sie nicht an die Reihenfolge gebunden, in der die Äußerungen im Text vorkommen. Weichen Sie ruhig von der Chronologie des Textes ab, wenn es der logische Aufbau Ihrer Wiedergabe erfordert; zum Beispiel wenn Sie mit der stärksten Äußerung beginnen und Wiederholungen vermeiden wollen. Schreiben Sie Ihre Wiedergabe in der indirekten Rede. Sie dürfen hier nur referieren; es ist (noch) nicht Ihre eigene Meinung gefragt.*

Brandt **lehnt den Mauerbau entschieden ab**. Sein heftigster Vorwurf ist, dass die DDR-Regierung, die er abwertend als „Clique" (Z. 23) bezeichnet, mit der Mauer die „eigene Bevölkerung einzusperren" (Z. 23 f.) versuche und in Ostberlin und der DDR ein „**Konzentrationslager**" (Z. 4 f. und 25 f.) einrichte – was an den Betonpfeilern, dem Stacheldraht, den Todesstreifen, den Wachtürmen und den Maschinenpistolen zu erkennen sei (vgl. Z. 23–26). Mit dem Mauerbau sei „**empörendes Unrecht**" (Z. 3) geschehen, denn die Mauer verstoße gegen „rechtliche Bindungen und Gebote der Menschlichkeit“ (Z. 6 f.). Sie sei außerdem das Eingeständnis des Ostens, an der **Flucht der Ostdeutschen** und Ostberliner in den Westen schuld zu sein (Z. 22 f.). Insgesamt vertritt Brandt die Auffassung, dass die Mauer Deutschland spalte und eine Bedrohung Westberlins und eine Unterdrückung Ostberlins darstelle (Z. 9).

3. *Für den Vergleich zweier Quellen in Bezug auf eine gemeinsame Fragestellung (hier: „Wie wird der Mauerbau bewertet?“) gibt es grundsätzlich drei Möglichkeiten. Entweder, man stellt beide Sichtweisen nacheinander dar und vergleicht sie dann anhand ausgewählter Aspekte. Oder man geht von bestimmten Aspekten aus und kontrastiert dazu jeweils die Sichtweise der beiden Quellen. Oder man geht von einer der beiden Quellen aus und stellt ihr zu bestimmten Aspekten jeweils die Sichtweise der anderen Quelle gegenüber. Da Brandts Sichtweise durch die Teilaufgabe 2 schon dargestellt ist, ist es hier sinnvoll, nun zunächst die Karikatur zu analysieren und dann die beiden Sichtweisen an einschlägigen Aspekten miteinander zu vergleichen. Dabei bietet es sich an, jeweils von Brandt auszugehen, denn der Kontext der beiden Quellen und ihr Verhältnis zueinander zeigen, dass Brandt mit seiner Erklärung unmittelbar auf den Mauerbau reagiert (die Quelle stammt vom Tag des Mauerbaus, dem 13. 8. 1961), während die Karikatur erst zehn Tage danach erschien. Sie hat also schon etwas Abstand zu dem Ereignis und dürfte außerdem eine Reaktion auf westliche Ansichten, wie die von Willy Brandt sein. Zur notwendigen Analyse der Karikatur sind zunächst ihre zentralen Bildelemente zu benennen und zu beschreiben, um dann eine Gesamtaussage zu erschließen. Durch den Vergleich und die Analyse sind vorwiegend Leistungen im Anforderungsbereich II gefordert, durch das Einbringen von Wissen kommen aber auch der Anforderungsbereich I sowie durch die ansatzweise Interpretation der Karikatur auch der Anforderungsbereich III zum Tragen. Ihre eigene Meinung zu den Quellen und zum Mauerbau ist auch hier noch nicht gefragt.*

Die mit dem Namen des Zeichners signierte **Karikatur** erschien am 23. August 1961 im „Neuen Deutschland“. Zentrale Bildelemente der Karikatur sind der **Grenzer** mit seinem geschulterten Gewehr und der „Halt“-Kelle sowie das **Brandenburger Tor** mit der Quadriga (Pferdegespann). Der Grenzpolizist ist überlebensgroß und steht mit verschränkten Armen (also nicht aggressiv) und etwas nach hinten geneigt da. Er ist sehr jung und wirkt durch seinen Blick und seine Körperhaltung recht **gelassen**, fast überheblich und **herablassend**, aber durchaus freundlich, **souverän**, dynamisch, offen. Sein Gewehr ist geschultert, also **einsatzbereit**, aber es stellt keine direkte Bedrohung dar. Man hat den Eindruck, als würde der Grenzer im Konfliktfall zuerst seine „Halt“-Kelle heben, die im Moment noch nach unten zeigt. Seine Bekleidung und seine Mütze weisen ihn als Mitglied einer „**Betriebskampfgruppe**“ aus, deren Mitglieder beim Bau der Mauer zu Tausenden zur Grenzsicherung eingesetzt wurden; er ist also kein Mitglied der regulären Armee (der NVA) der DDR, aber auch kein Volkspolizist („Vopo“).

Der „Kämpfer" – wie die Mitglieder der Betriebskampfgruppen hießen – steht hinter dem Brandenburger Tor, das er weit überragt. Auffällig ist dabei, dass das Brandenburger Tor **durchsichtig** zu sein scheint, denn gleichsam durch die Pfeiler hindurch erkennt man die Beine des Grenzers – hell und umrissartig gezeichnet. Wichtig für die Aussageabsicht der Karikatur ist die Blickrichtung des jungen Mannes: **Er schaut nach Westen.** (Dies kann man der Zeichnung direkt entnehmen, wenn man weiß, dass die Quadriga nach Osten gerichtet ist.) Der Betrachter der Karikatur befindet sich also im Westen, gegen den sich der Bau der Mauer richtete.

Insgesamt bringt die Karikatur die offizielle **Sichtweise der damaligen DDR-Führung** zum Mauerbau zum Ausdruck: Die DDR fühlte sich gegenüber der Bundesrepublik als der **bessere, jüngere Staat** („Neues Deutschland"), wie es durch den jugendlichen Grenzer zum Ausdruck kommt. Die Mauer habe man zum Schutz gegen politische und wirtschaftliche Störungen (zum Beispiel um den 17. Juni 1953) aus dem Westen gebaut, als **„antifaschistischen Schutzwall"**. Sie sei also **gegen den Westen gerichtet** – keinesfalls gegen den Osten. Das Brandenburger Tor erscheint dabei als ganz normaler Grenzübergang zwischen Ost- und Westberlin, der aber grundsätzlich durchlässig sei.

Der **Vergleich** der beiden Quellen zeigt deutlich, dass sie die Mauer völlig gegensätzlich bewerten: **Brandt** als die „Sperrwand eines **Konzentrationslagers**" (Z. 4 f.), mit der die Ostdeutschen eingesperrt würden, damit sie nicht weiter in den Westen fliehen können – die **Karikatur** dagegen als eine Maßnahme des Ostens zum **Selbstschutz** vor feindlichen Übergriffen aus dem Westen. Was Brandt als „Todesstreifen" (Z. 24) bezeichnet, stellt die Karikatur als ganz normale, also auch durchlässige Grenze mit einem freundlichen Wachsoldaten dar. Die Mauer ist damit für den Karikaturisten des „Neuen Deutschland" auch **kein Schuldeingeständnis des Ostens** für die massenhafte Fluchtbewegung, sondern Ausdruck der eigenen Stärke, Souveränität und Selbstständigkeit.

4. a) *Gefragt ist hier eine Einbettung der beiden gegensätzlichen Aussagen (aus M 1 und M 2) in die historische Auseinandersetzung zwischen Ost und West zu dieser Zeit (1961) und die Beurteilung ihrer Bedeutung. Dazu ist die problemorientierte Anwendung von Wissen gefragt (Anforderungsbereich II) und eine eigene Stellungnahme zu beiden Einschätzungen des Mauerbaus, bei der Sie Ihre Wertmaßstäbe offenlegen und begründen müssen; insgesamt fordert diese Arbeitsanweisung also überwiegend Leistungen des Anforderungsbereiches III.*

Beide Bewertungen des Mauerbaus sind durch die damalige Situation im **Kalten Krieg** gekennzeichnet. In den vorangegangenen Krisen der vierziger und fünfziger Jahre (Berliner Blockade 1948/49, Berlin-Ultimatum 1958) war Berlin immer wieder als **„Frontstadt"** in dem die Welt umspannenden Kalten Krieg (Koreakrieg 1950–1953) in Erscheinung getreten. Vor allem durch den seit 1949 anhaltenden **Flüchtlingsstrom** aus Ostberlin und aus der DDR spitzte sich die Lage zu. Die DDR drohte „auszubluten"; besonders Fachkräfte, die in dieser Zeit des Wirtschaftswunders im Westen wesentlich besser verdienten, verließen das Land. In Berlin war der politische und gesellschaftliche Ost-West-Gegensatz am deutlichsten zu spüren. Deshalb wurde hier im politischen Meinungsstreit besonders heftig **polemisiert** und **polarisiert**. Beide Seiten tendierten dabei zu einer starken Ideologisierung. Vor diesem Hintergrund könnte man die Übertreibungen beider Quellen als **typische Erscheinungen des Kalten Krieges** bewerten.

Gleichwohl könnte man sich vor dem Hintergrund des Holocausts daran stören, dass Willy Brandt die DDR als „**Konzentrationslager**" bezeichnet. Insgesamt jedoch dürfte seine Aussage, dass die DDR-Führung ihre Bürger durch die Mauer einsperre, **plausibler** erscheinen als die Darstellung des Karikaturisten des „Neuen Deutschland", wonach man sich lediglich gegen Eindringlinge aus dem Westen schützen wolle.

4. b) *Diese Arbeitsanweisung bezieht die internationale Politik mit ein: Brandt fordert in dem Zitat aus M 1 die Westmächte dazu auf, die DDR zum Rückbau der Mauer zu veranlassen. Eine Erörterung dieser Forderung verlangt von Ihnen, abwägend zu prüfen, was für und gegen die Aufforderung zur Intervention durch Westmächte sprechen könnte. Dabei empfiehlt es sich, die Argumente erkennbar zu hierarchisieren (zum Beispiel: das Wichtigste zuerst). Deshalb sollten Sie Ihre Ideen zunächst auf einem Konzeptpapier notieren und sortieren. Eine gute Erörterung versucht unbedingt, Argumente durch Belege oder hypothetische Überlegungen zu möglichen Konsequenzen zu begründen. Am Ende mündet Ihre Erörterung in eine abschließende Stellungnahme, die begründet und nachvollziehbar sein soll. Der Operator „Erörtern" weist die gesamte Arbeitsanweisung im Wesentlichen dem Anforderungsbereich III zu.*

Für Brandts Forderung spricht die Überzeugung, dass der Mauerbau als „Todesstreifen" (Z. 24) eine **menschenunwürdige Grenzanlage** darstelle und **gegen Vereinbarungen der Alliierten** verstoße (Verlust der Freizügigkeit). Wodurch aber hätten die Westalliierten den Osten bewegen können, die Mauer wieder abzubauen? Denkbar sind zum Beispiel: Verhandlungen oder direkte Maßnahmen wie eine Handelssperre oder sogar ein militärisches Eingreifen.

Verhandlungen zwischen Ost und West waren allerdings seit Beginn des Kalten Krieges kaum möglich und wenig erfolgreich gewesen (siehe zum Beispiel die Reaktion auf die Stalinnote 1952; erfolgreich war allerdings die Rückführung der Kriegsgefangenen aus der Sowjetunion durch Adenauer 1955). Unklar wäre dabei auch, was der Westen dem Osten in solchen Verhandlungen für den Abbau der Mauer hätte bieten oder womit er ihm hätte drohen können.
Eine **Handelssperre** hätte die DDR sicher hart getroffen. Sie hätte andererseits aber zu einer noch engeren Bindung der DDR an die Ostblockstaaten geführt.
Eine **militärische Intervention** durch die Westalliierten schließlich hätte einen Übergriff auf das Gebiet der DDR bedeutet und damit eine kriegerische Auseinandersetzung mit der Sowjetunion provoziert. Ein solcher Krieg hätte, selbst wenn er konventionell geführt worden wäre, verheerende Folgen für die Bevöl-

kerung in Deutschland gehabt und wäre somit sicher ein zu hoher Preis für den Abbau der Mauer gewesen.

Insgesamt scheinen die **Westalliierten** tatsächlich **wenig Möglichkeiten** gehabt zu haben, den Bau der Berliner Mauer zu revidieren. Das müsste auch Willy Brandt gewusst haben. Sein Appell scheint deshalb – so verständlich er am Tag des Mauerbaus als spontane und menschliche Reaktion auch sein mag – politisch nicht sehr klug gewesen zu sein, insofern diese unerfüllbare Forderung an die Westmächte das atlantische Verhältnis unnötig belastete.

Denn der Westen reagierte in der Tat sehr zurückhaltend auf den Mauerbau. Man protestierte zwar und verurteilte den Mauerbau als unmenschliches Machwerk, aber **es folgten keine Maßnahmen**. Amerikaner und Engländer wollten keine Eskalation der Krise und fürchteten eine Gefährdung des Weltfriedens. Man tolerierte den Mauerbau als eine **innere Angelegenheit der DDR**, auf deren Grund und Boden die Mauer schließlich stand.

Auch Bundeskanzler **Adenauer**, der sich zu dieser Zeit im **Wahlkampf** gegen Willy Brandt befand, reagierte verhalten und drängte die Westmächte nicht zu einschneidenden Maßnahmen. Für diese Zurückhaltung des Bundeskanzlers und der Westmächte zeigten weite Teile der westdeutschen und besonders der Berliner Bevölkerung wie Willy Brandt wenig Verständnis; am 16. August 1961 titelte die BILD-Zeitung: „Der Osten handelt – und was tut der Westen? Der Westen tut NICHTS".

Der amerikanische Präsident John F. Kennedy kam erst zwei Jahre später nach Westberlin. Dass diese Zurückhaltung des Westens durchaus positive **Konsequenzen** hatte, zeigte die politische Entwicklung der folgenden Jahre: Man mag zwar bedauern, dass die DDR sich nun relativ ungestört etablieren und entwickeln konnte und die **Teilung** auf unabsehbare Zeit **besiegelt** schien. Aber unter diesen Voraussetzungen wurde Mitte der 60er-Jahre eine **Entspannung im Kalten Krieg** zwischen Ost und West möglich. Man begann, zum Beispiel über Reiseerleichterungen zu verhandeln.

Teilaufgabe	**AFB I**	**AFB II**	**AFB III**	**BE**
1	5	15	5	25
2	15	5	–	20
3	5	20	5	30
4 a	–	5	20	25
oder **4 b**	–	5	20	25
Summe	25	45	30	100

Hessen – Geschichte – Grundkurs
Übungsaufgabe 3

Thema: *Der Weg in den Weltkrieg*

Aufgaben

1. Geben Sie den Inhalt der Weisung „Grün“, die Adolf Hitler am 30. Mai 1938 ausgefertigt hat, eigenständig wieder. (30 BE)
2. Analysieren Sie die Möglichkeiten und Grenzen der Appeasement-Politik angesichts der Weisung „Grün“ Hitlers vom 30. 05. 1938. (40 BE)
3. „Der Weg in den Krieg“: Vergleichen Sie an der Außenpolitik Hitlers und Kaiser Wilhelms II. vor dem Zweiten bzw. Ersten Weltkrieg die Faktoren „Machtbasis“ und „ideologisches Selbstverständnis“. Greifen Sie beim Belegen Ihrer Ergebnisse, wo es möglich und sinnvoll ist, auf Hitlers Weisung „Grün“ zurück. (30 BE)

Material

M: Adolf Hitler: Neufassung[1] der Weisung[2] „Grün“ an die Wehrmacht vom 30. Mai 1938
Geheime Kommandosache[3]

1. Politische Voraussetzungen.
Es ist mein unabänderlicher Entschluß, die Tschechoslowakei in absehbarer Zeit durch eine militärische Aktion zu zerschlagen. Den politisch und militärisch geeigneten Zeitpunkt abzuwarten oder herbeizuführen, ist Sache der politischen Führung.
Eine unabwendbare Entwicklung der Zustände innerhalb der Tschechoslowakei oder sonstige politische Ereignisse in Europa, die eine überraschend günstige, vielleicht nie wiederkehrende Gelegenheit schaffen, können mich zu frühzeitigem Handeln veranlassen.
Die richtige Wahl und entschlossene Ausnützung eines günstigen Augenblicks ist die sicherste Gewähr für den Erfolg. Dementsprechend sind die Vorbereitungen unverzüglich zu treffen.

2. Politische Möglichkeiten für den Beginn der Aktion.
Als Voraussetzung für den beabsichtigten Überfall sind notwendig:
a) ein geeigneter äußerer Anlaß und damit
b) eine genügende politische Rechtfertigung,
c) ein für den Gegner unerwartetes Handeln, das ihn in einem möglichst geringen Bereitschaftsgrad trifft.

Militärisch und politisch am günstigsten ist blitzschnelles Handeln auf Grund eines Zwischenfalls, durch den Deutschland in unerträglicher Weise provoziert wurde und der wenigstens zu einem Teil der Weltöffentlichkeit gegenüber die moralische Berechtigung zu militärischen Maßnahmen gibt [...]

3. Folgerungen für die Vorbereitung des Falles „Grün".

a) Für den Waffenkrieg kommt es darauf an, das Moment der Überraschung als wichtigsten Faktor des Sieges durch entsprechende Bereitschaftsmaßnahmen schon im Frieden und durch einen unerwartet schnellen Ablauf der Aktion in höchstem Maße auszunutzen.
Dadurch muß schon in den ersten zwei bis drei Tagen eine Lage geschaffen werden, die interventionslüsternen gegnerischen Staaten die Aussichtslosigkeit der tschechischen militärischen Lage vor Augen führt sowie den Staaten, die territoriale Ansprüche an die Tschechoslowakei haben, einen Anreiz zum sofortigen Eingreifen gegen die Tschechoslowakei gibt [...]

b) Der Propagandakrieg muß einerseits die Tschechen durch Drohungen einschüchtern und ihre Widerstandskraft zermürben, anderseits den nationalen Volksgruppen Anweisungen zur Unterstützung des Waffenkrieges geben und die Neutralen in unsrem Sinne beeinflussen. Nähere Anweisungen und die Bestimmung des Zeitpunktes behalte ich mir vor [...]

4. Aufgaben der Wehrmacht [...].

a) Die Masse aller Kräfte muß gegen die Tschechoslowakei angesetzt werden.

b) Für den Westen ist ein Mindestmaß an Kräften als etwa notwendig werdende Rückendeckung vorzusehen; die übrigen Grenzen im Osten gegen Polen und Litauen sind nur zu sichern, im Süden zu beobachten [...] gez. Adolf Hitler

Zitiert nach: Wolfgang Lautemann, Manfred Schlenke (Hg.): Geschichte in Quellen, Bd. 6, bearbeitet von Günter Schönbrunn, Bayrischer Schulbuch-Verlag, München ³1979, S. 379 f.
Die Rechtschreibung folgt der Originalquelle.

Anmerkungen

1 Die „Neufassung" ist eine Überarbeitung des Plans „Grün" vom 22. 4. 1938

2 „Weisungen" sind Anordnungen im Staatsapparat, die Untergebene auch gegen eigene Überzeugungen gewissenhaft auszuführen haben.

3 „Geheime Kommandosache", hier: militärischer Geheimbefehl an die Obersten Befehlshaber der Wehrmacht (Heer, Luftwaffe, Marine)

Lösungsvorschläge

Inhaltliche Schwerpunkte:
Die Aufgabe bezieht sich im Kern auf das Kurshalbjahr 12/II „Modernität und Antimodernität in der Zeit der Weimarer Republik und des Nationalsozialismus" und dabei auf den Schwerpunkt „Außenpolitik der Weimarer Republik vs. nationalsozialistische Außenpolitik und Zweiter Weltkrieg" mit den Stichworten „ideologische Grundlagen der nationalsozialistischen Außenpolitik", „außenpolitische Strategie und Taktik Hitlers" und „deutsche Expansionspolitik im Vorfeld des Krieges". Der kursübergreifende Bezug ergibt sich in Aufgabe 3 durch die Gegenüberstellung mit der Außenpolitik im wilhelminischen Kaiserreich. Dadurch wird das Halbjahr 12/I („Gesellschaftliche Veränderungsprozesse am Beginn der Moderne") einbezogen – insbesondere der prüfungsdidaktische Schwerpunkt „Der Imperialismus und seine Folgen" mit dem Stichwort „der wachsende Nationalismus und Chauvinismus in Europa und der Kriegsausbruch 1914".

1. *Einleitend ist die Quelle zu bestimmen: Verfasser, Überschrift, Quellenart, zeitlicher Kontext, Thema, Adressat. Eine gute Einleitung sollte die weiterführende Analyse bereits in den Horizont der fiktiven Leser-/Leserinnen rücken. Der Inhalt der Quelle ist sprachlich und gedanklich eigenständig wiederzugeben; wie bei jeder anderen Quellenwiedergabe auch ist hier die Distanz zum berichteten Inhalt durch die Verwendung der indirekten Rede mithilfe des Konjunktivs bzw. entsprechender Ersatzformen deutlich zu wahren (Anforderungsbereich I).*

   Die Möglichkeiten, aber auch Grenzen der britisch-französischen Appeasement-Politik lassen sich exemplarisch untersuchen, indem man sie auf Adolf Hitlers Neufassung der Weisung „Grün" an die Wehrmacht vom 30. Mai 1938 bezieht. In dieser streng **geheimen Instruktion** an die Obersten Befehlshaber der Wehrmacht befiehlt Hitler den Wehrmachtsführungsstäben, sich für einen unmittelbar bevorstehenden Angriff auf die Tschechoslowakei vorzubereiten.

   Hitler teilt der Wehrmachtsführung seine unumstößliche Entscheidung mit, die Tschechoslowakei durch einen baldigen **Überraschungsangriff** militärisch und politisch zu vernichten. Wichtig sei ein unberechenbar schneller Angriff, der sowohl der Tschechoslowakei als auch anderen Staaten die Möglichkeit einer wirksamen militärischen oder diplomatischen Reaktion nehme. Wünschenswert sei eine **vorausgehende vermeintliche Provokation** der tschechischen Regierung, um den deutschen Angriff im Ausland wenigstens zum Schein rechtfertigen zu können.

   Die Wehrmacht müsse das Überraschungsmoment nutzen und innerhalb von drei Tagen so erfolgreich operieren, dass sowohl eine **Fortführung des Krieges** für die Tschechen als auch ein militärisches **Eingreifen des Auslandes aussichtslos** erscheine. Hingegen sollten durch den schnellen deutschen Erfolg Ungarn, Rumänien und Polen **ermuntert werden**, ebenfalls in die Tschechoslowakei mit der Absicht **einzumarschieren**, ihr Territorium zu erweitern.

Der deutschen **Propaganda** falle die Aufgabe zu, durch Drohungen die tschechoslowakische Verteidigungsbereitschaft aufzureiben, die Sudetendeutschen zu Unruhe stiftenden Aktivitäten zu motivieren und neutrale Staaten im Sinne des NS-Regimes zu manipulieren.

Die **Masse der Wehrmacht** solle in dem Konflikt gegen die Tschechoslowakei eingesetzt werden. Eine stärkere militärische Sicherung der Grenzen hält Hitler nicht für geboten, selbst gegenüber Frankreich solle nur ein Minimum an Truppen für eventuelle Verteidigungszwecke positioniert werden.

2. *Überleitend ist der Begriff Appeasement zu definieren und sein historischer Bezug kurz aufzuzeigen. Die Möglichkeiten des britischen Appeasements sind zu erläutern, ebenso die Grenzen dieser Politik; dabei ist immer auf die Quelle Bezug zu nehmen. Die einzelnen Ergebnisse sollen mithilfe von Zitaten aus der Quelle und historischen Fakten erläutert und belegt werden. Ein differenziertes Fazit sollte die Analyse abschließen. (Anforderungsbereich II)*

Der Begriff „Appeasement" (dt.: Beschwichtigung) bezeichnet die **Reaktion** vor allem der britischen, aber auch französischen Regierung **auf die aggressive NS-Außenpolitik**, die auf die Revision des Versailler Vertrages und Expansion gerichtet war und sich nach der Machtergreifung in Aufrüstung und Kriegsvorbereitungen manifestierte. Der britische Premierminister Chamberlain wollte die **Ansprüche Hitlers**, die in der britischen Öffentlichkeit zum Teil als berechtigt oder zumindest als nachvollziehbar empfunden wurden, **durch Zugeständnisse auf friedlichem Weg** erlangen und dadurch einen **Krieg vermeiden**.

Ihren Höhepunkt erreichte diese Politik mit dem **Münchner Abkommen** Ende September 1938, in dem der britische, französische und – als vermeintlicher Vermittler – der italienische Regierungschef entschieden, dass die Tschechoslowakei das Sudetengebiet an das Deutsche Reich abtreten müsse. „The peace in our time!", verkündete Chamberlain bei seiner Rückkehr nach London: Die Sudetenkrise schien beendet, ebenso die vom Deutschen Reich ausgehende Kriegsgefahr. Hitlers Weisung „Grün" hatte am Beginn dieser Krise gestanden.

Der **Vorteil** der Appeasement-Politik lag für die Briten zunächst im **Zeitgewinn:** Die britische Bevölkerung war eineinhalb Jahrzehnte nach den großen Verlusten und Entbehrungen des Ersten Weltkrieges in erheblichen Teilen tendenziell pazifistisch eingestellt, die Rüstungsausgaben befanden sich auf einem relativ niedrigen Niveau. Die Nachwirkungen der Weltwirtschaftskrise und die dem Deutschen Reich im Versailler Vertrag auferlegten Rüstungsbeschränkungen sowie die Friedensbekundungen Hitlers machten politische Forderungen, die Rüstungsausgaben deutlich zu steigern, in der britischen Öffentlichkeit über die Mitte der 1930er-Jahre hinaus wenig populär. Die deutsche Aufrüstung mit modernen Waffen überflügelte technologisch rasch die Kampfkraft der britischen und französischen Systeme. Chamberlain spielte daher auf Zeitgewinn und initiierte bzw. förderte ab 1937 als Premierminister neue Rüstungsprojekte – nachhaltig z. B. im Flugzeugbau und dem Ausbau der Radartechnologie –, die schließlich mit zur Wende im Zweiten Weltkrieg beitragen sollten.

Längerfristig hätte mit den **wachsenden britischen und französischen Rüstungsbemühungen** ein Drohpotenzial gegen das Deutsche Reich aufgebaut werden können, das die außenpolitische Aggressivität des Hitler-Regimes zumindest teilweise hätte eindämmen können und auch Polen und der Tschechoslowakei einen stärkeren und glaubwürdigeren Schutz gewährt hätte. Das Appeasement hat zumindest im Jahr 1938 den **Ausbruch eines großen europäischen Krieges verhindert**.

Die **Nachteile** der Appeasement-Politik werden bei der Lektüre der Weisung „Grün" offensichtlich.

Abschnitt 4 (ab Z. 37) zeigt deutlich, wie gering Hitler die Bereitschaft Frankreichs und Großbritanniens einschätzte, tatsächlich Militär gegen das Deutsche Reich einzusetzen: Während die Masse der Wehrmacht gegen die Tschechen eingesetzt werden solle, sei an der Westgrenze nur „ein Mindestmaß an Kräften als etwa notwendig werdende Rückendeckung vorzusehen" (Z. 38 ff.). Hitlers Einschätzung der beiden alliierten Mächte resultierte aus der Erfahrung vor allem der drei zurückliegenden Jahre: Die **Nachgiebigkeit** der beiden westlichen Mächte im Sinne des Appeasement bei der Verkündung der allgemeinen Wehrpflicht im März 1935, beim Abschluss des britisch-deutschen Flottenabkommens im Juni 1935 und beim Einmarsch der Wehrmacht ins entmilitarisierte Rheinland im März 1936 ließen Hitler begründet vermuten, dass beide Staaten sich auch in der Sudetenkrise nicht gravierend anders verhalten würden.

Hitler wollte sich eine **vermeintliche Provokation von tschechischer Seite zunutze machen**, um beschwichtigende Kräfte im Ausland zu stärken und diesen Argumente in die Hand zu geben, sich auf diplomatische Proteste zu beschränken und de facto weiterhin abwartend auf die deutsche Aggression einzugehen. In diesem Sinne ist die Äußerung Hitlers zu verstehen: „Militärisch und politisch am günstigsten ist blitzschnelles Handeln auf Grund eines Zwischenfalls, durch den Deutschland in unerträglicher Weise provoziert wurde und der wenigstens zu einem Teil der Weltöffentlichkeit gegenüber die moralische Berechtigung zu militärischen Maßnahmen gibt" (Z. 18–21).

Die **Schnelligkeit** ist für Hitler ein entscheidender Faktor, er spricht mehrfach von „blitzschnellem" und „unerwarteten Handeln" (Z. 15 f.), dahinter steht das **Kalkül Hitlers**, der britischen und französischen Regierung keine Zeit für eine folgenschwere außenpolitische Neuorientierung zu lassen: eine Abkehr vom Appeasement-Denken und hin zu einer Politik, die bereit ist, einen europäischen Krieg zu führen.

Besonders zynisch ist Hitlers Gedanke, andere Nachbarstaaten der Tschechoslowakei quasi einzuladen, sich ebenfalls Territorien aus dem tschechischen Staatsgebiet herauszuschneiden. Er fordert, es müsse eine Situation herbeigeführt werden, die „den Staaten, die territoriale Ansprüche an die Tschechoslowakei haben, einen Anreiz zum sofortigen Eingreifen gegen die Tschechoslowakei gibt"

(Z. 29 ff). Die internationale Staatengemeinschaft sollte dadurch in ihrer Reaktion gespalten, Vorwürfe, das Völkerrecht gebrochen zu haben, auch auf andere gelenkt und damit an die deutsche Adresse abgemildert werden. Durch die daraus resultierende **Verunsicherung in der internationalen Politik** sollten auch die Kräfte in Großbritannien und Frankreich in ihrer Auffassung bestärkt werden, die einer geschlossenen und stabilen Koalition gegen das Deutsche Reich und dessen mögliche Verbündete nur geringe Chancen einräumten und deshalb keine realistische Perspektive zur Appeasement-Politik sahen.

Die Appeasement-Politik gestattete es Hitler letztlich, immer wieder **vollendete Tatsachen zu schaffen**, wie z. B. den „Anschluss Österreichs" oder die Sudetenkrise – mit gravierenden Nachteilen für andere Staaten.

Dennoch war die Appeasement-Politik ein **Versuch**, einen Krieg in Europa zu verhindern, indem man einen Interessenausgleich mit dem Deutschen Reich zu finden hoffte. Sie endete mit der Errichtung des Protektorats Böhmen und Mähren im März 1939. Diese Aggression bewog die britische und französische Regierung, keine Nachgiebigkeit mehr gegenüber Hitlers Expansionsbestrebungen zu zeigen. Die **Kriegserklärungen** Großbritanniens und Frankreichs an das Deutsche Reich nach dessen Angriff auf Polen waren die logische Folge.

3. *Die Arbeitsanweisung „Vergleichen Sie" fordert hier in der Vorarbeit – immer unter dem Blickwinkel der Außenpolitik vor dem Ersten bzw. Zweiten Weltkrieg –, diejenigen Merkmale a) des ideologischen Selbstverständnisses und b) der Machtbasis sowohl für die imperialistische Herrschaft Wilhelms II. als auch für die Diktatur Hitlers als Untersuchungskriterien zusammenzustellen. Diese Kriterien bzw. Merkmale (z. B. die kriegsfördernde Aggressivität der Außenpolitik) sind auf ihre Vergleichbarkeit hin zu untersuchen, wobei die unterschiedlichen historischen Bedingungen zu berücksichtigen sind. Abschließend sind die Ergebnisse sachlich und begründet zu beurteilen (Anforderungsbereich III und II).*

Kaiser Wilhelm II. regierte in einer **konstitutionellen Monarchie** als dynastisches Staatsoberhaupt, das keine unumschränkte, absolutistische Machtbefugnis hatte, sondern an verfassungsrechtlich festgelegte Regeln gebunden war. Innerhalb dieses Spielraumes versuchte Kaiser Wilhelm II. seine persönliche Machtbefugnis insbesondere dem Reichskanzler gegenüber weiter auszudehnen (persönliches Regiment), als dies sein Großvater Kaiser Wilhelm I. getan hatte (Richtlinienkompetenz lag praktisch bei Bismarck). Gebunden war Wilhelm II. als Kaiser letztendlich aber an das Parlament, wenn grundlegende Fragen (vor allem das Etatrecht) berührt waren.

Demgegenüber hatte sich Hitler nach seiner Machtübernahme rasch zu einem **Diktator außerhalb einer verfassungsmäßigen Ordnung** entwickelt. Er schaltete die Parteien und das Parlament aus (Ermächtigungsgesetz vom März 1933), hob damit die Gewaltenteilung auf und betrieb eine Gleichschaltung aller maßgeblichen sozialen, politischen, kulturellen und wirtschaftlichen Institutionen; im August 1934 übernahm er als Reichskanzler auch noch das Amt des Reichspräsidenten.

Vor diesem Hintergrund hatten sowohl Kaiser Wilhelm II. als auch Hitler als **Staatsoberhaupt und oberster Befehlshaber** letztendlich die alleine Entscheidungsgewalt über die Außenpolitik und vor allem über die **Entscheidung von Krieg oder Frieden**. Dies zeigte sich bei Kaiser Wilhelm II. auf dem Weg in den Ersten Weltkrieg zu Beginn des 20. Jahrhunderts in mehreren weltpolitischen Krisen (Boxeraufstand, Marokkokrise, Balkankrise usw.) und zuletzt in der Julikrise am Vorabend des Ersten Weltkrieges. Bei Hitler ist diese Machtbefugnis zu erkennen an der taktisch und strategisch langfristig ausgerichteten kriegsvorbereitenden (Außen-)Politik bald nach seiner Machtübernahme (Austritt aus Völkerbund, Besetzung des Rheinlandes 1936, Anschluss Österreichs im März 1938, Sudetenkrise 1938 und 1939 sowie Hitler-Stalin-Pakt 1939). Kaiser Wilhelm II. und Hitler sind es gleichermaßen, die anderen Nationen den Krieg erklären.

Dabei fällt allerdings auf, dass Kaiser Wilhelm II. sich im Vergleich zu Hitler, der diktatorisch regierte, deutlicher und offener mit **abweichenden und gegensätzlichen Meinungen** innerhalb des Regierungsapparates (Kanzler, Minister, Diplomaten), bei den Militärs sowie in der Öffentlichkeit (Presse und Parteien) auseinandersetzen musste. Der interne und öffentliche Meinungsaustausch während der Julikrise 1914 ist ein deutliches Beispiel dafür. Demgegenüber ist Hitlers Weisung „Grün" ein deutlicher Beleg für seine **unumschränkte Machtbefugnis und Richtlinienkompetenz** in außenpolitischen Fragen, die niemand (öffentlich) zu kritisieren wagte.

Vergleichbar und typisch ist in diesem außenpolitischen Zusammenhang die jeweils **starke Aufrüstung** als direkte Kriegsvorbereitung. Sie begann bei Hitler – unter Bruch des Versailler Vertrages – schon bald nach seiner Machtübernahme und geschah per öffentlicher Bekanntmachung und geheimer, interner Anweisung (gemeinsame Manöver im Osten, Austritt aus dem Völkerbund, allgemeine Wehrpflicht, Vierjahresplan usw.). Kaiser Wilhelm II. hatte es dagegen schwerer. Er favorisierte besonders den Ausbau der Flotte und musste zur Finanzierung seines Flottenbauprogramms ein ums andere Mal entsprechende Gesetze vom Parlament diskutieren und mit Stimmenmehrheit verabschieden lassen. Besonders deutlich wird diese Partizipationsmöglichkeit des Parlamentes bei der umkämpften Bewilligung der Kriegskredite, insbesondere auch durch große Teile der ansonsten opponierenden SPD (August 1914, „Burgfrieden").

Die mit einer aggressiven Außenpolitik und Aufrüstung einhergehende **Staatsverschuldung** trat im Kaiserreich also offen zu Tage (Staatsanleihen), während sie unter Hitler zwangsweise nicht öffentlich wurde (verdeckte Inflation, geheime Mefo-Wechsel usw.).

Gravierende Unterschiede lassen sich bei beiden Staatsoberhäuptern hinsichtlich ihrer Motive einer kriegsfördernden Außenpolitik feststellen: Wilhelms II. Engagement entsprach einem übersteigerten **Weltmachtstreben und Imperialismus** („Platz an der Sonne") mit einem zum **Chauvinismus** überhöhten Nationalismus. Hitler hingegen folgte seinen Ideologien des **Rassismus** und der „**Eroberung des Lebensraumes im Osten**", also einem Denkmuster, das außer vom Imperialismus von dem damit verbundenen vulgären **Sozialdarwinismus** geprägt wurde. Hitlers

Ziel war die Machterweiterung der eigenen Rasse auf Kosten anderer Völker, die – ein deutlicher Unterschied (trotz der brutalen Niederschlagung des Aufstandes der Hereros 1904) – planmäßigen Völkermord mit sich brachte.

Als Fazit ließe sich beurteilend festhalten, dass sich die **Machtbasis** beider Herrscher durch den Vergleich miteinander umso deutlicher zeigt: Hitler regierte als **weitgehend uneingeschränkter Diktator** außerhalb jeglicher verfassungsrechtlicher Ordnung. Kaiser Wilhelm II. dagegen sah sich beschränkt durch zumindest partielle **demokratische Kontroll- und Partizipationsmöglichkeiten**, denn er war eingebunden in den Rahmen einer verfassungsmäßigen Gewaltenteilung (Reichstag u. a.) und einer vergleichsweise unabhängigen Presse und Öffentlichkeit (Zeitungen, Zeitschriften, Parteien, Verbände).
Ebenso deutlich unterschied sich das **ideologische Selbstverständnis** Hitlers und Wilhelms II.: Hitler sah sich als unbedingten Führer einer (Herren-)Rasse, die letztendlich die Welt und **alle anderen Völker unterwerfen, vernichten und beherrschen** wollte. Kaiser Wilhelm II. bewegte sich demgegenüber ideologisch im Rahmen des **zeitgemäßen, prestigeträchtigen imperialistischen Strebens** nationalistischer Großmächte.

Teilaufgabe	**AFB I**	**AFB II**	**AFB III**	**BE**
1	30	–	–	30
2	–	40	–	40
3	–	10	20	30
Summe	30	50	20	100

Hessen – Geschichte – Grundkurs
Übungsaufgabe 4

Thema: *Terrorherrschaft und Widerstand*

Aufgaben

1. Geben Sie Desmoulins Forderung mit ihren Begründungen wieder. (30 BE)
2. Erläutern und bewerten Sie Desmoulins Forderungen in ihrem historischen Zusammenhang. (40 BE)
3. Widerstand gegen eine Terrorherrschaft: Diskutieren Sie die These, dass Ausmaß und Effektivität des deutschen Widerstandes im Nationalsozialismus eher gering waren. (30 BE)

Material

M: Lebe frei oder stirb!

Aus der Zeitung „Le Vieux Cordelier" („Der alte Cordelier"), datiert vom 20. Dezember 1793, erschienen am 24. Dezember 1793. Ihr Motto lautete „Vivre libre ou morir" („Lebe frei oder stirb") und ihr Herausgeber war Camille Desmoulins. Er war wohl auch der Autor des nachfolgend in Auszügen wiedergegebenen anonym veröffentlichten Artikels. Desmoulins gehörte mit seinem Freund Danton zu den Gründern des „Club des Cordeliers" (Cordeliers, „Stricktträger", wurden in Frankreich die Franziskaner genannt). Desmoulins wurde am 5. April 1794 hingerichtet.

[Einige Personen] meinen offenbar, die Freiheit müsse wie die Kinder durch eine Zeit des Geschreis und der Tränen hindurch, um zur Reife zu gelangen. Ganz im Gegenteil: Es liegt in der Natur der Freiheit, dass man, um in ihren Genuss zu gelangen, sie nur wollen muss. Ein Volk ist frei, sobald es frei sein will; unseres ist mit dem Tage des 14. Juli in den vollen Genuss aller seiner Rechte gelangt. Wir kämpfen, um die Güter zu verteidigen, die [die Freiheit] allen gewährt, die sie anrufen. Solche Güter sind die Erklärung der Menschenrechte, die sanfte Regel der republikanischen Grundsätze, die Brüderlichkeit, die heilige Gleichheit. Das sind die Spuren der Schritte der Göttin, daran erkenne ich die Völker, bei denen sie Wohnung genommen hat. Soll ich sie anerkennen, soll ich ihr zu Füßen fallen, soll ich mein Blut für sie verströmen? Dann öffnet vorher die Zuchthäuser für die zweihunderttausend Bürger, die Ihr Verdächtige nennt, denn in der Erklärung der Rechte ist nirgends die Rede von Verdachtshäusern. Und glaubt nur nicht, eine solche Maßnahme würde das Ende der Republik bedeuten. Sie wäre die revolutionärste Tat, die Ihr je vollbracht hättet. Ihr wollt alle Eure Feinde mit der Guillotine austilgen. Hat man je einen größeren Aberwitz gesehen? Könnt Ihr einen einzigen auf dem Schafott umbringen, ohne Euch unter seinen Verwandten oder Freunden zehn Feinde zu machen? Glaubt Ihr wirklich, diese Frauen, diese Greise, diese Jammergestalten, diese Egoisten, diese Marodeure der Revolution seien eine Gefahr? Von Euren Feinden sind nur noch die Feigen und Kranken unter Euch. Die Tapferen und Starken sind emigriert oder in Lyon oder in der Vendée ums Leben gekommen. Der Rest verdient Eure Wut nicht. [...]

Ich denke ganz anders als die, welche Euch sagen, der Schrecken müsse auf der Tagesordnung bleiben. Ich bin im Gegenteil überzeugt, dass die Freiheit gefestigt und Europa besiegt würde, wenn Ihr einen Vergebungsausschuss hättet. Ein solcher Ausschuss würde die Revolution vollenden, denn auch das Vergeben ist eine revolutionäre Maßnahme, die wirksamste überhaupt, wenn sie klug eingesetzt wird. Sollen die Schwachköpfe und Schurken mich als „Gemäßigten" bezeichnen, soviel sie mögen! Ich erröte nicht. [...] So gefährlich und politisch unklug es wäre, das Verdachtshaus sofort für alle Häftlinge zu öffnen, so großartig erscheint mir der Gedanke eines Vergebungsausschusses, würdig des französischen Volkes. Welchem Patrioten ginge dieses bloße Wort „Vergebungsausschuss" nicht durch und durch? Der Patriotismus ist ja die Summe aller Tugenden und kann folglich dort nicht überleben, wo nicht Menschlichkeit und Nächstenliebe sind, sondern eine gierige, vom Egoismus ausgetrocknete Seele.

Ach, mein lieber Robespierre, an Dich wende ich mich hier. Ach, alter Freund aus Studienzeiten, Du, dessen eloquente Reden die Nachwelt lesen wird. Erinnere Dich an das, was wir in den Philosophie- und Geschichtsstunden gelernt haben: Dass die Liebe stärker und dauerhafter ist als die Furcht.

Le Vieux Cordelier de Camille-Desmoulins, seule Edition compléte. Paris 1834; Heft 4 vom 20. Dezember 1793 (dècadi 30. frimaire, l'an II de als république) ; Übersetzung H. Henne.

Lösungsvorschläge

Inhaltliche Schwerpunkte:
Im Wesentlichen bezieht sich diese Grundkursaufgabe auf den ersten Schwerpunkt des Halbjahres 12/I („Gesellschaftliche Veränderungen am Beginn der Moderne") „Revolutionen in Europa und ihre Folgen" mit dem Stichworten „die Französische Revolution" und insbesondere „die Radikalisierung der Revolution".
Durch die dritte Aufgabe entsteht der kursübergreifende Bezug zum Halbjahr 12/II („Modernität und Antimodernität in der Zeit der Weimarer Republik und des Nationalsozialismus"), und zwar zu dem prüfungsdidaktischen Schwerpunkt „Widerstand im Nationalsozialismus" und den Aspekten „Motive und Ziele der Widerstandsgruppen" sowie „Formen des Widerstandes".

1. *Wichtig ist, dass man den Text nicht von oben nach unten durchgeht und jeweils zusammenfasst. Denn die Aufgabenstellung gibt eine inhaltliche Ausrichtung der Zusammenfassung vor: Es sollen Desmoulins Forderungen und die Begründungen für diesen Vorschlag wiedergegeben werden. Denken Sie an einen einleitenden*

Übersichtssatz, der die Person Desmoulin vorstellt und die Entstehungszeit des Textes nennt. Achten Sie auch darauf, die Wiedergabe des Textes in der indirekten Rede, vornehmlich mithilfe des Konjunktivs, zu schreiben. Da es sich um eine zielgerichtete Zusammenfassung handelt, überwiegt AFB I.

Bei der vorliegenden Quelle handelt es sich um den Auszug aus einem Zeitungsartikel, der am 24. Dezember 1793 in Paris erschien und den wohl Camille Desmoulins, der Herausgeber dieser Zeitung, geschrieben hat. Desmoulins war mit Danton befreundet und gehörte zur linksorientierten Bergpartei, den Montagnards.

Desmoulins fordert, ab sofort **niemanden mehr auf dem Schafott hinzurichten** und einen **Vergebungsausschuss** einzurichten, der die **Freilassung** der von der Revolutionsregierung inhaftierten „Verdächtigen" aus den Zuchthäusern („Verdachtshäusern", Z. 14) durchführen soll.
Als Begründung führt Desmoulins mehrere Überlegungen an. So ist er grundsätzlich überzeugt davon, dass man **Freiheit niemals durch Gewalt** gewinnen könne. Die Terrorherrschaft sei also falsch, man könne niemanden zur Freiheit zwingen. Das französische Volk habe die Freiheit am 14. Juli errungen und besitze sie seitdem.
Die Republik brauche **keinen Terror**. Was sie aber brauche, seien die richtigen Werte, vor allem den **Patriotismus**. Patriotismus könne aber nur dort entstehen, wo es **Menschlichkeit** und **Nächstenliebe** gebe und nicht gierigen **Egoismus**. Man gewinne die Menschen durch die Liebe sicherer und dauerhafter als durch Angst und Schrecken. Deshalb sei nur eine Amnestie geeignet, die Freiheit zu festigen und den Patriotismus zu fördern, der für die Franzosen so notwendig sei, um das alte Europa zu besiegen.

Im Übrigen seien die inhaftierten „Verdächtigen" **nicht wirklich gefährliche Gegner** der Revolution. Mit ihrer Hinrichtung wäre also nicht viel gewonnen. Im Gegenteil: Auf einen Hingerichteten erwüchsen der Revolution zehn **Feinde unter seinen trauernden Freunden und Verwandten**.

2. *Zu beachten ist, dass die Aufgabe zwei Operatoren enthält: erläutern und bewerten. Bei der Erläuterung im historischen Zusammenhang, die im Wesentlichen dem AFB II zuzuordnen ist, sollten Sie bedenken, was der (unmittelbare) Zeitrahmen für diese Quelle und ihren Inhalt ist: In der Quelle selbst wird der 14. Juli (1789) erwähnt, damit wäre das Einstiegsdatum genannt. Im Mittelpunkt muss dann der Weg in die Schreckensherrschaft Robespierres und deren Ende stehen.*
Bei der abschließenden Bewertung sollten Sie sich zunächst noch einmal vergegenwärtigen, was genau Desmoulins Forderung war: nämlich die Einrichtung eines Vergebungsausschusses, der die Freilassung aller politischen Gefangenen in die Wege leiten soll. Hier ist entsprechend der Stellung der Arbeitsanweisung innerhalb der Gesamtaufgabe eine eher knappe Bewertung verlangt, aber eine Bewertung mit Offenlegung und Begründung der eigenen Wertmaßstäbe; dies erwartet Leistungen im AFB III.

Die Französische Revolution erlebte ihren Höhepunkt am 14. Juli 1789, dem **Sturm auf die Bastille** (an dem Desmoulins maßgeblich beteiligt war). Danach folgte die Phase der **Konstituierung neuer politischer Verhältnisse**: Die Generalstände erklärten sich zur Verfassungsgebenden Nationalversammlung (17. Mai), die Bürger- und Menschrechte wurden verabschiedet (vgl. Z. 8), der Feudalismus wurde abgeschafft (4./5. August 1789) und ab September 1791 galt die neue Verfassung (konstitutionelle Monarchie).

Doch der **König verlor** zunehmend das **Vertrauen** der Franzosen (Fluchtversuch im Juni 1791) und der **Krieg mit dem Ausland** bedrohte die Nation (Manifest des Herzogs von Braunschweig, Ende Juli 1792). Also **radikalisierte** sich die Situation. Der König wurde festgesetzt (Sturm auf die Tuilerien, 10. August 1792). Anfang September folgte ein erstes Massaker an politischen Gefangenen (**Septembermorde**), an dem neben Danton auch Desmoulins beteiligt war. Am 21. September 1792 schaffte der neu gewählte Konvent die Monarchie ab und rief die Republik aus. Der **König** musste sich wegen Landesverrats vor Gericht verantworten, wurde für schuldig erklärt und im Januar **1793 hingerichtet**.
Anfang Juni 1793, genauer gesagt mit dem Volksaufstand vom 2. Juni, begann die berüchtigte **Schreckensherrschaft**, für die im Wesentlichen Maximilian Robespierre verantwortlich war. Robespierre und seine zunächst zahlreichen, dann weniger werdenden Anhänger, waren der Ansicht, dass die Revolution noch nicht beendet sei, sondern gewaltsam gegen alle Feinde im Innern und von außen weiter vorangetrieben werden müsse. Es wurde eine **republikanische Verfassung** verabschiedet (Juni 1793, mit allgemeinem Wahlrecht), ihre Einführung blieb vorerst aber ausgesetzt, bis die letzten Feinde der Revolution besiegt seien.
Kurze Zeit später verschärfte sich die Verfolgung der „Verdächtigen“ („**Gesetz über die Verdächtigen**“, September 1793). „Verdächtig“ und damit straffällig war, wer nicht öffentlich für die Revolution eintrat. Ein Klima der Angst, Bespitzelung und Denunziation breitete sich aus. In dieser Situation erschien am 24. Dezember 1793 **Desmoulins Zeitungsartikel**. Darin forderte er Robespierre, den er aus der gemeinsamen Studienzeit kannte, persönlich auf, dem Morden ein Ende zu machen und Amnestie zu gewähren.
Doch Robespierre ging auf diesen Vorschlag Desmoulins nicht ein. Er rechtfertigte die Schreckensherrschaft mit dem **andauernden Kriegszustand**. Im März und April 1794 („Germinal-Tragödie“) liquidierte Robespierre dann sowohl die radikalen **Hébertisten** als auch die „**Gemäßigten**“ (vgl. Z. 11) wie Danton und Desmoulins. Wenige Monate später aber war **Robespierres Terrorherrschaft zu Ende**: Er wurde am 27. Juli 1794 verhaftet und am folgenden Tag seinerseits durch die Guillotine hingerichtet.

Insgesamt zeigt sich, dass Desmoulins Forderung, die Gefangenen zu begnadigen und freizulassen, in der Phase der Schreckensherrschaft ein besonderes **Wagnis** darstellte; schließlich spricht er den gefürchteten Robespierre persönlich an. Vielleicht war der Vorschlag **unrealistisch** und es war **naiv** zu glauben, dass Robespierre die Gefangenen frei lassen würde. Aber Desmoulins offener Widerstand gegen die Terrorherrschaft, sein Einsatz für das Leben anderer und sein politisches

Engagement für die Freiheit können als **vorbildlich** gelten und haben vielleicht dazu beigetragen, dass auch andere Menschen zunehmend mehr von Robespierre abrückten, sodass er wenige Monate später selbst verhaftet und hingerichtet wurde und mit ihm diese grausame Phase der Revolution zu Ende ging.

3. *Diese Aufgabe knüpft inhaltlich an die Bewertung von Desmoulins Widerstand gegen Robespierre an und versucht eine Verbindung zum Widerstand im Nationalsozialismus herzustellen: Hier wie dort geht es um den Widerstand gegen eine schier übermächtige Terrorherrschaft. Der Operator „diskutieren" verlangt, dass Sie die vorliegende Behauptung auf ihre Angemessenheit hin untersuchen sollen (also vorwiegend AFB III). Wichtig ist, dass Sie sich den Gegenstand der Behauptung klar machen: Es geht um den deutschen Widerstand im Nationalsozialismus, und es wird behauptet, sein „Ausmaß" (Umfang, Beteiligung) und seine „Effektivität" (Wirkung) seien eher gering gewesen.*
Es empfiehlt sich, in der Lösung wesentliche Erscheinungsformen des deutschen Widerstands vorzustellen und dann jeweils deren Ausmaß und Effektivität zu prüfen. Dazu sollten Sie die Widerstandformen in einer erkennbaren Weise gegliedert darstellen. Üblicherweise bietet es sich an, unterschiedliche Formen des Widerstands zusammenzufassen und in der Reihenfolge mit den schwächsten Widerstandsformen zu beginnen.

Der Widerstand im Nationalsozialismus umfasste im Verlauf der 12-jährigen Nazidiktatur unterschiedliche **Arten** und **Gruppierungen**. Eine subtile Form des Widerstands konnte die sogenannte **innere Emigration** sein, die bei durchaus unauffälligem Wohlverhalten und Anpassung nach außen eine innere Distanz und ein eingeschränktes Engagement bedeutete. Man war, was immer man nach außen auch tat, innerlich nicht dafür. Einen Schritt weiter konnte Widerstand im Kleinen darin bestehen, sich tatsächlich auch zu **verweigern**, indem man sich aus dem öffentlichen, gesellschaftlichen Leben zurückzog und es ablehnte, der nationalsozialistischen Bewegung und ihren Institutionen beizutreten oder dort engagiert mitzuwirken, wo es eigentlich von einem erwartet oder verlangt wurde (z. B. als Jugendlicher in den Jugendorganisationen, als Lehrer im NS-Lehrerbund usw.). Zu solchen **Verweigerern** gehörten Jugendgruppen wie die „Edelweißpiraten", die sich alternativ von der offiziellen Hitler-Jugend absetzen wollten.
Davon zu unterscheiden ist der **aktive Widerstand**. Man war nicht nur nicht dafür, sondern man war auch aktiv dagegen. Auf diese Weise wendeten sich eine ganze Reihe Einzelner und Gruppen gegen den Nationalsozialismus. Hier waren Ausmaß und Effektivität unterschiedlich. **Einzelgänger** traten mitunter spektakulär auf, wie der Schreiner **Georg Elser**, der, minutiös geplant, aber doch erfolglos, im Jahr 1939 versuchte, Hitler durch eine selbstgebaute Bombe im Münchner Bürgerbräukeller zu töten. Daneben gab es eine Reihe von **Widerstandsgruppen**: Der **kirchliche Widerstand** zeigte sich vor allem in der evangelischen Kirche seit 1934 durch die „Bekennende Kirche" unter Pastor **Niemöller**, der von 1937 bis 1945 in KZ-Haft war. Der katholische Bischof Clemens August Graf **von Galen** dagegen

predigte erfolgreich gegen die Euthanasie der Nationalsozialisten und konnte damit den Stopp der Aktion T 4, einer Aktion zur Ermordung Geisteskranker, herbeiführen. Den Mitgliedern der verbotenen **politischen Parteien** wie der **SPD** und der **KPD** blieb nur das Exil im Ausland oder die **illegale Arbeit im Untergrund**. Andere Gruppierungen entstanden eigens mit dem Ziel, Widerstand gegen den Nationalsozialismus zu leisten. Ein herausragendes Beispiel ist der „**Kreisauer Kreis**" (1940–1944), der darüber beriet, wie nach dem Zusammenbruch des Nationalsozialismus das Deutsche Reich wieder aufgebaut werden könnte (einer seiner Führer, Helmuth James Graf von Moltke, wurde 1944 verhaftet). Die Widerstandsgruppe „**Rote Kapelle**" versorgte die verfeindete russische Führung mit militärischen Informationen, flog aber auf; fast alle Mitglieder wurden hingerichtet. **Militärischer Widerstand** im deutschen Heer formierte sich vor allem gegen Ende des Krieges. Sein Ziel war die Beseitigung Hitlers, um durch einen Staatsstreich weiteres Unheil vom Deutschen Reich abzuwenden. Generaloberst von Beck, Carl Goerdeler und andere scheiterten aber mit ihrer geplanten Gehorsamsverweigerung. Am weitesten gingen schließlich **Graf von Stauffenberg** und seine Mitstreiter aus dem Militär und der Politik durch das Bombenattentat auf Hitler am 20. Juli 1944. Aber auch Graf von Stauffenberg scheiterte, und er und seine Verbündeten wurden hingerichtet.
Das gleiche Schicksal ereilte die Mitglieder der studentischen Widerstandsgruppe „**Weiße Rose**" mit den Geschwistern Scholl und Alexander Schmorell, die im Februar 1944 verhaftet wurden, als sie an der Münchner Universität Flugblätter verteilten .

Überblickt man diesen Widerstand gegen den Nationalsozialismus, wird man unweigerlich zu dem Ergebnis kommen, dass Ausmaß und Effektivität insgesamt begrenzt blieben. Nur rund 7 000 Menschen sollen aktiv im Widerstand tätig gewesen sein. Die Wirkung ihrer Aktivitäten war am Ende nur gering: Hitler und der Nationalsozialismus konnten bis zuletzt von den Deutschen selbst nicht nennenswert gestört, geschweige denn gestoppt werden, vielmehr konnte das NS-Regime bis zuletzt auf eine breite Unterstützung der Bevölkerung zurückgreifen. Erst die militärische Übermacht der Alliierten konnte das Ende des nationalsozialistischen deutschen Reiches herbeiführen.

Teilaufgabe	**AFB I**	**AFB II**	**AFB III**	**BE**
1	25	5	–	30
2	5	30	5	40
3	–	15	15	30
Summe	30	50	20	100

Hessen – Geschichte – Leistungskurs
Übungsaufgabe 5

Thema: *Die Deutsche Revolution 1848 und der Kalte Krieg 1948*

Aufgaben

1. a) Geben Sie wieder, wie Ernst Reuter die Deutsche Revolution von 1848 bewertet. (BE 25)
   b) Beurteilen Sie, ob Reuter mit seiner Einschätzung den Revolutionären und der Revolution von 1848 insgesamt gerecht wird. (15 BE)
2. Ordnen Sie die Quelle in ihren historischen Zusammenhang ein. (30 BE)
3. Nehmen Sie Stellung zu Reuters grundlegendem Geschichtsverständnis sowie zu den Beziehungen, die er zwischen der Deutschen Revolution im März 1848 und der Situation in Berlin im Frühjahr 1948 herstellt. (30 BE)

Material

M 1: Ansprache von Ernst Reuter im Rundfunk anlässlich der 100. Wiederkehr des 18. März 1848

Verehrte Hörerinnen und Hörer!
Märztage – ihre Erinnerungen rufen uns in diesen Tagen wach. So tief wir auch in die Not der Gegenwart verstrickt sind. Wir wissen doch alle, daß unsere Gegenwart Wurzeln hat, die weit zurück reichen. […]

Die deutsche Märzrevolution von 1848 ist eines der großen, wichtigen Ereignisse unserer Vergangenheit, die wir verstehen und begreifen müssen, wenn wir die Gegenwart meistern und unserer heutigen Nöte Herr werden und den Grund für ein Durchkommen zu besseren Zeiten legen wollen.

Deutschland hat dem Fluge seiner Gedanken und Ideen, an denen es ihm nicht gefehlt hat, niemals die wirkliche, ein festes Gebäude errichtende dauerhafte Tat folgen lassen. […] Der Sieg der Märztage gab dem Volk von Berlin wohl den Triumph, daß der König die Toten der Revolution zu ehren gezwungen wurde, aber die befreiende Tat, die Schaffung eines freien deutschen Staates, die gelang der Revolution nicht. Wohl hat Deutschland ein Ziel dieser Revolution, seine Einheit, wenn auch unvollkommen, später erreicht. Aber nur um den Preis seiner inneren Freiheit. Und gerade deshalb hat uns unser Weg direkt in die Katastrophe zweier Weltkriege hinein geführt. Weil wir die Freiheit verloren und sie innerlich selber aufgaben, stehen wir heute am Ende vor der Gefahr, auch die Einheit noch dazu zu verlieren.

Nichts tut uns heute, am 18. März 1948, so not, wie wirkliche Besinnung, wirkliches Rechenschaftablegen über unsere Vergangenheit und klare Erkenntnis, daß in den Fehlern, die wir gemacht haben, der Schlüssel zum Verständnis liegt, warum es so kommen mußte. Geschichte bedeutet immer Besinnung und Überprüfung. Jede Generation muß sich um ihr Verständnis neu bemühen. Heute noch haben wir das Vermächtnis der Toten nicht erfüllt, zu deren Gedächtnis wir die Kränze auf ihrem Friedhof niederlegen. Noch ist Europa nicht ein Kontinent freier, in Frieden zusammen arbeitender und lebender Völker. Noch ist unsere eigene innere Freiheit nicht gesichert. Das Gespenst der Tyrannei, der Unfreiheit und der grausamen Unterdrückung geht mehr denn je in Europa um, und in unserer eigenen Stadt wissen wir zur Genüge, welche finsteren Kräfte am Werke sind, um uns für immer in die Nacht der Unfreiheit zu stürzen.

Die Revolution von 1848 hat nicht gesiegt, aber ihre Ideen sind doch für die geschichtliche Entwicklung des Jahrhunderts bestimmend gewesen. [...] Jeder Berliner kennt die Mächte, die am Werke sind, unsere Freiheit abzuwürgen, um uns endgültig zu Knechten und Sklaven zu machen. Jeder Berliner hat aber nun langsam gelernt, daß die Freiheit, für die die Toten des 18. März gefallen sind, das Höchste aller Güter ist, und jeder Berliner weiß darum, daß wir dieses Mal uns nicht mit unpolitischen Deklamationen und Bekenntnissen begnügen dürfen. Dieses Mal muß mit einem eisernen Willen unser freiheitlicher Behauptungswille so geführt und gelenkt werden, daß an ihm die Mächte der Finsternis zerschellen. Nach den bitteren Lehren einer tragischen geschichtlichen Entwicklung muß und wird unser Volk politisch handeln und denken lernen und aufhören, nur ein Volk von Träumern auf der einen Seite und Untertanen auf der anderen Seite zu sein und zu bleiben. Zu eindringlich ist der Anschauungsunterricht, den die Nacht der nazistischen Barbarei uns erteilt hat, zu eindringlich ist auch der Anschauungsunterricht, den wir heute noch Tag für Tag erhalten.

[...] Heute muß von dieser Stadt eine Kraft ausstrahlen, die der Welt die Überzeugung gibt, daß hier die Wellen der Tyrannei sich brechen werden, weil eine in Leid und Not geschulte Generation entstanden ist, die dem Schwung der Ideen und dem Feuer der Begeisterung die nüchterne, harte Erkenntnis von der Notwendigkeit eines ständigen und unerbittlichen Kampfes hinzugesellt. So lange werden wir kämpfen, bis wir einen anderen 18. März als eine freie, im friedlichen Bunde der Völker unseren Platz einnehmende Nation mit Recht zu den Toten sagen können, daß wir ihren Auftrag erfüllt haben. Das schwarz-rot-goldene Banner eines freien, einigen und friedlichen Deutschlands, unter dem sie zu Grabe getragen wurden, können wir noch nicht entfalten. Aber in unserem Herzen lebt der feste Wille, den uns gegebenen Auftrag zu vollenden. Die Welt, die der Freiheit und Gerechtigkeit dienen will, sie soll wissen, daß wir zu ihr gehören. Wir wissen, daß sie uns nicht im Stich lassen wird, wenn wir den Ideen des 18. März 1848 treu bleiben.

Ernst Reuter: Artikel – Briefe – Reden. 1946–1949. Dritter Band; bearbeitet von Hans J. Reichhardt, Propyläen-Verlag: Berlin 1997. Die Rechtschreibung entspricht der des Originals.

Anmerkung: Ernst Reuter (SPD) war ab Ende 1948 Oberbürgermeister der drei Westsektoren von Berlin und später bis zu seinem Tod 1953 Regierender Bürgermeister von Westberlin.

Lösungsvorschläge

Inhaltliche Schwerpunkte:
Die Aufgabe bezieht sich hauptsächlich auf das Kurshalbjahr 13/I mit seinem Thema „Konflikt und Kooperation in der Welt nach 1945". Besonders berücksichtigt wird das Schwerpunktthema „Die deutsche Ebene: Teilung und Einheit" mit seiner Perspektive „Schritte auf dem Wege zur Teilung Deutschlands". Dazu kommen die Aspekte „der Zerfall der Anti-Hitler-Koalition und der Beginn des Ost-West-Konflikts" und „die bipolare Struktur internationaler Politik im Kalten Krieg" aus dem zweiten prüfungsdidaktischen Schwerpunktthema. Der halbjahresübergreifende Bezug wird durch die ersten beiden sowie durch die letzte Arbeitsanweisung hergestellt. Sie beziehen sich auf das Kurshalbjahr 12/I („Gesellschaftliche Veränderungsprozesse am Beginn der Moderne") und dort auf das erste prüfungsdidaktische Schwerpunktthema „Die großen Revolutionen in Europa und ihre Folgen" unter der Perspektive: „Demokratiebewegung und Revolution 1848".

1. a) *Einleitend sollten Sie einige Anmerkungen über den Autor, über die Art der Quelle (Rundfunkansprache) und über ihren Anlass (100 Jahre Deutsche Revolution von 1848) machen. Fassen Sie nicht die gesamte Rede zusammen, sondern nur den geforderten Teilaspekt, nämlich Ernst Reuters Würdigung der Revolution von 1848. Sie dürfen also den Text nicht einfach abschnittsweise zusammenfassen, sondern müssen die einschlägigen Aussagen aus allen Teilen der Quelle zusammensuchen, um nur sie dann – sinnvoll geordnet und mit Textbelegen – wiederzugeben. Ihre Meinung ist nicht gefragt.*
Die Quelle ist nicht einfach zu verstehen (lange Sätze, komplizierter Satzbau). Lesen Sie den Text deshalb mehrmals langsam und sorgfältig durch. Schreiben Sie Ihre Wiedergabe dann in der indirekten Rede (Konjunktiv I usw.). Es sind bei dieser Arbeitsanweisung Leistungen im Anforderungsbereich I und II gefordert.

Ernst Reuter war ein führender Politiker der SPD in der Nachkriegszeit, der einige Monate nach seiner vorliegenden Rundfunkansprache **Oberbürgermeister** der drei Westsektoren von Berlin wurde. Der Anlass seiner Ansprache im RIAS war der 100. Jahrestag der Deutschen Revolution von 1848 am 18. März 1948. Am **18. März 1848** war es in Berlin zum bedeutendsten Aufstand der Deutschen Revolution gekommen, der jedoch noch am gleichen Tag von den Truppen des preußischen Königs niedergeschlagen wurde.

Aus seiner Perspektive von 1948 betonte Ernst Reuter, dass die Deutsche Revolution zwei lohnende Ziele gehabt habe: **die Einheit** und **die Freiheit**. Doch beide Ziele seien damals nicht erreicht worden. Denn es habe zwar die Ideen zu diesen Zielen gegeben. Aber **die „befreiende Tat**" (Z. 13), um diese Ideen auch durchzusetzen, und ein beständiger **Kampfeswille** hätten gefehlt. Zwar seien am 18. März 1848 viele Menschen für die Freiheit gestorben, aber danach habe es nur „unpolitische [...] Deklamationen und Bekenntnisse" (Z. 37 f.) gegeben. Man habe damals – diesen Vorwurf kann man aus Reuters Aufruf an seine Zeitgenossen schließen – **nicht ausreichend politisch gehandelt und gedacht**. Die

Revolutionäre von 1848 seien **unpolitische Träumer** (vgl. Z. 42) gewesen, unfähig, ihren **guten Ideen** die „ein festes Gebäude errichtende **dauerhafte Tat** folgen" (Z. 10 f.) zu lassen.

1. b) *Die geforderte Beurteilung baut auf Ihrem Ergebnis die vorangegangene Teilaufgabe auf. Der Operator „Beurteilen" verlangt, den Stellenwert von Aussagen in einem Zusammenhang zu bestimmen, um zu einem begründeten Sachurteil zu gelangen. Die zu beurteilende Aussage ist hier Reuters Bewertung der Revolutionäre und der Revolution von 1848, so, wie sie in dem vorliegenden Redeauszug zum Ausdruck kommt. Wichtig ist zunächst, knapp und in eigenen Worten Reuters Bewertung zusammenzufassen, um sie dann ausreichend sachlich belegt und begründet zu beurteilen. Dazu ist es notwendig, von Reuter nicht genannte Ursachen für das Scheitern der Revolution zu ergänzen. Deshalb gehört zum Beurteilen (Anforderungsbereich III) auch die Wiedergabe (Anforderungsbereich I) und die gezielte Anwendung von Wissen (Anforderungsbereich II). – Auch für eine sehr gute Leistung ist allerdings nicht verlangt, tatsächlich alle im Folgenden genannten Aspekte anzuführen.*

Reuter meint, die Revolutionäre von 1848 seien **unpolitische Idealisten** gewesen, denen es an Tatkraft, Ausdauer und Entschlossenheit gefehlt habe; deshalb sei ihre Revolution von 1848 **trotz guter Ideen gescheitert**. – Was die Würdigung der Ideen und Ziele der Revolution von 1848 angeht, hat Reuter sicherlich recht. Denn Einheit und Freiheit können als lohnende und weitreichende **Ziele** der Vormärzbewegung Mitte des 19. Jahrhunderts angesehen werden, auch wenn die Beteiligten sich darunter oft Unterschiedliches vorstellten. Auf diesen Ideen wurde später in der Entwicklung deutscher Verfassungen aufgebaut (Kaiserreich, Weimarer Republik, Bundesrepublik Deutschland).
Auch Reuters kritische Einschätzung der **Handlungsträger** der Revolution mag im Einzelnen durchaus zutreffen. Den meisten fehlte es an politischer Erfahrung und Handlungskompetenz und viele waren durchaus geprägt von der Mentalität des Biedermeiers (lähmende Trägheit, Gleichgültigkeit, der „deutsche Michel"). Es mangelte dem Bürgertum aber auch an der Bereitschaft, sich mit den Kleinbürgern und der aufstrebenden Arbeiterschaft zu verbinden; stattdessen ließ man sich schnell entzweien und damit entscheidend schwächen (im März 1848 in Berlin, im September 1848 in Frankfurt usw.).

Die Ursachen des Scheiterns der Revolution allerdings auf diese Unzulänglichkeiten der Akteure zu verkürzen, wie es in dem Redeauszug geschieht, wird der Revolution von 1848 insgesamt nicht gerecht. Denn die **Ursachen des Scheiterns** sind weitreichender und differenzierter. Vor allem waren es Umstände, die die handelnden Personen gar nicht entscheidend beeinflussen konnten (weshalb sich viele revolutionär Gesinnte seinerzeit auch an diesem Versuch einer Revolution in Deutschland erst gar nicht beteiligten). Zu nennen sind zum Beispiel:
– Die Strukturen des Deutschen Bundes bewirkten eine tiefgreifende **nationale Zersplitterung** (Kleinstaaterei), die sich nicht ohne weiteres auflösen ließ.

Deutschland fehlte damit außerdem ein Zentrum (Hauptstadt), von dem aus eine Revolution erfolgreich auf das gesamte Land hätte wirken können. So galt es vielmehr gegen über dreißig verschiedene Regierungen zu kämpfen (vgl. dagegen die staatliche Einheit in England und in Frankreich).

- Der andauernde **Dualismus** zwischen Preußen und Österreich behinderte zusätzlich eine nationale Einigung.
- Die Einzelkämpfer und die politischen Gruppierungen waren kaum organisiert und besaßen **keine klaren Konzepte**. Zwar hatten sie große Ziele und Ideen – die Reuter ausdrücklich lobt –, aber es fehlten konkrete, umsetzbare Vorstellungen zur groß- oder kleindeutschen Lösung, zur Staats- und Verfassungsform usw.
- Die für das Gelingen einer Revolution notwendigen **unteren Klassen** (Bauern, Handwerker, Arbeiter) waren zu unpolitisch, um eine Revolution mitzutragen.
- **Reformen und Zugeständnisse** hatten der Bewegung im Vormärz immer wieder Wind aus den Segeln genommen (Zollverein, Märzminister usw.).

Ernst Reuter bietet also **keine hinreichende Würdigung der Deutschen Revolution** von 1848. Er beschäftigt sich nur mit persönlichen Schwächen der Revolutionäre – mutmaßlich um aus diesen Defiziten von 1848 intendierte **Appelle für die Berliner Bevölkerung** im März 1948 abzuleiten.

2. *Entscheidend für eine historische Einordnung ist es, nicht einfach Daten und Fakten der Zeit vor und nach der Entstehung der Quelle aufzulisten, sondern den Kontext der Rede herauszuarbeiten und Ereignisse, Entwicklungen und Erscheinungen aus dem Umfeld der Quelle zusammenzutragen, die in einem ausdrücklichen Bezug zu ihr stehen. Behalten Sie immer die Quelle vor Augen. Daraus ergibt sich auch, welchen zeitlichen Rahmen Sie wählen. Gefordert sind damit Leistungen überwiegend im Anforderungsbereich II. Der thematische Zusammenhang, in dem die vorliegende Quelle steht, ist – vor dem Hintergrund des Ost-West-Gegensatzes im Kalten Krieg – die Bedrohung der Einheit Deutschlands und der Unabhängigkeit Westberlins. Die zeitlichen Eckpunkte könnten deshalb 1945 und 1949 sein. Denn bereits 1945 zeichnete sich die Konfrontation der Kriegsalliierten ab und 1949 nahm mit der Gründung der beiden deutschen Staaten die Teilung Deutschlands vorerst dauerhafte Gestalt an.*

Eine **einheitliche und gemeinschaftliche Deutschlandpolitik** der vier alliierten Siegermächte, wie sie in Potsdam (im Juli/August 1945) beschlossen worden war, hat es danach nicht mehr gegeben. Bereits im Sommer 1945 versicherten Beobachter wie der amerikanische Diplomat und Kenner der Sowjetunion George F. Kennan, dass eine fruchtbare Zusammenarbeit mit der sowjetischen Regierung in Zukunft nicht möglich sein werde. Dieser Argwohn wurde durch die Vereinnahmung der Ostblockstaaten durch die nach Westen vorgerückte Sowjetunion nach Kriegsende kräftig genährt. Nach und nach wurden prosowjetische Regierungen installiert und Oppositionskräfte ausgeschaltet. Die Westmächte verloren jeden Einfluss auf das, was im sowjetischen Machtbereich geschah (Churchill: „**Eiserner Vorhang**"). Das galt in Deutschland sowohl für die sowjetisch besetzte Zone (SBZ) als auch für den sowjetischen Sektor von Berlin: Verstaatlichungen, Bodenreform, Zwangsvereinigung der KPD und der SPD zur SED im April 1946 usw. ließen von Anfang an erkennen, dass die Sowjetunion die von ihr besetzten Teile Deutschlands und Berlins gemäß ihrer kommunistischen Weltanschauung umgestalten wird.

So entstanden erst recht in Westberlin, das ja auf dem Gebiet der SBZ lag („**Insulaner**"), Befürchtungen, ebenfalls in diesen sowjetischen Machtbereich integriert zu werden. Umso wichtiger war es, **dass die Westalliierten** seit 1946 in zunehmender Deutlichkeit versicherten, **in ihrem Teil von Berlin bleiben** zu wollen und ihre drei Sektoren sowie die Westzonen politisch und materiell kräftig zu unterstützen. Zu erkennen war dieser Beistand an **Byrnes Stuttgarter Rede** im September 1946, an der **Truman-Doktrin** von 1947 und an der anschließenden Hilfe durch den **Marshall-Plan** (ab 1948).

Gleichwohl blieb Westberlin („**Frontstadt**") gefährdeter als die Westzonen. Denn nirgendwo in der Welt trafen der Westen und der Osten so unmittelbar und konzentriert aufeinander wie in dieser Millionenstadt. Der Kalte Krieg prägte den Alltag der Berliner: heftige Propaganda in den Zeitungen und im Rundfunk; vergebliche Versuche, die Stadt gemeinsam zu regieren; Pendler zwischen den Ost- und Westsektoren usw. Trotz aller Beteuerungen war zum Zeitpunkt der Rede Reuters noch keineswegs garantiert, dass die Alliierten tatsächlich in Berlin bleiben würde. Entsprechende Befürchtungen der Westberliner waren groß und nicht unbegründet. In Reuters Rede kommt die **Angst** vor dem „Gespenst der Tyrannei" (Z. 28), das alle Berliner „zu Knechten und Sklaven" (Z. 35) machen wolle, eindringlich zum Ausdruck. Deshalb ruft er zum Kampf für die „Freiheit" (Z. 36, 57 u. a.) und gegen die drohende Versklavung durch die „Mächte der Finsternis" (Z. 40) auf.

Wie begründet solche Ängste waren, zeigte sich schon wenige Monate nach Reuters Rede. Die von den Amerikanern im Juni 1948 in den Westzonen und eben auch in Westberlin durchgeführte **Währungsreform** löste den bis dahin heftigsten Ost-West-Konflikt in Berlin aus: Die **sowjetischen Besatzungsmächte blockierten** knapp ein Jahr lang die Transitwege von Westdeutschland nach Westberlin, um Westberlin vom Westen zu trennen und in den Osten einzubeziehen.
Die Westmächte organisierten jedoch sogleich eine aufsehenerregende **Luftbrücke** zur Versorgung der Westberliner Bevölkerung und bekräftigten damit unmissverständlich ihre Verantwortung für Westberlin. Trotz dieser Unterstützung aus der Luft mussten die Westberliner selbst einen großen Durchhaltewillen und viel Tatkraft aufbringen, um in diesem Jahr ihre Freiheit und ihre Unabhängigkeit vom Osten zu bewahren – so, wie es Reuter im März 1948 gefordert hatte.
Dem Ende der Blockade und der Luftbrücke im Mai 1949 folgte dann rasch (am 23. Mai) die **Gründung der Bundesrepublik Deutschland**; am 7. Oktober 1949 wurde die DDR gegründet. Durch das Entstehen dieser beiden deutschen Staaten war der von Reuter befürchtete **Verlust der Einheit** vorerst besiegelt. Aber die Freiheit schien durch das bekräftigte Bündnis mit den westlichen Siegermächten in Zukunft etwas sicherer als in den schwierigen Jahren zuvor.

3. *Ziel Ihrer Bearbeitung muss es sein, Ernst Reuters einschlägige Ansichten und Aussagen begründet zu beurteilen und dabei Ihre eigenen Wertmaßstäbe deutlich zu machen und zu begründen. Es sind damit Leistungen überwiegend im Anforderungsbereich III gefordert, Anforderungsbereich II ist aber auch betroffen. In der Stellungnahme ist nach zweierlei gefragt: nach einer Bewertung von Reuters grundlegendem Geschichtsverständnis und nach einer Bewertung der Anwendung dieses Geschichtsverständnisses auf die konkrete historische Situation vom Frühjahr 1948 in Berlin durch den Blick zurück auf die Deutsche Revolution von 1848. Zunächst sollten Sie diese beiden Aspekte kurz darstellen, um sich dann gezielt damit auseinanderzusetzen. Ihre Leistung wird umso besser bewertet, je stichhaltiger Sie Ihre Stellungnahme begründen und belegen und je komplexer und differenzierter Sie argumentieren. So können Sie zum Beispiel zwischen Zustimmung und Ablehnung auch eine vermittelnde und differenzierende Position einnehmen. Die nachfolgenden Ansätze einer Auseinandersetzung mit Reuter sind als Anregung für Ihre eigene Stellungnahme gedacht.*

Reuter geht grundsätzlich davon aus, dass die Gegenwart geprägt ist von ihren geschichtlichen Wurzeln und dass man deshalb die Gegenwart nur meistern und die Zukunft nur gestalten könne, wenn man die Vergangenheit begriffen habe. Das heißt, man könne und **müsse aus der Geschichte lernen**.
Für seine Gegenwart des Frühjahrs 1948 gebe es zum Beispiel relevante Erkenntnismöglichkeiten in der damals 100 Jahre zurückliegenden Deutschen Revolution von 1848. Denn wie 1848 gelte es 1948 in Westberlin gegen die drohende Gefährdung von Einheit und Freiheit zu kämpfen. Aber die 48er-Revolution habe ihr Ziel damals nicht erreicht, und auch in der geschichtlichen Entwicklung danach seien die Einheit und vor allem die Freiheit nur unvollkommen (im Kaiserreich, vgl. Z. 15) oder gar nicht (in der Nazizeit, vgl. Z. 17 ff.) verwirklicht gewesen. Um nicht wieder zu scheitern, müsse man aus der historischen Erfahrung lernen und **jetzt mehr Mut zur Tat** haben, einen „eisernen Willen" (Z. 39) und mehr Entschlossenheit.

Mit guten Gründen und vielen Beispielen kann man behaupten, dass man aus der Geschichte etwas für die eigene Gegenwart und für die Gestaltung der Zukunft lernen kann (besonders propagiert zur Zeit der Aufklärung). Dieser Auffassung liegt ein Geschichts- und Menschenbild zugrunde, nach dem sich geschichtliche Prozesse in gewisser Weise wiederholen oder zumindest immer wieder in vergleichbarer Weise ablaufen. Auch **der Mensch an sich verändere sich nicht** und deshalb blieben auch die Probleme, die sich im Zusammenleben der Menschen ergeben, gleich. Da der Mensch lernfähig sei, könne er also eine bessere Zukunft erzielen („ein Durchkommen zu besseren Zeiten", Z. 7 f.).

Dieser Auffassung könnte man mit dem Hinweis auf die enormen **Veränderungen in der Geschichte** widersprechen, insbesondere auf die sich immer rascher wandelnde moderne Welt. Was ist heute oder was war auch 1948 noch so wie hundert Jahre zuvor (zwei Weltkriege liegen dazwischen, der Holocaust, große technische Errungenschaften, ein erheblicher sozialer Wandel usw.)? Was ließe sich aus solchen längst vergangenen Zeiten noch lernen?

Reuter bindet seinen Appell im Frühjahr 1948 zum Kampf für die Freiheit (von sowjetischer Ideologie und Unterdrückung) an entsprechende geschichtliche Erfahrungen. Einen solchen Gedanken kann man als **kluge historische Einsicht** würdigen oder aber als unzulässige **Instrumentalisierung der Geschichte** ablehnen. Denn: Sind die Unterschiede zwischen der historischen Situation von 1848 und der von 1948 nicht zu groß für wirklich erkenntnisreiche Parallelen? Sind die Fürsten aus der Mitte des 19. Jahrhunderts mit den kommunistischen Machthabern nach dem Zweiten Weltkrieg ausreichend vergleichbar? Sind die Begriffe, die diese historischen Parallelen tragen sollen, nicht zu allgemein und zu oberflächlich, als dass sie aussagekräftig genug wären, wie der Kampf für die „Freiheit“ (Z. 36) gegen die „Mächte der Finsternis“ (Z. 40; vgl. dazu gegenwärtige Situationen wie den weltweiten Kampf gegen den Terrorismus)?

Teilaufgabe	AFB I	AFB II	AFB III	BE
1 a	20	5	–	25
1 b	5	5	5	15
2	–	30	–	30
3	–	5	25	30
Summe	25	45	30	100

Hessen – Geschichte – Leistungskurs
Übungsaufgabe 6

Thema: *Die zollpolitische Integration Deutschlands und Europas im Vergleich*

Aufgaben

1. Fassen Sie die Argumentation des Autors von M 1 zusammen, arbeiten Sie seine Intention heraus und stellen Sie die Quelle in ihren historischen Zusammenhang. (30 BE)
2. Erklären Sie, warum Lists Bittschrift zunächst abgewiesen wurde, seine Vorschläge 15 Jahre später jedoch verwirklicht wurden. (35 BE)
3. Entwickeln und erörtern Sie – auch unter Heranziehung von M 2 – Ähnlichkeiten und Unterschiede zwischen der zollpolitischen Einigung Deutschlands und der beginnenden europäischen Integration. (35 BE)

Material

M 1: Friedrich List: Bittschrift an die deutsche Bundesversammlung, April 1819

[...] Vernünftige Freiheit ist die Bedingung aller physischen und geistigen Entwicklung des Menschen. Wie der menschliche Geist niedergehalten wird durch Bande des Gedankenverkehrs, so wird der Wohlstand der Völker gebeugt durch Fesseln, welche der Produktion und dem Verkehr materieller Güter angelegt werden [...] Achtunddreißig Zoll- und Mautlinien in Deutschland lähmen den Verkehr im Innern und bringen ungefähr dieselbe Wirkung hervor, wie wenn jedes Glied des menschlichen Körpers unterbunden wird, damit das Blut ja nicht in ein anderes überfließe. Um von Hamburg nach Österreich, von Berlin in die Schweiz zu handeln, hat man zehn Staaten zu durchschneiden, zehn Zoll- und Mautordnungen zu studieren, zehnmal Durchgangszoll zu bezahlen. Wer aber das Unglück hat, auf einer Grenze zu wohnen, wo drei oder vier Staaten zusammenstoßen, der verlebt sein ganzes Leben mitten unter feindlich gesinnten Zöllnern und Mautnern, der hat kein Vaterland.

Trostlos ist dieser Zustand für Männer, welche wirken und handeln möchten. Mit neidischen Blicken sehen sie hinüber über den Rhein, wo ein großes Volk vom Kanal bis an das Mittelländische Meer, vom Rhein bis an die Pyrenäen, von der Grenze Hollands bis Italien auf freien Flüssen und offenen Landstraßen Handel treibt, ohne einem Mautner zu begegnen.

Zoll und Maut können wie der Krieg nur als Verteidigung gerechtfertigt werden; je kleiner aber der Staat ist, welcher eine Maut errichtet, desto größer ist das Übel, desto mehr würgt sie die Regsamkeit des Volkes, desto größer die Erhebungskosten; denn kleine Staaten liegen überall an der Grenze. Daher sind diese 38 Mautlinien dem Volke Deutschlands ungleich schädlicher als eine Douanenlinie an Deutschlands Grenzen, wenn auch die Zollsätze dort dreimal höher wären. Und so geht denn die

Kraft derselben Deutschen, die zur Zeit der Hanse, unter dem Schutz eigener Kriegsschiffe, den Welthandel trieben, durch 38 Maut- und Zollsysteme zu Grunde [...]

Friedrich List: Schriften, Reden, Briefe. Hrsg. von Erwin V. Beckerath, Karl Goeser, Friedrich Lenz u. a., Bd. I/1 Berlin 1932 S. 491 ff.

M 2: Auszug aus dem EWG-Vertrag von 1957/Die römischen Verträge von 1957

Art. 1 Gründung der Europäischen Wirtschaftsgemeinschaft
Durch diesen Vertrag gründen die Hohen Vertragsparteien untereinander eine *Europäische Wirtschaftsgemeinschaft.*

Art. 2 Aufgabe der Gemeinschaft
Aufgabe der Gemeinschaft ist es, durch die Errichtung eines Gemeinsamen Marktes und die schrittweise Annäherung der Wirtschaftspolitik der Mitgliedstaaten eine harmonische Entwicklung des Wirtschaftslebens innerhalb der Gemeinschaft, eine beständige und ausgewogene Wirtschaftsausweitung, eine größere Stabilität, eine beschleunigte Hebung der Lebenshaltung und engere Beziehungen zwischen den Staaten zu fördern, die in dieser Gemeinschaft zusammengeschlossen sind.

Art. 3 Tätigkeit der Gemeinschaft
Die Tätigkeit der Gemeinschaft im Sinne des Artikels 2 umfasst nach Maßgabe dieses Vertrags und der darin vorgesehenen Zeitfolge:

a) die Abschaffung der Zölle und mengenmäßigen Beschränkungen bei der Ein- und Ausfuhr von Waren sowie aller sonstigen Maßnahmen gleicher Wirkung zwischen den Mitgliedstaaten;
b) die Einführung eines gemeinsamen Zolltarifs und einer gemeinsamen Handelspolitik gegenüber dritten Ländern;
c) die Beseitigung der Hindernisse für den freien Personen-, Dienstleistungs- und Kapitalverkehr zwischen den Mitgliedstaaten;
d) die Einführung einer gemeinsamen Politik auf dem Gebiet der Landwirtschaft;
e) die Einführung einer gemeinsamen Politik auf dem Gebiet des Verkehrs; die Errichtung eines Systems, das den Wettbewerb innerhalb des Gemeinsamen Marktes vor Verfälschungen schützt;
g) die Anwendung von Verfahren, welche die Koordinierung der Wirtschaftspolitik der Mitgliedstaaten und die Behebung von Störungen im Gleichgewicht ihrer Zahlungsbilanzen ermöglichen; [...]

Art. 8 Übergangszeit
(1) Der Gemeinsame Markt wird während einer Übergangszeit von zwölf Jahren schrittweise verwirklicht. [...]

Art. 9 Zollunion
(1) Grundlage der Gemeinschaft ist eine Zollunion, die sich auf den gesamten Warenaustausch erstreckt; sie umfasst das Verbot, zwischen den Mitgliedstaaten Ein- und Ausfuhrzölle und Abgaben gleicher Wirkung zu erheben, sowie die Einführung eines Gemeinsamen Zolltarifs gegenüber dritten Ländern. [...]

Helmut Trost: Europa und der Binnenmarkt, Schöningh Verlag: Paderborn 1993, S. 16.

Lösungsvorschläge

Inhaltliche Schwerpunkte:
Die Aufgabe bezieht sich auf die Halbjahre 12/I (Gesellschaftliche Veränderungsprozesse am Beginn der Moderne) und 13/I (Konflikt und Kooperation in der Welt nach 1945). Der prüfungsdidaktische Schwerpunkt liegt auf 12/I bei den Lehrplanabschnitten: „Die großen Revolutionen und ihre Folgen" (Wiener Kongress, Restauration und Vormärz, Die Nationalstaatsbewegung in Deutschland und Europa, Demokratiebewegung und Revolution 1848) sowie „Die Industrielle Revolution und ihre Folgen". Der kursübergreifende Bezug wird als historischer Längsschnitt hergestellt, bei dem es um eine selbstständige Reflexion und einen Vergleich der zollpolitischen Einigung Deutschlands in den 30er-Jahren des 19. Jahrhunderts mit der beginnenden europäischen Integration in den 50er-Jahren des 20. Jahrhunderts geht. Hier wird im Lehrplan die „europäische Ebene" von „Konflikt und Kooperation" durch das Stichwort: „Integration und neue Nationalismen" näher bestimmt.

1. *Sie sollen die wesentlichen Aussagen des Textes in eigenen Worten möglichst knapp zusammenfassen und dabei die Distanz zum Text (durch Verwendung des Konjunktivs bzw. gekennzeichneter Zitate) auch sprachlich deutlich machen. Anschließend sollen Sie aus dem Text, aber auch durch Rekurs auf biografische und wirtschaftshistorische Kenntnisse, die zentrale Intention Lists, die zollpolitische Einigung Deutschlands, herausarbeiten. Abschließend sollen Sie die Ära der Restauration und des Deutschen Bundes, aber auch das Aufbegehren der nationalen und liberalen Bewegung gegen das „System Metternich", als den historischen Hintergrund der Quelle identifizieren und knapp darstellen. Die Aufgabe erfordert Leistungen in den Anforderungsbereichen I und II.*

Zusammenfassung des Textes

Friedrich List verweist zunächst in seiner Bittschrift an die deutsche Bundesversammlung in Frankfurt vom April 1819 auf den engen **Zusammenhang zwischen geistiger Freiheit** und der **Freiheit von Handel** und Verkehr. Er beklagt, dass „38 Mautlinien" in Deutschland den Verkehr und den freien Handel behinderten und dadurch die **Entwicklung von Produktion und Gewerbe** empfindlich **gestört** werde.

Er vergleicht das damalige deutsche Zollsystem mit einem menschlichen Körper, durch dessen Glieder der Blutstrom nicht zirkulieren könne und richtet seinen Blick voller Bewunderung nach Frankreich, wo der Handel und der Verkehr im Gegensatz zu Deutschland frei durch das ganze Land fließen könne.

Die **Wirkung** des deutschen **Zollsystems** sei besonders **verheerend** durch die deutsche Kleinstaaterei; die Aktivität des Volkes werde gedämpft, die Wohlstandsentwicklung schwer behindert. Die Unzahl der Zoll- und Mautgrenzen stifte unsägliches Unheil in einem Land, das zur Zeit der Hanse einmal Vorreiter des freien Welthandels gewesen sei.

Intention des Verfassers
Friedrich List war ein herausragender **Vertreter** des **süddeutschen Liberalismus.** Gerade in Süddeutschland entwickelten sich im Zuge der beginnenden Industrialisierung die Textilindustrie, der Maschinenbau und andere Spielarten der Kleinindustrie. Die Produzenten waren darauf angewiesen, ihre in Massenproduktion hergestellten Produkte auf einem großen, mindestens deutschlandweiten Markt abzusetzen.
Dieser **Absatz** und damit die industrielle Entwicklung Deutschlands wurden **durch Zoll**- und **Mautlinien** der 38 souveränen Staaten des Deutschen Bundes aber schwer **behindert**. List machte sich also zum Sprecher des produzierenden und Handel treibenden süddeutschen Bürgertums. Er versuchte die Bundesversammlung, aber auch die württembergische Regierung, von der Notwendigkeit eines Abbaus der Zoll- und Mautlinien zu überzeugen und **regte die Gründung eines deutschen Zollvereins an**, der nicht nur den **wirtschaftlichen Interessen** des Bürgertums Rechnung tragen, sondern auch die Entwicklung des **deutschen Nationalgedankens** fördern und dem Zusammenwachsen der deutschen Nation dienen sollte.

Historischer Zusammenhang
List hat seine Bittschrift im April des Jahres 1819 verfasst. Das war ein außerordentlich riskanter Termin für die Veröffentlichung von liberalen Schriften, denn nach dem **Wartburgfest von 1817** und dem **Attentat auf Kotzebue** hatte Metternich in der Bundesversammlung 1818 die „**Karlsbader Beschlüsse**" durchgesetzt, mit dem Ziel, das restaurative politische System des Deutschen Bundes, das die liberalen und nationalen Tendenzen der Zeit blockieren soll, vor dem Angriff von „Demagogen" zu bewahren.
Der **Wiener Kongress** hatte einen großen Teil der liberalen Reformen der napoleonischen Ära rückgängig gemacht und vor allem die nationale Hochstimmung der Befreiungskriege verklingen lassen. **Autorität**, **Legitimität** und **Solidarität** (der Fürsten) waren die Werte der Stunde; in Deutschland war **kein Nationalstaat** entstanden, sondern der **Deutsche Bund** als lockerer Staatenbund aus 38 souveränen Staaten unter der **Führung Österreichs**. Die Souveränität lag wieder bei den legitimen Herrschern, die Völker sollten an der Politik nicht mehr beteiligt sein.
Doch das „**System Metternich**" wurde von der **liberalen** und der **nationalen Bewegung** nicht widerspruchslos hingenommen. Das Wartburgfest der **Deutschen Burschenschaften**, die nationalliberalen Untertöne in den Vereinen der Turner, Sänger und Schützen, das **Hambacher Fest** des Jahres 1832, die **Göttinger Sieben** und ihr Protest gegen den Verfassungsbruch der Obrigkeit sind nur die bekanntesten Tendenzen und Ereignisse des **Vormärz**, in denen der „beschränkte Untertanenverstand" aufbegehrte.
List stellte sich mit seiner Bittschrift und mit anderen Aktivitäten in diese Reihe. Er wurde prompt als Liberaler und „Demagoge" verdächtigt und der „Staatsgefährdung" bezichtigt, er verlor seine Ämter und wurde 1822 sogar zu Festungshaft verurteilt, sodass ihm kein anderer Ausweg als die Flucht nach Amerika blieb, um der Haft zu entgehen.

2. *Sie sollen die Erklärung für die Abweisung der Bittschrift Lists darin suchen, dass die in der Deutschen Bundesversammlung vertretenen Regierungsgesandten in der zollpolitischen Integration Deutschlands eher eine Gefahr für die Staatseinnahmen und die staatliche Souveränität sahen als eine Chance für eine prosperierende wirtschaftliche Entwicklung. Im Anschluss sollen Sie einerseits wirtschaftshistorische Grundkenntnisse über die Industrielle Revolution und die Folgen der industriellen Massenproduktion für anonyme Märkte mobilisieren, andererseits sollen sie die Entwicklung der Beziehungen zwischen Preußen und Österreich angesichts des entstehenden und sich entwickelnden deutschen Zollvereins als ein geradezu klassisches Exempel für den Zusammenhang zwischen Ökonomie und Politik begreifen und darstellen. Gelingt dies, so kommt es auf Details (wie etwa Jahreszahlen) nicht entscheidend an. (Anforderungsbereich II)*

Erklärung für die Abweisung der Bittschrift

Die **Wiederherstellung der Souveränität** der deutschen Klein- und Mittelstaaten war **nach der napoleonischen Fremdherrschaft** ein wichtiges Ziel des Wiener Kongresses. Ein integraler Teil der staatlichen Souveränitätsrechte bestand in der Verfügung über Steuern und Zölle.

Denn mit die wichtigsten **Einnahmequellen** der deutschen **Klein- und Mittelstaaten** waren die Zölle und darauf wollten die Fürsten keinesfalls verzichten. Außerdem dienten die häufig prohibitiven Zollsätze auch dem Schutz des eigenen Gewerbes vor der inländischen (d. h. den anderen Mitgliedsstaaten des Deutschen Bundes) und ausländischen Konkurrenz. Im freien Handel sah man eher Gefahren als Vorteile, „**nationalökonomische**" **Ziele waren** den Regierungen so **fremd** und unerwünscht wie die Nation selbst. Auch hätte die Aufhebung der Zollschranken und die Gewährleistung des freien Handels möglicherweise die Verfolgung der „Demagogen" erschwert, die nach den Karlsbader Beschlüssen in vollem Gange war.

Im Übrigen hatte der Wiener Kongress die Macht wieder in die Hände des **Hochadels** gelegt, der aber zeigte am Fortschritt von Industrie und Handel zunächst nur **wenig Interesse**, weil er seine Einkünfte in der Regel aus anderen Quellen bezog. Am stärksten ausgeprägt war diese Haltung bei den Habsburgern, also der im Bund immer noch führenden Dynastie, während **Preußen** wegen seiner damaligen territorialen Zersplitterung dem Gedanken einer deutschen Zollunion etwas **aufgeschlossener** gegenüberstand.

Erklärung für die spätere Realisierung der Vorschläge Lists

Die von England ausgehende, aber zunehmend auch den Kontinent und deutsche Gebiete erfassende Industrielle Revolution mit ihrer fabrikmäßigen maschinellen Massenproduktion konnte sich nur entwickeln, wenn ausreichend große, aufnahmefähige Märkte vorhanden waren bzw. geschaffen wurden. Während **England** und **Frankreich** aufgrund der frühen nationalstaatlichen Entwicklung über solche **nationalen Binnenmärkte** verfügten, herrschte in Deutschland auch **wirtschaftlich Kleinstaaterei**. Eine Vielzahl von Zöllen, aber auch unterschiedliche Währungen, Maße und Gewichte behinderten die weitere Wirtschaftsentwicklung.

In den zwanziger Jahren des 19. Jh. entstand allmählich – ausgehend von Preußen mit seinem territorial zersplitterten Staatsgebiet – auch in der politischen Füh-

rungsschicht einiger großer Staaten des Deutschen Bundes ein Bewusstsein für die Notwendigkeit der zollpolitischen Integration. Jedoch waren die Interessen der einzelnen Regionen immer noch zu verschieden, als dass man an eine „bundeseinheitliche“ Lösung hätte herangehen können.
So entstanden nach langen und schwierigen Verhandlungen im Jahre 1828 der bayrisch-württembergische und der preußisch-hessische Zollverein sowie der Mitteldeutsche Handelsverein. Damit war aber der Bann gebrochen, denn insbesondere der preußisch-hessische Verein erwies sich auch unter fiskalischen Gesichtspunkten als großer Erfolg, sodass sich in den nächsten Jahren weitere Bundesstaaten anschlossen.
Im Jahre 1834 fusionierten der süd- und der norddeutsche Zollverein zum „**Deutschen Zollverein**“, dem immerhin **21 von 38 Bundesstaaten angehörten** – allerdings fehlten z. B. die freie Reichsstadt Frankfurt und die norddeutschen Küstenstaaten mit ihren Häfen, es **fehlte aber vor allem: Österreich**.
Erstaunlicherweise überließ die politische Führungsmacht des Deutschen Bundes **Preußen** die **Federführung** bei der **zollpolitischen Integration Deutschlands** und bekundete aufgrund seiner eher nach Südosten ausgerichteten Wirtschaftsinteressen demonstratives Desinteresse.
Preußen nutzte in den Folgejahren den Zollverein geschickt aus zur Erlangung einer **wirtschaftlichen Hegemonie** im Deutschen Bund, mit dem es allmählich die politische Hegemonie Österreichs kompensierte. Als Österreich seinen Fehler erkannte und in den 50er-Jahren Beitrittswünsche anmeldete, blockierte Preußen die Aufnahme Österreichs mit einer Auflösungsdrohung, die sofort wirkte.

Der Deutsche Zollverein wurde zu einer **Erfolgsgeschichte**. Nach der Herstellung eines nationalen Binnenmarktes entstanden auch in Deutschland zahlreiche Fabriken; in den 50er-Jahren gelang auch der Anschluss der norddeutschen Staaten und der meisten anderen, die noch abseits gestanden hatten. Damit waren nicht nur die Binnenzölle gefallen, man hatte sich auch auf einen **einheitlichen Außenzoll** geeinigt und begann mit der wirtschaftspolitischen Integration auch auf den Gebieten der Währung, der Maße und Gewichte. Lists zollpolitisches Programm war weitgehend realisiert, während die Erfüllung seiner weitergehenden politischen Wünsche auf sich warten ließ.

3. *Sie sollen hier keine Zusammenfassung oder Textinterpretation liefern, sondern den Text als Steinbruch für eine Argumentation benutzen, in der Sie deutlich machen, dass die Fortschritte bei der kontinentalen zollpolitischen Integration Europas in der Logik der durch zwei Weltkriege unterbrochenen weiteren wirtschaftlichen Entwicklung liegen. So wie die deutschen Kleinstaaten im 19. Jahrhundert ihren kurzsichtigen Egoismus zugunsten einer gemeinsamen Zollpolitik aufgeben mussten, so überwanden die integrationswilligen Staaten Europas ihre nationalstaatliche Perspektive zugunsten der Prosperität Europas. Dabei erwies es sich als Glücksfall, dass die Entwicklung des integrierten Europas ähnlich erfolgreich verläuft wie die deutsche Wirtschaftsgeschichte im 19. Jahrhundert. Anschließend*

sollen Sie als wesentlichen Unterschied erkennen, dass der EWG-Vertrag in seiner Zielsetzung über eine bloße Zollunion weit hinausgeht und politische Entwicklungsperspektiven beinhaltet, die der Zollverein als reiner Zollverbund nicht zu bieten hatte. Sie sollen darlegen, dass EWG und Zollverein hinsichtlich ihrer pazifizierenden Wirkung unterschiedlich einzuschätzen sind. Die Aufgabe erfordert Leistungen im Anforderungsbereich III.

Entwicklung und Erörterung von **Ähnlichkeiten** zwischen der zollpolitischen Einigung Deutschlands und Europas – ausgehend vom EWG-Vertrag:
Die Geschichte des 19. Jahrhunderts hat die europäischen Industrie- und Handelsstaaten entstehen lassen, sie aber gleichzeitig als **Konkurrenten** einander gegenüber- und entgegengestellt. Obwohl auch der internationale Handel, der **Weltmarkt** und die weltweite Arbeitsteilung sich schon im 19. Jahrhundert herausbildeten und alle Beteiligten daraus ihren **Nutzen** zogen, sind die Nationen (oder doch zumindest einige von ihnen) im **Ersten und im Zweiten Weltkrieg** in den überwunden geglaubten Zustand eines **kriegerischen und räuberischen Imperialismus** zurückgefallen, der die Chancen, welche Industrie, friedlicher Handel und weltweite Arbeitsteilung den Völkern bieten, aufs Spiel gesetzt hat. Die Folgen waren Zerstörung, Elend, Barbarei in weiten Teilen Europas und der Welt.
Infolge dieser Erfahrung machten nach dem Zweiten Weltkrieg einige der ehemals verfeindeten **europäischen Nationalstaaten**, an der Spitze Frankreich und Deutschland, in Gestalt der EWG den Versuch, ihre **nationalen Gegensätze** durch **eine europäische Zoll- und Wirtschaftsgemeinschaft zu überwinden** und dadurch wirtschaftlich zu einem einheitlichen Binnenmarkt zu verschmelzen. Die „**Solidarität der Produktion** und des Handels" **sollte** die alten **Nationalismen**, die überkommenen Erb- und Erzfeindschaften **überwinden helfen**.
Dieser Versuch erwies sich als außerordentlich erfolgreich. Die europäischen Völker konnten die Erfahrung machen, dass friedlicher Handel, Kooperation und sogar der Verzicht auf angestammte Souveränitätsrechte sich auszahlen.

Entwicklung und Erörterung von **Unterschieden** zwischen der zollpolitischen Einigung Deutschlands und Europas – ausgehend vom EWG-Vertrag:
Bei Durchsicht des EWG-Vertrags fallen einige Unterschiede zur Zielsetzung des Deutschen Zollvereins sofort auf. **Der EWG-Vertrag** ist wesentlich „**ehrgeiziger**", er setzt sich weitergehende Ziele. Es ging den sechs Gründungsstaaten 1957 nicht nur um eine Zollunion, sondern auch um eine „**Annäherung der Wirtschaftspolitik** der Mitgliedstaaten" (Z. 6), um **gemeinsame Politikbereiche** wie Landwirtschaft, Verkehr und Außenhandel und schließlich gibt es eine **Struktur von Institutionen**, die der Zollverein so nicht zu bieten hatte.
So konnte sich im Verlaufe eines sich **vertiefenden Integrationsprozesses** aus der EWG die EG und schließlich die EU entwickeln mit der **Perspektive einer quasibundesstaatlichen europäischen** Verfassung und einer **gemeinsamen Außen- und Sicherheitspolitik**. Die EU trägt heute in vielerlei Hinsicht Züge, die einem Nationalstaat zumindest ähnlich sind.

Die größte Differenz jedoch wurde unter einem anderen Gesichtspunkte schon angedeutet: Der Zollverein war u. a. ein **Instrument**, dessen sich Preußen **im Hegemonialkonflikt mit Österreich** bediente, in dem es um die Vorherrschaft in Deutschland ging. **Der EWG-Vertrag** ist demgegenüber ein Dokument, in dem sich die beteiligten Staaten zur **Kooperation** und ein Stück weit („harmonische Wirtschaftsentwicklung") auch zu übernationaler Solidarität verpflichteten.
Insbesondere die ehemaligen „Erbfeinde" Frankreich und Deutschland überwanden ihre Feindschaft und entwickeln **Vertrauen** zueinander im und **durch den Prozess der europäischen Integration**.

Teilaufgabe	AFB I	AFB II	AFB III	BE
1	15	15	–	30
2	–	35	–	35
3	–	–	35	35
Summe	15	50	35	100

Hessen – Geschichte – Leistungskurs
Übungsaufgabe 7

Thema: *Hitlers Vernichtungsfeldzug und das deutsch-sowjetische Verhältnis*

Aufgaben

1. Geben Sie den Inhalt des Auszuges „Lebensraum im Osten“ aus Adolf Hitlers programmatischer Streitschrift „Mein Kampf“ eigenständig wieder. (20 BE)
2. Erläutern Sie die Zusammenhänge zwischen Hitlers ideologischen Ausführungen in „Mein Kampf“ zur Frage des „Lebensraumes“ sowie dem damit verbundenen Rassismus einerseits und dem Auszug aus der Rede des „Reichsführers SS“ Heinrich Himmler auf der SS-Gruppenführertagung in Posen vom 4. Oktober 1943 (M 2) andererseits. (25 BE)
3. Arbeiten Sie an beiden Quellen heraus und erläutern Sie, welche unmittelbaren und langfristigen Folgen sich für die Einwohner der Sowjetunion aus der NS-Politik ergaben. (25 BE)
4. Bewerten Sie das Verhalten der NS-Truppen in der UdSSR während des Zweiten Weltkrieges vor dem Hintergrund der deutsch-russischen/sowjetischen Beziehungen im 20. Jahrhundert. (30 BE)

Material

M 1: Adolf Hitler: Lebensraum im Osten (Auszug aus „Mein Kampf“)

So wie unsere Vorfahren den Boden, auf dem wir heute leben, nicht vom Himmel geschenkt erhielten, sondern durch Lebenseinsatz erkämpfen mußten, so wird auch uns in Zukunft den Boden und damit das Leben für unser Volk keine völkische Gnade zuweisen, sondern nur die Gewalt eines siegreichen Schwertes. [...]

Wir Nationalsozialisten haben aber noch weiter zu gehen: Das Recht auf Grund und Boden kann zur Pflicht werden, wenn ohne Bodenerweiterung ein großes Volk dem Untergang geweiht erscheint. Noch ganz besonders dann, wenn es sich dabei nicht um ein x-beliebiges Negervölkchen handelt, sondern um die germanische Mutter all des Lebens, das der heutigen Welt ihr kulturelles Bild gegeben hat. Deutschland wird entweder Weltmacht oder überhaupt nicht sein. Zur Weltmacht aber braucht es jene Größe, die ihm in der heutigen Zeit die notwendige Bedeutung und seinen Bürgern das Leben gibt.

Damit ziehen wir Nationalsozialisten bewußt einen Strich unter die außenpolitische Richtung unserer Vorkriegszeit. Wir setzen dort an, wo man vor sechs Jahrhunderten endete. Wir stoppen den ewigen Germanenzug nach dem Süden und Westen Europas und weisen den Blick nach dem Land im Osten. Wir schließen endlich ab die Kolonial- und Handelspolitik der Vorkriegszeit und gehen über zur Bodenpolitik der Zukunft.

Wenn wir aber heute in Europa von Grund und Boden reden, können wir in erster Linie nur an Rußland und die ihm untertanen Randstaaten denken.

Das Schicksal selbst scheint uns hier einen Fingerzeig geben zu wollen. Indem es Rußland dem Bolschewismus überantwortete, raubte es dem rußischen Volke jene Intelligenz, die bisher dessen staatlichen Bestand herbeiführte und garantierte.

Adolf Hitler: Mein Kampf, Erstausgaben: Band 1 1925, Band 2 1927, zweibändige Ausgabe in der 336.–340. Aufl., München 1938, S. 741 f.

M 2: Rede Heinrich Himmlers bei der SS-Gruppenführertagung in Posen am 4. Oktober 1943 (Auszug)

Ein Grundsatz muss für den SS-Mann absolut gelten: ehrlich, anständig, treu und kameradschaftlich haben wir zu Angehörigen unseres eigenen Blutes zu sein und zu sonst niemandem. Wie es den Russen geht, wie es den Tschechen geht, ist mir total gleichgültig. Das, was in den Völkern an gutem Blut unserer Art vorhanden ist, werden wir uns holen, indem wir ihnen, wenn notwendig, die Kinder rauben und sie bei uns großziehen. Ob die anderen Völker in Wohlstand leben oder ob sie verrecken vor Hunger, das interessiert mich nur soweit, als wir sie als Sklaven für unsere Kultur brauchen, anders interessiert mich das nicht. Ob bei dem Bau eines Panzergrabens 10 000 russische Weiber an Entkräftung umfallen oder nicht, interessiert mich nur insoweit, als der Panzergraben für Deutschland fertig wird.

Wir werden niemals roh und herzlos sein, wo es nicht sein muß; das ist klar. Wir Deutsche, die wir als einzige auf der Welt eine anständige Einstellung zum Tier haben, werden ja auch zu diesen Menschentieren eine anständige Einstellung einnehmen, aber es ist ein Verbrechen gegen unser eigenes Blut, uns um sie Sorge zu machen und ihnen Ideale zu bringen, damit unsere Söhne und Enkel es noch schwerer haben mit ihnen. Wenn mir einer kommt und sagt: „Ich kann mit den Kindern oder den Frauen den Panzergraben nicht bauen. Das ist unmenschlich, denn dann sterben die daran", dann muss ich sagen: „Du bist ein Mörder an deinem eigenen Blut, denn, wenn der Panzergraben nicht gebaut wird, dann sterben deutsche Soldaten, und das sind Söhne deutscher Mütter. Das ist unser Blut." Das ist das, was ich dieser SS einimpfen möchte und – wie ich glaube – eingeimpft habe, als eines der heiligsten Gesetze der Zukunft: Unsere Sorge, unsere Pflicht, ist unser Volk und unser Blut; dafür haben wir zu sorgen und zu denken, zu arbeiten und zu kämpfen, und für nichts anderes. Alles andere kann uns gleichgültig sein. Ich wünsche, dass die SS mit dieser Einstellung dem Problem aller fremden, nicht germanischen Völker gegenübertritt, vor allem den Russen. Alles andere ist Seifenschaum, ist Betrug an unserem eigenen Volk und ist ein Hemmnis zu einer früheren Gewinnung des Krieges.

Zitiert nach: Internationaler Militärgerichtshof Nürnberg, Der Prozess gegen die Hauptkriegsverbrecher vor dem Internationalen Militärgerichtshof Nürnberg 14. November 1945 bis 1. Oktober 1946, veröffentlicht in Nürnberg 1948, Dokument 1919 –PS (Auszüge).

Lösungsvorschläge

Inhaltliche Schwerpunkte:
Die Aufgabe bezieht sich hauptsächlich auf das Kurshalbjahr 12/II (Modernität und Antimodernität in der Zeit der Weimarer Republik und des Nationalsozialismus) und zwar auf die beiden Schwerpunkte: „Außenpolitik der Weimarer Republik vs. nationalsozialistische Außenpolitik und Zweiter Weltkrieg" mit den Stichworten „ideologische Grundlagen der nationalsozialistischen Außenpolitik" sowie „außenpolitische Strategie und Taktik Hitlers" und auf den Schwerpunkt „Die Verfolgung und Ermordung der europäischen Juden" mit den Stichworten „Die NS-Rassenlehre als Abkehr von den Prinzipien der Toleranz, der Humanität und des Pluralismus" sowie „die staatlich organisierte, planmäßige Ermordung der europäischen Juden". Der halbjahresübergreifende Bezug ergibt sich in Aufgabe 4 durch den Längsschnitt zum deutsch-russischen/sowjetischen Verhältnis im 20. Jahrhundert. Dadurch werden die Kurshalbjahre 12/I („Gesellschaftliche Veränderungsprozesse am Beginn der Moderne") und 13/I („Konflikt und Kooperation in der Welt nach 1945") mit einbezogen – insbesondere die Schwerpunkte „Der Imperialismus und seine Folgen" und „Die weltpolitische Ebene: Von der Bipolarität zur Multipolarität" sowie „Die deutsche Ebene: Teilung und Einheit".

1. *Einleitend ist die Quelle zu bestimmen. Dafür müssen Sie Folgendes benennen: Verfasser, Titel, Art der Quelle, Zeit der Veröffentlichung, Thema des Textauszuges. (Ein Vorschlag für eine Einleitung findet sich im nachfolgenden Absatz.) Der Inhalt der Quelle ist sprachlich und gedanklich eigenständig wiederzugeben; wie bei jeder anderen Quellenwiedergabe auch ist hier die Distanz zum berichteten Inhalt durch die Verwendung der indirekten Rede mithilfe des Konjunktivs bzw. entsprechender Ersatzformen deutlich zu wahren (Anforderungsbereich I).*

   Bereits 1925 und 1927 veröffentlichte Adolf Hitler, der Führer der Nationalsozialistischen Deutschen Arbeiterpartei (NSDAP), sein politisches Grundlagenwerk „Mein Kampf", in dem er seine ideologischen Vorstellungen und das innen- und außenpolitische Programm für ein nationalsozialistisch geführtes Regime einer zukünftigen deutschen Großmacht niederlegte. Von zentraler Bedeutung sind in dem Buch die Passagen über Hitlers **Rassenideologie** und die von ihm geforderte **Eroberung von „Lebensraum im Osten"**, der konkret mit einem Angriff auf die Sowjetunion und die ihr unterstehenden Staaten und die Unterwerfung der Bevölkerung dieser Gebiete verbunden wurde.
   Diese Passagen zeigen mit **brutaler Offenheit** das aggressive Hauptziel der nationalsozialistischen Außenpolitik, die – als Blaupause für das spätere politische Handeln – mit dem Angriff auf die Sowjetunion am 22. Juni 1941 rücksichtslos umgesetzt werden sollte.

   Hitler behauptet in „Mein Kampf", das deutsche Volk sei die **führende Kulturnation** in der Welt („germanische Mutter all des Lebens", Z. 8 f.) und damit berechtigt, seine Position als „**Weltmacht**" (Z. 10) auch unter Anwendung von **Waffengewalt** („Gewalt eines siegreichen Schwertes", Z. 4) auszubauen. Eine weitere Ausbreitung des deutschen Volkes nach Süden und Westen, wie sie vom Deutschen Reich seit dem Mittelalter praktiziert wurde, lehnte Hitler ab. Stattdessen wollte er **neues Siedlungsgebiet** in der Sowjetunion und ihren slawischen Nachbarstaaten durch **Eroberungskriege** gewinnen, was harmlos als „Bodenpolitik der Zukunft" (Z. 17 f.) verklausuliert wird, die die über Jahrhunderte praktizierte Kolonial- und Handelspolitik ablösen sollte (Z. 16–18).

Dabei kamen Hitler die politischen Verhältnisse in der Sowjetunion zupass. Das **kommunistische Regime** habe dort die **Intelligenz ausgelöscht**, um ihre politische Macht durchsetzen zu können, mit der Not leidenden und unterdrückten Bevölkerung werde man leichtes Spiel haben (Z, 21–23).

2. *Überleitend ist die zweite Quelle zu bestimmen: Redner, Textsorte, Thema, Ort und Zeit der Rede und Adressaten.*
In der Bearbeitung muss der Zusammenhang zwischen Hitlers Lebensraum-Ideologie und seinen extremen rassistischen Vorstellungen reorganisiert werden; im zweiten Schritt ist der Zusammenhang zwischen dieser ideologischen Konstruktion und Himmlers Anweisungen an seine SS-Offiziere zu erläutern. In diesem Transfer ist zu verdeutlichen, dass verbrecherische politische Pläne aus der Mitte der 1920er-Jahre von der SS ausgeführt werden und Himmler mit seinen Anweisungen die SS-Offiziere zu äußerster Grausamkeit motiviert (Anforderungsbereich II).

Der „Reichsführer SS" Heinrich Himmler fordert in seiner Rede, gehalten vor den SS-Gruppenführern auf deren Tagung in Posen am 4. 10. 1943, dass der Krieg im Osten **ohne Rücksichtnahme auf die russische Zivilbevölkerung**, vielmehr im Gegenteil durch die hemmungslose **Ausbeutung** der dort lebenden Menschen für die deutschen Kriegsanstrengungen auch unter Inkaufnahme ihres Todes geführt werden müsse. Mit entsprechenden Weisungen an hochrangige SS-Offiziere, die dort die Einsatzgruppen leiteten, wird der **Völkermord** an der russischen Zivilbevölkerung angekündigt. Den **Kontext** dieser Rede bilden die **Niederlage von Stalingrad** am Anfang und der Abbruch der letzten großen deutschen Offensive an der Ostfront im Kurs-Bogen in der **Mitte des Jahres 1943**. Seitdem übernahmen die Sowjets die militärische Initiative, die deutschen Truppen wurden zunehmend in Abwehrkämpfen aufgerieben: Die Radikalität der Rede Himmlers muss im Kontext der sich **abzeichnenden deutschen Niederlage** gesehen werden.

Himmler kann sich dabei auf Äußerungen Hitlers berufen, die dieser in den 1920er-Jahren in seinem Buch „**Mein Kampf**" niedergelegt hatte. Hitler hatte die Eroberung neuen „Lebensraumes im Osten" für die Ansiedlung von Deutschen propagiert und diese mit der **Unterwerfung und Versklavung** der dort beheimateten slawischen Völker verbunden. Die nationalsozialistische Ideologie stellte die **Überlegenheit der Deutschen** (germanische Rasse) heraus und bezeichnete fremde Völker wie die Slawen als minderwertig und dem Tod geweiht.

Im Geist dieser ideologischen Grundsätze verpflichtet Himmler die SS-Offiziere in seiner Rede zu **absoluter Rücksichtslosigkeit**, einziges Kriterium für das Verhalten der Besatzer habe die Frage zu sein, was dem deutschen Volk nütze: „Ob bei dem Bau eines Panzergrabens 10 000 russische Weiber an Entkräftung umfallen oder nicht, interessiert mich nur insoweit, als der Panzergraben für Deutschland fertig wird“ (Z. 8–10). Himmler spricht in diesem Zusammenhang von der einheimischen russischen Bevölkerung diskriminierend von „Menschentieren“ (Z. 13), die **wie Nutztiere ausgebeutet** werden könnten. Jede Art von Mitleid sei diesen ebenso wie kulturelle Bildung zu verwehren, denn dann würden „unsere Söhne und Enkel es noch schwerer haben mit ihnen“ (Z. 14 ff.).

Tugenden wie Ehrlichkeit, Anständigkeit, Treue und Kameradschaft (Z. 1 f.) seien nur Deutschen gegenüber verbindlich, andere Völker hingegen seien mit **gnadenloser Härte** zu behandeln und Skrupel oder Menschlichkeit gegenüber den Unterworfenen seien sogar als Verbrechen gegen das deutsche Volk zu bewerten: „Du bist ein Mörder an deinem eigenen Blut, denn, wenn der Panzergraben nicht gebaut wird, dann sterben deutsche Soldaten, und das sind Söhne deutscher Mütter. Das ist unser Blut“ (Z. 18 ff.).

Im Sinne dieses Rassismus ist auch Himmlers Äußerung zu verstehen, dass solche **Kinder**, die nach NS-Rassemerkmalen dem deutschen Volk zuzurechnen seien („was in den Völkern an gutem Blut unserer Art vorhanden ist“, Z. 4), **ihren Eltern geraubt** und in Deutschland erzogen werden sollten: ein Mittel, um die Masse des deutschen Volkes für die NS-Lebensraumpolitik zu vergrößern.

Mit absolut **mörderischer Brutalität** formuliert Himmler 1943 die Umsetzung dessen, was Hitler in „Mein Kampf“ ideologisch vorgedacht hatte. Der oberste SS-Führer macht seinen Offizieren deutlich, was mit der sinnbildhaften Formulierung „Gewalt eines siegreichen Schwertes“ (Z. 4) und der „Pflicht“ zur „Bodenerweiterung“ eines großen Volkes (Z. 6 f.) tatsächlich gemeint ist. Er versteht sich und die SS somit äußerst bewusst als **williges Werkzeug einer Eroberungs- und Völkermordideologie**, die absichtlich konsequent gegen alle Grundsätze der Humanität, der Menschenrechte und des Völkerrechts verstößt. In diesem Sinne motiviert Himmler seine SS-Offiziere, mit absoluter Rücksichtslosigkeit vorzugehen.

3. *Die Folgen des deutschen Angriffskrieges gegen die Sowjetunion und des damit einhergehenden Völkermordes sind durch einen Transfer zu erschließen und durch im Unterricht erworbene Kenntnisse beispielhaft zu verdeutlichen. In den Ausführungen sollten politische, soziale, psychologische, ökonomische Folgen unterschieden werden und eine entsprechende Gliederung für die Leser nachvollziehbar sein (Anforderungsbereich II).*

Hitlers Ideologie des „Lebensraums im Osten“ und deren grausame Umsetzung, wie sie Himmler im Sinne Hitlers einforderte – exemplarisch belegt in seiner Posener Rede –, brachte für die Menschen in den osteuropäischen Staaten vielfältige **kurz- und langfristige Belastungen** mit sich.

Durch den Zweiten Weltkrieg und die Art der deutschen Kriegsführung hatte die Sowjetunion nach neueren Schätzungen über **25 Millionen Tote** zu beklagen, darüber hinaus ein Mehrfaches dieser Anzahl an Verwundeten.

Der kleinere Teil der Opfer fiel aufgrund unmittelbarer Kriegshandlungen, der überwiegende Teil wurde Opfer von **Völkermord-Aktionen**, besonders der „Einsatzgruppen“ des Sicherheitsdienstes der SS in den besetzten Gebieten, deren Aufgabe darin bestand, als Vorhut der kämpfenden Wehrmachtstruppen die einheimische und insbesondere jüdische Bevölkerung zu dezimieren, und den Truppen den Weg für ein rasches Vorrücken freizumachen. Diese Einsatzgruppen gingen mit besonderer Brutalität gegen die Zivilbevölkerung vor, oft wurden **ganze Dörfer verwüstet** und die **Bevölkerung vollständig ausgelöscht**.
Von ca. 5 Millionen sowjetischen Soldaten in deutscher **Kriegsgefangenschaft** starben ca. 3 Millionen an Unterernährung, durch Zwangsarbeit oder wurden exekutiert. Die UdSSR verlor über 2 Millionen Menschen jüdischer Religion durch den nationalsozialistischen Völkermord.

Auch wirtschaftlich hat das **sowjetische Volksvermögen** sehr stark gelitten: Große Teile der Infrastruktur und der Industrieanlagen in den von Deutschen besetzten Gebieten waren **zerstört**, nicht zuletzt durch den Befehl („verbrannte Erde“), demzufolge die deutschen Truppen bei ihrem Rückzug alle wirtschaftlich und militärisch wertvollen Anlagen vernichten mussten.
Auch die **landwirtschaftliche Produktion** litt unter den teilweise **vorsätzlichen Zerstörungen** und der **Entnahme der Ernteerträge**, die in das Deutsche Reich verschickt wurden. Überall herrschte **Mangel:** Arbeitskräfte waren rar, funktionierende Maschinen gab es kaum, und Ersatzteile waren schwer zu bekommen, Düngemittel und Saatgut waren knapp, die Viehbestände durch die Requirierungen der deutschen Besatzer stark dezimiert. Die Folge war eine schwere **Versorgungskrise** in der Sowjetunion, die sich nach Ende des Krieges noch verschärfte.

Dazu kam die von **Stalin** rücksichtslos verfolgte **Rüstungswirtschaft** während des Krieges, in die alle nur möglichen Ressourcen an Menschen und Materialien flossen – zum Nachteil der Versorgung der Bevölkerung. Die gewaltigen Kriegskosten schlugen sich in einer extrem hohen **Verschuldung** der Sowjetunion und einer privaten **Verarmung** in der Sowjetunion nieder.

Viele Menschen in der UdSSR haben während des Krieges **unsägliche Grausamkeiten** erlebt, entweder selbst oder als Familienangehörige, Nachbarn, Freunde oder auch als zufällige Beobachter von Gewalttaten wie als Täter. Ihre Traumata wurden kaum behandelt; und viele Menschen plagten ihr Leben lang Ängste, Depressionen und Neurosen. Eine langfristige Folge des deutschen Vernichtungskrieges gegen die Sowjetunion war die von Teilen der sowjetischen Bevölkerung empfundene tiefe Abneigung bis hin zu Hass gegenüber den Deutschen. Dazu kam die **Verrohung** durch den Krieg, die durch die von Himmler geforderte Brutalität noch eine weitere Steigerung erfuhr und auch vordergründig unsichtbare Spuren an den Menschen hinterließ.

Durch den Sieg über Hitler-Deutschland im „großen vaterländischen Krieg“ konnte Stalin sein Regime weiter absichern. Für große Teile der sowjetischen Bevölkerung war dies aber eine weitere Belastung, die durch politische Unfreiheit und Willkür, erfahren durch **Terror, Straflager** und **Todesurteil**, sowie durch **Bürokratismus** und **wirtschaftliche Not** gekennzeichnet war.

Hitlers Russlandfeldzug, den er in „Mein Kampf“ angekündigt hat, wurde nicht im herkömmlichen Sinne als Eroberungskrieg, sondern als **Vernichtungskrieg** geführt, und die SS gehörte zu den Haupttätern dieses Verbrechens: Ziel war nicht nur der Sieg über das feindliche Militär, sondern Ziel war ebenso die Unterdrückung, Versklavung und Vernichtung der gesamten Bevölkerung und die Ausbeutung der vorhandenen Ressourcen zugunsten eines großdeutschen Reiches.

4. *Die Bewertung verlangt in diesem Fall, den Stellenwert des Verhaltens der NS-Truppen im Zweiten Weltkrieg in der UdSSR in Relation zu den Beziehungen zwischen den beiden Staaten davor und danach zu bestimmen. Dabei könnte man sich zum Beispiel fragen: Ist dieses Verhalten während des Krieges eine konsequente Fortsetzung oder ein Bruch mit der Tradition der bilateralen Beziehungen, wie wurden die Beziehungen danach weitergeführt usw.? Dabei müssen auch die Maßstäbe der Bewertung offengelegt und begründet werden. Man kann sich zum Beispiel auf das internationale Völkerrecht, die Menschenrechte, gutnachbarliche Beziehungen usw. beziehen. Als Letztes gilt es, den gegebenen Zeitrahmen, das 20. Jahrhundert, sinnvoll zu begrenzen und durch markante Daten zu strukturieren. Dabei ergäbe sich folgende Einteilung: vor, während und nach dem Ersten Weltkrieg, während der Weimarer Republik, im Dritten Reich vor und während des Krieges, sowie in der Nachkriegszeit sowohl hinsichtlich der DDR als auch hinsichtlich der Bundesrepublik Deutschland und schließlich nach der Wiedervereinigung (überwiegend Anforderungsbereich III).*

Die deutsch-russischen Beziehungen während der wilhelminischen Ära waren im Vergleich zu Bismarcks Zeiten durch eine **geringere vertragliche Bindung** gekennzeichnet. Dafür waren die **persönlichen Beziehungen** zwischen den Monarchen (Wilhelm und Zar Nikolaus) intensiv (gemeinsame Urlaubsfahrten, Patenschaften, private Korrespondenz). Diplomatisch war Russland aber eher an Frankreich gebunden, was Deutschland (mit Österreich-Ungarn) die schwierige Zweifrontenstellung bescherte. Im Vorfeld des Ersten Weltkrieges wuchs der beiderseitige Nationalismus und Chauvinismus so an, dass es auch zu **diskreditierenden Herabsetzungen** kam – ausgeprägte **Feindbilder** beherrschten beide Seiten. Trotzdem hatte der Kriegsausbruch seine Ursache nicht unmittelbar in einer Feindschaft zwischen Russland und Deutschland, sondern sowohl die Bündniskonstellation (Achsenmächte mit dem Zwang zum Zweifrontenkrieg mit Schlieffenplan) als auch weitergehende Interessen (Panslawismus, Nibelungentreue zwischen Deutschland und Österreich) führten zu der **militärischen Konfrontation** zwischen beiden Staaten im Ersten Weltkrieg.

Durch die russische **Revolution 1917** und die damit verbundene innere gesellschaftliche und politische Umstrukturierung in Russland nahm das Kriegsgeschehen zwischen beiden Staaten eine eigene Entwicklung. Schon 1916 hatten die deutschen Truppen unter Feldmarschall Paul von Hindenburg bei **Tannenberg** gesiegt. Der deutsch-russische Krieg blieb also räumlich und zeitlich begrenzt. Nach der noch nicht beendeten Revolution von 1917 hatte die russische Seite unter Lenin kein Interesse mehr an einer Fortsetzung des vom Zaren begonnenen Krieges. Die Folge war der großzügig gewährte **Friede von Brest-Litwosk** (vor allem mit großen Gebietsabtretungen), der den Russen einen raschen Frieden mit den Mittelmächten brachte.

So gestalteten sich die Beziehungen zwischen beiden Staaten auch während der Weimarer Republik (1919–1933) eher unproblematisch und waren weit weniger belastet als die deutsch-französischen Beziehungen.
Nach der Übertragung der Alleinschuld am Ersten Weltkrieg auf Deutschland durch den Versailler Vertrag einerseits und der Russischen Revolution andererseits war es für die beiden in Europa isolierten Mächte schon 1922 möglich, wieder vertragliche Bindungen durch den **Vertrag von Rapallo** (Nichtangriffspakt) einzugehen. Diese Beziehungen wurden nach dem mit den westlichen Mächten geschlossenen Locarno-Vertrag (1925) im **Berliner Vertrag 1926** aufgegriffen und bestätigt.

Durch die Machtübernahme Hitlers 1933 wurden auch die Beziehungen zur Sowjetunion auf eine veränderte Grundlage gestellt. Neben den weltanschaulichen Unterschieden zu dem kommunistischen Land stellten vor allem die ideologischen Vorstellungen („Lebensraum im Osten" und der faschistische Rassismus; vgl. M 1, Hitlers „Mein Kampf") einen scharfen Gegensatz zur Sowjetunion dar. Gleichwohl kam es kurz vor dem Ausbruch des Zweiten Weltkrieges Ende **August 1939** aufgrund strategischer und machtpolitischer Überlegungen durch den **Hitler-Stalin-Pakt** zu einer vertraglichen Vereinbarung und Abgrenzung der Macht- und Einflussbereiche zwischen Deutschland und Sowjetunion – vorläufig vor allem auf Kosten Polens.

Mit dem **Überfall auf die Sowjetunion** am 22. Juni 1941 wurden die von Hitler seit je intendierten Aggressionen gegen die Bevölkerung der Sowjetunion umgesetzt. Der nun einsetzende Vernichtungsfeldzug und Völkermord stellte eine unvergleichliche Verletzung des Menschen- und Völkerrechts dar, wie es in den vorangegangenen Aufgaben dargestellt ist.

Für die Zeit **nach dem Zweiten Weltkrieg** ab 1945 ist im deutsch-sowjetischen Verhältnis zu unterscheiden zwischen der Beziehung der Sowjetunion zum östlichen und zum westlichen Deutschland. Den Hintergrund für das unterschiedliche Verhältnis zu den beiden deutschen Staaten bildete der Kalte Krieg. So war das Verhältnis der Sowjetunion zu den Deutschen in der SBZ (1945–1949) und dann in der DDR bestimmt von der **verordneten „Völkerfreundschaft"** aller im Ostblock versammelten Staaten. Als Folge des verlorenen Zweiten Weltkrieges wurde dem östlichen Deutschland unter einer Marionettenregierung das politische und wirtschaftliche Gesellschaftssystem der Sowjetunion aufgezwungen. Die Möglichkeit einer selbstbestimmten freien Wahl des Verhältnisses zur Sowjetunion war den Ostdeutschen damit nicht möglich.

Das Verhältnis der Bundesrepublik Deutschland zur Sowjetunion war zunächst (unter Adenauer) geprägt von eindeutiger Westbindung und damit einer ausdrücklichen **Gegnerschaft und Verhärtung der Beziehungen** im Kalten Krieg (ein-

deutiges politisches Feindbild). Gleichwohl reiste Adenauer 1955 nach Moskau zur Aufnahme diplomatischer Beziehung mit der Sowjetunion und zur Regelung der Rückführung der noch verbliebenen deutschen Kriegsgefangenen.
Durch die weltweite **Entspannungs- und Abrüstungspolitik** Mitte der 60er-Jahre und die neue Ostpolitik der sozialliberalen Koalition kam es zu neuen vertraglichen Vereinbarungen, die auf eine Aussöhnung und ein gutnachbarschaftliches Miteinander zielten (**Ostverträge 1970**). Einen weiteren Schritt aufeinander zu gingen die Bundesrepublik und die Sowjetunion nach dem Ende des Ostblocks durch Glasnost und Perestroika (Gorbatschow). Denn nach dem Ende der Teilung und dem Abschluss der **Zwei-plus-Vier-Verhandlungen** konnte **1990** durch entsprechende Verträge u. a. mit Moskau endlich die Nachkriegszeit beendet werden.

Fazit: Insgesamt erweist sich das Verhalten der NS-Truppen während des Zweiten Weltkrieges in der Sowjetunion als ein **unvergleichbarer Tiefpunkt** in den Beziehungen zwischen den beiden Ländern. Dementsprechend war in der Nachkriegszeit das Verhältnis der Sowjetunion zur Bundesrepublik Deutschland – auch vor dem Hintergrund des Kalten Krieges – **noch nachhaltig belastet**. Erst durch die Entspannungspolitik in den 70er-Jahren und definitiv seit 1990 sind wieder **gutnachbarschaftliche und freundschaftliche** Beziehungen möglich (Schüleraustauschprogramme, Verhältnis von Bundeskanzler Schröder und Präsident Putin usw.).

Teilaufgabe	**AFB I**	**AFB II**	**AFB III**	**BE**
1	20	–	–	20
2	–	25	–	25
3	–	25	–	25
4	–	–	30	30
Summe	20	50	30	100

Hessen – Geschichte – Leistungskurs
Übungsaufgabe 8

Thema: *Sendungsbewusstsein der USA*

Aufgaben

1. Geben Sie beide Quellen in einem zusammenhängenden Text wieder. (25 BE)
2. Ordnen Sie beide Texte (M 1 und M 2) in ihren historischen Zusammenhang ein. (35 BE)
3. Benjamin Franklin schreibt, dass „Unsere Sache Sache der ganzen Menschheit" sei (M 1, Z. 10/11). Überprüfen Sie, inwiefern die Außenpolitik der USA im 20. Jahrhundert in der Tradition dieses Sendungsbewusstseins steht, für die Freiheit und das Selbstbestimmungsrecht der Völker einzutreten. (40 BE)

Material

M 1: Benjamin Franklin über die Haltung Europas zur amerikanischen Unabhängigkeitsbewegung

Benjamin Franklin (1706–1790) kam im Oktober 1776 als Gesandter der dreizehn vereinigten Staaten von Amerika nach Frankreich. Hier erreichte er in den folgenden Jahren Frankreichs Unterstützung für den Freiheitskampf der Amerikaner In einem Brief (an einen gewissen Samuel Cooper) schrieb Franklin am 1. Mai 1777:

Ganz Europa ist für uns, soweit Beifall und gute Wünsche dies können. Die, die unter willkürlicher Macht leben, preisen doch und verlangen Freiheit; sie verzweifeln fast, sie in Europa wieder zu erlangen; lesen die Verhandlungen unserer besonderen Kolonieverfassung mit Entzücken; und überall gibt es gar viele, die von einem Fortziehen nach Amerika mit Familie und Vermögen sprechen, sobald unser Friede und Unabhängigkeit feststeht, dass man allgemein glaubt, wir werden durch die Auswanderungen aus Europa an Kraft, Wohlstand und Künsten erstaunlich gewinnen; und es ist wohl denkbar, dass, dergleichen Auswanderung zu mindern oder gar zu verhüten, die dortigen Tyrannen etwas nachlassen und ihrem Volke mehr Freiheit gestatten müssen. Darum ist es hier [= Paris] eine gemeinsame Bemerkung, dass unsere Sache Sache der ganzen Menschheit ist, und dass wir, unsere Freiheit verfechtend, für die ihrige fechten. Dies ist ein ruhmvolles Werk, was uns die Vorsehung aufgegeben, die uns, ich bin gewiss, dazu Mut und Kraft verliehen und es endlich mit Glück krönen wird.

Franz Pietzcker, Revolutionen des Bürgertums. Frankfurt am Main: Diesterweg 1977, S. 29.

M 2: Bericht eines englischen Agenten (1778)

Der Aufstand der Amerikaner hat in Marseille eine so lebhafte Erregung verursacht, dass man ein Fest eingeführt hat, um die Erinnerung daran für immer zu bewahren und zu feiern: Es gibt einen Klub nach englischem Vorbild; er setzt sich aus 13 Personen zusammen, Symbol der 13 vereinigten Kolonien. [...] Bei jedem dieser Festessen singt man Lieder, liest Verse oder literarische Stücke, die sich auf den Gegenstand der Einrichtung beziehen – dann ist auch die Öffentlichkeit zugelassen und nimmt an der Sitzung teil. [...]
Beim Eintritt in den Saal wurde ich vom Anblick einer Menge Porträts überrascht, die alle illustre Aufständische darstellten: Aber das Porträt von Herrn Franklin hat vor allem meine Blicke wegen der Devise auf sich gezogen: ‚Er raubte dem Himmel den Blitz und den Tyrannen das Zepter' („Eripuit coelo fulmen, sceptrum que tyrannis"). [...] Zuerst wird der Gründungschoral gesungen, der anlässlich der Eröffnung der Gesellschaft komponiert wurde: [...] 3. Strophe [im Original gereimt]: Ganz Europa empört sich / Beim Bericht von diesen Grausamkeiten. / Über euren blutigen Schädeln, / Soldaten, erhebt sich die Freiheit. [...] 12. Strophe: Franzosen, verlasst den Schoß eurer Städte./Glorreiche Tage stehen bevor. / Sucht an anderen Stätten/ Marathon und die Thermopylen.[1]

L'espion anglais ou correspondance secrète entre Milord All'eye et Milord All'ear. London 1786, S. 79 – 84; zit. nach: Jean-Paul Bertaud: Les origines de la Révolution francaise, Paris: Presses Universitaires de France 1971, S. 53 f.

1 Im antiken Griechenland kämpfte bei Marathon 490 v. Chr. und am Thermopylen-Pass 480 v. Chr. das vereinte griechische Heer leidenschaftlich gegen die Übermacht der eindringenden Perser.

Lösungsvorschläge

Inhaltliche Schwerpunkte

Die Aufgabenstellung bezieht sich im Thema „Die großen Revolutionen und ihre Folgen" im Leistungskurs aus dem Halbjahresthema von 12/I „Gesellschaftliche Veränderungsprozesse am Beginn der Moderne" auf den Schwerpunkt „Amerikanische Revolution" mit den Aspekten „Emanzipationsbewegungen und revolutionäre Veränderungen in den englischen Kolonien von Nordamerika", „die Artikulation von Menschen- und Bürgerrechten" und „die Leitprinzipien der US-Verfassung und der ‚Bill of Rights'".

Der kursübergreifende Bezug ergibt sich in Aufgabe 3 durch den Blick auf die amerikanische Außenpolitik im 20. Jahrhundert, die in 12/II („Modernität und Antimodernität in der Zeit der Weimarer Republik und des Nationalsozialismus") und in 13/I („Konflikt und Kooperation in der Welt nach 1945") Gegenstand des Unterrichts ist. Unter den fakultativen Unterrichtsinhalten von 13/I befindet sich dezidiert der „Aufstieg der USA zur Weltmacht" mit den einschlägigen Stichworten „Eintritt in den Ersten Weltkrieg", „die Rolle der USA im Zweiten Weltkrieg", „die Truman-Doktrin", „die USA und der Kalte Krieg" und „der Vietnam-Krieg".

1. *Die Aufgabe verlangt keine reine Textwiedergabe, sondern Sie müssen den Gedankengang des ersten Textes mit den Informationen aus dem zweiten Text verbinden und zusammen wiedergeben. Dazu müssen Sie also eine inhaltliche Auswahl vornehmen und den gedanklichen Aufbau und Zusammenhang deutlich machen. Damit werden Leistungen nicht nur im AFB I, sondern auch im AFB II erwartet. Denken Sie bei der Wiedergabe daran, durch sprachliche Mittel (Konjunktiv u. a.) die indirekte Rede ausreichend deutlich zu machen.*

Benjamin Franklin berichtete am 1. Mai 1777 in einem Brief aus Paris (M 1) über die **Begeisterung der Europäer**, namentlich der Franzosen, über den Unabhängigkeitskampf der Amerikaner. Sofern sie unter Willkür und Tyrannenherrschaft litten, seien sie bereit, **nach Amerika auszuwandern**, sobald dort der Frieden und die Unabhängigkeit der Kolonien gesichert seien. Dieser **Zuzug** würde Amerika sicher stärken und wirtschaftlich und kulturell bereichern. Um aber zu verhindern, dass ihre besten Leute sie verlassen, könnten die europäischen Tyrannen geneigt sein, ihren **Völkern mehr Freiheiten zuzugestehen**. Deshalb fieberten die unterdrückten Europäer mit den Amerikanern: Denn sie hätten erkannt, dass die Amerikaner durch ihren Freiheitskampf wegen der zu erwartenden Zugeständnisse der europäischen Herrscher auch den Europäern mehr Freiheit bringen können.

Ein Jahr später berichtete ein englischer Agent (M 2) über die von Franklin beschriebene **Solidarität der Franzosen mit den aufständischen Amerikanern**: In **Marseille** habe sich zum Andenken an die amerikanische Revolution ein **Klub** gegründet, der Helden der Revolution wie **Benjamin Franklin feiere** und verehre. Man singe dort einen Choral, der die Grausamkeiten der englischen Soldaten im Unabhängigkeitkrieg beklage, aber auch die Zuversicht ausdrücke, dass die Freiheit siegen werde. Die **Franzosen** würden in diesem Lied aufgerufen, ebenfalls aufzubrechen und **in den Freiheitskampf** zu ziehen.

2. *Bei der Einordnung der Quellen in den historischen Zusammenhang müssen Sie sich zunächst darüber klar werden, worum es in den Texten genau geht. Denn nur so können Sie deren historischen Hintergrund festlegen. In M 1 von 1777 werden vor dem Hintergrund des Unabhängigkeitskrieges (ab 1775) die Solidarität der unterdrückten Europäer mit den aufständischen Kolonisten genannt und konkret die damals aktuellen „Verhandlungen der Kolonialverfassung" (Z. 3 f., Konföderationsartikel 1777). In M 2 von 1778 hört man – als Konsequenz von M 1 – von der Begeisterung der Franzosen für den amerikanischen Freiheitskampf, in den Frankreich 1778 tatsächlich eintrat. Also bietet sich als historischer Rahmen die Zeit von den Anfängen der Unabhängigkeitsbewegung der amerikanischen Kolonien bis zum Beginn der Französischen Revolution 1789 an. Diese Anwendung Ihres Wissen weist die Aufgabe vornehmlich dem AFB II zu.*

Anfang der 1760er-Jahre herrschte England zum einen über die 13 britischen Kolonien an der Ostküste. Zum anderen war es dem Vereinigten Königreich gelungen, durch den Erfolg über seinen Hauptgegner Frankreich im **Siebenjährigen Krieg** (1756–1763), der in den Kolonien als **Franzosen- und Indianerkrieg**

(1754–1763) ausgetragen worden war, auch auf die Indianergebiete östlich des Mississippi sowie auf die ehemals französischen Kolonien (Neufrankreich) zuzugreifen: Die Franzosen verloren ihren gesamten kolonialen Besitz in Nordamerika an England (und Spanien), und das Gebiet zwischen Appalachen und Mississippi sollte den Indianern vorbehalten bleiben.
Die Kosten für den aufwendigen Krieg wollten die Engländer im Folgenden auch durch **Steuern aus den Kolonien** decken; als Begründung konnte angeführt werden, dass die Siedler ja auch vom erkämpften Frieden profitierten. Dagegen aber wehrten sich die Kolonisten: Britische **Waren wurden boykotiert** und man wollte **Steuern**, die das Parlament des Vereinigten Königreichs beschlossen hatte, in dem man nicht vertreten war, **nicht akzeptieren** („No taxation without representation").

Die Auseinandersetzungen **radikalisierten** sich (1770 „Massaker von Boston"), erst recht nach der Vernichtung einer Schiffladung indischen Tees im Hafen von Boston („**Boston Tea Party**" 1773) und der Einberufung des **Kontinentalkongresses** (1774/75). Die Rebellion der 13 britischen Kolonien gegen das Mutterland war offensichtlich geworden und sie eskalierte zwischen 1775 bis 1783 zum offenen Krieg, dem **amerikanischen Unabhängigkeitskrieg**. Frankreich unterstützte die Aufständischen mit Ausrüstung und Waffen und trat ab Februar 1778 selbst in den Krieg ein. Dies geschah also **nach Franklins Brief** (M 1) und **im Jahr des Berichtes aus Marseille** (M 2). Benjamin Franklins Werben in Frankreich um die amerikanische „Sache" (Z. 10 f.) hatte also offensichtlich Erfolg gehabt (vgl. auch M 2).

Abseits der Schlachtfelder wurde die Unabhängigkeit der Kolonien verfassungsrechtlich vorangetrieben, zum Beispiel durch Thomas Paine (**Common Sense**) und dann durch die Billigung der formellen Unabhängigkeitserklärung der Vereinigten Staaten von Amerika durch den **Kontinentalkongress** (4. Juli 1776). 1783 erkannte Großbritannien mit dem **Friedensvertrag von Paris** die amerikanische Unabhängigkeit völkerrechtlich an. Die Loyalisten zogen sich zurück.

Schließlich blieb die Weiterentwicklung der verfassungsrechtlichen Grundlagen des neuen Staates. Dazu gehörte die Formulierung der **Grundrechtsartikel** durch die **Virginia Bill of Rights** (1776). Der Konföderationsartikel von 1777, der den Einzelstaaten volle Souveränität gesichert hatte (Staatenbund), wurde ab 1787 durch eine neue **Verfassung** für die Vereinigten Staaten ersetzt (in Kraft 1789). So entstand ein Bundesstaat, der zwar zentrale Kompetenzen besaß, den Einzelstaaten aber ihre Souveränität weitgehend beließ.

Im gleichen Jahr, **1789**, erhob sich Frankreich gegen den rückständigen Absolutismus (Beginn der **Französischen Revolution**). Benjamin Franklin weist in seinem Brief (M 1) auf die in Unfreiheit und unter willkürlicher Macht Lebenden hin und verlangte für sie Grund- und Menschenrechte sowie die politische Mitbestimmung auf der Grundlage einer Verfassung. Botschafter der amerikanischen Unabhängigkeitsbewegung wie Benjamin Franklin, dann aber auch die vom Unabhängigkeitskrieg zurückkehrenden französischen Soldaten hatten das revolutionäre Gedankengut in Frankreich offensichtlich erfolgreich verbreitet.

3. *Bei dieser umfassenden Aufgabenstellung sollten Sie zunächst in Stichworten ein Konzept Ihrer Lösung skizzieren. Der Operator „überprüfen" geht von einer bestimmten Voraussetzung aus, die nicht hinterfragt, sondern auf ihre Angemessenheit hin untersucht werden soll und gehört damit zum AFB III. Diese Voraussetzung ist hier konkret die Behauptung, dass die USA im 20. Jahrhundert für die Freiheit und das Selbstbestimmungsrecht der Völker gekämpft hätten. Gefragt ist also, inwiefern diese Behauptung zutrifft: Wann und bei welcher Gelegenheit haben die USA für die Freiheit und das Selbstbestimmungsrecht der Völker gekämpft und inwiefern ist ihnen das tatsächlich gelungen?*
Es gibt viele Aspekte, an denen Sie diese Prinzipien der amerikanischen Außenpolitik der USA untersuchen könnten. Die nachfolgende Musterlösung orientiert sich an markanten Beispielen, wie Sie sie aus dem Lehrplan und Ihrem Unterricht kennen dürften; wenn Sie darüber hinaus Beispiele anführen wollen, umso besser. Durch diese Anwendung von Gelerntem werden Leistungen im AFB II von Ihnen verlangt. Verlieren Sie aber nicht die wesentlichen Ereignisse aus den Augen. Auch der Blick fürs Wesentliche und Beispielhafte wird bei einer solchen Aufgabenstellung mitbewertet.

Als Ausgangslage für die amerikanische Außenpolitik im 20. Jahrhundert kann die **Monroe-Doktrin von 1823** gelten. Sie verpflichtete die amerikanische Außenpolitik darauf, sich nicht in die Angelegenheiten anderer Staaten einzumischen (**Isolationismus**). Gemeint war damit, dass man in europäischen Konflikten neutral sein würde. Dagegen betrachtete man den gesamten amerikanischen Kontinent als die eigene Hemisphäre, von der die europäischen Mächte ihrerseits ausgeschlossen bleiben sollten. In der Folge breiteten die USA hier, besonders auch in **Mittel- und Südamerika**, ihren Einfluss immer weiter aus.

Eine weitere Maxime der amerikanischen Außenpolitik war die Forderung nach einem **ungehinderten Welthandel**. Diese Freiheit auf den Weltmeeren sahen die Amerikaner 1917 durch den uneingeschränkten U-Boot-Krieg der Deutschen empfindlich verletzt. Amerika beendete seinen Isolationismus und trat auf Seiten Englands und Frankreichs (Entente) auch militärisch in den **Ersten Weltkrieg** ein. Präsident Wilson legte im Januar 1918 sein **14-Punkte-Programm** vor, in dem er für einen Verständigungsfrieden auf der Grundlage eines freien Welthandels und des Selbstbestimmungsrechts der Völker plädierte. Bekanntlich wurden diese Ziele im Versailler Friedensvertrag dann nur unvollkommen übernommen (fehlende Volksabstimmungen z. B. in Elsaß-Lothringen, Sudetenland usw.). Aus diesem Grund engagierten die Amerikaner sich auch nicht in dem gleichwohl nun gegründeten Völkerbund und zogen sich wieder von der politischen Bühne in Europa zurück. Aber die USA waren im Ersten Weltkrieg zu einer **Weltmacht** geworden mit der Konsequenz, ihre Interessen tatsächlich weltweit auch wahren zu wollen und zu müssen.

Dieses weltweite Engagement zeigte sich zum Beispiel in den Zwanzigerjahren an der amerikanischen Vermittlung bei der Regelung der deutschen Reparationsleistungen (**Dawes-Plan 1924/25**; Young-Plan 1929/30) und den Investitionen in die deutsche Wirtschaft zu dieser Zeit.

Nach dem Überfall der Deutschen auf die Sowjetunion (Juni 1941) verstärkten die USA ihre Unterstützung von Hitlers Kriegsgegnern. Es war eindeutig, dass Deutschland einerseits und Japan andererseits weder den freien Welthandel duldeten noch die Freiheit und das Selbstbestimmungsrecht der Völker. Genau diese Prinzipien wollten die Amerikaner aber durch ihr **Engagement im Zweiten Weltkrieg** wieder hergestellt und gewahrt sehen. Der amerikanische Präsident Franklin D. Roosevelt und der britische Premierminister Winston Churchill formulierten ihre Kriegsziele im August 1941 in der **Atlantik-Charta** dementsprechend. Ganz im Geiste von Wilsons 14-Punkte-Programm sollte nach diesem Weltkrieg dauerhafter Frieden (Völkerbund), freier Welthandel und das Selbstbestimmungsrecht der Völker verwirklicht werden. Der Konflikt mit Japan um den Einfluss im asiatischen Raum und als Auslöser der japanische Überfall auf den amerikanischen Flottenstützpunkt Pearl Harbor (1941) brachten die USA dann (7. 12. 1941) sogar zum **Eintritt in den Zweiten Weltkrieg**, um für die Ziele der Atlantik-Charta auch militärisch mitzukämpfen.

Die militärische Befreiung vom Faschismus gelang 1945. Aber schon das **Potsdamer Abkommen** vom Sommer 1945 verletzte die freie Selbstbestimmung der Völker: Als Tribut an die Sieger wurden die territorialen Umgestaltungen im Osten und die Vertreibungen geduldet.

Andererseits wurde als Nachfolgeorganisation des Völkerbunds nach dem Zweiten Weltkrieg die **UNO** eingerichtet. Diesmal waren die USA bei der globalen Friedensorganisation dabei und unterstützen die in der **Charta der Vereinten Nationen** genannten Ziele und Grundsätze, zu denen vor allem auch das Selbstbestimmungsrecht der Völker gehört. In diesem Sinne wurde zum Beispiel nach dem Zweiten Weltkrieg die **Entkolonialisierung** kräftig vorangetrieben. Doch auch bei diesem Prozess der Befreiung der Völker von Fremdherrschaft überlagerte der nun einsetzende **Kalte Krieg** mit seiner Rivalität der beiden Supermächte UdSSR und USA die Möglichkeiten der freien Selbstbestimmung aller Völker.

Aus westlich-amerikanischer Sicht waren Freiheit und Selbstbestimmung hinter dem „**Eisernen Vorhang**" nicht möglich. Diese Zone der Unfreiheit und Fremdbestimmung sollte aber unbedingt eingedämmt werden (**Containment-Politik**). In der für die amerikanische Außenpolitik der Nachkriegszeit wegweisenden **Truman-Doktrin** wurde deshalb programmatisch verkündet, die Amerikaner wollten allen „freien und unabhängigen Nationen helfen, ihre Freiheit zu bewahren" (März 1947). Geleistet werden sollte diese Hilfe aber nicht durch eine Einmischung in die inneren Angelegenheiten fremder Staaten (des Ostens), sondern durch wirtschaftliche und finanzielle Hilfe für die Staaten, die sich für den freiheitlichen Westen entscheiden (**Marshall-Plan**). Auch das aufwendige Engagement der Amerikaner für die Freiheit (West-)**Berlins** und die Solidarität mit der Berliner Bevölkerung verfolgten dieses Ziel der Eindämmung der Unfreiheit (Frontstadt Berlin; Luftbrücke 1948/49; Kennedy 1963: „Ich bin ein Berliner").

Der Kalte Krieg und die damit verbundene Konkurrenz mit der Sowjetunion um die Vormachtstellung in der Welt förderten allerdings auch auf Seiten der USA die Bereitschaft, sich politisch und militärisch mehr in die inneren Angelegenheiten fremder Länder einzumischen, als es mit dem Selbstbestimmungsrecht dieser Völker vereinbar war. Als Beispiele dafür können die Invasion in der Schweinebucht auf **Kuba** (1961) und das Engagement in **Vietnam** (ab 1964) gelten.

Zusammenfassend lässt sich sagen, dass die Amerikaner die Freiheit und das Selbstbestimmungsrecht der Völker durchaus als Prinzip ihrer Außenpolitik im 20. Jahrhundert verfolgten (14-Punkte-Programm; Atlantik-Charta; Truman-Doktrin). In der politischen Umsetzung gelang dies durch ihr Engagement im Zweiten Weltkrieg mit der Befreiung vom Faschismus wohl am überzeugendsten. In anderen Fällen wurden diese Ziele freilich oft durch aktuelle Machtpolitik (Kalter Krieg, Führungsanspruch, wirtschaftliche Interessen) überlagert und korrumpiert (Kuba, Vietnam).

Teilaufgabe	**AFB I**	**AFB II**	**AFB III**	**BE**
1	15	10	–	25
2	5	25	5	35
3	–	15	25	40
Summe	20	50	30	100

Hessen – Geschichte – Leistungskurs
Übungsaufgabe 9

Thema: *Modernisierung des Kapitalismus versus Wirtschafts- und Sozialpolitik des Nationalsozialismus*

Aufgaben

1. Erläutern Sie – mit Bezug auf den Text – die Inflation und die Währungsreform von 1923/1924 in Deutschland. (30 BE)
2. Benennen Sie weitere krisenhafte Erscheinungen von 1918 bis zum Ende des Jahres 1923 in Deutschland und beurteilen Sie, welche Auswirkungen sie nach Sebastian Haffner auf die Leute gehabt haben. (40 BE)
3. Vergleichen Sie, wie die Finanzkrisen (Inflation und Währungsreform) von 1923/1924 und von 1948 überwunden wurden und welche politischen Folgen aus ihnen jeweils erwuchsen.
   Bewerten Sie dabei den Versuch, durch finanzielle Mittel politische Ziele zu erreichen. (30 BE)

Material

Das Krisenjahr 1923

Es kam das Jahr 1923. Dieses phantastische Jahr ist es wahrscheinlich, was in den heutigen Deutschen jene Züge hinterlassen hat, die der gesamten übrigen Menschheit unverständlich und unheimlich und die auch dem normalen „deutschen Volkscharakter“ fremd sind: jene hemmungslos zynische Phantastik, jene nihilistische Freude am „Unmöglichen“ um seiner selbst willen, jene zum Selbstzweck gewordene „Dynamik“. Einer ganzen deutschen Generation ist damals ein seelisches Organ entfernt worden: ein Organ, das dem Menschen Standfestigkeit, Gleichgewicht, freilich auch Schwere gibt, und das sich je nachdem als Gewissen, Vernunft, Erfahrungsweisheit, Grundsatztreue, Moral oder Gottesfurcht äußert. Eine ganze Generation hat damals gelernt – oder zu lernen geglaubt – daß es ohne Ballast geht. [...]

Kein Volk der Welt hat etwas erlebt, was dem deutschen „1923“-Erlebnis entspricht. Den Weltkrieg haben alle erlebt, die meisten auch Revolutionen, soziale Krisen, Streiks, Vermögensvernichtungen, Geldentwertungen. Aber keins die phantastische, groteske Übersteigerung von alledem auf einmal, die 1923 in Deutschland stattfand. [...] Die psychologischen und machtpolitischen Wurzeln des Nazismus liegen tiefer zurück, wie wir sahen. Aber damals entstand das, was ihm heute seinen Wahnsinnszug gibt: die kalte Tollheit, die hochfahrend hemmungslose, blinde Entschlossenheit zum Unmöglichen; das „Recht ist, was uns nutzt“ und „das Wort unmöglich gibt es nicht“. Offenbar liegen Erlebnisse dieser Art jenseits der Grenze dessen, was Völker ohne seelischen Schaden durchmachen können. […]

Schon bald nach dem Ruhrkrieg schoß der Dollar auf 20 000, hielt eine Weile an, kletterte auf 40 000, zögerte kurze Zeit, und fing dann an, mit kleinen periodischen Schwankungen stoßweise die Zehntausende und Hunderttausende abzuleiern. Keiner wußte genau, wie es geschah. […] Wer ein Sparkonto, eine Hypothek oder sonst eine Geldanlage besaß, sah es über Nacht verschwinden. Bald machte es nichts aus, ob es sich um einen Spargroschen oder ein Großvermögen handelte. Alles wurde ausgelöscht. Viele Leute wechselten schnell ihre Anlagen, nur um zu sehen, daß es überhaupt nichts ausmachte. Bald wurde es klar, daß etwas geschehen war, das alle ihr Vermögen verlorengehen ließ und ihre Gedanken auf etwas viel dringlicheres richten ließ.

Die Lebensunterhaltskosten hatten angefangen davon zu jagen, denn die Händler folgten dem Dollar dicht auf den Versen. Ein Pfund Kartoffeln, das noch am Vortage fünfzigtausend Mark gekostet hatte, kostete heute schon hunderttausend; ein Gehalt von fünfundsechzigtausend Mark, das man am vorigen Freitag nach Hause gebracht hatte, reichte am Dienstag nicht aus, um ein Paket Zigaretten zu kaufen.

Was sollte geschehen? Plötzlich entdeckten Leute eine Insel der Sicherheit: Aktien. Das war die einzige Form der Geldanlage, die irgendwie der Geschwindigkeit standhielt. […] Also ging man und kaufte Aktien. Jeder kleine Beamte, jeder Angestellte, jeder Schichtarbeiter wurde Aktionär. Man bezahlte seine täglichen Einkäufe, indem man Aktien verkaufte. […]

Den Alten und Weltfremden ging es am schlechtesten. Viele wurden zum Betteln getrieben, viele zum Selbstmord. Den Jungen, Flinken ging es gut. Über Nacht wurden sie frei, reich, unabhängig. Es war eine Lage, in der Geistesträgheit und Verlaß auf frühere Erfahrung mit Hunger und Tod bestraft, aber Impulshandeln und schnelles Erfassen einer neuen Lage mit plötzlichem ungeheurem Reichtum belohnt wurde. Der einundzwanzigjährige Bankdirektor trat auf, wie auch der Primaner, der sich an die Börsenratschläge seiner etwas älteren Freunde hielt. […]

Dann passierte etwas seltsames. Die unglaubliche Mär begann eines Tages die Runde zu machen, es würde bald wieder Geld „von beständigem Wert“ geben, und etwas später wurde es Wirklichkeit. Kleine häßlich grau-grüne Scheine mit dem Schriftzug „eine Rentenmark“. […]

Der Dollar hörte auf zu steigen. Aktien auch. Und wenn man sie in Rentenmark verwandelte, siehe! sie waren zu nichts geworden, wie alles andere. Also behielt keiner etwas. […] Die einundzwanzigjährigen Bankdirektoren mußten wieder Gehilfenstellen suchen und die Primaner mußten sich wieder mit ihren zwanzig Mark Taschengeld begnügen. Natürlich gab es einige „Opfer der Währungsstabilisation“, die Selbstmorde begingen. Aber die Zahl derer war viel größer, die jetzt zaghaft aus ihren Schlupflöchern hervorlugten und sich fragten, ob es wieder möglich war zu leben. […] Plötzlich wurden Löhne und Gehälter in Rentenmark ausgezahlt, und etwas später, Wunder über Wunder, erschienen sogar Groschen und Sechser, feste blinkende Münzen. Man konnte sie in der Tasche klingen lassen, und außerdem behielten sie ihren Wert. Man konnte am Donnerstag noch etwas kaufen mit dem Geld, das man am vorigen Freitag erhalten hatte. Die Welt war voller Überraschungen.

Sebastian Haffner, Geschichte eines Deutschen. Die Erinnerungen 1914–1933 (geschrieben Anfang 1939). Stuttgart, München: DVA 2000, S. 53ff., S. 65f.

Lösungsvorschläge

Inhaltliche Schwerpunkte:
Die Aufgabe hat mit dem Aspekt „Modernisierung des Kapitalismus versus Wirtschafts- und Sozialpolitik des Nationalsozialismus“ ihren Schwerpunkt im Halbjahr 12/II. Der konkrete Unterpunkt dazu lautet: „Krisenjahr 1923“. Durch die dritte Aufgabe wird der halbjahresübergreifende Bezug hergestellt, und zwar mit dem Halbjahr 13/I („Konflikt und Kooperation in der Welt nach 1945“). Hier werden insbesondere die „deutsche Ebene“ angesprochen und ihre „Schritte auf dem Wege zur Teilung Deutschlands“.

1. *Die Aufgabe verlangt sowohl Ihr Vorwissen als auch eine Auswertung entsprechender Hinweise aus dem Quellentext zum Thema Inflation und Währungsreform. Beim Operator „erläutern“ (AFB II) ist darauf zu achten, den gefragten Sachverhalt auch in seinen (historischen) Zusammenhang zu stellen. Denken Sie ebenfalls daran, Fachbegriffe aus der Aufgabenstellung, wie „Inflation“, kurz zu erläutern. Gliedern Sie Ihre Ausführungen dann systematisch, sodass sichtbar wird, was die Ursachen waren, wie sich die Inflation entwickelte, welche Auswirkungen sie hatte (Gewinner und Verlierer) und wie sie beendet werden konnte („Rentenmark“).*

   Nach der Niederlage im Ersten Weltkrieg stand die **junge Weimarer Republik** nicht nur vor einem **politischen Neuanfang**, sondern auch vor großen **wirtschaftlichen Aufgaben**. Die Folgen des Krieges stellten eine erhebliche wirtschaftliche Belastung dar, die 1923 schließlich zur Inflation und dann zur Währungsreform führte.

   Von einer **Inflation** spricht man, wenn die Geldmenge absolut und gemessen am Wert der Waren und Dienstleistungen deutlich ansteigt („inflare“ lat. – anschwellen). In der Folge einer Inflation steigen die Preise, da der **Wert des Geldes sinkt**.

   Die **Ursachen** der Inflation von 1923 waren vielfältig: Zum einen entzogen die hohen Reparationszahlungen dem Staat und der Wirtschaft wesentliche Finanzmittel, zum anderen stiegen die Belastungen für den Staat durch die hohen Sozialausgaben (vor allem für Kriegsopfer und Hinterbliebene) und die Rückzahlungen der vor und während des Krieges erworbenen Anleihen, mit denen die Rüstung finanziert worden war und die nun von den Bürgern zur Auszahlung vorgelegt wurden.
   Der Staat half sich damit, Papiergeld nachzudrucken, wodurch sich die **Geldmenge erhöhte** und die Inflation beschleunigte. Darlehenskassenscheine und andere Schuldverschreibungen verloren deutlich an Wert, was die Anleger und Gläubiger bitter enttäuschte.
   Der **Ruhrkampf** („Ruhrkrieg“, Z. 21) forcierte dann die seit 1919 allmählich gestiegene Inflation 1923 zu einer galoppierenden Inflation. Die Reichsregierung hatte die Bevölkerung im Ruhrgebiet aufgefordert, durch einen Generalstreik zu verhindern, dass Franzosen und Belgier wegen ausstehender Reparationsleistungen der Deutschen Kohlen aus dem Ruhrgebiet abtransportierten („Ruhrkampf“). Für den Lohnausfall der Streikenden musste die Reichsregierung aufkommen. Das ge-

lang freilich nur durch eine weitere **Erhöhung der Geldmenge**: Es wurden neue Banknoten gedruckt oder alte einfach mit einem neuen Betrag überstempelt. Der **Kurs des Dollar**, der als stabile Auslandswährung galt, fing an, „die Zehntausende und Hunderttausende abzuleiern" (Z. 23). Im Sommer 1923 verschärfte sich der Preisanstieg eklatant, sodass die Lebenshaltungskosten ins Unermessliche stiegen (vgl. Z. 31–35).
Die **Verlierer** der Inflation waren die Besitzer von Sparvermögen, Hypotheken und anderen Geldanlagen (vgl. Z. 24–27); ihr Vermögen wurde vernichtet. **Gewinner** waren umgekehrt sämtliche Kreditnehmer wie der Staat, Landwirte und Unternehmer, da ihre Schulden entsprechend der Entwertung des Geldes schrumpften. Verschont von Verlusten blieben auch die Besitzer von Sachwerten wie Immobilien, Fabrikanlagen usw. Einige Leute versuchten ihr Geld in Aktien anzulegen, um es vor der Inflation zu retten (vgl. Z. 36–40).
Mit der **Währungsreform Ende 1923** wurden die **Rentenmark** und später, 1924, die neue **Reichsmark** eingeführt. Damit gelang es, die Inflation zu überwinden (vgl. Z. 48 ff.). Gedeckt war die neue Währung durch Garantien der deutschen Landwirtschaft und der deutschen Industrie (mit jeweils 1,6 Mrd. Rentenmark).

2. *Beachten Sie, dass die Aufgabe zwei Arbeitsanweisungen (Operatoren) enthält: die Benennung der Krisen (AFB I) sowie die Beurteilung ihrer von Haffner genannten Auswirkungen (AFB III). Der Zeitraum der gefragten krisenhaften Erscheinungen reicht von der Novemberrevolution 1918 bis zur Inflation 1923. Die von Haffner beschriebenen Auswirkungen müssen Sie zunächst aus dem Text heraussuchen, dann kurz darstellen, um schließlich begründet dazu Stellung nehmen zu können. Denken Sie für diesen zweiten Teil der Aufgabe an einen kurzen Einleitungssatz zu Haffners Text (persönliche Erinnerungen an die Jahre 1914 bis 1933, geschrieben Anfang 1939).*

Im unauflösbaren Zusammenhang mit der Inflation und Geldentwertung standen **politische Krisen**, die wie die Geldentwertung im Jahre 1923 eskalierten.
Die erste Belastung der künftigen Republik stellte nach dem Krieg die **Revolution** vom November 1918 bis zum Januar 1919 dar (vgl. Z. 12). Die SPD schloss sich in der Auseinandersetzung um die politische Gestaltung des neuen Staates gegen die Kommunisten mit den alten Eliten zusammen – zu erkennen an **Friedrich Eberts Bündnis mit Wilhelm Groener**, dem Chef der OHL, gleich nach dem Krieg, und am Freispruch der aus dem Freikorps-Milieu stammenden Mörder von Rosa Luxemburg und Karl Liebknecht durch den sozialdemokratischen Reichswehrminister Gustav Noske. Damit sorgte sie für die konsequente Feindschaft der KPD gegenüber der Weima rer Republik. Zum anderen schürte die – unvermeidbare – Unterzeichnung des **Versailler Friedensvertrags 1920** („Diktatfrieden") durch Vertreter der jungen Republik die Aversionen gegen diesen neuen Staat.
Politische Morde – meist von rechts – waren die Folge, vor allem gegen sogenannte „Erfüllungspolitiker" wie Matthias Erzberger und Walther Rathenau.

Außerdem destabilisierten **Separatistenbewegungen** (im Rheinland und in der Pfalz) das Land ebenso wie Streiks und Putschversuche. Die bedeutendsten Erhebungen waren der **Kapp-Lüttwitz-Putsch** (1920) und nach Kahrs Staatsstreich in München auf dem Höhepunkt der Inflation der **Hitler-Ludendorff-Putsch** (1923); **Freikorps** aus Weltkriegssoldaten, die nach der erzwungenen Abrüstung keinen Erwerb mehr hatten, leisteten dabei die Unterstützung mit Waffen.
Im Januar 1923 besetzten Truppen der Westalliierten wegen ausgebliebener Reparationsleistungen der Deutschen das **Ruhrgebiet**. Gegen diesen Übergriff mobilisierte die Reichsregierung einen Generalstreik, dessen Finanzierung durch die Staatskasse die Inflation endgültig eskalieren ließ.

Sebastian Haffner schreibt 1939 in seinen Erinnerungen an die Zeit von 1914 bis 1933, dass das, was die Deutschen in diesem einen Jahr 1923 erlebten, als „phantastische, groteske Übersteigerung“ (Z. 13 f.) aller möglichen Krisenerscheinungen mehr sei, als das, was andere Völker erlebten. Deshalb habe nicht zuletzt dieses Jahr die **Mentalität einer ganzen Generation** geprägt. Diese Deutschen hätten in der Folgezeit eine „zynische Phantastik [und] nihilistische Freude“ (Z. 4 f.) an allem gezeigt, was unmöglich erschienen sei. Verloren hätten sie dafür das innere geistige Gleichgewicht. Dieser **seelische Schaden** habe dann dazu geführt, dass ihnen Vernunft, Gewissen, Moral abhanden gekommen seien (vgl. Z. 1–10). Daraus sei 1939, so Haffner schließlich, die kalte, jegliches Recht missachtende **Entschlossenheit** des Nationalsozialismus **zum Unmöglichen** geworden (vgl. Z. 16 ff.).

Haffner räumt ein, dass damit die **Mentalität des Nazismus** keineswegs hinreichend erklärt sei, dessen Wurzeln lägen tiefer (vgl. Z. 15 f.). Durch die Erschütterungen des Jahres 1923 sei aber jener „Wahnsinnszug“ (Z. 16 f.) entstanden, wie er sich schon bis Anfang 1939 gezeigt habe, und zwar an Einstellungen wie dem sozialdarwinistisch begründeten **Recht des Stärkeren** und an Handlungen wie der radikalen Revision des Versailler Vertrages, der hemmungslosen Außerkraftsetzung des Rechts- und Verfassungsstaates, der Gleichschaltung, der Verfolgung und Diskriminierung von Juden und Andersdenkenden, der Aufrüstung und dem Anschluss Österreichs und des Sudetenlandes (1938). Auch und erst recht für die Verbrechen des Nationalsozialismus nach 1939 kann diese Einschätzung Haffners gelten.
Ob man eine solche Geisteshaltung und Mentalität einer ganzen Generation auf die Erfahrungen eines, wenn auch prägnanten Jahres wie 1923 zurückführen kann, erscheint freilich etwas pointiert. Denn schließlich hatte Hitler aus dem Misserfolg seines Putsches von 1923 die Konsequenz gezogen, nun zu versuchen, ganz gemäßigt und kalkuliert die Macht auf dem Weg durch die verfassungsrechtlichen Institutionen (Parlamente) zu erringen (**Legalitätsprinzip**). Dieser Plan ist praktisch gescheitert, denn 1928 errangen die Nationalsozialisten nur 2,8 % der Wählerstimmen bei den Reichstagswahlen. Der Erfolg der Nationalsozialisten in den Jahren danach – 1930 und 1932 erringen sie bis zu einem Drittel der Wählerstimmen – beruht ganz überwiegend auf den sozialen und politischen **Auswirkungen der Weltwirtschaftskrise**.

3. *Diese Aufgabe lässt sich in zwei Teilaufgaben gliedern: Zum einen sollen die Finanzkrisen von 1923/24 und 1948 mit ihren politischen Folgen miteinander verglichen werden; zum anderen soll der Versuch, durch finanzielle Mittel politische Ziele erreichen zu wollen, bewertet werden. Bitte beachten Sie, dass die Aufgabenstellung offenkundig impliziert, dass dieser Versuch im Zusammenhang mit den beiden Finanzkrisen tatsächlich vorliegt. Vergleich und Bewertung ordnen diese Aufgaben den AFB II und III zu.*

Formell ist die **Inflation von 1923** durch die Einführung der Rentenmark 1923 und der Reichsmark **1924 beendet** worden. Dass diese Währungsreform einen solchen Erfolg hatte, lag an zwei Umständen, die für das notwendige Vertrauen in die neue Währung sorgten: Zum einen standen die deutsche **Industrie** und die deutsche **Landwirtschaft** mit ihrem Vermögen für die neuen Renten- und Reichsmark ein; zum anderen kurbelten die **USA** durch Kredite und die Anpassung der Reparationsleistungen wie etwa durch den Dawes-Plan 1924 die Wirtschaft an. Es folgte die Glanzzeit der Weimarer Republik mit einer **wirtschaftlichen Blüte** und **politischen Stabilität** wie nie zuvor und nicht mehr danach („Goldene Zwanziger Jahre"). Im Locarno-Vertrag von 1925 folgte eine weitgehende **Aussöhnung mit Frankreich**, 1926 erhielten die Außenminister von Deutschland und von Frankreich, Gustav Stresemann und Aristide Briand, für ihre Bemühungen um den Frieden in Europa gemeinsam den Friedensnobelpreis. Der deutsche Reichstag erlebte seine längste Legislaturperiode (1924 bis 1928). Somit hatten die USA durch ihr finanzielles Engagement nun das erreicht, was Wilsons 14-Punkte-Programm 1918 noch verwehrt worden war: ein friedliches, um **Aussöhnung** bemühtes, demokratisches Europa und einen transatlantischen **Waren- und Wirtschaftsverkehr**.
Wie abhängig diese demokratischen und friedlich gesinnten Strukturen von der wirtschaftlichen Lage und insbesondere von der wirtschaftlichen Unterstützung Amerikas waren, erwiesen dann die verheerenden sozialen und politischen Folgen, die die Auswirkungen der Weltwirtschaftskrise ab 1929 vor allem für Deutschland hatten.

Nach dem Zweiten Weltkrieg war die Lage vergleichbar. Deutschland hatte den Krieg verloren, die wirtschaftlichen Verhältnisse waren nach der bedingungslosen Kapitulation völlig zerrüttet, und eine verdeckte Inflation, Schwarzmarkthandel und Zwangsbewirtschaftung ließen keinen stabilen Handels- und Warenverkehr entstehen.
Der **Kalte Krieg** dominierte bald nach Kriegsende die Maximen der amerikanischen Deutschlandpolitik. Gemäß der Truman-Doktrin von 1947 galt es, die Westzonen wirtschaftlich so zu stärken, dass kommunistische Avancen für die Menschen im Westen nicht attraktiv werden konnten. Mit den Finanzmitteln aus dem **Marshallplan** ab 1948 gelang es den USA, eine solide Grundlage für einen westdeutschen Staat mit demokratischen Strukturen und einer eindeutigen Bindung an den Westen zu legen. Die dazu notwendige Währungsreform im Jahr 1948 wurde allein von den Amerikanern geplant und durchgeführt, und zwar in den Westzonen und in West-Berlin. Die Währungsreform forcierte damit die politische Polarisie-

rung zwischen Ost und West und führte nach einem Jahr der Beharrlichkeit („Berliner Luftbrücke", 1948–1949) zur Gründung der Bundesrepublik Deutschland (1949). In diesem neuen Staat verwirklichten sich auf der Grundlage des **Bonner Grundgesetzes** stabile **demokratische Verhältnisse** und ein enormer wirtschaftlicher Aufstieg („Wirtschaftswunder") auf der Grundlage der **Sozialen Marktwirtschaft**.

Wie nach dem Ersten Weltkrieg war es den USA wieder gelungen, ihr politisches Ziel mithilfe wirtschaftlicher Unterstützung durchzusetzen. Nach dem Zweiten Weltkrieg gelang dies aufgrund der politischen Verhältnisse (USA als Besatzungsmacht, Kalter Krieg) unmittelbarer und deutlicher sichtbar.

Man mag dieses Durchsetzen politischer Ziele durch wirtschaftliche Unterstützung kritisieren, weil die **politischen Inhalte dabei zu kurz kommen** und scheinbar nicht um ihrer selbst willen angenommen und verwirklicht werden. Demokratie braucht überzeugte Demokraten, wie man in der Weimarer Republik gesehen hat, die nicht nur so lange „demokratisch" sind, wie es ihnen wirtschaftlich gut geht.

Auf der anderen Seite erfolgt das Durchsetzen politischer Ziele mit wirtschaftlichen Mitteln **weitgehend friedlich**. Es kann für die Betroffenen sogar angenehm sein, durch wirtschaftliche Unterstützung für eine bestimmte politische Richtung gewonnen zu werden. Dieses Vorgehen unterscheidet sich damit positiv von revolutionären Gewaltakten, Säuberungen sowie politischer Verfolgung und Indoktrination. Es führt jedoch letztendlich dazu, dass die **wirtschaftlich Stärksten** immer auch die politische Linie bestimmen und durchsetzen.

Teilaufgabe	AFB I	AFB II	AFB III	BE
1	–	30	–	30
2	25	–	15	40
3	–	15	15	30
Summe	25	45	30	100

Hessen – Mündliches Abitur – Geschichte
Aufgabe 1

Thema: *Flucht und Vertreibung*

Aufgaben

1. Beschreiben Sie die Plakate vergleichend miteinander. Untersuchen Sie dabei, mit welcher Aussageabsicht jeweils der Aspekt „Flucht und Vertreibung“ dargestellt wird. (35 BE)
2. Bewerten Sie die Darstellung von Flucht und Vertreibung in den drei Plakaten vor dem historischen Hintergrund. (30 BE)
3. Vergleichen Sie Flucht und Vertreibung von 1944 bis 1949 in Deutschland mit Migrationsprozessen in der ersten Hälfte des 19. Jahrhunderts nach Amerika. (35 BE)

Material

M 1: Wahlplakat der CDU (1949)

© Konrad-Adenauer-Stiftung e. V., Archiv für Christlich-Demokratische Politik, Plakatsammlung

M 2: Wahlplakat der KPD (1946/1947)

© Institut für Zeitungsforschung der Stadt Dortmund

M 3: Wahlplakat der SED (1946/1947)

© Bundesbildarchiv / Signatur Plak 100/15/22

Lösungsvorschläge

Inhaltliche Schwerpunkte:
Die Aufgabe bezieht sich im Kern auf das Prüfungshalbjahr 13/II (Schlüsselprobleme der Gegenwart in ihrer historischen und in ihrer zukunftsrelevanten Dimension) mit dem Längsschnitt-Thema „Migration“ und den Stichworten: „Migrationsprozesse im Zusammenhang mit der Industrialisierung“, „Migration politisch Verfolgter im 19. Jahrhundert“; „Emigration, Flucht und Vertreibung in Europa im Zusammenhang mit den Weltkriegen“.
Kursübergreifende Bezüge ergeben sich durch die dritte Aufgabe zum Halbjahr 12/I („Gesellschaftliche Veränderungsprozesse am Beginn der Moderne“) und durch den historischen Hintergrund der Vertreibung durch die zweite Aufgabe zum Halbjahr 13/I („Konflikt und Kooperation in der Welt nach 1945“).

Tipps für die Vorbereitungszeit und den Vortrag:
Zur Vorbereitung Ihres rund 10-minütigen Vortrages sollten Sie sich lediglich Stichworte notieren, keine ausformulierten Sätze. Ordnen Sie die Stichworte auf Ihrem Blatt großzügig an, übersichtlich und gut lesbar, damit Sie sie dann mit einem Blick erfassen können und nicht umständlich ablesen müssen.
Beginnen Sie einleitend mit einem Hinweis auf das Thema und einer Übersicht über die Fragestellung (siehe Einleitung unten).

1. *Die Beschreibung der Bildelemente ist deutlich von der Formulierung der Aussageabsicht zu trennen: Das eine ist eine eher objektive Darstellung, das zweite eine Interpretation. Konzentrieren Sie sich bei der Beschreibung auf aussagekräftige, Sinn tragende Bildelemente (z. B. das Herz, Deutschlandkarte, Schriftzüge). Gefordert sind also Leistungen in den Anforderungsbereichen I und II.*

Einleitung:
Zum Thema „Flucht und Vertreibung“ liegen mir drei Wahlplakate in Schwarz-Weiß aus den Jahren 1946 bis 1949 vor. Zunächst beschreibe und deute ich die drei Plakate und dann versuche ich, sie vor ihrem historischen Hintergrund zu bewerten. Abschließend werde ich das Phänomen ‚Flucht und Vertreibung' am Ende des Zweiten Weltkrieges mit Migrationsprozessen in der ersten Hälfte des 19. Jahrhunderts nach Amerika vergleichen.

M 1
Bildelemente:
- **Deutschlandkarte** mit den vereinten drei Westzonen, der SBZ und den nach dem Zweiten Weltkrieg verlorenen Ostgebieten,
- Schriftzüge von Städten (Berlin, Danzig, Stettin, Königsberg, Breslau und vermutlich Beuthen), **auf großem Herzen**,
- **Text** über und unter dem Herz: „Das ganze Deutschland soll es sein – Zum ungeteilten Vaterland durch die CDU“; „CDU“ in Großbuchstaben, „ganze“ durch Unterstreichung hervorgehoben.

Aussageabsicht:
- CDU-Wahlplakat (aus einer Westzone), 1949,
- emotionaler Bezug (Herz) zum „Vaterland“,
- Wahlversprechen: Wiederherstellung des (hervorgehoben) ganzen Deutschlands in den Grenzen von vor 1933: **Überwindung der zu befürchtenden Teilung Deutschlands** (SBZ – Westzonen) und Rückführung der verlorenen Ostgebiete als Antwort auf die Flüchtlingsfrage. Angesprochen sind nicht nur die Vertriebenen, sondern auch alle, denen das „ungeteilte Vaterland“ am Herzen liegt.

M 2
Bildelemente:
- Ein von rechts durchs Bild heraufziehender **Treck**, drei erwachsene **Personen mit Leiterwagen** mit zwei Kindern,
- alle Personen in dicker Kleidung,
- erschöpfte Gesichter,
- stürmischer Wind von vorne, Regenschauer?,
- Flüchtlingszug über eine **Eisfläche** (gefrorene Ostsee)?,
- **Textteil:** im unteren Viertel die kursiv gedruckte Aufforderung, nicht hoffnungslos zu sein und KPD (Großbuchstaben) zu wählen, als Perspektive fungiert der Appell mit zwei kleineren Textteilen dazwischen; man solle mit den „Urhebern eurer Not mit Großkapital und Großgrundbesitz“ aufräumen.

Aussageabsicht:
- KPD-Wahlplakat (aus einer Westzone), 1946/1947,
- besonders **Vertriebene** sollen **als Wähler** gewonnen werden,
- Anknüpfungspunkt ist ihre Hoffnungslosigkeit,
- als **Verursacher** wird nicht die UdSSR genannt (der die KPD nahe stand), sondern die deutschen Kapitalisten und Großgrundbesitzer, denen gelegentlich unterstellt wurde, den Zweiten Weltkrieg aus Profitstreben betrieben zu haben und damit auch für die Vertreibung als Kriegsfolge verantwortlich zu sein.
- Als **Wahlversprechen** werden eingezogener Grund und Boden und andere Güter für die Vertriebenen in Aussicht gestellt; dies zielt wohl auf die **Enteignung** und **Verstaatlichung** von „Großkapital und Großgrundbesitz“.
- Als Adressat sind in erster Linie die Vertriebenen angesprochen.

M 3
Bildelemente:
- Großer, dunkel gekleideter **Mann mit Hut** und Sackbündel über der Schulter (im Vordergrund) schaut durch weit geöffnetes Fenster oder Tor auf eine **Familie mit zwei Kindern**, die im Hintergrund mit bepacktem Leiterwagen vorbeiziehen.
- **Textteile:** oben und unten im Plakat platziert, „SED“ durch Großbuchstaben zweimal hervorgehoben.

Aussageabsicht:
- SED-Wahlplakat in der SBZ, nach April 1946 (22. April Vereinigung von SPD und KPD zur SED),

- Flüchtlinge durften nicht „Vertriebene“ heißen, sondern mussten „**Umsiedler**“ genannt werden (offizieller Sprachgebrauch der SED), um die UdSSR nicht als unmittelbaren Verursacher der Vertreibung erscheinen zu lassen; außerdem sind „Umsiedler“ selbst aktiv, sie scheinen aus freien Stücken zu handeln – „Vertriebene“ dagegen sind Opfer.
- Adressaten des Plakates sind die „Umsiedler“ **als potenzielle Wähler**; ihr Problem, keine Heimat mehr zu haben, wird erkannt und aufgegriffen.

2. *Bei diesem Arbeitsauftrag gehen Sie wieder vom Objektiven zum mehr Subjektiven: Skizzieren Sie zunächst für alle drei Plakate den unmittelbar für den Aspekt „Flucht und Vertreibung“ bedeutsamen historischen Hintergrund (von den Durchhalteparolen Hitlers bis zum Problem der Integration der Flüchtlinge und Vertriebenen in ihrer neuen Heimat). Bei der Bewertung müssen Sie quellenkritisch hinter die Aussageabsicht der Plakate schauen und verborgene Absichten (z. B. KPD nimmt UdSSR in Schutz) und offene Fragen (z. B. Wie könnten die verlorenen Gebiete zurückgewonnen werden?) ansprechen und gut belegen. (Anforderungsbereich III).*

Stichworte zum historischen Zusammenhang:
- 1944/45, ausgelöst durch den Zweiten Weltkrieg,
- Hitlers Durchhaltepolitik verhinderte frühere Flucht,
- vorrückende Sowjetarmee,
- Flucht zum Teil im Kampfgeschehen,
- viele Todesopfer, Vergewaltigungen,
- dann: Vertreibung Deutscher aus Ost-, Mittel- und Südeuropa,
- ab 1946 „geregelte“ Vertriebenentransporte infolge der Potsdamer Beschlüsse (aus Ost-, Westpreußen, Pommern, Schlesien usw.),
- Suche nach einer neuen Heimat,
- Oktober 1946 insgesamt circa 10 Millionen Flüchtlinge, gebietsweise sogar ein Drittel der Bevölkerung,
- Probleme: Infrastruktur und Integration.

Mögliche Aspekte einer Bewertung:
M 3
- „Umsiedler“ verschleiert ideologisch und zu Unrecht die Verursacher der Vertreibung,
- offen bleibt, wie die SED die „neue Heimat schaffen“ will (noch Rücksicht auf gemäßigte Kräfte in der SED?).

M 2
- argumentiert stark ideologisch, sogar deutlicher als die SED in M 3,
- nimmt UdSSR in Schutz und verweist auf den weltanschaulichen Gegner (Kapitalisten, Junker) – gerechtfertigt?,
- Appell zur Enteignung usw. knüpft an Sozialisierungen in der SBZ an (im Westen nur partiell), daher sind soziale Konflikte zu erwarten.

M 1

- revanchistische Forderung, neben der drohenden Teilung (SBZ – Westzonen) auch verlorene Gebiete zurückzugewinnen,
- realistische und realisierbare Forderung?,
- offen bleibt, wie die faktisch schon verlorenen Gebiete wiedergewonnen werden sollen (Verhandlungen?, kriegerisch? usw.),
- eine Haltung, die womöglich Aussöhnung und dauerhaften Frieden behindert (spätere Entspannungs- und Ostpolitik)?,
- Verständliche Haltung angesichts zugefügten Unrechts?

3. *Hier kommt es darauf an, die charakteristischen Merkmale bestimmter Migrationsbewegungen (Vertreibung und Auswanderung) zu unterschiedlichen Zeiten (1944 bis 1949 und im 19. Jahrhundert) durch einen Vergleich deutlicher hervortreten zu lassen (Ursachen, Motive usw.). Auch Gemeinsamkeiten sollten erwähnt werden, wobei sie im vorliegenden Fall wohl eher oberflächlich bleiben und dadurch umso deutlicher die Unterschiede betonen. Sie müssen nicht alle Aspekte vortragen. Beginnen Sie aber mit dem grundlegenden, wichtigsten, damit er auf jeden Fall zur Sprache kommt. (Anforderungsbereich II)*

Ursachen, Anlässe, Motive, Ablauf:

- Zu **1944 bis 1949** siehe oben Aufgabe 2.
- **19. Jahrhundert:** Auswirkungen der Industrialisierung, Missernten, Verarmung, Arbeitslosigkeit, Kriminalität, sozialer und ökonomischer Umbau, Landbevölkerung, vor allem in Südwestdeutschland, Abenteurertum, später Werbung aus den Auswanderungsgebieten, politisch Verfolgte und Enttäuschte, grundsätzlich freiwillige Auswanderung mit Hoffnung auf bessere Zukunft.
  Langer ungewisser, beschwerlicher Weg (Anreise, lange Überfahrt mit dem Schiff, lange Weiterfahrt in Amerika) und ungewisse Zukunft, aber mit Zuversicht; grundsätzlich sind die Einwanderer willkommen.

Weitere Entwicklung:

- **1945/46:** Probleme der Integration in kriegsgeschädigtem Gebiet, eigene Not der ansässigen Bevölkerung, große Anzahl von Vertriebenen, Wohnungsnot, Flucht und gewaltsamen Verlust der Heimat verarbeiten (Traumatisierung), Heimat für immer aufgeben – Gebiete zurückgewinnen?, eigene Partei und Organisationen (Gesamtdeutscher Block/Bund der Heimatvertriebenen und Entrechteten GB/BHE, Bund der Vertriebenen), Lastenausgleich.
- **19. Jahrhundert:** optimistische Grundhaltung, (werbende) Berichte über glücklichen Neuanfang, wirtschaftlicher Aufstieg, dann auch enttäuschte Hoffnungen, genügend Platz in den USA für Einwanderer, Entwicklung einer neuen nationalen Identität, enger Zusammenhalt unter den Einwanderern usw.

Fazit:

Durch den Vergleich wird erst recht deutlich, dass Flucht und Vertreibung zum Ende des Zweiten Weltkrieges eine äußerst gewaltsame, erzwungene Migration darstellten, wohingegen die Auswanderer im 19. Jahrhundert – auch wenn schlechte wirtschaftliche, politische und soziale Verhältnisse in ihrer Heimat sie antrieben – weitgehend freiwillig und deshalb auch optimistisch in die „neue Welt“ aufbrachen.

Folgende Aspekte könnten in dem anschließenden ***Prüfungsgespräch*** *zur Sprache kommen:*

- *Weitere Entwicklung der Aufnahme und Integration der Vertriebenen im Deutschland der Nachkriegszeit;*
- *Die Vertriebenen und ihre politischen Forderungen in der Bundesrepublik Deutschland bis heute;*
- *Auseinandersetzung mit den Zielen und mit der Arbeit des „Zentrums gegen Vertreibung“;*
- *Aktuelle Probleme der Migrationsbewegungen in Europa in ihrer Relation zu historischen Migrationsprozessen (1944 bis 1949);*
- *persönliche Erfahrungen mit „Flucht und Vertreibung“.*

Teilaufgabe	AFB I	AFB II	AFB III	BE
1	25	10	–	35
2	–	–	30	30
3	–	35	–	35
Summe	25	45	30	100

Thema: *Antisemitismus und Völkermord*

Aufgaben

1. Ordnen Sie die Wannsee-Konferenz in ihren historischen Zusammenhang ein. (30 BE)

2. Beschreiben Sie beide Quellen (M 1 und M 2) im Vergleich miteinander. (40 BE)

3. Die Postkarte von 1898 (M 1) beinhaltet den Aufruf „Deutschland den Deutschen". Bewerten Sie Ausländerfeindlichkeit im wiedervereinigten Deutschland. (30 BE)

Material

M 1: „Deutschland den Deutschen", Postkarte (1898)

Auf dem Wegweiser steht: *Nach Palästina*
Der handgeschriebene Text lautet: *Berlin, 12. April 1898*
Geehrter Herr! Sende Ihnen u. Ihrer Frau Gemahlin aus dem deutschen Wirthshaus die herzlichsten Grüsse. Auf Wiedersehen. Ihr [Unterschrift]

M 2: Auszug aus dem Protokoll der Besprechung am „Großen Wannsee“ in Berlin (20. Januar 1942)

Unter entsprechender Leitung sollen nun im Zuge der Endlösung die Juden in geeigneter Weise im Osten zum Arbeitseinsatz kommen. In großen Arbeitskolonnen, unter Trennung der Geschlechter, werden die arbeitsfähigen Juden straßenbauend in diese Gebiete geführt, wobei zweifellos ein Großteil durch natürliche Verminderung ausfallen wird.

Der allfällig endlich verbleibende Restbestand wird, da es sich bei diesem zweifellos um den widerstandsfähigsten Teil handelt, entsprechend behandelt werden müssen, da dieser, eine natürliche Auslese darstellend, bei Freilassung als Keimzelle eines neuen jüdischen Aufbaues anzusprechen ist. (Siehe die Erfahrung der Geschichte.)

Im Zuge der praktischen Durchführung der Endlösung wird Europa vom Westen nach Osten durchgekämmt. Das Reichsgebiet einschließlich Protektorat Böhmen und Mähren wird, allein schon aus Gründen der Wohnungsfrage und sonstigen sozialpolitischen Notwendigkeiten, vorweggenommen werden müssen.

Die evakuierten Juden werden zunächst Zug um Zug in sogenannte Durchgangsghettos verbracht, um von dort aus weiter nach dem Osten transportiert zu werden.

Quelle: Homepage der Gedenkstätte Haus der Wannsee-Konferenz, http://www.ghwk.de/deut/proto.htm (Zugriff 15. 11. 2006)

Lösungsvorschläge

Inhaltliche Schwerpunkte:

Die Aufgabe bezieht sich im Kern auf das Kurshalbjahr 12/II („Modernität und Antimodernität in der Zeit der Weimarer Republik und des Nationalsozialismus“) mit dem Schwerpunktthema „Die Verfolgung und Ermordung der europäischen Juden“, dem sowohl der Antisemitismus im Kaiserreich als auch „die Pläne zur ‚Endlösung der Judenfrage‘“ zugeordnet werden.

Kursübergreifende Bezüge entstehen zu allen drei anderen Halbjahren: zu 12/I („Gesellschaftliche Veränderungsprozesse am Beginn der Moderne“) mit dem Aspekt „der wachsende Nationalismus und Chauvinismus in Europa und der Kriegsausbruch 1914“; zu 13/I („Konflikt und Kooperation in der Welt nach 1945“) mit dem Thema „Die deutsche Ebene: Teilung und Einheit“ und darin die Folgen der „Vereinigung der beiden deutschen Staaten“ und zum Themenbereich „Migration“ aus 13/II („Schlüsselprobleme der Gegenwart“) mit den Stichworten „Judenfeindschaft und Antisemitismus“ und „Armutsmigration in Europa: Ursachen und Folgen“.

Tipps für die Vorbereitungszeit und den Vortrag:

Notieren Sie sich in der Vorbereitungszeit lediglich Stichworte, die Sie dann leicht erfassen und für Ihren Vortrag nutzen können. Geben Sie eingangs anhand der Arbeitsanweisungen einen Überblick über den Aufbau Ihres Vortrages (siehe dazu die „Einleitung“ unten.

1. *Für diese Einordnung ist es zunächst wichtig, einen geeigneten Zeit- und Bezugsrahmen für die Wannsee-Konferenz festzulegen. Erwähnt werden sollten nur Ereignisse, die eine unmittelbare Bedeutung für die Wannsee-Konferenz haben – hier ausgehend von Hitlers erster öffentlicher Ankündigung des Völkermords (1939) bis zum Beginn der Massenvergasungen in Auschwitz Mitte 1942. Um stets den Bezug zum einzuordnenden Ereignis (Wannsee-Konferenz) im Blick zu behalten, empfiehlt sich eine Dreiteilung der Darstellung: Was geschah vor dem Ereignis (Vorläufer, Vorgeschichte)? Was geschah bei dem Ereignis selbst? Was geschah danach (Folgen, Konsequenzen)? (Anforderungsbereich II).*

Einleitung:
Zunächst werde ich die historische Wannsee-Konferenz aus dem Januar 1942 in ihren historischen Kontext einordnen, um sie danach im Vergleich mit einer antisemitischen Postkarte aus dem Kaiserreich aufgrund eines Auszuges aus dem Protokoll der Konferenz eingehender zu analysieren. Abschließend versuche ich, in Verbindung mit diesem Thema die aktuelle Ausländerfeindlichkeit im wiedervereinigten Deutschland, also nach 1990, zu bewerten.

Zur Vorgeschichte der Wannsee-Konferenz:
In einer Reichstagsrede kündigte Hitler am 30. Januar 1939 die „Vernichtung der jüdischen Rasse in Europa" an. Hermann Göring beauftragte am 31. Juli 1941 dann Reinhard Heydrich mit der „Endlösung der Judenfrage". Ab September 1941 wurde der „Judenstern" eingeführt. Im Krieg galten Juden ab Dezember 1941 in den von Deutschland besetzten Gebieten als „Partisanen" und waren damit potenzielle Todeskandidaten. Zu dieser Zeit wurde auch damit begonnen, Juden in Gaswagen zu ermorden (im polnischen Chelmno).

Fazit:
Der Völkermord war also schon vor der Wannsee-Konferenz am 20. Januar 1942 beschlossen und begonnen worden.

Aufgabe und Beschlüsse der Wannsee-Konferenz:
Aufgabe der Konferenz war es, weitere staatliche Dienststellen einzuweihen und organisatorische Maßnahmen zu vereinbaren, um den Völkermord rationeller und systematisiert durchführen zu können. Transportprobleme (bei der Zwangsumsiedlung und Deportation von Juden aus „deutschem Lebensraum" weiter in den Osten) und Rückschläge der Wehrmacht an der Ostfront waren der Anlass für die plötzliche Eile. Adolf Eichmann, der für „Juden- und Räumungsangelegenheiten" – so der damalige Sprachgebrauch – zuständig war, verfasste das Protokoll der Konferenz (30 Ausfertigungen, von denen nur die 16., die von Unterstaatssekretär Luther, erhalten ist). Anwesend waren bei der Konferenz 15 hochrangige Regierungsbeamte (Staatssekretäre, z. B. Freisler) und SS-Führer; die Leitung hatte Reinhard Heydrich. Die Konferenz ging von 11 Millionen Juden (im Sinne der Nürnberger Gesetze) in Europa aus – von ihnen wurden bis Kriegsende rund die Hälfte umgebracht. Es wurde diskutiert, wie mit jüdischen „Mischlingen" und

„Mischehen“ sowie mit über 65-jährigen Juden zu verfahren sei. Man vereinbarte grundsätzlich alle Juden zu ermorden, die die Zwangsarbeit überlebten (vgl. M 2).

Die Folgen der Wannsee-Konferenz:
Bald darauf wurde der geplante Völkermord in ganz Europa systematisch durchgeführt. Neue Vernichtungslager wie Treblinka wurden geschaffen und andere ausgebaut, zum Beispiel Auschwitz. In Auschwitz begann im Juli 1942 die Massenvergasung von Juden – über eine Millionen Menschen fanden allein dort den Tod. Insgesamt fielen rund sechs Millionen Juden den Nationalsozialisten zum Opfer.

2. *Bei einer Beschreibung gilt es grundsätzlich, ein Material Sinn erhaltend auf das Wesentliche zu reduzieren. Im vorliegenden Fall ist außerdem gefordert, die Postkarte (M 1) und den Textauszug (M 2) miteinander zu vergleichen, das heißt, sie einander problembezogen (Antisemitismus, Judenverfolgung) gegenüberzustellen. Es empfiehlt sich, zunächst Bild und Text jeweils für sich zu behandeln und dann die beiden Materialien anhand passender Vergleichsaspekte miteinander in Beziehung zu setzen (Anforderungsbereich I und II).*

1. Analyse

M 1

Bildelemente:
- (teutonischer) Krieger in Tierfell (Berserker) mit Vollbart, Schwert und Horn;
- (Reichs-)Adler mit junger Brut (Nachkommen);
- langer Strom vertriebener Menschen (Juden);
- Wegweiser („Nach Palästina“) und Schriftzug „Deutschland den Deutschen“ (mit dem Schwert in die Luft „geschrieben“);
- handschriftlicher Grußtext des Schreibers der Postkarte.

Inhalt:
Nationalistisch-chauvinistischer Antisemitismus:
- Juden werden als Nicht-Deutsche gesehen und von teutonisch gewandetem Krieger mit Gewalt (Schwert) aus Deutschland nach Palästina vertrieben;
- empfunden als Zukunftsperspektive für das Reich (die Jungen des Adlers im Nest als die kommende Generation);
- Zynismus durch die Funktion der „ausländerfeindlichen“ Postkarte als Gruß aus dem Wirtshaus;
- offenbar gefahrloses öffentliches Bekenntnis (Postkarte) zum Antisemitismus.

M 2

Inhalt:
- Programmatischer Auszug aus dem Protokoll der Wannsee-Konferenz.
- Nach Diskriminierung und Auswanderung von Juden galt nun die einfache Deportation weiter in den Osten nur noch als Ausweichmöglichkeit.

- Angestrebt wurde jetzt der vernichtende Arbeitseinsatz der Juden im Straßenbau Richtung Osten.
- Wer diese Anstrengung noch überlebte, habe sich als so widerstandsfähig erwiesen, dass er „als Keimzelle eines neuen jüdischen Aufbaues" erst recht eine Gefahr darstellt und „entsprechend behandelt" (d. h. getötet) werden müsse (Z. 7–9).

Sprache:
Kalte, bürokratische Sprache, die mit ausweichenden Umschreibungen menschenverachtendes ausdrückt: die Organisation des industriellen Massenmordes.

2. **Vergleich**
Historische Einordnung des Antisemitismus: Die Postkarte zeigt die historische Kontinuität des Antisemitismus, den es auch außerhalb des Dritten Reiches gab. Der Antisemitismus des NS-Regimes, wie er in M 2 zum Ausdruck kommt, baut auf solchen antisemitischen Traditionen auf.

Bedeutung und Ausmaß des Antisemitismus: Die Postkarte zeigt nationalistische und rassistische Tendenzen („Deutschland den Deutschen") und propagiert die Vertreibung der Juden („nach Palästina"). Das Wannsee-Protokoll nutzte den nationalistischen Rassismus und spitzte ihn während des Krieges zum staatlich organisierten Völkermord zu.

Art des Antisemitismus: M 1 ist ein Beleg dafür, dass eine antisemitische Haltung im Kaiserreich durchaus offen gezeigt werden konnte und gesellschaftsfähig war (öffentliche Postkarte; es gab auch antisemitische Parteien im Reichstag). Die Postkarte zeigt ein bildlich dargestelltes Wunschdenken (Vertreibung der Juden durch eine allmächtige Symbolfigur).
Die Wannsee-Konferenz fand unter strenger Geheimhaltung statt und war die reale Planung wirklichen Handelns: Was diese Konferenzmitglieder organisierten, war grausame Realität und bedeutete für Millionen von Menschen den Tod.

3. *Diese abschließende Aufgabenstellung verlangt, die zunächst rein historisch angelegte Fragestellung zu aktualisieren. Dabei kommt es darauf an, nicht einfach spontane Ansichten kundzutun, sondern in einem strukturierten Aufbau zwei oder drei wesentliche Aspekte zu beleuchten. Dazu würde es sich anbieten, eingangs den Begriff „Ausländer" zu problematisieren und für die weiteren Ausführungen eine griffige Definition zu geben (zum Beispiel gemäß GG Art. 116 oder: alle, die nicht in Deutschland geboren sind usw.); auch der Begriff „Ausländerfeindlichkeit" ist einzugrenzen (dabei ist es ratsam, den Begriff nicht zu weit zu fassen, da sich sonst nur schlecht mit ihm argumentieren lässt).*
Danach sollten Sie Ihre Bewertung von Ausländerfeindlichkeit an zwei oder drei Fallbeispielen erläutern, die zu dem vorgegebenen Kriterium – „im wiedervereinigten Deutschland" – passen. Wenn Sie dabei zu dem Ergebnis kommen, dass Ausländerfeindlichkeit zum Beispiel eine ernst zu nehmende Störung unseres

gesellschaftlichen Zusammenlebens in Deutschland sei, sollten Sie sich auch zu möglichen Ursachen und Gegenmaßnahmen äußern. (Anforderungsbereich III)

Mögliche Aspekte einer Bewertung könnten sein:
- Begriffsbestimmung: Wer ist „Ausländer"? Integrierte ausländische Mitbürger, Deutsche mit Migrationshintergrund, „Parallelgesellschaften" usw.?
- Begriffsbestimmung: Was ist „Ausländerfeindlichkeit"? Gewalttat, verbale Diskriminierung usw.?
- regionale Unterschiede: stärker in Ostdeutschland, in Kleinstädten (Hoyerswerda)?, Oder nach neuesten Studien doch gesamtdeutsches Phänomen?
- Ursachen: abgeschottete totalitäre Gesellschaft (DDR) trifft auf offenere, auch multikulturelle Gesellschaft in Zeiten der Globalisierung; Stärkung des Nationalgefühls durch Wiedervereinigung („Großdeutschland"); soziale Konflikte durch gestiegene Arbeitslosigkeit, fehlende Zukunftsperspektive und Orientierungslosigkeit, besonders unter Jugendlichen (Hartz IV-Empfänger, Hooligans)
- typisch Deutsch (Tradition des Antisemitismus, Nationalismus, Rassismus)?
- aber: Antirassismus-Kampagnen (im Sport, in Schulen usw.).

Folgende Aspekte könnten in dem anschließenden ***Prüfungsgespräch*** *zur Sprache kommen:*
- *Weiterführung der Bewertung und Diskussion von aktueller „Ausländerfeindlichkeit";*
- *Charakterisierung des Schreibers der Postkarte (ernst zu nehmender Antisemit; Betrunkener, der nicht weiß, was er da tut; harmloser Spaßvogel usw.);*
- *Schuld und Verantwortlichkeit der Teilnehmer an der Wannsee-Konferenz am Holocaust (unschuldige Befehlsempfänger; hauptverantwortliche Täter usw.).*

Teilaufgabe	AFB I	AFB II	AFB III	BE
1	–	30	–	30
2	25	15	–	40
3	–	–	30	30
Summe	25	45	30	100

Hessen – Mündliches Abitur – Geschichte
Aufgabe 3

Thema: *Der alliierte Bombenkrieg – notwendiges Übel oder Kriegsverbrechen?*

Aufgaben

1. Geben Sie die beiden Positionen zum alliierten Bombenkrieg, die in den Texten M 1 und M 2 deutlich werden, wieder. (20 BE)
2. Erörtern Sie außenpolitische Handlungsalternativen aufseiten der Westmächte im Umgang mit dem Deutschen Reich zwischen 1918 und 1939. Konzentrieren Sie sich dabei vor allem auf den Versailler Vertrag sowie die Appeasement-Politik. (40 BE)
3. Ordnen Sie den alliierten Bombenkrieg in den Verlauf des Zweiten Weltkriegs ein und nehmen Sie Stellung zu den in den beiden Quellen geäußerten Positionen. (40 BE)

Material

M 1: Joachim Fest im Gespräch mit Albert Speer

Der Publizist und Historiker Joachim Fest (1926–2006) führte mit Albert Speer (1905–1981, seit 1942 Rüstungsminister, 1946 in den Nürnberger Kriegsverbrecherprozessen zu 20 Jahren Haft verurteilt), zwischen 1966 und 1981 zahlreiche Gespräche, deren Inhalt Fest schriftlich festgehalten hat. Im vorliegenden Auszug steht die Bewertung des alliierten Bombenkriegs im Mittelpunkt:

Ich kam noch einmal auf Speers Behauptung zurück, daß der Luftkrieg der Alliierten rechterdings vor ein Gericht gehört habe, sofern man deren Einsätze nach den strengen Maßstäben beurteile, die auf das Verhalten der Deutschen angewendet würden. Er dürfe in der Tat dergleichen nicht vorbringen, sagte ich, zumal er 1939 nach eigenem Bekunden zur sogenannten „Kriegspartei" gehört habe. In gewissem Sinne sei mit den Bomberflotten „sein" Krieg nach Deutschland zurückgekehrt.

Ungewohnt scharfsinnig erwiderte Speer: „Weil es ‚mein' oder ‚unser' Krieg gewesen sei, was da Städte zerstörte und mitunter Jagd auf einzelne Menschen machte, durften die Alliierten also den Krieg nach Art der Deutschen führen? Wollen Sie das sagen?" Er finde, wer, wie Sir Arthur Harris [1942–45 Oberkommandierender des britischen „Bomber Command"], den Krieg gezielt gegen die Zivilbevölkerung geführt habe, dürfe sich jedenfalls nicht aufspielen und die Moral der besseren Welt in Anspruch nehmen. Wir, die Deutschen, hätten unstreitig riesige Verbrechen begangen. Auch damit begonnen. Aber Engländer wie Amerikaner hätten stets beteuert, sie wollten die Welt vom Bösen befreien. Statt dessen hätten sie selbst bedenkenlos zum Bösen als Mittel gegriffen.

Gegen Ende des Gesprächs äußerte Speer noch: Fast der ganze Unterschied bestehe darin, daß unsere damaligen Gegner, wie es ihnen zustehe, das sozusagen letzte Wort behaupteten. Und dann: Er sage „fast“, weil er sich bewußt sei, daß er dabei die Ausrottung der sogenannten „Minderrassigen“ unberücksichtigt lasse. Das mache einen Unterschied. Und nach einer Pause: Das mache wirklich einen unermeßlichen Unterschied.

Joachim Fest, Die unbeantwortbaren Fragen. Gespräche mit Albert Speer, Rowohlt Verlag: Reinbek 2005, S. 129f.

M 2: R. Overy: Half die Bombardierung den Alliierten, den Krieg zu gewinnen?

Der britische Historiker Richard Overy (geb. 1947) analysiert in seinem Buch „Die Wurzeln des Sieges“ die Ursachen für den alliierten Sieg im Zweiten Weltkrieg. Im folgenden Auszug äußert er sich zu den Auswirkungen der alliierten Bombenangriffe auf den Kriegsverlauf:

Gegen die Bombardierung hat sich zudem ein Chor moralischer Entrüstung erhoben. Um die Auswirkungen der Bombardierung zu verstehen, ist es jedoch notwendig, den moralischen Aspekt vorübergehend auszuklammern. Die strategischen Verdienste oder Grenzen müssen getrennt von den ethischen Implikationen betrachtet werden, auch wenn sie in der Diskussion der letzten Jahre eng miteinander verwoben worden sind. Auch hinsichtlich der strategischen Bedeutung herrscht einige Verwirrung. So hält sich hartnäckig die Annahme, mit der Bombardierung habe man den Krieg entscheiden wollen, weshalb sie, gemessen an ihrer eigenen Zielsetzung, letztlich gescheitert sei. Die Alliierten hatten jedoch nie diese Erwartung gehegt. Die Bombardierung sollte vielmehr die Kriegsmaßnahmen von Luftwaffe, Heer und Marine ergänzen. Man hat der Frage, wie sehr die deutsche Produktion durch die Bombardierung beeinträchtigt wurde, bislang zu großes Gewicht beigemessen. Doch sie greift zu kurz, denn sie berücksichtigt nicht den Einfluß der alliierten Bombardements auf die anderen Kriegsschauplätze. Die Frage nach dem Beitrag der Bombardierung zum Sieg muß diese Einflüsse stärker herausstellen. [...]

Drei Faktoren belegen, daß die Bomberoffensive keine vergeudete Kraftanstrengung war: die Niederlage der deutschen Luftwaffe, der Abzug von Kriegsmitteln an der Ostfront in einer kritischen Kampfphase und die erfolgreiche Vorbereitung des D-Day. Es fällt schwer, eine alternative Strategie zu nennen, mit der die Alliierten so viel bei vergleichsweise niedrigen Kosten erreicht hätten.

Richard Overy, Die Wurzeln des Sieges. Warum die Alliierten den Zweiten Weltkrieg gewannen, Deutsche Verlags-Anstalt: Stuttgart/München 2000, S. 169–171. Übersetzer: Jürgen Charnitzky

Lösungsvorschläge

Inhaltliche Schwerpunkte:
Die Aufgabe basiert auf dem Schwerpunkt „Modernität und Antimodernität in der Zeit der Weimarer Republik und des Nationalsozialismus"(12/II). Voraussetzungen laut Lehrplan sind die Themen: „Außenpolitik der Weimarer Republik vs. nationalsozialistische Außenpolitik und Zweiter Weltkrieg" (12/II, in allen Teilaufgaben), „Weimarer Demokratie vs. nationalsozialistischer Führerstaat" (12/II, Teilaufgabe 2) sowie „Die Verfolgung und Ermordung der europäischen Juden" (12/II, Teilaufgabe 1). Kursübergreifende Bezüge können zu 13/I „Die europäische Ebene – Integration und neue Nationalismen" hergestellt werden, wenn spätestens im Prüfungsgespräch Fragen nach den Folgen des Krieges für das Verhältnis zwischen den europäischen Staaten und Auswirkungen auf den europäischen Einigungsprozess gestellt werden.

Tipps für die Vorbereitungszeit und den Vortrag:
Grundvoraussetzung für einen überzeugenden Vortrag ist das Verständnis der beiden Quellentexte. Daher empfiehlt es sich, Kernaussagen zu markieren, um die erste Teilaufgabe, eingeleitet durch eine kurze Vorstellung der Quellen, zügig zu beantworten, nachdem Sie den generellen Aufbau des Referats skizziert haben. Bereits durch eine souveräne Einleitung demonstrieren Sie Ihre Fähigkeit, das Thema zu strukturieren und den Zusammenhang der drei miteinander vernetzten Fragen zu überblicken.

1. *Die Wiedergabe der beiden Positionen erfordert die Darlegung der Kernaussagen der beiden Texte (Anforderungsbereich I). Sie können dazu zwar wörtliche Zitate anführen, die den jeweiligen Standpunkt zum alliierten Bombenkrieg belegen, insgesamt kommt es aber darauf an, die Einschätzungen Speers bzw. Overys in eigenen Worten wiederzugeben. Achten Sie bei M 1 darauf, dass sich die Wiedergabe auf die Position Speers beschränkt. Bedenken Sie, dass es sich bei Overys Text um Forschungsliteratur handelt, wohingegen das Interview mit Speer ein Zeitzeugengespräch darstellt.*
   Die folgenden Antworten sind ausformuliert, um Ihnen eine komplette Musterlösung vorzustellen. In Ihrer Vorbereitungszeit werden Sie keine Zeit dafür haben, Ihren Vortrag auszuformulieren. Notieren Sie sich stattdessen Stichpunkte als Gedankenstütze, die fett gedruckten Begriffe bieten Ihnen eine Orientierungshilfe.

   Einleitung/Vorstellen der Gliederung:
   Im Folgenden werde ich die beiden Standpunkte zum alliierten Bombenkrieg darlegen, bevor ich mich dessen Vorgeschichte zuwende, um diese Phase des Zweiten Weltkriegs besser einordnen und das alliierte Vorgehen bewerten zu können.

   Textvorstellung:
   Bei M 1 handelt es sich um ein mehr als 20 Jahre nach dem Ende des Zweiten Weltkriegs geführtes Gespräch zwischen **Albert Speer**, einem der Hauptverantwortlichen des Zweiten Weltkriegs – Speer war ab 1942 Rüstungsminister und wurde 1946 im Nürnberger Prozess als Hauptkriegsverbrecher angeklagt –, und dem Historiker und Publizisten **Joachim Fest**. In dem Gespräch legt Speer seine

Einschätzung zum alliierten Bombenkrieg dar. Er wertet diesen als **Verbrechen**, das man juristisch verfolgen müsse, wenn man diejenigen **Kriterien** anwende, **nach denen man auch die deutschen Kriegsverbrechen beurteilt habe**. Die Tatsache, dass die Deutschen, namentlich auch Speer selbst, den Krieg 1939 begannen, der später auch auf deutschem Boden ausgetragen worden ist, und ebensolche Verbrechen begingen, ändere nichts daran. Wer, wie Engländer und Amerikaner, **Krieg gegen die Zivilbevölkerung** führe, habe **kein Recht**, **die Moral für sein Handeln zu beanspruchen**, so die Auffassung Speers. Letztere könnten dies dennoch tun, weil sie als **Sieger** des Krieges auch die **Deutungshoheit** über die Fragen nach Moral und Schuld hätten. Speer räumt lediglich einen **qualitativen Unterschied** zwischen dem Bombenkrieg der Alliierten und dem der Deutschen ein, der in der **Vernichtung der Juden** bestehe.

Der britische Historiker **Richard Overy**, der den Krieg nicht selbst miterlebte, konzentriert sich in seinem Sachurteil im Rahmen einer wissenschaftlichen Studie zum Bombenkrieg (M 2) hingegen auf die **strategischen Ziele der Alliierten**, während er **bewusst moralische Kriterien ausblendet**. So sei es nicht, wie häufig behauptet, das Hauptziel gewesen, den Krieg durch die Bombardierung deutscher Städte zu entscheiden oder Produktionsstätten zu zerstören; vielmehr sollte er laut Overy die **Anstrengungen der Armee zu Lande**, **zu Wasser und in der Luft unterstützen**. Dies werde durch drei Entwicklungen bestätigt, zum einen durch die **Niederlage der deutschen Luftwaffe**, zum anderen durch den **Abzug militärischer Kapazitäten von der Ostfront**, um die Heimatfront zu verteidigen, sowie zum dritten durch die Bindung von Kapazitäten im Innern des Deutschen Reiches, die erst die **erfolgreiche Vorbereitung des D-Day** und damit die alliierte Landung in der Normandie ermöglichten.

2. *Der Schwerpunkt der Aufgabe liegt auf der Analyse und dem daraus resultierenden Sachurteil. Zunächst müssen Sie jedoch die tatsächlichen außenpolitischen Entwicklungen benennen (Anforderungsbereich I) und deren Folgen analysieren (Anforderungsbereich II), bevor Sie vor dem Hintergrund dieses Ergebnisses Handlungsalternativen formulieren und in Ihrem Urteil Für und Wider erörtern können (Anforderungsbereich III). Wichtig ist, dass Sie anhand des Versailler Vertrags und der Appeasement-Politik erörtern, inwieweit das Vorgehen der Alliierten berechtigt war. Führen Sie dabei auch die gelungenen Integrationsversuche an, die halfen, Deutschlands Isolation in der Staatengemeinschaft nach und nach aufzubrechen. Das Thema „alliierter Bombenkrieg" wurde in den letzten Jahren in der Öffentlichkeit kontrovers diskutiert. Bedenken Sie deshalb immer auch mögliche Gegenargumente, wenn Sie sich für eine Beurteilung entscheiden. Damit sind Sie auch für etwaige Rückfragen gewappnet.*

Einordnung in den historischen Kontext und Erörterung der Handlungsalternativen:

Das Scheitern der ersten deutschen Demokratie bildete die Voraussetzung für den Aufstieg des Nationalsozialismus und letztlich den Zweiten Weltkrieg. Insbesondere die außenpolitischen Belastungen durch die rigiden Bestimmungen des Versailler Vertrags schadeten innenpolitischen der Festigung der Demokratie, da die junge Republik und ihre Repräsentanten für die Folgen des Krieges verantwortlich gemacht wurden.

Nach dem **Ende des Ersten Weltkriegs** versuchten die Sieger, Deutschlands Position durch zahlreiche politische und wirtschaftliche Maßnahmen zu schwächen, die ihren Niederschlag im **Versailler Vertrag** von 1919 fanden. Darin wurde unter anderem geregelt, dass Deutschland sehr hohe Kriegsentschädigungen (**Reparationszahlungen**) zu leisten hatte, **entmilitarisiert** wurde, **Gebietsabtretungen** hinnehmen musste sowie die alleinige **Kriegsschuld** zu akzeptieren hatte. Die Massivität der Bestimmungen empfanden die meisten Deutschen als Demütigung, man sprach vom „**Diktatfrieden**" und gab die Schuld zudem den „**Erfüllungspolitikern**" der Weimarer Koalition wie etwa Matthias Erzberger oder Joseph Wirth vom Zentrum. Damit hatten die gemäßigten Parteien der Weimarer Republik denkbar schlechte Startvoraussetzungen. Eine aus deutscher Sicht **maßvollere Friedensregelung** hätte den Gegnern der Republik von Anfang an vieles an Überzeugungskraft rauben können und die junge Demokratie gefördert. Stattdessen wurde die „**Dolchstoßlegende**" insbesondere von der politischen Rechten ausgeschlachtet, der zufolge die im Felde unbesiegte Reichswehr erst durch die Revolution 1918/19 und den „Schmachfrieden von Versailles" der gemäßigten Politiker bezwungen worden sei.

Tatsächlich gab es auf Seiten der Alliierten auch Bemühungen zur **Integration Deutschlands in die Völkergemeinschaft**, etwa durch den **Vertrag von Rapallo** 1922 zwischen dem Deutschen Reich und der Sowjetunion, die **Locarno-Verträge** 1925, die auf die Initiative der Außenminister Deutschlands und Frankreichs, Gustav Stresemann und Aristide Briand, zurückgingen und die Anerkennung der deutschen Westgrenze vorsahen, oder die **Aufnahme Deutschlands in den Völkerbund** im Jahr 1926. Die deutsche Revisionspolitik mit dem Ziel der außenpolitischen Handlungsfreiheit und wirtschaftlichen Stabilisierung wurde von den Siegern des Ersten Weltkrieges dann auch zunehmend akzeptiert und gefördert, so z. B. durch die **Lockerung der Reparationsbestimmungen** im Dawes- bzw. Young-Plan (1924/1930).

Mit der **Weltwirtschaftskrise 1929** setzte jedoch eine Phase ein, in der die autoritären Regierungen von Brüning über Papen bis Schleicher sich einer **Revisionspolitik ohne Rücksicht auf das Ausland** verschrieben, bevor unter Hitler der offene Bruch des Versailler Vertrags als **Vorstufe seiner Expansionsbestrebungen, die schließlich in einen Eroberungs- und Vernichtungskrieg** mündeten, betrieben wurde. So erfolgte der „Anschluss" Österreichs an das Deutsche Reich 1938 ohne Eingreifen des Auslands; im **Münchner Abkommen** desselben Jahres wurde sogar die Eingliederung des Sudetenlandes ins Reich in der Hoffnung festgelegt, mit diesem Zugeständnis Hitlers Annexionspolitik beenden zu können. Vor allem der britische Premierminister **Chamberlain** vertrat den Kurs der Beschwichtigungspolitik (**Appeasement**) gegenüber Hitler seit 1937. Es sollte sich jedoch herausstellen, dass diese Politik nicht den erhofften Erfolg brachte: Im März 1939 besetzte Hitler trotz gegenteiliger Beteuerungen die „Rest-Tschechei". Am 1. September brach Hitler mit dem Überfall auf Polen den Zweiten Weltkrieg vom Zaun, drei Tage später erklärten Großbritannien und Frankreich dem Deutschen Reich den Krieg.

Ob die Westmächte durch eine **andere Außenpolitik** Hitlers Kriegskurs eher hätten stoppen oder bremsen können, muss offenbleiben. Einerseits nahmen die Alliierten die Revision des Versailler Vertrags hin und ermunterten Hitler damit geradezu zu seinem aggressiven Expansionskurs. Andererseits weiß man heute aus den Quellen, dass Hitler notfalls gewillt war, die Tschechoslowakei gewaltsam zu besetzen. Er zeigte sich geradezu verärgert darüber, den Krieg nach der Münchner Konferenz noch nicht beginnen zu können. Dazu kam, dass Großbritannien und Frankreich sich angesichts der Kapazität ihrer Streitkräfte, insbesondere auch der Luftwaffe, noch nicht in der Lage sahen, einen Krieg erfolgreich führen zu können.

Zusammenfassende Bewertung:
Zusammenfassend bleibt fraglich, ob weniger scharfe Friedensbedingungen nach dem Ersten Weltkrieg die Demokratie in Deutschland gestützt hätten und ob ein beherzteres Eingreifen den aggressiven außenpolitischen Kurs Hitlers und damit die nationalsozialistische Eroberungspolitik tatsächlich wirkungsvoller bekämpft hätte, als dies die Politik der Westmächte erreichte. Zur Zeit des Münchner Abkommens war Hitler bereits fest entschlossen zum Krieg, sodass auch eine selbstbewusstere Politik des kriegsmüden Großbritannien ihn zu diesem Zeitpunkt wohl nicht mehr verhindert hätte.

3. *Zunächst wird die Darlegung der wesentlichen Phasen des Zweiten Weltkriegs mit Blick auf die Entwicklung zum alliierten Bombenkrieg erwartet (Anforderungsbereiche I und II). Dann sollen Sie vor diesem Hintergrund eine eigene differenzierte Bewertung desselben (Anforderungsbereich III) abgeben, wobei Sie auf die beiden bekannten Urteile von Speer und Overy eingehen sollen. Das abschließende Urteil kann durchaus auch anders ausfallen als im Lösungsvorschlag, muss jedoch in der Argumentation nachvollziehbar sein. Bei dieser Bewertung der historischen Entwicklung wird also verlangt, den eigenen Standpunkt deutlich zu machen und zu begründen. Richten Sie sich auch hier auf Gegenfragen ein.*

Einordnung des alliierten Bombenkriegs in den Kriegsverlauf:
Der Zweite Weltkrieg begann mit dem deutschen Überfall auf Polen im September 1939. Nach einer ersten Phase – aus Sicht der Deutschen – erfolgreicher Expansionen im Osten (Polen) und Westen (Frankreich), den sogenannten Blitzkriegen (1940), erfolgte im Juni 1941 der Angriff auf die Sowjetunion und im Dezember desselben Jahres die Kriegserklärung an die USA. Der deutsche Vormarsch konnte erst im Winter 1942/43 bei Stalingrad gestoppt werden. Seit Beginn des Jahres 1943 geriet die Wehrmacht zunehmend in die Defensive, der Krieg verlagerte sich in das Gebiet des Deutschen Reiches hinein.
Von Anfang an gehörte der **Luftkrieg** zum Kriegsgeschehen. Dabei machten die überaus heftige **Bombardierung Warschaus** und die 1940 von Hitler proklamierte

„**Luftschlacht um England**", die eine deutsche Invasion Großbritanniens vorbereiten sollte, deutlich, dass nicht nur militärstrategische Ziele angegriffen wurden. Die Zerstörung der englischen Stadt **Coventry** im November 1940 steht dabei stellvertretend für die verheerende Wirkung der **Angriffe auf die Zivilbevölkerung**. Nur der Mangel an Rüstungsgütern verhinderte die Umsetzung des deutschen Invasionsplans und eine Fortsetzung der deutschen Bombardierungen in diesem Ausmaß.

Joachim Fest erinnert in seinem Gespräch mit Albert Speer daran, dass Deutschland erst dann von massiven alliierten Luftangriffen heimgesucht wurde, als die deutsche Seite den **Luftkrieg** gegen **England** begonnen hatte. Tatsächlich setzten die massiven Bombenangriffe auf deutsche Städte erst 1942, mit der Übernahme des britischen Bomber Commands durch Arthur Harris, ein: Die britische Royal Air Force bombardierte im Frühjahr 1942 Lübeck, Rostock und Ende Mai 1942 Köln mit erstmals mehr als 1 000 Bombenflugzeugen. Von den massiven Angriffen und den zerstörerischen Folgen der Bombardierungen erhoffte man sich eine Demoralisierung der deutschen Zivilbevölkerung. Diese blieb jedoch bis zuletzt aus.

Eine weitere Verschärfung des Luftkriegs setzte mit dem Kriegseintritt der USA ein. Es begann die Zeit des „round-the-clock bombing": Die Royal Air Force griff nachts an, die US-Luftwaffe tagsüber. Schließlich führten die Weiterentwicklung der Technik und die Möglichkeit, das Deutsche Reich ab Herbst 1943 auch von Süden aus anzugreifen (Waffenstillstand Italiens mit den Alliierten) zu einer weiteren Intensivierung des alliierten Luftkriegs, dem die Deutschen immer weniger entgegenzusetzen hatten.

Für die Fragwürdigkeit des Bombenkriegs steht die Zerstörung Dresdens im Februar 1945, als sich Tausende von Flüchtlingen aus dem Osten in der Stadt aufhielten. Infrastruktur, die hätte zerstört werden können, gab es in der Stadt kaum mehr, stattdessen wurden zehntausende Menschen Opfer des Feuersturms.

Stellungnahme zu den in den Materialien geäußerten Positionen:
In dieser Hinsicht ist die **Position Speers**, der auf die **Folgen für die Zivilbevölkerung** abhebt, nachvollziehbar. Jedoch ist seine im Text genannte **Rolle als Befürworter des Krieges** zu bedenken. Insofern stellt Fest in seinem Gespräch zu Recht die Frage, ob Speer als „**Mitverantwortlicher**" des Krieges und damit auch der Luftangriffe auf England dazu berufen sei, die Bombardierung deutscher Städte zu kritisieren. Auch Speers Meinung, dass allein der Sieg der Alliierten und – erschwerend – die Judenvernichtung den Unterschied zwischen dem alliierten und dem deutschen Vorgehen ausmachten, bedarf einer kritischen Betrachtung. Man könnte dabei auf den **Angriffskrieg** Deutschlands verweisen, dessen aggressiver Außenpolitik vom Ausland erst etwas entgegengesetzt wurde, als Deutschland mit dem Angriff auf Polen den Zweiten Weltkrieg entfesselt hatte. Speer würdigt also bei seiner Einschätzung **Ursache und Folge** nicht ausreichend.
Overy widmet sich nicht der moralischen Frage, um sich ganz dem **strategischen Nutzen** des Bombenkriegs zuwenden zu können. Hier spricht er allgemein davon, dass die „Bomberoffensive keine vergeudete Kraftanstrengung" (Z. 16 f.) war

bzw. dass die Alliierten „so viel bei vergleichsweise niedrigen Kosten erreicht hätten“ (Z. 19 f.). Dennoch bleiben zwei Fragen offen: Erstens, ob die europäischen Mächte, wie oben bereits erörtert, nicht **früher hätten eingreifen müssen**, um Hitler zu stoppen; zweitens, ob die massiven Luftangriffe **auch in der Endphase noch von strategischem Nutzen** waren, als die deutsche Flugabwehr bereits weitgehend ausgeschaltet, Infrastruktur zerstört und der Kriegsausgang absehbar war. Hier wäre, im Gegensatz zu Overys Darstellung, zu differenzieren zwischen verschiedenen Phasen des alliierten Bombenkriegs.

Zusammenfassende Bewertung:
Aus heutiger Sicht stellt eine **flächenmäßige Bombardierung der Zivilbevölkerung** ein Kriegsverbrechen dar und ist **international geächtet**. Während des Zweiten Weltkriegs zählte sie auf beiden Seiten zu den **Optionen der militärischen Führung**, nicht zuletzt in der Erwartung, damit die Zivilbevölkerung zu zermürben, vor allem aber auch, um die Kampfkraft des Gegners inklusive Nachschub und Infrastruktur zu schwächen.

*Folgende Aspekte könnten im **Prüfungsgespräch** thematisiert oder vertieft werden:*
- *Einordnung der Quellen, Problematik der Bewertung Speers, der als Mitverantwortlicher des NS-Regimes urteilt*
- *Zeitzeugenberichte als historische Quellen, am Beispiel von Berichten Betroffener*
- *Erläuterung und Bewertung der kontroversen Debatte, ausgelöst durch das Buch „Der Brand“ von Jörg Friedrich (2002), das erstmals das Leid der deutschen Zivilbevölkerung ins Zentrum der historischen Darstellung rückte und sowohl in Deutschland als auch in England heftig diskutiert wurde*
- *Historizität des Begriffs „Kriegsverbrechen“, d. h. was war wann ein Kriegsverbrechen, nach welchen Maßstäben erfolgt unsere Einordnung, zum Beispiel anhand (kriegs-)rechtlicher und/oder moralischer Kategorien?*
- *Welche Rolle spielt der Bombenkrieg im Geschichtsbewusstsein von Deutschen und Briten?*
- *Inwiefern ist die heutige Kriegsführung angesichts der Ächtung von Flächenbombardements und des Einsatzes „chirurgischer Bomben“ tatsächlich humaner?*
- *Welche Konflikte der Gegenwart sind auf den Zweiten Weltkrieg zurückzuführen? Hier kann auf das Verhältnis zwischen Deutschland und Polen verwiesen werden.*
- *Inwiefern zeigt eine Debatte wie die um den Bombenkrieg die nationale Perspektive auf ein historisches Ereignis?*

Teilaufgabe	**AFB I**	**AFB II**	**AFB III**	**BE**
1	20	–	–	20
2	5	25	10	40
3	5	25	10	40
Summe	30	50	20	100

Hessen – Mündliches Abitur – Geschichte
Aufgabe 4

Thema: *Politische Umgestaltungen*

Aufgaben

1. Geben Sie den Auszug aus Robespierres Rede vom 2. Januar 1792 gegliedert wieder. (BE 30)
2. Ordnen Sie die Rede in ihren historischen Kontext ein. (BE 40)
3. „Niemand liebt die bewaffneten Missionare“: Vergleichen und bewerten Sie, wie es den Franzosen nach der Französischen Revolution und den Amerikanern in den 1940er Jahren gelungen ist, in Deutschland eine gesellschaftspolitische Neuorientierung durchzusetzen. (BE 30)

Material

M 1: Auszug aus einer Rede Robespierres vom 2. Januar 1792

Maximilien de Robespierre (1758–1794), Jurist, war Jakobiner und einer der einflussreichsten Politiker während der Französischen Revolution; am 28. Juli 1792 wurde er mit der Guillotine geköpft.
Robespierre bezieht sich in seinen Ausführungen auf eine Rede von Jacques-Pierre Brissot im Jakobinerclub am 16. Dezember 1791. Brissot (1754–1793), Journalist, war ein Wortführer der Girondisten und wurde 1793 hingerichtet.

Gewiß, ich liebe ebensosehr wie Herr Brissot einen Krieg, der unternommen wird, um die Herrschaft der Freiheit auszubreiten, und ich würde mich auch dem Vergnügen hingeben können, zum voraus alle möglichen Wunder davon zu erzählen. [...] Sie führen unsere siegreiche Armee zu allen benachbarten Völkern; Sie gründen überall Munizipalitäten, Direktorien, Nationalversammlungen und Sie rufen selbst aus, daß dieser Gedanke erhaben sei, als wenn das Geschick der Reiche sich nach rhetorischen Figuren regelte. Unsere Generäle, von Ihnen geleitet, sind nur Missionare der Verfassung, unsere Lager nur eine Schule des Staatsrechtes; die Trabanten der fremden Monarchen, weit entfernt davon, der Ausführung unseres Planes irgend ein Hindernis in den Weg zu legen, fliegen uns entgegen, nicht um uns zurückzuwerfen, sondern um uns zu hören.

Es ist verdrießlich, daß die Wahrheit und der gesunde Menschenverstand diese glänzenden Voraussagungen Lügen strafen; es liegt in der Natur der Dinge begründet, daß der Gang der Vernunft langsam fortschreitet. [...]

Die ausschweifendste Idee, die in dem Kopfe eines Politikers entstehen kann, ist die, zu glauben, daß es für ein Volk genüge, mit bewaffneter Hand bei einem fremden Volke einzubrechen, um es zu zwingen, seine Gesetze und seine Verfassung anzunehmen. *Niemand liebt die bewaffneten Missionare; der erste Rat, den die Natur und die Klugheit geben, ist der, sie als Feinde zurückzuschlagen.*[1]

Aus: Reden der Französischen Revolution, hg. von Peter Fischer, München: dtv ^{3}1989, S. 146 f.; Übersetzung von Peter Fischer.

1 Hervorh. d. Ü.

Lösungsvorschläge

Inhaltliche Schwerpunkte:
Die Aufgabe bezieht sich im Wesentlichen auf das Kurshalbjahr 12.1 („Gesellschaftliche Veränderungsprozesse am Beginn der Moderne") mit dem Schwerpunkt „Politische Revolutionen in Europa und ihre Folgen". Nachgeordnete Aspekte sind die „Radikalisierung der Revolution" und die „Modernisierungsprozesse in den von Napoleon besetzten Gebieten".
Der kursübergreifende Bezug ergibt sich durch den Vergleich mit der amerikanischen Deutschlandpolitik in den 1940er Jahren (13.1: „Konflikt und Kooperation in der Welt nach 1945"), aber auch zum Halbjahr 12.2 („Modernität und Antimodernität in der Zeit der Weimarer Republik und des Nationalsozialismus"); einschlägige Aspekte dabei sind die Endphase des Zweiten Weltkrieges (aus 12.2) sowie die gesellschaftspolitische Entwicklung in Deutschland nach 1945 („relative Offenheit der Nachkriegssituation und determinierende Faktoren" aus 13.1).

Tipps für die Vorbereitungszeit und den Vortrag:
Markieren Sie im Text beim zweiten Durchlesen die mit Blick auf die Aufgabenstellung wesentlichen Stichworte und ordnen Sie diese auf einen Blatt inhaltlichen Oberbegriffen zu. Zur historischen Einordnung der Rede sollten Sie sich Ereignisse notieren, die vor und nach dem Entstehen der Quelle liegen. Achten Sie dabei darauf, dass der Bezug dieser Ereignisse zur Quelle jeweils deutlich wird; treffen Sie also eine problemorientierte Auswahl. Für den abschließenden Vergleich bietet sich eine tabellarische Übersicht an.
Beginnen Sie für jede Aufgabe ein neues Blatt, schreiben Sie groß und lesbar.
Zu Beginn der Prüfung sollten sie anhand der drei Arbeitsanweisungen zunächst einen Überblick über den Aufbau Ihres Vortrages geben (vgl. dazu unten die „Einleitung" bei der ersten Teilaufgabe).

1. *Es ist gefordert, den Text nicht einfach zusammenzufassen, sondern die Aussagen gegliedert wiederzugeben. Deshalb ist weniger die Reihenfolge der Aussagen im Text zu beachten als ihr gedanklicher Zusammenhang. Dabei kristallisieren sich drei übergeordnete Aspekte heraus:*
   - *der Brissot unterstellte Idealismus („ausschweifende Idee", Z. 15); „glänzenden Voraussagen", Z. 12 f.);*

- *die Gründe, warum angegriffene Völker nicht so positiv reagieren würden („Natur der Dinge“, Z. 13; „Klugheit“, Z. 19);*
- *die mutmaßliche Reaktion der angegriffenen Völker („als Feinde zurückschlagen“, Z. 19).*

Bei der Analyse der Rede ist darauf zu achten, dass Robespierre zwischen Zeile 7 und 11 nicht etwa eine tatsächliche Wirkung der französischen Revolutionsarmee beschreibt, sondern die Wunschvorstellungen, die er Brissot unterstellt.
Es überwiegt bei dieser Aufgabe insgesamt der Anforderungsbereich I (Reproduktion), aber auch der Anforderungsbereich II kommt zum Tragen (Reorganisation).

Einleitung
Ich stelle zunächst Robespierres Plädoyer gegen den Krieg vor, um es dann in seinen historischen Zusammenhang im Januar 1792 einzuordnen. Ausgehend von Robespierres Mahnung „Niemand liebt bewaffnete Missionare“ werde ich dann vergleichen und bewerten, wie es damals den Franzosen und nach dem Zweiten Weltkrieg den Amerikanern gelungen ist, gesellschaftspolitische Neuerungen in Deutschland durchzusetzen.

Robespierres Plädoyer gegen den Krieg
- Robespierre wendet sich gegen die Erwartung des girondistischen Abgeordneten Brissot, den europäischen Nachbarn die Errungenschaften der Französischen Revolution durch einen Krieg bringen zu können. Robespierre warnt davor zu glauben, dass die französischen Soldaten vom Ausland freundschaftlich begrüßt würden und die französischen Generäle dort einfach revolutionäre Verfassungen und neue Rechtsordnungen installieren könnten.
- Die Wirklichkeit werde ganz anders sein. Denn die Menschen bräuchten Zeit, um eine neue Gesellschaftsordnung zu akzeptieren, und Vernunft und Einsicht müssten sich langsam entwickeln können. Außerdem entspreche es der Natur des Menschen, sich bei einem Angriff zu verteidigen (Selbstverteidigung).
- Also würden die fremden Völker die französische Armee nicht freudig begrüßen, sondern erbittert bekämpfen. Niemand liebe bewaffnete Missionare. Und die Monarchen ihrerseits würden ihre Herrschaft nicht kampflos aufgeben, sondern gegen die Franzosen kämpfen.

2. *In den historischen Zusammenhang einordnen verlangt, die für das Verständnis der Quelle notwendigen Aspekte, Hintergründe und Fakten zusammenzutragen. Dabei sollten Sie nicht unterschiedslos eine bestimmte Menge von Daten auflisten, sondern stets ihre Relevanz für die Quelle im Auge behalten, die sich durch naheliegende Leitfragen ermitteln lässt. Im vorliegenden Fall ließe sich etwa fragen: Warum standen die Franzosen 1791/1792 vor der Entscheidung, Krieg zu führen oder nicht? Wie haben sie sich entschieden? Wie reagierten die Kriegsgegner auf die französische Armee?*
Die Sachkenntnis einschlägiger Daten und Fakten und deren problemorientierte Zuordnung zur Textquelle weist der Aufgabe die Anforderungsbereiche I und II zu.

Die Entwicklung vor der Quelle (vor dem 2. Januar 1792)

- 14. Juli 1789: Sturm auf die Bastille. In der Folge: Umgestaltung der absolutistischen Monarchie in eine konstitutionelle Monarchie.
- Große Teile des Adels emigrierten ins befreundete Ausland. Auch der König versuchte zu fliehen, wurde aber bei Varennes gestellt (20./21. Juni 1791). Die monarchistische Opposition in Europa formierte sich unter der Führung von Österreich und Preußen gegen das revolutionäre Frankreich.
- Am 3. September 1791 trat die neue Verfassung in Kraft. Der König legte den Eid auf die Verfassung ab.
- Am 1. Oktober 1791 trat die Nationalversammlung zusammen und diskutierte u. a. über den wohl unvermeidlichen Krieg gegen das absolutistische Ausland. Girondisten (wie Brissot) hatten ihr Revolutionsziel erreicht. Für sie war die Revolution beendet, und sie wollten ihre revolutionären Neuerungen durch einen Krieg auch anderen Ländern bringen; außerdem wollten sie durch den Krieg die wirtschaftlichen Schwierigkeiten beheben, den König erhalten und die Nation einen.
- Robespierre und die Jakobiner dagegen wollten die Revolution zunächst in Frankreich festigen und zu Ende führen. Denn es bestanden noch große soziale, politische und wirtschaftliche Spannungen in Frankreich.

Die Entwicklung in der Zeit nach der Quelle

- Am 20. April 1792 erklärte Frankreich Österreich den Krieg. Robespierre hatte sich also nicht durchsetzen können (vgl. Textquelle). Die Revolutionskriege breiteten sich in der Folgezeit über ganz Europa aus; andererseits radikalisierte die Revolution sich, wie es Robespierre vorhatte („Terreur").
- 25. Juli 1792: bedrohliches Manifest des Herzogs von Braunschweig.
- 10. August 1792: Sturm auf die Tuilerien und Gefangennahme des Königs.
- 21. September 1792: der neu gewählte Konvent erklärte Frankreich zur Republik.
- 21. Januar 1793: Hinrichtung des Königs.
- Die Revolutionskriege setzten sich noch bis 1799 fort und wurden dann von den Napoleonischen Kriegen (bis 1814) abgelöst. Dadurch wurden die Errungenschaften der Französischen Revolution erfolgreich verteidigt und „exportiert" („Marseillaise", 1793: levée en masse).

3. *Bei dieser Aufgabe haben Sie den größten Gestaltungsspielraum. Sie müssen ihn aber auch selbstständig ausfüllen. In erster Linie sollten Sie Wert auf die groben Züge der Entwicklungen legen. Eine solche Gesamtübersicht können Sie dann mit Beispielen, Details und Belegen erläutern. Es überwiegen damit Leistungen im Anforderungsbereich III.*
Inhaltlich knüpfen Sie am besten an Aufgabe 2 an und beginnen mit der Entwicklung in Deutschland nach der Französischen Revolution.

Die Französischen Revolutionstruppen

- Die Aufnahme der französischen Revolutionstruppen war insgesamt ambivalent: Von revolutionär gesinnten Bürgern wurden die Truppen begrüßt, von absolutistischen Fürsten nicht; vielerorts wurden nach dem Erscheinen der Franzosen revolutionäre Veränderungen übernommen.
- So eroberten die Franzosen im Oktober 1792 Speyer, Worms, Frankfurt und Mainz, Freiheitsbäume wurden gepflanzt und in Mainz wurde ein Jakobiner-Club gegründet usw. Diese Euphorie verflog aber bald (vgl. auch die Haltung Goethes, Schillers u. a. Intellektueller).
- Sieg Frankreichs bei Jena und Auerstedt 1806 mit nachhaltiger Einsetzung von Reformern und Reformen in Preußen – nach dem Prinzip: Reform von oben, statt Revolution von unten („Preußische Reformen" ab 1807).
- Später wurden die einstigen „Missionare" als Besatzer und Feinde empfunden und bekämpft (Völkerschlacht bei Leipzig, 1813); die Ideale der Französischen Revolution wirkten so in Deutschland weiter (Vormärz).

Die Deutschlandpolitik der Amerikaner

- Die Kriegsziele der Alliierten (Atlantik Charta von 1941) waren auf eine neue Weltordnung gerichtet, die an den 14-Punkte-Plan von Woodrow Wilson erinnerte und die Charta der Vereinten Nationen vorwegnahm. Propagiert wurden ein grundlegender Gewaltverzicht, das Selbstbestimmungsrecht der Völker, die Liberalisierung des Handels usw. Diese Maximen zielten dann auch auf eine entsprechende Umgestaltung des faschistischen Deutschland.
- Gleichwohl musste zunächst ein erbitterter Krieg bis zur Kapitulation Deutschlands geführt werden (Bombenkrieg).
- Im Potsdamer Abkommen (August 1945) wurden Leitgedanken zur Neugestaltung Deutschlands festgelegt: Denazifizierung, Demokratisierung usw.
- Die Deutschen wurden zunächst als Feinde und Fremde bezeichnet und empfunden, die durch eine gezielte „Reeducation" umerzogen werden sollten.
- Forciert durch die besondere Entwicklung zum Kalten Krieg wurden die amerikanischen Besatzer und Befreier dann aber schnell zu Entwicklungshelfern und Freunden (Marshallplan, Luftbrücke usw.).
- Der Erfolg der Demokratisierung (West-)Deutschlands hat unterschiedliche Ursachen:
  - politische Überzeugung und Einsicht
  - offensichtliches Scheitern und totale Kapitulation des Nationalsozialismus
  - Schuldgefühle angesichts der NS-Verbrechen
  - materielle Anreize, Wohlfahrt durch amerikanische Hilfen
  - Zusammenarbeit mit Politikern, die aus dem Exil zurückkehrten
  - knappe Entnazifizierung und schon bald aufsteigende politische Freiheiten (Parteienbildung, Pressefreiheit usw.)
  - usw.

Folgende Aspekte könnten in dem anschließenden ***Prüfungsgespräch*** *zur Sprache kommen:*

- *Kontrastierung: das härtere Vorgehen der Sowjets, bedingt durch die Entwicklung des Krieges (Flucht, auch Gräueltaten, Rache, Vertreibung); gewaltsamere Einschnitte und „Missionierung" der ostzonalen Bevölkerung.*
- *Übertragung auf andere Zeiten, Aktualisierung: Bezug zu vergleichbaren historischen und aktuellen Situationen einer auch ideologisch begründeten Kriegführung (z. B. verschiedene Kolonialkriege oder der aktuelle Krieg im Irak und der Bundeswehreinsatz in Afghanistan).*

Teilaufgabe	AFB I	AFB II	AFB III	BE
1	25	5		30
2	5	35		40
3		5	25	30
Summe	30	45	25	100

Hessen – Geschichte – Grundkurs – 2009
Vorschlag A

Thema: Revolutionen im Vergleich

Aufgaben

1. Zeigen Sie auf, was Theodor Schieder unter Revolution versteht. (25 BE)
2. Stellen Sie dar, durch welche „krisenhaften Zuspitzungen die Französische Revolution ausgelöst wurde und welche Ereignisse sie im Laufe des Jahres 1789 „beschleunigten“. (30 BE)
3. Überprüfen Sie anhand der Kriterien von Schieder für eine „Totalrevolution“ den Grad des politischen und gesellschaftlichen Wandels der Französischen Revolution bis 1794 im Vergleich mit der Novemberrevolution 1918 **oder** der „Wende“ in der DDR 1989/90. (45 BE)

Hinweis: Theodor Schieder (1908 – 1984), deutscher Historiker.
Die Rechtschreibung entspricht der des Originals.

Material

Theodor Schieder: Begriff, Typus und Verlaufsformen der Revolution

Revolutionen sind besondere Formen jenes Verlaufsprozesses, den wir als geschichtlichen Wandel bezeichnen. Diesem Wandel sind alle Bereiche des geschichtlichen Daseins unterworfen. Man spricht von politischem, gesellschaftlichem, kulturellem, zivilisatorisch-technischem Wandel, für den das jeweils auslösende Moment auf sehr verschiedenem Gebiet liegen kann. […]

Die Formen des Wandels selbst wechseln ihrerseits: So gibt es die fast unmerklichen, lang dauernden Entwicklungen, die unter Wahrung von Kontinuität (z. B. bezüglich Institutionen und Organisationen) vor sich gehen, also auf evolutionärem Weg. Evolution, verstanden als langsame Anpassung von Institutionen und Lebensformen an veränderte menschliche Lebensbedingungen (der Umwelt, der Technik usw.), ist nicht gleichzusetzen mit Anpassung durch bewußte Reformen, welche ebensowohl Einsicht in die Notwendigkeit von Veränderungen voraussetzen wie den Willen zur Wahrung der Kontinuität. Wandel kann sich jedoch auch eruptiv vollziehen, in plötzlichen Entladungen und „beschleunigten Prozessen“ (J. Burckhardt), so z. B. nach vorhergehenden krisenhaften Zuspitzungen. Durch solche abrupten Vorgänge wird der institutionelle, rechtliche und personelle Zusammenhang einer neuen historischen Phase mit der vorhergehenden gewaltsam unterbrochen. Es ist stets irgendeine dieser Formen von Veränderung, durch die bestehende Rechtsordnungen zerstört und bisher geltende rechtliche und institutionell festgelegte Spielregeln außer Kraft gesetzt werden, welche der Begriff „Revolution“ bezeichnet. Gleichzeitig bezeichnet er die Beschleunigung normaler Wandlungsvorgänge und den Austausch von tragenden gesellschaftlichen Führungsgruppen. […]

Solange Stabilität und Kontinuität sowohl im Bereich der Institutionen selbst wie in dem ihrer ideellen, rechtlichen, politischen und gesellschaftlichen Grundlagen die Norm bildeten, an der sich das Handeln und die Theorie des Handelns orientieren [...], wurde alles Revolutionäre, wie immer man es auch bezeichnen mag, als ein Störungs- und Unruhefaktor empfunden, dessen Einfluß man auszuschalten bemüht war. Wird hingegen die Veränderung zum beherrschenden Zug im Geschichtsprozeß und den Deutungen, die er erhält, so erfährt die Revolution selbst eine Umwertung. Das kann auf längere Sicht dazu führen, daß die Geschichte insgesamt nicht mehr als eine Folge von langsamen Wandlungen unter Wahrung gleichbleibender Grundstrukturen und Aufrechterhaltung von Kontinuität und Tradition (so in geregelter Erbfolge und ständisch verfestigtem sozialem Herrschaftswechsel), sondern als Ergebnis ständiger Veränderungen und Umwälzungen, d. h. als ein dynamischer Prozeß, verstanden wird. [...]

Seit der Französischen Revolution von 1789 [steht] die Bedeutung des Worts als Bezeichnung für totale Veränderung im politischen, sozialen und geistigen Sinn endgültig fest. Erst seither ist die Revolution als historisches Phänomen allgemein ins Bewußtsein gerückt. Im Wortgebrauch dient „Revolution" als Bezeichnung sowohl für einmalige Umsturz-Ereignisse wie zur Kennzeichnung der ganzen seitherigen Epoche. [...]

Je größer der Anwendungsbereich eines Begriffs wird, desto schwieriger ist es, seinen spezifischen Gehalt zu bestimmen. Dies gilt auch für den Begriff „Revolution". Man wird sich daher im einzelnen Fall einer Revolution an die Ereignisse zu halten haben, die im Geschehensablauf durch relativ feste Daten oder Datenketten markiert sind. Diese Ereignisse spielen sich in der Regel innerhalb der politischen Institutionen ab, erfassen aber je nach ihrer Komplexität gesellschaftliche, kulturell-ideologische, materielle Lebensbereiche. Diese Komplexität ist es, die revolutionäre Ereignisse nach ihrer historischen Bedeutung unterscheiden läßt: ein Staatsstreich führt beispielsweise nur einen irregulären Regierungswechsel oder – in der Monarchie – eine irreguläre Erbfolge herbei, ohne an der Grundstruktur eines politischen und sozialen Systems etwas zu ändern. [...]

Rebellionen können als Form der Wiederherstellung einer bestimmten politischen Struktur und Sozialstruktur, als Akt sozialer Chirurgie verstanden werden, mit dem eine durch Machtmißbrauch von einzelnen oder ganzen Schichten gestörte Ordnung restituiert wird. In der modernen Revolutionssoziologie[1] unterscheidet man solche Vorgänge auf drei Ebenen – auf der Ebene 1. der Regierung, 2. der Regierungsform und 3. der Gesellschaftsverfassung – und bemißt danach den Wirkungsgrad und die Stufe einer revolutionären Aktion. [...]

Die großen modernen Revolutionen sind insofern Totalrevolutionen, als von ihnen alle Bereiche erfaßt und in verschiedenem Grad dauerhaft umgeformt wurden. Ihnen kommen auch Ausstrahlungen über ihren nationalen Ursprungsherd hinaus zu. [...].

Theodor Schieder, Die Theorie der Revolution. In: C. D. Kernig (Hrsg.), Sowjetsystem und demokratische Gesellschaft. Eine vergleichende Enzyklopädie, Band V, Freiburg/Basel/Wien: Herder 1972, Sp. 692–721, zit. nach: Helmut Lukis (Hrsg.), Revolutionen, Düsseldorf 1982, S. 11–13.

1 Hier gemeint: Gesellschaftswissenschaft, die sich mit Ursachen, Erscheinungsweisen und Folgen von Revolution beschäftigt.

Lösungsvorschläge

Inhaltliche Schwerpunkte:
Die Aufgabe bezieht sich hauptsächlich auf das Kurshalbjahr 12/I mit dem Thema „Gesellschaftliche Veränderungsprozesse am Beginn der Moderne" und dabei insbesondere auf den Schwerpunkt „Politische Revolutionen in Europa und ihre Folgen: Die Französische Revolution: die Krise des Ancien Régime". In der dritten Aufgabe werden die halbjahresübergreifenden Bezüge hergestellt, wobei Sie zwischen zwei Schwerpunktthemen wählen können. Zur Wahl stehen das Thema des Kurshalbjahrs 12/II „Modernität und Antimodernität in der Zeit der Weimarer Republik und des Nationalsozialismus" mit den inhaltlichen Aspekten „Weimarer Demokratie vs. Nationalsozialistischer Führerstaat: Entstehungsbedingungen der Republik im nationalen und internationalen Umfeld (Pariser Vorortverträge); Weimarer Verfassung" oder der Themenschwerpunkt des Kurshalbjahrs 13/I: „Konflikt und Kooperation in der Welt nach 1945" mit den Aspekten „Die deutsche Ebene: Teilung und Einheit: die Vereinigung der beiden deutschen Staaten (Ursachen, Verlauf und Folgen)".
Der inhaltliche Schwerpunkt in diesem Auszug aus Schieders Aufsatz besteht in der Abgrenzung des Begriffs der Revolution von anderen Erscheinungsformen des sozialen Wandels.

1. *Die erste Teilaufgabe verlangt die Reduzierung des Schieder-Textes auf das Wesentliche unter Beibehaltung des Sinnes (AFB I). Beginnen sollten Sie mit einer knappen Bestimmung der Quelle, um dann zu einer komprimierten Wiedergabe der von Ihnen bei der zweiten Lektüre als wichtig unterstrichenen Thesen Schieders überzugehen. Achten Sie dabei darauf, dass die notwendige Distanz zum Text gewahrt bleibt (Konjunktiv verwenden!), und kennzeichnen Sie wörtlich übernommene Begriffe oder Passagen durch Anführungszeichen und Zeilenangaben.*

Theodor Schieder, ein deutscher Historiker des 20. Jahrhunderts, reflektiert in seinem 1972 erschienenen Aufsatz für eine Enzyklopädie über „Das Sowjetsystem und die demokratische Gesellschaft", also einer Sekundärquelle, den Begriff der Revolution.
Revolutionen stellen aus seiner Sicht **Sonderformen des historischen Wandels** dar. Dabei seien langfristige **evolutionäre Veränderungen**, in denen sich die Institutionen an veränderte Lebensbedingungen anpassen, von **bewussten Reformen**, bei denen die „Einsicht in die Notwendigkeit von Veränderungen" mit dem „Willen zur Wahrung der Kontinuität" (Z. 12 f.) einhergehe, zu unterscheiden.
Für Revolutionen sei charakteristisch, dass sich der Wandel „**eruptiv**" vollziehe, „in plötzlichen Entladungen und ‚**beschleunigten Prozessen**'" (Z. 13 f.).
Durch Revolutionen würden die institutionelle und personelle **Kontinuität einer Epoche „gewaltsam unterbrochen**" (Z. 17). Die bisherige Rechtsordnung und die bisher gültigen Spielregeln würden außer Kraft gesetzt, die gesellschaftlichen **Führungsgruppen ausgetauscht**.
Revolutionen gehen laut Schieder in der Regel von den **politischen Institutionen** aus, erfassen jedoch aus seiner Sicht häufig **Gesellschaft**, **Kultur und Wirtschaft**

eines Landes. Diese **Komplexität** unterscheide Revolutionen vom gewöhnlichen Staatsstreich. Moderne Revolutionen strahlten häufig auch auf das Ausland aus.

2. *Der Operator „darstellen" verlangt die Beschreibung von Entwicklungszusammenhängen und deren Erklärung auf der Grundlage vorhandener Kenntnisse und Einsichten (AFB II, III).*
Die Aufgabenstellung fordert Sie dazu auf, Schieders Revolutionstheorie gleichsam „anzuwenden", indem Sie mit zwei seiner zentralen Begriffe arbeiten. Mit dem Begriff der „krisenhaften Zuspitzung" sollen Sie die Ursachen der Französischen Revolution und mit dem der „Beschleunigung" ihren weiteren Verlauf im Jahre 1789 erklären. Machen Sie sich dabei Schieders Einsicht zunutze, dass Revolutionen die verschiedensten Lebensbereiche erfassen und sich keineswegs auf die politischen Institutionen beschränken.

Die Krise, die das „Ancien Régime" Frankreichs am Ende des 18. Jahrhunderts erfasste, hatte vielfältige Erscheinungsformen.

Philosophie/Kultur
Die Philosophen und Staatstheoretiker der **Aufklärung** – Montesquieu, Locke, Voltaire, Rousseau und viele andere – hatten mit ihren Theorien und Forderungen – Menschenrechte, Gewaltenteilung, Volkssouveränität – die Grundlage der Legitimität absolutistischer Herrschaft und des Gottesgnadentums ausgehöhlt. Die Menschen waren nicht gewillt, diese politischen Zustände länger hinzunehmen. Gerade hatten die Vereinigten Staaten mit französischer Hilfe ihre Unabhängigkeit vom „despotischen" Mutterland erkämpft. Warum sollten die Franzosen länger Untertanen bleiben?

Gesellschaft
Das Ancien Régime war eine **Ständegesellschaft**, die Adel und Klerus mit zahlreichen Privilegien und einem Monopol auf Herrenrechte ausstattete und sie gleichzeitig weitgehend von Pflichten, z. B. der Steuerpflicht, befreite. Der **Dritte Stand** dagegen, dessen wirtschaftliche Bedeutung im Zuge des Merkantilismus ständig wuchs, hatte keinerlei politische Mitwirkungsrechte, dafür aber fast die ganze Steuer- und Abgabenlast allein zu tragen. Auch dieser Widerspruch drängte zur Auflösung, und die Aufklärer hatten das Selbstbewusstsein des Bürgertums anwachsen lassen. Dieses Selbstbewusstsein drückte sich auch in den **Beschwerdebriefen** aus, die die französischen Gemeinden ihren Vertretern in den Generalständen im Frühjahr 1789 mit auf den Weg gaben.

Wirtschaft
Die **Wirtschaftslage** am Ende der 80er-Jahre des 18. Jahrhunderts war gekennzeichnet durch eine Kette von **Missernten** und nachfolgender **Preisinflation**, unter der die ländliche und städtische Bevölkerung gleichermaßen litten. Die **Abgaben- und Steuerlast** wurde unter diesen Bedingungen **als besonders drückend** empfunden und die Steuerbefreiung der privilegierten Stände als besonders ungerecht.

Staatsfinanzen
Die Finanzlage des Staates war am Ende der 80er-Jahre so **katastrophal**, dass die Banken dem König keinen weiteren Kredit gaben. Kriege, Repräsentationsbauten und Hofhaltung hatten die Staatskasse überfordert; das Land war hochverschuldet und alle Steuerreformversuche waren am Widerstand der Privilegierten gescheitert.

In dieser brisanten Lage sah sich der König gezwungen, die **Generalstände** einzuberufen. Er schuf damit, ohne es zu wollen, ein Forum, auf dem die landesweite Unzufriedenheit sich artikulieren und der Wille zu Veränderungen sich Bahn brechen konnten. Aus den Generalständen wurde innerhalb weniger Monate die konstituierende Nationalversammlung.
Zunächst aber sieht es nicht nach einer **Dynamisierung der Ereignisse** aus. Denn der König und die Privilegierten versuchen, den Einfluss der 600 Delegierten des Dritten Standes durch ihr Beharren auf der Abstimmung „nach Ständen" zu begrenzen, womit die Mehrheit der Privilegierten für alle Zeit gesichert gewesen wäre. Erst als die Delegierten des Dritten Standes sich im Juni kurzerhand zur **Nationalversammlung** erklären und ein königliches Versammlungsverbot mit dem „**Ballhausschwur**" missachten, ist der Bann gebrochen und das Revolutionsprogramm verkündet: Frankreich soll eine **Verfassung** erhalten.
Am 14. Juli wird mit dem **Sturm auf die Bastille** klar, dass der revolutionäre Prozess sich nicht nur auf der Ebene der politischen Institutionen abspielt, sondern nun auch die **revolutionären Volksmassen** ihren Willen artikulieren – und zwar nicht nur in Paris, sondern im ganzen Lande. Das Eingreifen der Volksmassen wirkt wiederum beschleunigend auf den Fortgang der revolutionären Ereignisse und veranlasst die Nationalversammlung zu den spektakulären **Augustbeschlüssen**, mit denen die Ständegesellschaft, der **Feudalismus** und alle Privilegien feierlich aufgehoben werden. Ende August erfolgt dann im Vorgriff auf die neue Verfassung die **Verkündung der Menschenrechte**. Aus der Ständegesellschaft ist eine Gemeinschaft gleichberechtigter Staatsbürger geworden.

3. *Hier sollen Sie vergleichend untersuchen, ob und inwieweit die Französische Revolution und die Novemberrevolution von 1918* ***oder*** *die Französische Revolution und die friedliche Revolution in der DDR des Jahres 1989/90 dem von Schieder geprägten Begriff der „Totalrevolution" entsprechen (AFB I, II und III). Sinnvoll ist es hier, dass Sie zu Beginn Ihrer Ausführungen den Begriff „Totalrevolution" mit eigenen Worten definieren. In den folgenden Ausführungen werden für beide Auswahlmöglichkeiten Lösungen angeboten.*

Unter „Totalrevolution" versteht Schieder historische Umwälzungen, die alle gesellschaftlichen Bereiche erfassen und dauerhaft umformen. Die Französische Revolution kommt dem Begriff der Totalrevolution daher sicherlich am nächsten, denn sie erfasst in den Jahren 1789 bis 1794 so gut wie alle Lebensbereiche.
Auf der Ebene der **Staatsformen** folgt der absoluten Monarchie 1791 **die konstitutionelle Monarchie** und 1792 die **Republik**. Im Frühjahr 1793 bildet sich eine diktatorische Herrschaftsform heraus, die „**Schreckensherrschaft**" der Jakobiner.

Die **Struktur der Gesellschaft** verändert sich grundlegend, denn aus der Ständegesellschaft wird eine moderne, auf der **Rechtsgleichheit** und dem **Leistungsprinzip** fußende Gesellschaft von Staatsbürgern.
Im Bereich der **Wirtschaft** folgten dem Merkantilismus der absolutistischen Könige der **Liberalismus** und die Gewerbefreiheit der **Girondisten**, die dann allerdings von den Jakobinern vorübergehend wieder eingeschränkt wird.
Im **Militärwesen** folgt auf die königliche, häufig aus Ausländern rekrutierte Söldnerarmee mit adeligen Offizieren ein modernes auf der **allgemeinen Wehrpflicht** und dem Leistungsprinzip aufbauendes, von bürgerlichen Offizieren geführtes, patriotisch hochmotiviertes Massenheer, die Grundlage für die militärischen Erfolge Frankreichs in den Koalitionskriegen.
Das **kirchliche Leben** ändert sich massiv, denn schon 1790 werden die Kirchengüter verstaatlicht und den Priestern wird ein **Verfassungseid** abverlangt, den viele verweigern.
Strenggläubige Katholiken geraten so aufgrund ihres Glaubens in Opposition zur Revolution – wie etwa die Bauern in der **Vendée**. Unter der Herrschaft der Jakobiner wird von Robespierre sogar ein antichristlicher „**Kult des höchsten Wesens**" ausgerufen und christliche Kirchen werden „umgewidmet".
Schließlich wird selbst der **Kalender revolutioniert**. Ein „revolutionärer Kalender" ersetzt den bis dahin gebräuchlichen, er beginnt mit dem Jahr 1, dem Gründungsjahr der Republik, die Woche hat 10 Tage und alle neu benannten Monate haben 30 Tage.
Mit der **Trikolore** erhält das neue Frankreich neue **Nationalfarben** und mit der **Marseillaise** eine neue Nationalhymne. Diese Symbole betonen die neugewonnene nationale Einheit aller Franzosen.

Auf die **Novemberrevolution von 1918** trifft der Begriff der „Totalrevolution" nicht im gleichen Umfang zu. Zwar ändert sich das politische Institutionengefüge grundlegend, denn aus dem kaiserlichen Obrigkeitsstaat mit begrenzten parlamentarischen Mitwirkungsrechten und ohne Grundrechtsgarantien wird ein semi-präsidentielles, gleichwohl parlamentarisches System mit einem „Ersatzkaiser" an der Spitze, einer gegenüber dem Parlament verantwortlichen Regierung und sehr weitgehenden demokratischen Mitwirkungsrechten des Volkes (allgemeines gleiches Wahlrecht für Männer und Frauen, Volkswahl des Präsidenten, Möglichkeit zu Plebisziten).

Die Machtbefugnisse des Reichspräsidenten, insbesondere die Artikel 25, 48 und 53 der Weimarer Reichsverfassung und deren Kombination, eingefügt zum Schutz der Republik, erweisen sich in der Krisenphase der Republik nach 1930 aber als Einfallstor für die Aushöhlung der parlamentarischen Republik und ihre Umwandlung in eine **Präsidialdiktatur.**
Modernisierungsprozesse brachte die Revolution auch im sozialen Bereich: Mit dem **8-Stunden-Tag**, dem **Betriebsrätegesetz**, mit der Einführung der gesetzlichen Arbeitslosenversicherung und den kommunalen Bemühungen im sozialen Wohnungsbau verbesserten sich die Lebensverhältnisse gerade für viele Arbeit-

nehmer. Allerdings wurden diese Verbesserungen durch Inflations- und Weltwirtschaftskrise bald wieder hinfällig.
Aber die breiten Volksmassen haben in den wenigen Revolutionswochen **keinen langfristigen Mentalitätswandel** erfahren. Die Loyalität gegenüber den neuen Institutionen war eher gering, die Skepsis und Ablehnung der demokratischen Staatsform relativ groß.
Zudem waren tragende Säulen der alten Gesellschaft unangetastet geblieben. Da die gemäßigten revolutionären Kräfte Ende 1918/Anfang 1919 auf die Unterstützung des kaiserlichen Militärs gegen linksradikale Bestrebungen angewiesen waren, verzichtete das neue Regime in Verwaltung, Justiz und im Militärwesen auf grundlegende Veränderungen und ließ ein hohes Maß an **personeller Kontinuität** zu. Diese Entscheidung erwies sich als problematisch, da der neue Staat dem aus der alten Ordnung übernommenen Personal fremd blieb und in Krisen auf dessen Unterstützung nicht bauen konnte.

Ganz anders verhält es sich mit der Anwendbarkeit des Begriffs „Totalrevolution“ auf die Ereignisse im Zusammenhang mit der „**Wende**“ **in der DDR**.
Die Ereignisse der friedlichen Revolution im Herbst 1989 haben vor dem Hintergrund der **Erosion des Ostblocks** und der **Reformen in der Sowjetunion** die **SED-Diktatur beseitigt**, das Überwachungs- und Terrorinstrument „Stasi“ abgeschafft, den Bürgern die Grundfreiheiten gebracht, die Bildung unabhängiger Parteien ermöglicht, Mauer und Stacheldraht hinweggefegt und schließlich zur **Wiederherstellung der nationalen Einheit** geführt.
In dieser Phase der Revolution waren große Teile der Bevölkerung an friedlichen **Kundgebungen und Massendemonstrationen** beteiligt. Eine führende Rolle spielten dabei Intellektuelle, Bürgerrechtsgruppen, neue politische Organisationen und offene Diskussionen („Runde Tische“), die die Protestbewegung initiierten, ohne sie allerdings kontrollieren zu können. Denn aus der Parole „Wir sind das Volk“ wurde recht bald „Wir sind **ein** Volk“ – und damit wurde aus der Revolutionsbewegung der DDR eine Wiedervereinigungsbewegung, die ihre Ziele mit dem Beitritt der neuen Bundesländer zur Bundesrepublik nach Artikel 23 GG und der Bildung einer Wirtschafts-, Währungs- und Sozialunion schon ein Jahr später durchsetzen konnte. Demnach erfüllt die „Wende“ ohne Zweifel die Kriterien einer „Totalrevolution“ im Sinne Schieders, denn sie führte nicht nur zum Sturz einer kommunistischen Parteidiktatur, zum Untergang des sozialistischen Wirtschafts- und Gesellschaftssystems, sondern zur Auflösung des Staates DDR selbst.

Teilaufgabe	AFB I	AFB II	AFB III	BE
1	20	5		25
2		25	5	30
3	10	20	15	45
Summe	30	50	20	100

Hessen – Geschichte – Grundkurs – 2009
Vorschlag B

Thema: *Widerstand gegen den Nationalsozialismus und Nachkriegszeit*

Aufgaben

1. Fassen Sie Gumbels Ausführungen zusammen und benennen Sie seine Intention. (20 BE)

2.1 „Es sind die Nationalsozialisten, welche den Deutschen die primitivsten Rechte der Gewissens- und Gedankenfreiheit geraubt haben.“ Erläutern Sie Gumbels These. (25 BE)

2.2 Ordnen Sie den Text in die außenpolitische Situation 1936–1939 ein. (30 BE)

3. „[Deutschland] steht vor der sicheren Niederlage [...]. Die Existenz und die Einheit Deutschlands selbst stehen auf dem Spiel. Der Krieg wird unser Vaterland einer Wüste gleich hinterlassen.“ Überprüfen Sie, inwieweit Gumbels Prognose für die Zeit bis 1949 Bestand hat. (25 BE)

Hinweis: Emil Julius Gumbel (1891–1966), Professor für Mathematik in Heidelberg; im Sommer 1932 auf Druck nationalsozialistischer Studenten Entzug der Lehrberechtigung. Nach der Regierungsübernahme durch Hitler emigrierte er nach Frankreich und engagierte sich dort publizistisch gegen den Nationalsozialismus. Bei der Eroberung Frankreichs durch das nationalsozialistische Deutschland floh Gumbel 1940 weiter in die USA. Der nachfolgende Artikel wurde etwa drei Wochen vor der Münchner Konferenz (29./30.9.1938) veröffentlicht.

Die Rechtschreibung entspricht der des Originals.

Material

E. J. Gumbel: Die Pflicht der Deutschen

Noch wissen wir um die Verwüstungen des letzten Krieges. Noch leiden alle Länder unter seinen Nachwirkungen. Keiner ist unter uns, der nicht den Verlust geliebter Leben zu beklagen hätte. Und schon wieder taucht diese Furie auf. [...] Heute bedroht das Scheusal Krieg das Herz Europas.

Es sind nicht unerkennbare metaphysische Kräfte, es sind nicht geheime Konstellationen der Sterne, es sind durchaus diesseitige, reale, erkennbare Mächte, aus denen dieses ungeheuerliche Schicksal erwachsen kann. Wir können sie mit Namen nennen, und ihr könnt mit Fingern auf sie weisen. Es sind die Hitler, Göring, Goebbels [...], die die Furie des Krieges zu entfesseln drohen.

Es ist nicht wahr, dass feindliche, neidische Mächte Deutschland einkreisen. Umgekehrt: die nationalsozialistische Regierung hat dieses unglückliche Land aus dem Bereich der Kulturvölker ausgekreist. Niemand versucht, Deutschland einen Teil seines Gebietes zu entreissen, niemand versagt ihm sein Lebensrecht. Es sind die Nationalsozialisten, welche den Deutschen die primitivsten Rechte der Gewissens- und Gedankenfreiheit geraubt haben. Kein fremdes Land, keine fremde Regierung hat

Deutschlands Ehre verletzt. Die Nationalsozialisten, und nur sie, haben seine Würde mit Füssen getreten. Sie haben die von ihnen selbst und freiwillig geschlossenen Verträge gebrochen. Wohin sind ihre Eide gekommen?

Am 13. März[1] haben wir ein waffenloses Land mit Waffengewalt erobert, ein Land, dessen Freiheit und Unabhängigkeit sie noch vor kurzem feierlich verbrieft hatten. Die friedliebenden, waffenlosen Schwachen wagen nicht, dem Bösen zu widerstehen – um Blutvergiessen zu vermeiden. Aber mit den Nationalsozialisten zog der Mord in Wien ein. Von dort schallt jetzt durch Europa das Stöhnen der Gemarterten.

Heute bedrohen die Nationalsozialisten, und zwar bereits zum zweiten Male, ein weiteres Land. Die Tschechoslowakei ist friedfertig, aber nicht gewillt, schwächlich unterzugehen. Am 21. Mai marschierten die deutschen Divisionen an der Grenze auf. Die Tschechoslowaken bewiesen durch ihre Mobilisation, dass sie bereit waren, sich bis zum letzten Mann zu wehren. Die Grossmächte sind zu ihnen gestanden. Der drohende Einmarsch unterblieb. Der Frieden war bewahrt.

Von neuem riskieren die Nationalsozialisten jetzt den Krieg, unter dem fadenscheinigen Vorwand, die Sudetendeutschen befreien zu müssen. Es ist nicht wahr, dass die Sudetendeutschen unterdrückt sind: Sie geniessen mehr Freiheit in einem fremden Volk und Staat als die Deutschen in ihrem eigenen Vaterland. Wenn sie gewisse Rechte noch nicht besitzen, so darf jedermann sie fordern, ausgenommen die Nationalsozialisten. Denn ihr ganzes System ist Tyrannei.

Der Nationalsozialismus bringt den Sudetendeutschen heute den seelischen, morgen den körperlichen Untergang. Denn der kommende Krieg würde mit absoluter Sicherheit gerade auf ihrem Gebiet stattfinden. Wer sich also um ihr Schicksal bangt, muss sich als Ziel setzen, sie nicht als erste Opfer dem kommenden Krieg auszuliefern.

Aber die Gefahr ist weit grösser. Die ganze Welt weiss, dass es nicht um die Befreiung der Sudetendeutschen, sondern um Eroberung und Zerstörung der Tschechoslowakei geht. Die moralische Kriegsschuld der Nationalsozialisten ist einwandfrei von vornherein festgelegt.

Wenn es zum Krieg kommt – das hat der 21. Mai bewiesen – wird es weder einen lokalisierten, noch einen Blitzkrieg geben. Es wird der zweite Weltkrieg sein.

Deutschland muss der technischen, ökonomischen, materiellen und numerischen Ueberlegenheit der von ihm durch den Einmarsch in die Tschechoslowakei angegriffenen Staaten unterliegen. Es steht vor der sicheren Niederlage, einer Niederlage, die alle Errungenschaften der letzten hundert Jahre vernichten wird. Die Existenz und die Einheit Deutschlands selbst stehen auf dem Spiel. Der Krieg wird unser Vaterland einer Wüste gleich hinterlassen.

Es liegt an uns Deutschen, unsere Heimat vor dieser Gefahr zu bewahren. Sagt dies Eurem Nachbar! Und macht Euch nicht durch Schweigen mitschuldig an Deutschlands Zerstörung!

Pariser Tageszeitung, 3. Jg.; Nr. 786, 10. 9. 1938.

Diese Ausführungen von Professor Gumbel wurden über den Deutschen Freiheitssender[2] ins Dritte Reich verbreitet.

1 Gesetz über den Anschluss Österreichs an das Deutsche Reich; Einmarsch deutscher Truppen in Österreich.

2 Antifaschistischer Rundfunksender, der von Spanien aus ins Deutsche Reich sendete.

Lösungsvorschläge

Inhaltliche Schwerpunkte:

Die Aufgabe bezieht sich hauptsächlich auf das Kurshalbjahr 12/II mit dem Thema „Modernität und Antimodernität in der Zeit der Weimarer Republik und des Nationalsozialismus“. Die Schwerpunkte der Aufgabe liegen dabei auf der Auseinandersetzung mit der Zerschlagung des demokratischen Rechtsstaats durch die Nationalsozialisten und der NS-Außenpolitik. Dabei spielten die NS-Ideologie und deren politische Umsetzung eine wichtige Rolle. Dies gilt sowohl für den innenpolitischen als auch den außenpolitischen Bereich. In der Innenpolitik geht es um den Prozess der „Gleichschaltung“ und die Ausgrenzung und Verfolgung von politischen Gegnern und Minderheiten. In der Außenpolitik geht es um die außenpolitische Strategie und Taktik Hitlers, die deutsche Expansionspolitik im Vorfeld des Krieges und die Interessenlage der Alliierten. Weiterhin sind Kenntnisse über Formen des Widerstands gegen den Nationalsozialismus (Ziele und Motive) gefragt.

Die halbjahresübergreifenden Bezüge werden durch die letzte Aufgabe hergestellt. Hierbei sind Kenntnisse aus 13/I „Konflikt und Kooperation in der Welt nach 1945“ wichtig. Insbesondere geht es um „Die deutsche Ebene: Teilung und Einheit“. Als Unterpunkte sieht der Lehrplan die Aspekte „Relative Offenheit der Nachkriegssituation und determinierende Faktoren; Gründung der beiden deutschen Staaten, Schritte auf dem Weg zur Teilung Deutschlands“ vor. Aber auch die unterschiedlichen Interessen und Strategien der USA und der UdSSR nach 1945 und die Teilung Europas im Zuge des Kalten Krieges können für die Bearbeitung des letzten Aufgabenteils herangezogen werden.

1. *Die Aufgabenstellung beinhaltet zwei Gesichtspunkte: Zusammenfassung der wesentlichen Aussagen des Autors und Benennung der Intention seiner Ausführungen. Beide Aufgabenteile lassen sich bearbeiten, indem Sie nach einschlägigen Aussagen in der Quelle suchen. Einleitend sollten Sie einige Bemerkungen über den Autor, die Art der Quelle und den Zeitpunkt der Veröffentlichung machen. Die Arbeitsanweisung verlangt von Ihnen Leistungen im AFB I.*

   Der Text stammt von dem Mathematikprofessor Emil Julius Gumbel. Im Sommer 1932 wurde ihm auf Druck nationalsozialistischer Studenten die Lehrberechtigung entzogen. Nach der Regierungsübernahme emigrierte er nach Frankreich und engagierte sich dort publizistisch gegen den Nationalsozialismus. Die Ausführungen Gumbels wurden etwa drei Wochen vor der **Münchner Konferenz** (29./30. 9. 1938) veröffentlicht. Sie wurden über den Deutschen Freiheitssender, einem antifaschistischen Rundfunksender, der von Spanien aus sendete, und eine Pariser Exilzeitung in Deutschland verbreitet. Die Aussagen Gumbels sind geprägt von persönlicher Erfahrung.

   Gumbel vertritt folgende Ansichten:
   Mehrfach verweist er darauf, dass die **akute Kriegsgefahr** inmitten Europas durch die nationalsozialistischen Machthaber hervorgerufen worden sei (Z. 8, 24, 30, 43). Die Behauptung, Deutschland werde eingekreist und territorial bedroht,

hält er für unwahr. Vielmehr **bedrohe Deutschland** die **territoriale Integrität** und politische Freiheit **seiner Nachbarstaaten**. Es habe sich selbst aus dem **Kreis der Kulturvölker ausgeschlossen**. (Z. 10 ff.). Als Beleg dafür lässt sich etwa der Austritt Deutschlands aus dem Völkerbund 1933 anführen.
Außenpolitisch sei das Regime **vertragsbrüchig** geworden und habe die **Souveränität Österreichs vernichtet** (Z. 17 f., 19 ff.). Zudem bedrohe es nun die Souveränität der Tschechoslowakei unter dem Vorwand der Befreiung der Sudetendeutschen (Z. 30 ff.). **Ziel der NS-Politik** sei die **Eroberung und Zerschlagung** der gesamten **Tschechoslowakei** (Z. 41 ff.).
Der **Charakter des NS-Regimes** sei offensichtlich **tyrannisch** (Z. 35). Innenpolitisch habe das nationalsozialistische Deutschland seinen **Bürgern fundamentale Grundrechte** entzogen (Z. 14 f.).

Intention seiner Ausführungen:
Gumbel befürchtet, dass ein Krieg bevorsteht, der in einen **Weltkrieg** münden wird. Als Beleg für die Kriegsgefahr bezieht er sich auf den 21. Mai 1938. An diesem Tag erfolgte als Reaktion auf die NS-Bedrohungspolitik eine teilweise Mobilmachung in der Tschechoslowakei.
Gumbel ruft daher die deutsche Bevölkerung zum **Widerstand** gegen die Politik des NS-Regimes auf. Diesen Aufruf verknüpft er mit der Warnung vor einem künftigen Krieg, der sich nicht lokalisieren lasse, sondern sich vielmehr zu einem Weltkrieg ausweiten würde. Eine Niederlage Deutschlands sei absehbar, da es technisch, ökonomisch, materiell und numerisch unterlegen sei. Bei einer sich abzeichnenden Kriegsniederlage sei die **Existenz und Einheit Deutschlands bedroht**.

2.1 *Die These, die Sie erläutern sollen, bezieht sich auf die Textzeilen 13 bis 15. Verdeutlichen Sie sich im ersten Schritt die vom Autor gemachte Aussage und überlegen Sie, was mit den „primitivsten Rechten" gemeint ist. Erklären Sie anschließend die Aussage und verdeutlichen Sie die These durch zusätzliche Informationen und konkrete Beispiele. Die Arbeitsanweisung verlangt von Ihnen Leistungen im AFB I, vor allem aber im AFB II.*

Gumbel verweist zutreffend darauf, dass die Nationalsozialisten „den Deutschen die primitivsten Rechte der Gewissens- und Gedankenfreiheit geraubt haben" (Z. 14 f.). Für die **Abschaffung und Missachtung der Grundrechte** lassen sich zahlreiche Beispiele und Ereignisse nach dem 30. Januar 1933 anführen.

Bereits sehr früh erfolgten Eingriffe in die Presse- und Versammlungsfreiheit durch die **Notverordnung des Reichspräsidenten** am 4. Februar 1933. Diese sogenannte **Reichstagsbrandverordnung** (Verordnung des Reichspräsidenten „Zum Schutz von Volk und Staat") vom 28. Februar setzte dann zentrale Grundrechte außer Kraft (Freiheit der Person, Meinungs-, Presse-, Vereins-, Versammlungsfreiheit, Post- und Fernsprechgeheimnis, Unverletzlichkeit von Eigentum und Wohnung). Am Tag zuvor hatte vermutlich der holländische Kommunist Marinus van der Lubbe Teile des Reichstags in Brand gesetzt. In dem Prozess

gegen van der Lubbe setzte das Regime einen zentralen Rechtsgrundsatz („nulla poena sine lege“) außer Kraft, indem es rückwirkend die Todesstrafe für Brandstiftung einführte („**Lex van der Lubbe**“).
Noch in der Nacht des Reichstagsbrands setzte eine **Verhaftungswelle** gegen politische Gegner ein. In Preußen erfolgten die sofortige Verhaftung aller KPD-Abgeordneten und wichtiger Funktionäre, die Schließung des Parteibüros und das Verbot der KPD-Presse. Die SPD-Presse wurde ebenfalls für 14 Tage verboten. Die beginnende „**Schutzhaft**“-**Willkür** geschah ohne gerichtliche Kontrolle. Noch im März kam es zum **Ausbau** eines **Systems von Konzentrationslagern**. Am 20. März gab Heinrich Himmler die Errichtung eines ständigen Konzentrationslagers in Dachau bekannt.

Das „**Ermächtigungsgesetz**“ vom 23. März wurde unter **Bruch der Verfassung** durchgesetzt und hob die Gewaltenteilung auf. Auch die **Gleichschaltung der Länder** (mit Ausnahme Preußens) geschah noch im gleichen Monat.
Der reichsweit organisierte **Boykott jüdischer Geschäfte** am 1. April 1933 ist ein weiteres Beispiel für die These Gumbels. Unter der Parole „Deutsche wehrt Euch! Kauft nicht bei Juden!“ hinderten SA- und SS-Truppen Passanten am Betreten jüdischer Geschäfte und Warenhäuser. Das „**Gesetz zur Wiederherstellung des Berufsbeamtentums**“ schuf die Grundlage für die Entlassung jüdischer und republikanischer Beamter. Am 2. Mai besetzten Rollkommandos von NSBO (=Nationalsozialistische Betriebszellenorganisation, ein Verband zur Werbung und Sammlung von Arbeitern) und SA in ganz Deutschland Gewerkschaftshäuser. Es kam zur **Zerschlagung der Gewerkschaften** und zur Zwangseingliederung ihrer Mitglieder in die neu gegründete Deutsche Arbeitsfront (DAF), die der NSDAP angeschlossen war.
Die von nationalsozialistischen Studenten am 10. Mai 1933 durchgeführten **Bücherverbrennungen** „undeutscher“ Autoren in zahlreichen Universitätsstädten waren vom Propagandaministerium inszeniert. Die Listen waren lang und reichten von politischen Autoren wie August Bebel, Eduard Bernstein, Hugo Preuß und Walter Rathenau über Wissenschaftler wie Albert Einstein und Sigmund Freud zu Schriftstellern wie Bertolt Brecht, Alfred Döblin, Stefan Zweig, Carl von Ossietzky, Erich Maria Remarque, Arthur Schnitzler und Kurt Tucholsky oder Heinrich Heine, der einst klarsichtig geschrieben hatte, wo man Bücher verbrenne, dort verbrenne man am Ende auch Menschen.
Bis **Mitte Juni des Jahres 1933** lösten sich die übrigen Parteien auf, die **SPD** wurde am 22. Juni **verboten**. Die **KPD** betrachtete man bereits nach dem Reichstagsbrand **als illegal**, ihre Presse wurde verboten und ihr gesamtes Vermögen beschlagnahmt.
Bei den **Wahlen zum Reichstag im November 1933** handelte es sich um Scheinwahlen. Es gab lediglich eine **NSDAP-Einheitsliste**. Die Wahlbeteiligung lag bei knapp 95 %, 7,8 % der Stimmen waren ungültig, 92,2 % stimmten für die NSDAP-Einheitsliste.
Im April 1934 wurde der **Volksgerichtshof** errichtet, der über Delikte des Hoch- und Landesverrats urteilte und zu einem weiteren Instrument des Terrors wurde.

Den Abschluss der ersten Aufbauphase des Führerstaates bildete der „**Röhm-Putsch**" und der Tod Hindenburgs. Unter dem Vorwand eines unmittelbar drohenden Putsches der SA („Röhm-Putsch") wurden zwischen dem 30. Juni und dem 3. Juli 1934 höhere SA-Führer, darunter Röhm, von der Gestapo und der SS verhaftet und ohne Verfahren erschossen. Auch etliche andere politische Gegner und Konkurrenten, deren sich das Regime entledigen wollte, wurden bei dieser Aktion ermordet.
Am 2. August 1934 starb Hindenburg. Bereits am Vortag war im Kabinett eine Vorlage verabschiedet worden, die das Amt des Reichspräsidenten mit dem des Reichskanzlers vereinigte. Alle Befugnisse wurden auf den „**Führer und Reichskanzler**" Adolf Hitler übertragen.

2.2 *Für die Einordnung ist der historische Zeitrahmen bereits vorgegeben. Überlegen Sie sich, was sinnvolle Ereignisse sein könnten, die am Anfang (1936) und am Ende (1939) der chronologischen Darstellung stehen sollten. Notieren Sie sich dafür zunächst eine Liste mit Stichworten möglicher relevanter außenpolitischer Ereignisse. Zur Einordnung einer Quelle sollten Sie nicht nur eine Chronologie erstellen, sondern auch historische Zusammenhänge zu dem in der Quelle angesprochenen Ereignis herstellen. Die Aufgabenstellung verlangt von Ihnen Leistungen überwiegend im AFB II, aber auch im AFB III.*

Der Text wurde vor dem Hintergrund der nationalsozialistischen **Expansionspolitik gegenüber der Tschechoslowakei** veröffentlicht. Dieser Aspekt sollte in der Einordnung keinesfalls fehlen. Zudem ist es möglich, zwischen zwei Perspektiven in der Darstellung zu unterscheiden, die sinnvollerweise mit in die Einordnung aufgenommen werden sollten. Zum einen geht es darum, die außenpolitischen **Aktionen des NS-Regimes** zu beschreiben, zum anderen sind aber auch die **Reaktionen anderer europäischer Mächte** zu berücksichtigen.
1936 konzentrierte sich das Interesse der Weltöffentlichkeit auf den Abessinienkonflikt, den Mussolini im Oktober 1935 begonnen hatte. Als der Duce, durch die Lage auf dem afrikanischen Kriegsschauplatz bedrängt, erkennen ließ, dass Italien als Garantiemacht der Locarnoverträge sich einem deutschen **Einmarsch ins Rheinland** nicht widersetzen würde, ließ Hitler am 7. März die entmilitarisierte Zone besetzen. Gleichzeitig kündigte Deutschland einseitig die Locarno-Verträge von 1925 auf.
Im Oktober 1936 kam es zu einer weiteren Annäherung zwischen Deutschland und Italien durch den Vertrag über die deutsch-italienische Zusammenarbeit, und am 1. November verkündete Mussolini die „**Achse Berlin-Rom**". Die Annäherung zwischen den beiden Diktatoren verschob das Gleichgewicht in Mitteleuropa weiter zugunsten Deutschlands.
Im **spanischen Bürgerkrieg** (1936–1939) unterstützte das nationalsozialistische Deutschland zusammen mit Italien den faschistischen General Franco mit kompletten militärischen Einheiten, was letztlich den Krieg zugunsten der spanischen Faschisten im Frühjahr 1939 entschied. Die deutsche Wehrmacht nutzte den spa-

nischen Bürgerkrieg zur Erprobung der noch jungen deutschen Luftwaffe unter kriegsmäßigen Bedingungen. Die „Legion Condor" machte die baskische Provinzstadt Guernica dem Erdboden gleich. Dabei wurden erstmals flächendeckende Brandbomben eingesetzt.
Die nationalsozialistischen Expansionspläne beruhten auch auf der Voraussetzung, dass die deutsche Wirtschaft autark, also weitgehend unabhängig von Einfuhren wichtiger Rohstoffe und Lebensmittel, werden sollte. Auf dem Parteitag in Nürnberg 1936 verkündete Hitler den **Vierjahresplan**.
Im Februar 1938 forderte Hitler die Beteiligung von österreichischen Nationalsozialisten an der österreichischen Regierung. In dem unter Druck zustande gekommenen „**Berchtesgadener Abkommen**" mit dem österreichischen Bundeskanzler wurde die Unterwerfung im Einzelnen festgehalten. Zudem hatte Hitler von Mussolini die grundsätzliche Zustimmung zu einer Angliederung erhalten. Um eine nationalsozialistische Machtübernahme zu verhindern, trat der österreichische Bundeskanzler Schuschnigg die Flucht nach vorn an und leitete eine mangelhaft vorbereitete Volksabstimmung über die Unabhängigkeit Österreichs ein. Dies wiederum setzte Hitler unter Zugzwang. Ultimativ forderte er am 11. März 1938 die Einsetzung des Nationalsozialisten Seyß-Inquart zum österreichischen Bundeskanzler. Einen Tag später marschierten deutsche Truppen in Österreich ein. Sie wurden von der jubelnden Bevölkerung begrüßt. Das Plebiszit über die staatsrechtliche Angliederung Österreichs am 10. April 1938 erbrachte mit mehr als 99 % einen überwältigenden Erfolg für Hitler.
Auch in der „**Sudetenkrise**" machte sich Hitler äußere Umstände zunutze. So veranlasste er den von Berlin unterstützten Führer der Sudetendeutschen Partei, Konrad Henlein, zu immer höheren Forderungen mit dem Hinweis auf das Selbstbestimmungsrecht der deutschen Minderheit gegenüber der Regierung in Prag. Ende Mai befahl Hitler, den Einmarsch der Wehrmacht in die Tschechoslowakei für den 1. Oktober 1938 vorzubereiten. Anfang August berichtete die deutsche Propaganda über „tschechische Greuel und Kriegstreiberei" und forderte die „Heimholung der Sudetendeutschen ins Reich". Am 15. September 1938 auf dem Nürnberger Parteitag drohte Hitler mit dem Einmarsch in die Tschechoslowakei. In diesen Tagen höchster Anspannung, die Europa erstmals nach 1914 wieder an den Rand eines Krieges führten, bereiteten Mussolini und das Auswärtige Amt eine Konferenz vor: Im „**Münchner Abkommen**" vom 30. September 1938 vereinbarten Hitler, Mussolini, Chamberlain und Daladier die Abtretung des Sudetengebiets der Tschechoslowakei an Deutschland zum 1. Oktober sowie weitere tschechische Gebietsabtretungen an Polen und Ungarn.
Unter dem Bruch des Münchner Abkommens marschierten am 15. März 1939 deutsche Truppen in Prag ein und besiegelten damit schon bald das Ende der in München verabredeten europäischen Ordnung. Es wurde das „**Protektorat Böhmen und Mähren**" errichtet. Einige Tage später stellte sich die **Slowakei** unter den „Schutz" des Deutschen Reiches und gab ihre Selbstständigkeit auf. Unter politischem Druck gab **Litauen** am 22. März das Memelgebiet an das Deutsche Reich zurück.

Am 23. August 1939 unterzeichneten in Moskau die beiden Außenminister Ribbentrop und Molotow den deutsch-sowjetischen Nichtangriffspakt (**Hitler-Stalin-Pakt**). Die entscheidenden Abmachungen zwischen den Vertragspartnern wurden jedoch in einem **geheimen Zusatzprotokoll** festgelegt. Darin verständigten sich die beiden Diktatoren über die Abgrenzung ihrer Interessensphären und die Aufteilung Polens.
Am 1. September 1939 begann der **Überfall auf Polen:** Ohne Kriegserklärung und nach fingierten Grenzzwischenfällen (Sender Gleiwitz) marschierten deutsche Truppen nach Polen ein.

Außenpolitische Bedingungen und Reaktionen:
Das **Verhältnis Frankreichs und Großbritanniens zur Sowjetunion** war ambivalent. Auf der einen Seite versuchte man die Sowjetunion in ein **System kollektiver Sicherheits- und Hilfsvereinbarungen** einzubinden. Andererseits war die Politik der Westmächte geprägt von einem **antibolschewistischen Moment**. Das Militärbündnis (1934) zwischen Moskau und Prag sah, auf ausdrücklichen Wunsch der Tschechoslowakei, im Ernstfall erst eine Unterstützung nach einer französischen Hilfeleistung vor. Dies sollte sich in der Sudetenkrise, als Frankreich seinem Bündnispartner nicht zur Hilfe kam und damit formal korrekt die Sowjets aus ihrer Verantwortung entließ, bitter für die bedrängte Prager Regierung rächen und für Hitler als Vorteil erweisen.
Die Appeasement-Politik war der Versuch der britischen Regierung unter **Premierminister Chamberlain**, den Frieden durch internationale Entspannung zu stabilisieren. Sie ist vor dem Hintergrund der innen- und außenpolitischen Situation Großbritanniens (Strukturschwäche der Wirtschaft, hohe Arbeitslosigkeit, nachlassende Finanzkraft, Desintegrationstendenzen innerhalb des Empires) einzuordnen und war das Bemühen, mithilfe einer Doppelstrategie sowohl die Welthandels- als auch die Weltmachtposition des Empires aufrechtzuerhalten. Daher war die britische Regierung auch auf der Konferenz von München bereit, Hitler gegenüber Zugeständnisse zu machen. Innerhalb der britischen Bevölkerung fand die **Appeasement-Politik** starken Rückhalt. Die Kriegsneigung war in der Bevölkerung sehr gering, und ein Aufrüstungsprogramm war ihr nicht vermittelbar.
Die **britisch-französische Garantieerklärung für Polen** vom 31. März 1939, als Reaktion auf die Errichtung des „Reichsprotektorats Böhmen und Mähren" und die Zerschlagung der Rest-Tschechei, bedeutete **die Aufgabe der Appeasement-Politik**. Im August 1939 wurde ein britisch-polnischer Bündnisvertrag unterzeichnet.

3. *Bei dieser Aufgabe sollen Sie eine Aussage überprüfen. Dabei gilt es, verschiedene Aspekte inhaltlich auszuführen, die für die Plausibilität der Position sprechen. Für eine durchdachte Bewertung ist wichtig, dass Sie sowohl Pro- als auch Kontra-Argumente anführen und diese in einem Fazit gegeneinander abwägen. Die Arbeitsanweisung verlangt von Ihnen Leistungen in den AFB II und III.*

Die Prognosen Gumbels sind zwar nicht in allen Details, wohl aber in ihrem Kerngehalt Realität geworden. Lediglich in folgenden Punkten irrte Gumbel: Die **Sudetenkrise** führte nicht zum Zweiten Weltkrieg. **Hauptkriegsschauplatz** im Zweiten Weltkrieg sollte die **Sowjetunion** werden. Zwar hinterließ der Zweite Weltkrieg gewaltige Zerstörungen in Deutschland, aber insbesondere die USA leisteten durch den **Marshallplan** relativ schnell Aufbauhilfe.
Zutreffend ist jedoch die Prognose Gumbels in vielerlei Hinsicht: Der Überfall deutscher Truppen auf Polen mündete in einen Weltkrieg. Die Niederlage gegenüber den überlegenen Staaten der **Anti-Hitler-Koalition** war vollständig und führte zur **bedingungslosen Kapitulation**. So unterzeichnete Generaloberst Jodl als Chef des Wehrmachtsführungsamtes am 7. Mai 1945 die Kapitulationsurkunde, auch im Beisein eines sowjetischen Vertreters. Sie trat am 8. Mai in Kraft. Eine zweite Unterzeichnung der bedingungslosen Kapitulation erfolgte im sowjetischen Hauptquartier Berlin-Karlshorst am 9. Mai kurz nach Mitternacht. Entsprechend den alliierten Vereinbarungen übernahmen die Siegermächte die oberste Regierungsgewalt in Deutschland. Bereits in den Kriegskonferenzen zuvor hatten die Alliierten die **Teilung Deutschlands** in vier Besatzungszonen diskutiert und beschlossen.
Der **alliierte Bombenkrieg** und die sinnlosen Rückzugskämpfe der letzten Kriegsmonate führten zur **Verwüstunge des Landes**. Militärisch war längst klar, dass Deutschland den Krieg verlieren würde. Hitlers Politik der verbrannten Erde, des „Alles oder Nichts“, machte in Form des „**Nerobefehls**“ (März 1945) Geschichte.
Zehn bis zwölf Millionen ehemaliger nach Deutschland verschleppter Kriegsgefangener und Zwangsarbeiter (DP = displaced persons) waren bei Kriegsende im zerstörten Deutschland unterwegs. Die Zahl der vertriebenen Deutschen beläuft sich auf 12 Millionen. 2,27 Millionen kamen durch die Folgen von Flucht und Vertreibung ums Leben.
Auf der **Potsdamer Konferenz** beschlossen die Alliierten unter anderem die Übergabe von Nord-Ostpreußen an die UdSSR und die Unterstellung weiterer Gebiete östlich der Oder-Neiße-Linie unter polnische Verwaltung sowie die **Vertreibung** der deutschen Bevölkerung aus Osteuropa und den deutschen Ostgebieten beschlossen.
Im Kalten Krieg zwischen den USA und der Sowjetunion kam es zur Gründung von **zwei** sich feindlich gegenüberstehenden **deutschen Staaten**.

Teilaufgabe	**AFB I**	**AFB II**	**AFB III**	**BE**
1	20			20
2.1	5	20		25
2.2	5	20	5	30
3		10	15	25
Summe	30	50	20	100

Hessen – Geschichte – Grundkurs – 2009
Vorschlag C

Thema: Der Weg zum Grundgesetz und die Weimarer Verfassung

Aufgaben

1. Fassen Sie zusammen, welche Besonderheiten Richard von Weizsäcker in Bezug auf die Gründung der Bundesrepublik Deutschland hervorhebt. (20 BE)

2. Erläutern Sie, in welcher Weise die Mütter und Väter des Grundgesetzes „Lehren aus verhängnisvollen Schwächen der ersten Republik" gezogen haben. (25 BE)

3.1 Stellen Sie unter Einbeziehung der Quelle dar, welche wesentlichen Entwicklungen und Entscheidungen seit der deutschen Kapitulation zur Gründung der Bundesrepublik Deutschland führten. (25 BE)

3.2 „Unsere Verfassung ist kein Werk der Siegermächte, sondern deutsch." Diskutieren Sie diese These Weizsäckers, indem Sie die Einflussmöglichkeiten westdeutscher Politiker auf die Staatsgründung der Bundesrepublik Deutschland untersuchen. (30 BE)

Hinweis:
Die Rechtschreibung entspricht der des Originals.

Material

Aus der Rede des Bundespräsidenten Richard von Weizsäcker bei einem Staatsakt in der Beethovenhalle in Bonn am 24. Mai 1989

Heute vor 40 Jahren trat das Grundgesetz für die Bundesrepublik Deutschland in Kraft. Nach schwerer Vergangenheit hatten Deutsche wieder einen eigenen Staat. Er umfaßte nur einen Teil Deutschlands. Er war nicht souverän. Es herrschte große Not. Aber in dieser Stunde kehrten Deutsche in den Kreis der Völker zurück, die Verantwortung für sich selbst zu tragen. Sie taten diesen Schritt als freie Menschen.

Kaum je ist ein Staat so zur Welt gekommen. Im Zeichen der Spannung zwischen Ost und West war die Initiative von den Besatzungsmächten ausgegangen, vor allem von Amerika. Ein alliierter Auftrag zur Staatsgründung erreichte die Ministerpräsidenten, und diese zögerten. Sie waren Patrioten und wollten die Teilung Deutschlands nicht verfestigen.

Die Weichen waren aber inzwischen durch die neue weltpolitische Lage gestellt. Die Sorgen der Menschen galten den Gefahren aus dem Osten und dem Wiederaufbau zu Hause nach der Währungsreform. Man mußte sich der Wirklichkeit stellen und handeln.

So schufen die Länder und der Parlamentarische Rat trotz ihrer Vorbehalte, die sie ehren, den neuen Bundesstaat. Sie verstanden ihn nicht als Absage an das ganze Deutschland, sondern, wie Theodor Heuß ihn nannte, als Transitorium[1].

Der eigene Wille war dort am stärksten, wo die Selbstbestimmung am größten war: bei den Verfassungsgrundsätzen selbst. Es fehlte zwar nicht an Vorgaben durch die Alliierten und an trefflichen Vorbildern westlicher Demokratien. Was aber die Väter und die vier höchst eindrucksvollen Mütter des Grundgesetzes beschlossen, entsprang ihrer eigenen Überzeugung.

Sie knüpften an deutsche Verfassungen an. Sie selbst zogen Lehren aus verhängnisvollen Schwächen der ersten Republik. Sie handelten im eigenen tiefen Bewußtsein der Notwendigkeit, umzukehren nach dem namenlosen Leid und Unrecht der zurückliegenden Jahre. Unsere Verfassung ist kein Werk der Siegermächte, sondern deutsch.

Am 8. Mai 1945 hatte die Deutsche Wehrmacht bedingungslos kapituliert. Am gleichen Tag vier Jahre später wurde mit der Verabschiedung des Grundgesetzes durch den Parlamentarischen Rat der Weg zu einem deutschen Staat frei, der für Demokratie, Menschenrecht und Frieden einsteht und sich heute in aller Welt Achtung erworben hat. […]

Richard von Weizsäcker, Reden und Interviews, Band 5, hg. vom Presse- und Informationsdienst der Bundesregierung, Bonn 1989, S. 227 f.

1 hier im Sinne von: vorübergehender Zustand

Lösungsvorschläge

Inhaltliche Schwerpunkte:
Das Thema der Aufgabenstellung entstammt dem Schwerpunktthema aus dem Kurshalbjahr 13/I: „Konflikt und Kooperation in der Welt nach 1945“, hier speziell dem Teilthema „Die deutsche Ebene – Teilung und Einheit“ mit den Aspekten „Relative Offenheit der Nachkriegssituation und determinierende Faktoren“ sowie „Gründung der beiden deutschen Staaten“. Kursübergreifende Relevanz hat der Bezug zur Weimarer Republik in dem Thema aus 12/II: „Modernität und Antimodernität in der Weimarer Republik und in der NS-Zeit“, hier „Weimarer Verfassung“ und „Die Krise der Weimarer Republik und Ursachen ihres Scheiterns“ – ein Bezug, der in Aufgabe 2 eine Rolle spielt.

1. *In dieser Aufgabe sollen Sie im Grunde eine Zusammenfassung der Ausführungen von Weizsäckers (AFB I) liefern, denn dessen Rede thematisiert zum großen Teil die besondere Situation der Bundesrepublik bei deren Gründung. Es handelt sich um reine Textarbeit, bei der Sie als Beleg Ihrer Darstellung die Fundstelle im Text angeben sollten. Empfehlenswert ist, dass Sie Ihre Ausführungen mit einer Einleitung in die übergeordnete Aufgabenstellung und die Textgrundlage beginnen.*

   Im Folgenden wird der Weg zum Grundgesetz der Bundesrepublik Deutschland im Jahr 1949 anhand einer Rede des Bundespräsidenten Richard von Weizsäcker von 1989 behandelt. Dabei stehen die Entstehungsbedingungen vor dem Hintergrund der Erfahrungen aus der Weimarer Republik im Vordergrund.
   Von Weizsäcker verweist in seiner Rede, die er zum 40. Jubiläum des Grundgesetzes bei einem Staatsakt in Bonn hielt, auf die besondere Situation, in der man sich in Deutschland im Jahre 1949 befand. Nach einer schweren Vergangenheit (Z. 2) während der Zeit des Nationalsozialismus mit Krieg und der darauf folgenden Besatzung sei Deutschland 1949 durch Teilung, Verlust der Souveränität und innere Notlage gekennzeichnet gewesen (Z. 3). Der Impuls zur Staatsgründung sei von alliierter Seite ausgegangen (Z. 8), was zunächst auf wenig Gegenliebe aufseiten der Ministerpräsidenten der deutschen Länder stieß, da diese die Teilung Deutschlands damit nicht befördern wollten (Z. 8–10).
   Aber die damalige weltpolitische Lage habe im Zeichen des beginnenden Ost-West-Konflikts keine andere Wahl zugelassen, da laut von Weizsäcker außenpolitisch vor allem die Gefahr des Sowjetkommunismus und innenpolitisch der Wiederaufbau im Blickpunkt standen (Z. 11 ff.). So ließen sich die Väter und Mütter des Grundgesetzes auf die Schaffung eines Bundesstaates im Westen als Übergangslösung ein (Z. 15–17).
   Doch trotz der ursprünglichen Vorgabe durch die Alliierten und dem Vorbild der westlichen Demokratien nutzten die Urheber des Grundgesetzes ihren Spielraum vor allem in der Formulierung der Verfassungsgrundsätze, bei der sie sich von den Erfahrungen der Weimarer Republik leiten ließen, so von Weizsäcker (Z. 18–24).

2. *Bei dem Operator „erläutern" handelt es sich um den AFB II. Sie sollen Ihr Hintergrundwissen über die Ursachen des Scheiterns der Weimarer Republik aktivieren und anhand der Grundgesetzartikel herausarbeiten, inwiefern diese Fehler, die sich hier vor allem auf die Konstruktion der Weimarer Verfassung beziehen, bei der Erarbeitung des Grundgesetzes bedacht wurden. Es empfiehlt sich, zunächst die entscheidenden Schwachstellen der Verfassung von Weimar zu benennen, um dann anhand der grundgesetzlichen Bestimmungen zu belegen, ob und mit welcher Absicht Lehren aus Weimar gezogen wurden.*

Bei den „Lehren aus verhängnisvollen Schwächen der ersten Republik", die von Weizsäcker anspricht (Z. 23 f.), bezieht er sich auf das Verfassungswerk. Unbestritten enthielt die **Weimarer Verfassung** Bestimmungen, die den Gegnern der Demokratie in die Hände spielten und zur Aushöhlung der ersten Demokratie auf deutschem Boden führten. Zunächst ist hier die **exponierte Stellung des Reichspräsidenten** zu nennen, der **direkt vom Volk gewählt** wurde. Er war eine Art „Ersatzkaiser" mit nahezu monarchischen Vollmachten: Er war nicht nur Oberbefehlshaber des Heeres, sondern er konnte nach Art. 25 den **Reichstag auflösen** und nach Art. 48 **Notverordnungen in Kraft setzen**, d. h. unter Umgehung des Parlaments in Krisenzeiten Gesetze erlassen. Nicht zu Unrecht hat man darin eine **Entmachtung der Legislative** gesehen, die den Weg des Kompromisses nicht mehr einschlagen musste, da zur Not auch der Reichspräsident allein Gesetze durchbringen konnte.
Ein weiterer Schwachpunkt der Weimarer Verfassung war das **absolute Verhältniswahlrecht**. Jede Partei stellte entsprechend ihrem Stimmenanteil Abgeordnete im Reichstag, was zu einer **Zersplitterung des Parlaments** mit einer Vielzahl an größeren und kleineren Parteien führte. Dies erschwerte die Regierungsbildung in erheblichem Maße.
Beide Fehlkonstruktionen wurden im Zuge der Erarbeitung des Grundgesetzes der Bundesrepublik berücksichtigt. Zum einen reduzierte man die **Stellung des Bundespräsidenten** als Staatsoberhaupt auf eine nahezu rein **repräsentative Rolle**, abgesehen von der Gegenzeichnung und Ausfertigung von Gesetzen. Er kann den Bundestag nur auflösen, wenn es keine regierungsfähige Mehrheit im Parlament gibt. Dem Bedeutungsverlust entsprechend, sah man von der Direktwahl des Staatsoberhauptes ab und schuf mit der **Bundesversammlung** ein Gremium, das die Mehrheitsverhältnisse in Bund und Ländern widerspiegelt und den Bundespräsidenten alle fünf Jahre zu wählen hat.
Zum anderen errichtete man die **5-Prozent-Hürde**, um **klare Mehrheitsverhältnisse** im Parlament zu garantieren und damit die Regierungsbildung zu erleichtern. Denn die Entwicklung in Weimar hatte gezeigt, was passiert, wenn viele kleinere Parteien mit ideologisch dezidierten Positionen zu einer konstruktiven Mitarbeit im Parlament nicht fähig sind, stattdessen aber die Politik lähmen und so den Gegnern der Demokratie Vorschub leisten, sofern sie nicht selbst die Demokratie ablehnen. Das Grundgesetz, dessen Artikel 1 und 20 unveränderbar sind, um einen Rückfall in die Diktatur zu verhindern, sieht im Wahlrecht nun

eine **Kombination aus Mehrheits- und Verhältniswahlrecht** vor (Erst- und Zweitstimme).
Das Bundesverfassungsgericht kann **verfassungsfeindliche Parteien verbieten**, die Parteien, die den Auftrag zur **Teilnahme an der politischen Willensbildung** haben, sind laut Art. 21 GG auf demokratische Grundsätze verpflichtet. Der **Wesensgehalt der Grundrechte ist unantastbar**.
Insgesamt ist also festzustellen, dass die Urheber des Grundgesetzes vor allem die Rolle des Parlaments als wirklicher Legislative und des Bundeskanzlers als Kopf einer durchsetzungsfähigen Exekutive zu stärken versuchten und dagegen die Stellung des Staatsoberhaupts auf die Repräsentation Deutschlands beschränkten. Durch das Mittel des **konstruktiven Misstrauensvotums** als einzigem Weg zur Abwahl eines Kanzlers sollte die **Kontinuität einer Regierung** gewährleistet werden. Zudem erarbeitete man einen Grundrechtekatalog, der vor zukünftiger Aushöhlung geschützt wurde. Damit wollte man die „Selbstpreisgabe der Demokratie" (Karl Dietrich Bracher), wie sie sich Anfang der 1930er-Jahre vollzogen hatte, verhindern.

3.1 *Es geht darum, auf der Basis Ihres Faktenwissens und der Ausführungen der Quelle eine strukturierte Darstellung der Zeitspanne zwischen 1945 und 1949 zu präsentieren (AFB I und II). Bei der Beantwortung wird keine lückenlose Darstellung erwartet, sondern eine Konzentration auf wesentliche Etappen und Ziele der Politik der Siegermächte.*

Infolge der bedingungslosen Kapitulation des Deutschen Reiches am 8. Mai 1945 übten die alliierten Siegermächte die Kontrolle im besetzten Deutschland aus. Der Auftrag zur Staatsgründung der Bundesrepublik erging laut von Weizsäcker von den Alliierten, allen voran den USA, an die Ministerpräsidenten der Länder. Der Prozess der Ausarbeitung einer Verfassung von 1948/49 mündete schließlich in die Geburtsstunde des Grundgesetzes am 24. Mai 1949. Dazwischen liegt eine Reihe von prägenden politischen und wirtschaftlichen Entscheidungen, die im Folgenden in einen Erklärungszusammenhang gestellt werden sollen.
Zunächst teilten die Siegermächte UdSSR, USA und Großbritannien Deutschland auf der **Potsdamer Konferenz** im Sommer 1945 in **vier Besatzungszonen** und Berlin in vier Sektoren auf. Zwar traten bereits 1945 Differenzen zwischen den Besatzungsmächten, vor allem zwischen den drei westlichen und der Sowjetunion, zutage; doch einigte man sich grundsätzlich auf vier Essentials, die **4 Ds** (Denazifizierung, Demilitarisierung, Demokratisierung und Demontage; mitunter wird in diesem Zusammenhang auch die Dezentralisierung genannt, die allerdings durch Potsdam bereits umgesetzt worden war). In Bezug auf die Form der Demokratisierung und die staatliche Neuordnung war man von Beginn an zerstritten. Der anfängliche Versuch der gemeinsamen Verwaltung des besiegten Deutschland geriet angesichts der Spannungen auf den **Außenministerkonferenzen** der Folgezeit zusehends aus dem Blick. Vielmehr vereinigten die USA und Großbritannien ihre beiden Besatzungszonen Angang 1947 zur sogenannten

Bizone, nicht zuletzt um einen **einheitlichen Wirtschaftsraum** zu schaffen. Im Jahr darauf erweiterte man das Gebiet um die französische Besatzungszone zur **Trizone**, in die umfangreiche **Finanzhilfen im Zuge des Marshallplans** (European Recovery Program) der USA flossen, der den Wiederaufbau der westdeutschen Wirtschaft beschleunigen und die Bevölkerung an die USA und deren politisches und ökonomisches System binden sollte. Der Marshallplan war ein wesentlicher Schritt auf dem Weg zur Westbindung Westdeutschlands und damit auch zur Gründung der Bundesrepublik. Diese Politik der USA entsprach der generellen Linie der amerikanischen Außenpolitik. Mit der **Containment-Politik** wollte man die Ausbreitung des Kommunismus eindämmen. Präsident Truman erläuterte diese Strategie der USA, die man fortan als **Truman-Doktrin** bezeichnete, in einer Rede vor dem Kongress im März 1947: Umfangreiche Finanz- und Militärhilfe für gefährdete Staaten sollten diese auf die Seite des demokratischen Westens ziehen. Damit wurde der Ost-West-Konflikt weiter angeheizt und die deutsche Teilung zementiert.
Die logische Folge war der Beschluss zur Schaffung eines demokratischen westdeutschen Staates auf der **Londoner Sechs-Mächte-Konferenz** im Jahr 1948. Nun war der Weg frei zur **Ausarbeitung einer Verfassung**, und im Juli 1948 erhielten die Ministerpräsidenten der drei westlichen Besatzungszonen einen entsprechenden Auftrag durch die westlichen Militärgouverneure (sog. Frankfurter Dokumente).

3.2 *Bei dieser Aufgabe, die durch den Operator „diskutieren" großenteils dem Anforderungsbereich III zuzuordnen ist, ist zunächst auf der Grundlage des Redetextes zu erläutern, wie die prägnante These von Weizsäckers zu verstehen ist, das heißt: Inwiefern kann man das Grundgesetz als „deutsch" bezeichnen? Im Zuge einer darauf folgenden Erörterung der These sind Argumente dafür und dagegen anzuführen, um am Ende ein eigenständiges, auf der Basis fundierter Sachkenntnisse zutage gefördertes Ergebnis vorzulegen. Je nachdem, wie Sie Ihre Argumente gewichten, ist ein unterschiedliches Schlussurteil möglich.*

Mit der These, die Verfassung sei „kein Werk der Siegermächte, sondern deutsch" (Z. 26), verweist von Weizsäcker auf die Möglichkeiten, die jene, die das Grundgesetz ausarbeiteten, hatten – obwohl der Auftrag von den Westalliierten kam. Deutlich wird dies, wenn er von dem „eigene[n] Wille[n]" (Z. 18), der „eigenen Überzeugung" (Z. 22), dem „eigenen tiefen Bewußtsein" (Z. 24) als Handlungsmaximen der Verfassungsmütter und -väter spricht.
Die Praxis bei der Ausarbeitung stützt die These von Weizsäckers: Die Beauftragten des Parlamentarischen Rats konnten ihre Arbeit nahezu eigenständig ausführen und ließen sich dabei, wie von Weizsäcker darlegt, von den historischen Erfahrungen aus der Weimarer Republik leiten.
Das Zögern der Ministerpräsidenten zeigt, dass man sich auf deutscher Seite der Bedeutung eines westdeutschen Verfassungswerks bewusst war. Dennoch taten sie den Schritt und entschieden sich so bewusst für die Ausgestaltung einer frei-

heitlich-demokratischen Grundordnung, auch wenn damit die Teilung Deutschlands verfestigt wurde. Dennoch trotzten die verantwortlichen deutschen Politiker den Besatzungsmächten Begrifflichkeiten ab, die eine spätere deutsche Einheit offenließen: Man nannte das Grundgesetz nicht „Verfassung" und ließ es durch die Länderparlamente statt durch eine Volksabstimmung billigen und machte so den **Charakter eines Provisoriums** deutlich. Auch darauf weist von Weizsäcker in seiner Rede hin (Z. 15–17). Der **Gedanke staatlicher Einheit** wurde ohnehin in der Präambel des Grundgesetzes (Wiedervereinigungsgebot) wachgehalten.

Einwenden kann man, dass trotz der Spielräume des Parlamentarischen Rates **Zeitpunkt und Richtung vorgegeben** waren: Von Weizsäcker spricht selbst von einem „alliierte[n] Auftrag zur Staatsgründung" (Z. 8) sowie „Vorgaben durch die Alliierten" (Z. 19 f.). So fiel die grundsätzliche Entscheidung zur Schaffung eines westdeutschen Staates auf der Londoner Sechs-Mächte-Konferenz, wie in Aufgabe 3.1 dargelegt. Die Frankfurter Dokumente mit dem Auftrag zur Ausarbeitung einer Verfassung, der an die westdeutschen Ministerpräsidenten erging, enthielten als Zielvorgabe die **Errichtung eines föderalen demokratischen Staates mit Grundrechtekatalog**. Dazu musste das ausgearbeitete Grundgesetz den Militärgouverneuren **zur Genehmigung vorgelegt** werden.

Als Fazit lässt sich formulieren: Trotz der – erwartbaren und, was die demokratischen Grundzüge betrifft, sicher auch weithin unumstrittenen – Vorgaben durch die alliierten Kontrollgremien und der notwendigen Genehmigung war das Grundgesetz der Bundesrepublik Deutschland ein Ergebnis, das deutlich die Handschrift jener Männer und Frauen des Parlamentarischen Rats trägt, die erkennbar Lehren aus den negativen Erfahrungen der Weimarer Republik gezogen haben. Vor dem Hintergrund des Besatzungsstatus nach der Niederlage im Zweiten Weltkrieg hatten die Urheber des Grundgesetzes **genügend Spielraum, um dem Grundgesetz den Stempel „deutsch" aufzudrücken** – und zwar im positiven Sinne: um eine wehrhafte Demokratie zu schaffen, die uns Deutschen einen neuerlichen Weg in den Totalitarismus erspart.

Teilaufgabe	**AFB I**	**AFB II**	**AFB III**	**BE**
1	20			20
2	5	20		25
3.1	5	20		25
3.2		10	20	30
Summe	30	50	20	100

Hessen – Geschichte – Leistungskurs – 2009
Vorschlag A

Thema: *Französische Revolution und Deutsche Revolution 1918/19*

Aufgaben

1. Fassen Sie zusammen, wie Marat den bisherigen Verlauf der Revolution sieht. (20 BE)
2. Untersuchen Sie Darstellungsweise und politische Tendenz der Ausführungen Marats. (30 BE)
3. Ordnen Sie die Quelle in die Entwicklung der Revolution in den Jahren 1791 und 1792 ein. (20 BE)
4. Überprüfen Sie, ob radikale Kräfte die Novemberrevolution 1918 in ähnlicher Weise beeinflusst haben wie die Französische Revolution. (30 BE)

Hinweis: Jean Paul Marat (1743–1793), von Beruf Arzt, lebte vor der Revolution lange Zeit in England und gehörte dort und in Frankreich zum Kreis radikalaufklärerischer Gesellschaftskritiker. Im Herbst 1789 gründete er die Zeitung „L'Ami du Peuple" (Der Volksfreund).

Die Rechtschreibung entspricht der des Originals.

Material

Jean Paul Marat: Das Volk hat das Ziel der Revolution völlig verfehlt. Artikel in L'Ami du Peuple, Nr. 667 vom 7. Juli 1792

Seit drei Jahren setzen wir alles daran, unsere Freiheit zurückzugewinnen. Dessenungeachtet sind wir weiter von ihr entfernt als am ersten Tag, und nie zuvor wurden wir mehr geknechtet. [...]

Seit 1789 dient das Gesetz, das uns Schutz bieten sollte, nur dazu, uns zu unterdrücken. Obwohl wir keine Herren mehr haben, ächzen wir unter der eisernen Knute unserer eigenen Bevollmächtigten und sind der Gnade unserer eigenen Beamten schutzlos ausgeliefert. [...]

Wir scheuen uns nicht zu wiederholen, dass wir weiter denn je von der Freiheit entfernt sind. Denn wir *sind* nicht nur Sklaven; wir sind es sogar laut Gesetz, infolge der Hinterlist unserer Gesetzgeber, die zu Bundesgenossen des wieder zu Ehren gebrachten Despotismus wurden. [...]

Der Hauptgrund der Wirkungslosigkeit unserer Anstrengungen zur Erlangung der Freiheit rührt von der Natur der Revolution selbst her. [...] es ist nicht wahr, dass sich die ganze Nation gegen den Despoten erhoben hat. [...] Wenn auch anfangs die gebildeten, wohlhabenden und intrigierenden Angehörigen der niederen Klassen gegen den Despoten Partei ergriffen, so taten sie es nur, um sich gegen das Volk zu wenden, nachdem sie sich mit seinem Vertrauen umgeben und sich seiner Kräfte bedient hatten, um sich den Platz der privilegierten Stände, die sie abgeschafft haben, zu sichern. Auf diese Weise also wurde die Revolution nur durchgeführt und getragen von den untersten Klassen der Gesellschaft, von den Arbeitern, den Handwerkern, den Kleinhändlern, den Bauern, der Plebs[1]. [...] Aber dass sich die Revolution einzig zugunsten der Grundbesitzer, der Juristen und Rechtsverdreher auswirken würde, hätte man nie gedacht.

Der Plan der Revolution ist völlig fehlgeschlagen. Da sie sich gegen den Despoten richtete, musste sie als erstes den Despoten und seine Agenten all ihrer Ämter entheben, die Regierung den Beauftragten des Volkes anvertrauen und durch Verordnung für die ganze Zeit, während der die Verfassung noch nicht fertig gestellt war, das Interregnum[2] verkünden. [...]

[Die Volksvertreter] waren jedoch weit davon entfernt, Staatsmänner zu sein, und fast allesamt nichts weiter als geschickte Gauner, die danach trachteten, sich zu verkaufen. [...] [S]ie haben zu Beginn ihrer Tätigkeit dem Fürsten die oberste Exekutivgewalt zurückgegeben, ihn zum unumschränkten Herrscher über den Gesetzgeber gemacht [...]

Das ist aber noch nicht alles! Die Vertreter des Volkes haben im Namen der Nation die Geistlichkeit ihrer Güter, den Adel seiner Titel, die Geldleute ihrer Ämter, die privilegierten Stände ihrer Vorrechte entkleidet; statt aber diese Anhänger des Despotismus zu Boden zu schmettern, indem man sie als ungeeignet für alle Ämter erklärte, haben sie ihnen tausend Möglichkeiten gelassen, sich mit ihm zusammen wieder zu erheben. Sie waren darüber erfreut, den gleichen Vorrang wie diese Leute zu genießen und ihr glückliches Geschick zu teilen und so haben sie sich mit ihnen verbündet und sich dabei dem Despoten verkauft.

Die ersten Vertreter des Volkes müssen also als Hauptstützen der Konterrevolutionäre und als seine Todfeinde angesehen werden.

Wenn das Volk wenigstens seine Rechte gekannt hätte, wenn es verstanden hätte, [...] sich die Ausübung seiner Herrschaft in vollem Umfang zu sichern. Aber es hat nicht einmal darüber nachgedacht, was es tun müsse, damit man es nicht wieder unters Joch zwingt. Statt sich vollständig zu bewaffnen, gab es sich damit zufrieden, dass lediglich ein Teil der Bürger Waffen trug. Alsdann hat es sich ganz auf die Ehrlichkeit seiner Bevollmächtigten verlassen und sich mit den Feinden der Revolution für das Gegenteil dessen entschieden, was es hätte tun sollen. [...]

Für die Masse des Volkes aber gibt es keinen Fortschritt, keine Vernunft und Aufklärung, obgleich sie manchmal gewisse Vorurteile aufzugeben oder vielmehr zu ändern scheint. [...] Der Scharfsinn fehlt [dem Volk] und wird ihm weiterhin fehlen, um die Fallstricke seiner Feinde zu entdecken. Politische Erörterungen haben sowohl in der Vergangenheit wie heutzutage stets sein Fassungsvermögen überstiegen, und das wird auch in Zukunft so bleiben. [...] Das Volk ist weit davon entfernt, zu ahnen, dass es sich nur dann Freiheit verschaffen und Ruhe sichern kann, wenn es sich der Vaterlandsverräter erbarmungslos entledigt und die Rädelsführer unter den Verschwörern in ihrem eigenen Blut ertränkt.

Walter Markov, Revolution im Zeugenstand. Frankreich 1789–1799, Bd. 2: Gesprochenes und Geschriebenes, Reclam: Leipzig 1982, S. 251–259.

1 untere Volksschichten

2 Zeitabschnitt ohne anerkannte Regierung

Lösungsvorschläge

Inhaltliche Schwerpunkte:

Das Halbjahr 12/I: „Gesellschaftliche Veränderungsprozesse am Beginn der Moderne" bildet den inhaltlichen Schwerpunkt dieser Aufgabe, und zwar ausgerichtet auf „Die großen Revolutionen und ihre Folgen", genauer gesagt: „Die Französische Revolution", „Die Krise des Ancien Régime" und die „Phasen der Revolution und der Weg zur Militärregierung". Der kursübergreifende Bezug ergibt sich durch die vierte Aufgabenstellung, und zwar hin zum Halbjahr 12/II: „Modernität und Antimodernität in der Zeit der Weimarer Republik und des Nationalsozialismus" mit seinem Schwerpunkt „Weimarer Demokratie versus nationalsozialistischer Führerstaat"; von diesem Aspekt wiederum sind relevant: die „Entstehungsbedingungen der Republik im nationalen und internationalen Umfeld (Pariser Vorortverträge)" und die „Weimarer Verfassung".

1. *Am Anfang sollte in einer kurzen Einleitung die Quelle mit ihrem Titel und Verfasser vorgestellt und mit einem Übersichtssatz ihr Inhalt skizziert werden.*
   Eine Textzusammenfassung gehört zum AFB I (Reproduktion) und erfordert eine Reduzierung der Quelle auf das Wesentliche unter Beibehaltung des Sinnes. Bezogen auf die vorliegende Aufgabe, darf die Zusammenfassung des „Verlaufs der Revolution" aus Marats Sicht deshalb nicht zu eng gefasst werden: Zu erwähnen sind auch die Ursachen, die Marat für das bisherige Misslingen der Revolution verantwortlich macht (das Volk sei politisch nicht versiert und klug genug), sowie die Konsequenzen, die er aus dem bisherigen Verlauf der Revolution zieht (die Gemäßigten müssten beseitigt werden).

   „Das Volk hat das Ziel der Revolution völlig verfehlt": Unter dieser Überschrift zieht Jean Paul Marat am 7. Juli 1792 in der von ihm herausgegebenen Zeitschrift „L'Ami du Peuple" knapp drei Jahre nach dem Beginn der Französischen Revolution eine kritische Bilanz des bisherigen Verlaufs der Revolution und gibt einen Ausblick auf das, was nun zu tun sei.
   Marat schreibt, die **gesellschaftliche Situation** des Volks habe sich durch die Revolution von 1789 **keineswegs verbessert**, sondern sogar noch verschlechtert. Das Volk sei nicht frei, sondern nun auch noch per Gesetz den oberen Klassen, den Grundbesitzern, Juristen u. a. gegenüber wie Sklaven untertänig und lebe jetzt erst recht in Abhängigkeit.
   Der **neue Unterdrücker** sei die obere Klasse des ehemaligen Dritten Standes. Sie habe das Volk nur benutzt, um mit seiner Hilfe den alten Despoten, König Ludwig XVI., loszuwerden und sich dann an seine Stelle zu setzen. Das Bürgertum sei sogar so dreist gewesen, während des Interregnums, in der Zeit der Ausarbeitung der Verfassung von 1791, den König zum Herrn über das Parlament zu machen.
   Die Abgeordneten im Parlament seien ohnehin die ärgsten Todfeinde des Volkes und der Revolution. Denn sie hätten die ständisch Privilegierten zwar entmachtet, ihnen aber nicht verwehrt, nach der Revolution in neue Positionen aufzusteigen.

Das **gesamte Volk**, und nicht nur das Bürgertum, müsse sich **bewaffnen** (Z. 47) und alle **Feinde** der Revolution erbarmungslos **beseitigen**, da es nur so Ruhe und Freiheit erreichen könne (Z. 56 ff.). Aber dem Volk fehle für diese Erkenntnis der politische Sachverstand, und das werde sich leider auch nicht ändern.

2. *Bei einer „Untersuchung" müssen Sie einen Text im Hinblick auf bestimmte Aspekte erschließen (AFB II). Der Text ist in diesem Fall Marats Zeitungsartikel und die zu erschließenden Aspekte sind formaler und inhaltlicher Art: zum einen Marats Art der Argumentation und die sprachliche und gedankliche Gestaltung des Zeitungsartikels, zum anderen die dadurch zum Ausdruck kommende politische Überzeugung Marats. Es bietet sich an, mit der formalen Untersuchung zu beginnen.*

Marat schreibt als Herausgeber seiner eigenen Zeitung einen **polemischen**, **propagandistischen Artikel**, der ihn deutlich als **radikalen Jakobiner** ausweist; sein Ziel ist die **gewaltsame Vernichtung der „Konterrevolutionäre**".
In seiner Darstellung greift Marat zu stark polemischen und propagandistischen Schlagworten und Wendungen, die provozieren und polarisieren: „Sklaven" (Z. 9), „Todfeinde" (Z. 43), „Verschwörer" (Z. 58 f.), „Hinterlist" (Z. 10), „Vaterlandsverräter" (Z. 58), „Rädelsführer" (Z. 58) und „Rechtsverdreher" (Z. 22). „Das Gesetz, das uns Schutz bieten sollte, [dient] nur dazu, uns zu unterdrücken" (Z. 4 f.); man fühle sich der „Gnade" (Z. 6) der Beamten schutzlos ausgeliefert; die ehemals Revolutionären hätten sich nur den Platz der ehemals Privilegierten sichern wollen (Z. 16–19).
Um seine Ansicht deutlich zu machen, verzichtet Marat auf Differenzierungen und abwägende Zwischentöne. Er **übertreibt**, **verzerrt** und **pauschalisiert** propagandistisch: Die Revolution sei „völlig fehlgeschlagen" (Z. 24); es gehe dem Volk schlechter als vor 1789; es habe nun weniger Freiheit als im Absolutismus; die gewählten Abgeordneten der Nationalversammlung seien „Hauptstützen der Konterrevolutionäre" (Z. 42 f.); Ludwig XVI. sei während des Interregnums unumschränkter „Herrscher über den Gesetzgeber" (Z. 32 f.) gewesen. In diesem Ton schreckt Marat auch nicht vor der Diffamierung seiner Gegner zurück; so nennt er die Parlamentarier u. a. „geschickte Gauner" (Z. 30) der Konterrevolution.
Zu Marats drastischer Ausdrucksweise gehören auch **bilderreiche Metaphern:** Wir „ächzen […] unter der eisernen Knute" (Z. 5), die „Fallstricke seiner Feinde" (Z. 54), es müssen die „Rädelsführer unter den Verschwörern in ihrem eigenen Blut ertränkt" (Z. 58 f.) werden.
In solchen Worten und Wendungen **hetzt Marat** seine Leser agitatorisch gegen das gemäßigte Bürgertum **auf**. Dazu gebraucht er anfangs das vereinnahmende „wir" (vgl. Z. 1 f.), um sich und seine Leser zusammenzuschließen („uns", vgl. Z. 4 ff.); später in seinem Artikel erhebt er sich elitär über das vermeintlich unfähige „Volk" (vgl. Z. 44 ff.).

Die **politische Ausrichtung** Marats passt zu dieser Darstellungsweise:
Marat **lehnt** die in der September-Verfassung von 1791 festgelegte **konstitutionelle Monarchie strikt ab**. Er bekämpft aber nicht nur den ehemals absolutistischen König, sondern auch die Abgeordneten der Nationalversammlung. Sie seien niederträchtige Revolutionsverräter. Daran, dass das **Volk** sie gewählt habe, sehe man, wie politisch **dumm** das Wahlvolk sei (vgl. Z. 44 ff.).
Solange das Volk politisch so unfähig sei, brauche es **Führer** wie ihn. Diese elitäre Haltung führt ab 1792 in die **Terrorherrschaft** des jakobinischen Wohlfahrtsausschusses.
So agitiert Marat in seiner Zeitung als Wissender und „Freund des Volkes" vermeintlich für das Volk, **radikaldemokratisch** und **antibürgerlich**. Er fordert die gewaltsame Verfolgung und Vernichtung der ehemals Privilegierten des Adels genauso wie der neuen Oberen des ehemaligen Dritten Standes.

3. *Die Quelle „einordnen" (AFB II) bedeutet, sie in einen Zusammenhang zu stellen, der durch die Aufgabenstellung vorgegeben ist, hier die Jahre 1791 und 1792. Das heißt, alles, was für die Quelle, die in Aufgabe 1 und 2 ausführlich bearbeitet wurde, aus dieser Zeitspanne relevant ist, soll zur Sprache kommen. Demnach ist die inhaltliche Leitlinie der Einordnung die zunehmende Radikalisierung der Revolution. Konkret stellt sich die Frage: Welche Ereignisse und Entwicklungen der Jahre 1791 und 1792 sind unter diesem Aspekt der zunehmenden Radikalisierung für das Entstehen und für das Verständnis der Quelle von Bedeutung? Dabei sollen die Ereignisse und Entwicklungen nicht nur genannt, sondern sie müssen auch in ihrer Bedeutung kurz erläutert werden. Die Einordnung wird im Präteritum verfasst.*

Marat sieht die Revolution als verloren und fordert deshalb zur Radikalisierung des Volkes gegen das Bürgertum auf. Was sind die geschichtlichen Hintergründe dieses Appells, was seine unmittelbaren Folgen?
Nach der **Abschaffung der Feudalordnung** und der **Einführung der Bürger- und Menschenrechte** im August 1789 erarbeitete die Nationalversammlung (Konstituante) eine **Verfassung** für Frankreich. Als sich die Entscheidung für eine **konstitutionelle Monarchie** abzeichnete, **versuchte König Ludwig XVI.** mit seiner Familie außer Landes **zu fliehen** (Varennes, 20./21. Juni 1791). Viele Adlige waren zu dieser Zeit schon ins benachbarte Ausland ins Exil gegangen, um von dort aus mithilfe anderer Adliger die Revolution in Frankreich zu bekämpfen. Der König wurde aber auf seiner Flucht entdeckt und zurück nach Paris gebracht. Die **Verfassung vom 3. September 1791** (konstitutionelle Monarchie) räumte ihm ein Vetorecht in der Gesetzgebung ein und gab ihm den Oberbefehl über das Heer. Der König akzeptierte diese Verfassung. Diese Position des alten Königs („Despoten", Z. 14) in der Verfassung dürfte Marat ebenso widerstrebt haben wie das mehrstufige **Zensuswahlrecht**, das allein dem (Groß-)Bürgertum die **politische Partizipation** ermöglichte.

Sogleich bemühte sich das girondistische Bürgertum, die Errungenschaften seiner Revolution durch einen **Krieg** ins Ausland zu bringen, auch, um damit von Spannungen im Inneren und wirtschaftlichen Problemen abzulenken. Am 20. April 1792 erklärte **Frankreich Österreich** den Krieg. Robespierre hatte, ganz im Sinne Marats, vor diesem Krieg gewarnt; er wollte zunächst die Revolution im eigenen Land sichern und zu Ende führen.
Die vorliegende Quelle, Marats Zeitungsartikel vom 7. Juli 1792, erschien zu einer Zeit verstärkter **antimonarchistischer Agitation** der Jakobiner und der Sansculotten. Schon am Ende dieses Monats, am 25. Juli 1792, zeigte sich ein weiteres Indiz der **Radikalisierung** der Revolution: der **Herzog von Braunschweig** mahnte die Franzosen in seinem Manifest, den König nicht anzutasten und die feindlichen Truppen bei ihrem Kriegszug durch Frankreich nicht zu bekämpfen. Die Pariser Bürger waren über diese Einmischung in ihre Angelegenheiten empört und **stürmten** am 10. August 1792 **die Tuilerien**, das Stadtschloss des Königs, und setzten ihn als **Bürger Capet** gefangen. Die Monarchie war damit am Ende. Diese sogenannte **Zweite Revolution** im August 1792 könnte durchaus auch von Marats vorliegendem Aufruf zur Radikalisierung gefördert worden sein.
In der Folgezeit gab es weitere Ereignisse, die ganz im Sinne von Marats Aufruf waren: Statt des Zensuswahlrechts wurde am 11. August 1792 das **allgemeine Wahlrecht** (für Männer ab 21 Jahren) eingeführt und der Nationalkonvent gewählt. Auch die militärischen Erfolge der feindlichen Koalitionstruppen förderten die Radikalisierung. Nach der Kapitulation von Verdun am 2. September 1792 standen **royalistische Truppen schon vor Paris**, die Revolutionäre fühlten sich in Gefahr. In dieser Situation stürmten Radikale die Gefängnisse in Paris und in der Provinz. Vom 2.–6. September kamen bei **Massakern** an inhaftierten Priestern (Eidverweigerer), aber auch an gemäßigten Demokraten und unpolitischen Gefangenen rund 1 200 Menschen ums Leben. Die politische Verantwortung dafür trug Innenminister **Danton**. Marat aber galt als einer, der mit Artikeln wie dem vorliegenden unmittelbar zu diesen Mordtaten aufgehetzt hatte.
Am 21. September 1792 trat der neu gewählte **Konvent** zusammen und **rief die Republik aus**. Die Auseinandersetzungen zwischen Girondisten und Jakobinern verschärften sich. König **Ludwig XVI.** wurde der Prozess gemacht; im Januar 1793 wurde er zum Tode verurteilt und am 21. Januar 1793 in Paris öffentlich **hingerichtet** – wohl ganz im Sinne von Marats politischer Überzeugung.
Artikel wie der von Marat hatten also durchaus ihre Wirkung: Sie haben die „Zweite Revolution" mit eingeleitet und die Terrorherrschaft der Jakobiner begründet.

4. *Zur Herstellung des kursübergreifenden Bezugs stellt sich nun die Frage, ob es vergleichbare einflussreiche radikale Kräfte auch in der deutschen Novemberrevolution von 1918 gegeben habe.*
Der relevante Operator dieser Aufgabe heißt „überprüfen" (AFB III). Das bedeutet im Allgemeinen, Sie müssen eine Aussage auf ihre Angemessenheit hin untersuchen; diese Aussage lautet hier: Radikale hatten in der Novemberrevolu-

tion einen mehr oder weniger großen Einfluss.
Wie gehen Sie dabei methodisch am besten vor?

- *Sie können als Erstes die radikalen Kräfte der Novemberrevolution 1918 und ihre Rolle darstellen; in einem zweiten Schritt würden Sie sie dann mit den Radikalen in der Französischen Revolution vergleichen.*
- *Sie können auch umgekehrt und anknüpfend an die drei Aufgaben davor mit der Rolle der Radikalen in der Französischen Revolution beginnen und dann zum Vergleich die Radikalen in der Novemberrevolution 1918 heranziehen.*
- *Sie können schließlich ebenfalls mit einer These beginnen, um sie dann zu erörtern, etwa so: In der Französischen Revolution hatten Radikale mehr Einfluss als in der Novemberrevolution – was spricht dafür, was spricht dagegen?*

Diese letzte Möglichkeit wird im Folgenden ausgeführt.
Auch wenn in der Aufgabenstellung nur von der Novemberrevolution 1918 die Rede ist, sollten Sie die Ereignisse bis Ende Januar 1919 einbeziehen.

In der Novemberrevolution spielten der sozialistische Spartakusbund bzw. die KPD (gegründet am 31. Dezember 1918) eine ähnliche Rolle wie die Jakobiner und Sansculotten in der Französischen Revolution: Sie radikalisierten die Revolution. Allerdings bleibt die **Wirkung der sozialistisch-kommunistischen Kräfte in Deutschland 1918/19 weitaus geringer als die der Radikalen von 1792 bis 1794 in Frankreich**.
Diese geringere Wirkung liegt zum einen in den charakteristischen **Besonderheiten der Novemberrevolution:** Es gab **keine eruptive Entladung** von Empörung und Reformstau. Denn die Revolution fiel den Deutschen durch die Kriegsniederlage eher zu, als dass sie sie angestrebt und errungen hätten. Auf diese Weise bekam die MSPD (Mehrheitssozialdemokraten) als stärkste Fraktion im Reichstag den Auftrag, eine Regierung zu bilden. Die USPD wurde paritätisch in den „Rat der Volksbeauftragten" aufgenommen, um auch linke Kräfte an der Regierungsbildung zu beteiligen und von radikalen Maßnahmen abzuhalten. Dem vorausgegangen waren im Oktober 1918 erste **Reformen zur Parlamentarisierung**, sodass grundlegende Forderungen bereits erfüllt waren: Die Monarchie war am Ende, der Kaiser war geflohen, die **neue Staatsform**, **Republik**, stand fest.
Zudem hatten sich **mögliche Gegner der Revolution**, die konservativen und reaktionären Kräfte, **zurückgehalten**, weil sie einerseits nach der schmählichen Kriegsniederlage politisch geschwächt waren und andererseits mit dem neu zu entwickelnden Staatswesen nichts zu tun haben wollten.
Gleichwohl verstanden es das **Bürgertum und das Militär**, entscheidenden **Einfluss auf die Ereignisse** zu gewinnen. Ihr Bündnis mit der MSPD, die sich gegen linke Gruppierungen durchsetzen musste, stärkte die gemäßigten Kräfte ausschlaggebend: zu erkennen am Bündnis mit dem Militär (Ebert-Groener-Bündnis, schon am 10. November) oder am Bündnis der MSPD mit den Gewerkschaften.
Diese Zusammenschlüsse wurden nicht zuletzt durch die **Angst vor einer Radikalisierung** der Revolution gefördert: Die Schreckensherrschaft der Jakobiner selbst war eine solche historische Erfahrung und aktuell wirkte die **Bolschewistische Revolution in Russland** vom Vorjahr (1917) auf viele Menschen in Deutsch-

land abschreckend. Das Auftreten der Radikalen in der Novemberrevolution 1918 hielt sich unter diesen Umständen – besonders gemessen an dem der Jakobiner in der Französischen Revolution – in Grenzen.
Während die revolutionären Ereignisse in Frankreich tatsächlich mit der Entwicklung und Anwendung entsprechender politischer Vorstellungen entstanden, waren in Deutschland die Positionen der **politischen Richtungen 1918 schon bekannt** und hatten sich in parteipolitischen Auseinandersetzungen spätestens seit 1871 im Parlament entwickelt (Flügelkämpfe, Reformismusstreit in der SPD, Burgfrieden, Abspaltung der USPD).
Die **Radikalität** der Novemberrevolution begann mit dem **Aufstand der Kieler Matrosen** der Kriegsflotte, die sich weigerten, auszulaufen. Dann entstanden im ganzen Land **Arbeiter- und Soldatenräte**. Aber sie blieben – wie das lebendige Vorbild der Bolschewisten in Russland – in der Minderheit. **Karl Liebknecht** rief in Konkurrenz zu **Philipp Scheidemann** von der SPD („deutsche Republik“) am 9. November 1918 in Berlin die „freie sozialistische Republik Deutschland“ aus. Aber die Anhänger der Räterepublik unterlagen auf dem Berliner Reichsrätekongress am 16. Dezember 1918 gegen die Gemäßigten, die das parlamentarisch-repräsentative Staatsmodell favorisierten.
Anfang Januar folgte jedoch der **Spartakusaufstand** in Berlin. Er wurde unter Führung von Gustav Noske (SPD) und mithilfe von Freikorps gewaltsam niedergeschlagen. Erst recht gewalttätig war die **Ermordung von Karl Liebknecht und Rosa Luxemburg** durch ebensolche Freikorps kurze Zeit später (am 15. Januar 1919). Vier Tage darauf fanden die **Wahlen zur Nationalversammlung** statt.
Fazit: Die Radikalen des Spartakusbundes bzw. der KPD versuchten zwar in einzelnen Ereignissen, auf die politische Gestaltung der neuen deutschen Republik Einfluss zu nehmen. Doch einerseits blieb ihre **Resonanz in der Bevölkerung** nach Kriegsende **begrenzt**, und andererseits gelang es der SPD, ein **starkes Bündnis mit dem Bürgertum** und den konservativen Kräften einzugehen und so die Radikalen gewaltsam zurückzuschlagen.

Teilaufgabe	AFB I	AFB II	AFB III	BE
1	20			20
2		25	5	30
3	5	15		20
4		10	20	30
Summe	25	50	25	100

Hessen – Geschichte – Leistungskurs – 2009
Vorschlag B

Thema: *Revolution und Bürgertum*

Aufgaben

1. Fassen Sie die Aussagen von Hugo Preuß zur Lage in Deutschland Mitte November 1918 zusammen. (20 BE)
2. Erläutern Sie die Ausführungen des Autors vor dem Hintergrund der inneren Entwicklung in Deutschland vom Oktober 1918 bis zum August 1919. (20 BE)
3. Stellen Sie dar, warum die von Preuß propagierte Zusammenarbeit zwischen SPD und Bürgertum am Ende der Weimarer Republik gescheitert ist. (30 BE)
4. Diskutieren Sie, ob die Bedingungen für die Ausbildung einer Schreckensherrschaft in der Französischen Revolution auch in vergleichbarer Weise in der Novemberrevolution 1918 bestanden. (30 BE)

Hinweis:
Hugo Preuß (1860–1925), Jurist und Rektor der Handelshochschule Berlin, linksliberaler Politiker im Kaiserreich, mit dem Entwurf der Weimarer Reichsverfassung beauftragt, Mitbegründer der DDP, erster Innenminister der Weimarer Republik im Kabinett Scheidemann (SPD).

Die Rechtschreibung entspricht der des Originals.

Material

Hugo Preuß: „Volksstaat oder verkehrter Obrigkeitsstaat" (14. 11. 1918)

Wenige Tage sind seit dem Sturz des alten Obrigkeitssystems in Deutschland erst verstrichen; […] die Ueberalterung des Obrigkeitsstaats war die Ursache seines Bankerotts und des gegenwärtigen Umsturzes; sie ist aber auch die Ursache, daß an seine Stelle noch keineswegs der Volksstaat getreten ist, sondern ein umgedrehtes Obrigkeitssystem. Im alten Obrigkeitsstaat hatte der Bürger sehr wenig, im gegenwärtigen hat er absolut gar nichts zu sagen; mehr als je vorher ist im Augenblick das Volk in seiner Gesamtheit lediglich Objekt einer Regierung, die ihm durch unerforschliche Ratschläge gesetzt wird, nur daß sich diese nicht auf ein Gottesgnadentum berufen, sondern auf eine genau ebenso unfaßliche Volksgnade. Der Rechtstitel ist in einem wie im anderen Falle die Macht […]. Kurz, es ist ganz und gar der umgedrehte Obrigkeitsstaat.

Gewiß kann man dem „Bürgertum" in dem leider üblich gewordenen engen Sinne dieses Wortes entgegenhalten, daß es kein Recht habe, sich über seine Ausschließung zu beklagen, weil seine politischen Unterlassungssünden, seine Schlappheit und Servilität[1] ein gerüttelt Maß der Schuld tragen […] an dem gegenwärtigen Zusammenbruch. […] es ist daher begreiflich, wenn die Organisatoren der Revolution deren Früchte allein zu genießen wünschen.

Aber diesem Wunsche steht die Tatsache entgegen, daß er nicht nur die Entwicklung politischer Freiheit, unter deren Losung doch der Umschwung vollzogen wurde, unmöglich macht, sondern auch das ganze Schicksal unseres schon so hart heimgesuchten deutschen Volkes dem Verderben preisgeben muß. […]

Ihr könnt dem geschlagenen deutschen Volke Erhebung, dem zerrütteten deutschen Staate neues Leben unmöglich unter Entrechtung seines Bürgertums, unmöglich im Zeichen des Klassenkampfes bringen. Die Absichten der gegenwärtigen Machthaber mögen die lautersten und reinsten sein; sie können doch der zwingenden Logik nicht entgehen, daß der Versuch, den deutschen Staat unter Zurückdrängung seines Bürgertums zu konstituieren, in kurzer Frist unabwendbar zum bolschewistischen Terror führen muß. Der gegenwärtige Zustand, daß zahlreiche bürgerliche Elemente die öffentlichen Geschäfte führen unter der Diktatur einer ihnen prinzipiell fremden Obrigkeit, mag im Augenblick als Notbehelf unvermeidlich sein; aber er ist nur auf kürzeste Frist haltbar, wird sehr bald von der einen oder der anderen Seite als unerträglich empfunden werden. Wenn er bis dahin seine Lösung nicht in einer auf der Gleichberechtigung aller Volksgenossen ruhenden politisch-demokratischen Organisation gefunden hat, so gibt es keinen anderen Ausweg als rechtlose Gewalt und mit ihr völlige Zerrüttung des wirtschaftlichen Lebens. Auf solchen Wegen mag seine Ziele verfolgen, wer unter Zerstörung aller nationalen Gliederungen die allgemeine Zwangsherrschaft des internationalen Proletariats herstellen zu können wähnt; niemals jedoch der, der aus dem großen Zusammenbruch den demokratischen deutschen Volksstaat retten will […].

Wie haben uns die Reaktionäre die Entwicklung in der Art der „westlichen Demokratien" zu verekeln gesucht; und nicht nur Liberale, auch Sozialdemokraten sind ihnen auf den Leim gegangen. Wollen wir jetzt statt dessen den Bolschewismus nachahmen, die negative Platte des russischen Zarismus? In epigrammatischer[2] Zuspitzung, doch im Kerne treffend, schreibt eben jetzt Albert Thomas in der „Humanité"[3]: „Entweder Wilson oder Lenin, entweder die aus der französischen Revolution hervorgegangene und von der amerikanischen Republik weiter entwickelte Demokratie oder die brutalen Formen des russischen Fanatismus. Man muß wählen."

Wenn es das unabwendbare Schicksal in allen Revolutionen wäre, daß die Gironde von jakobinischer Schreckensherrschaft überrannt wird, so ist es deren Schicksal, von einem gesellschaftsrettenden Säbelregiment überwunden zu werden. Daß es nicht notwendig so sein muß, zeigt vor allem die […] amerikanische Entwicklung. Für den Lauf, den die Dinge bei uns nehmen werden, wird Haltung und Stimmung des Bürgertums sicherlich von schwerwiegender Bedeutung sein. Dem entsetzlichen Wechsel von rotem und weißem Terror[4] zu entgehen, haben wir nur dann Aussicht, wenn sich eine starke und energische Strömung innerhalb des deutschen Bürgertums entschlossen auf den Boden der vollzogenen Tatsachen stellt […] und wenn ihre Mitarbeit in voller und verantwortlicher Gleichberechtigung nicht zurückgewiesen wird. Nicht zum Vortrupp reaktionärer Bestrebungen darf und will sich das Bürgertum hergeben; es will Hand in Hand gehen mit den neuen Mächten, aber nicht als Handlanger, sondern als gleichberechtigter Genosse. Nicht Klassen und Gruppen, nicht Parteien und Stände in gegensätzlicher Isolierung, sondern nur das gesamte deutsche Volk, vertreten durch die aus völlig demokratischen Wahlen hervorgehende deutsche Nationalversammlung, kann den deutschen Volksstaat schaffen. [...] Gewiß muß eine moderne Demokratie vom Geiste eines kräftigen sozialen Fortschritts erfüllt sein; aber ihre politische Grundlage kann niemals der soziale Klassenkampf, die Unterdrückung einer sozialen Schicht durch die andere bilden, sondern nur die Einheit und Gleichheit aller Volksgenossen. Im Rahmen der zu schaffenden demokratischen Verfassung sind die unausbleiblichen sozialpolitischen Kämpfe der Zukunft friedlich auszutragen. Die Stellung zu der konstituierenden Nationalversammlung des deutschen Volksstaates ist zugleich die Stellung zu der Frage: Demokratie oder Bolschewismus.

Berliner Tageblatt, Nr. 583 vom 14. 11. 1918. Zitiert nach: Die deutsche Revolution 1918–1919. Dokumente. Hg. von G. A. Ritter u. S. Miller. Frankfurt ²1983, S. 364–366.

1 Unterwürfigkeit
2 kurz, treffend, geistreich
3 Parteizeitung der französischen Sozialisten
4 Bezug zur Russischen Revolution („rote Bolschewiki", „weiße Konterrevolutionäre")

Lösungsvorschläge

Inhaltliche Schwerpunkte:
Die Aufgabe bezieht sich hauptsächlich auf das Kurshalbjahr 12/I mit dem Thema „Gesellschaftliche Veränderungsprozesse am Beginn der Moderne" und dabei insbesondere auf den Schwerpunkt „Die großen Revolutionen und ihre Folgen" mit den inhaltlichen Aspekten „Amerikanische Revolution: Emanzipationsbewegungen und revolutionäre Veränderungen in den englischen Kolonien von Nordamerika" und „Französische Revolution: die Phasen der Revolution und der Weg zur Militärregierung: der Aufstieg Napoleons". In der letzten Aufgabe wird der kursübergreifende Bezug zum Halbjahr 12/II mit dem Thema „Modernität und Antimodernität in der Zeit der Weimarer Republik und des Nationalsozialismus" mit den inhaltlichen Aspekten „Weimarer Demokratie vs. Nationalsozialistischer Führerstaat: Entstehungsbedingungen der Republik im nationalen und internationalen Umfeld; die Krise der Weimarer Republik und Ursachen ihres Scheiterns" hergestellt.
Im vorliegenden Quellentext werden die Machtverhältnisse analysiert, die in Deutschland nach dem Zusammenbruch des Kaiserreichs entstanden waren.

1. *Vor der Reduktion des Textes auf die wesentlichen Inhalte sollten Sie die Quelle einordnen, denn gerade in diesem Fall sind die Person des Verfassers und der Zeitpunkt der Veröffentlichung des Textes für dessen Verständnis und Interpretation von größter Bedeutung.*
   Bei der Zusammenfassung des Zeitungsartikels achten Sie bitte unbedingt auf die Wahrung der notwendigen Distanz zum Text und auf die Kennzeichnung wörtlich übernommener Begriffe oder Passagen als Zitate (AFB I).

Hugo Preuß, ein linksliberaler Politiker im Kaiserreich, kommentiert am 14. November 1918, also wenige Tage nach der Ausrufung der Republik und der Bildung der provisorischen Regierung des „**Rats der Volksbeauftragten**“, im Berliner Tageblatt die in Deutschland entstandene politische Lage.
Nach seiner Auffassung hat der Umsturz noch keineswegs einen „**Volksstaat**“ (Z. 4) hervorgebracht, sondern lediglich ein „**umgedrehtes Obrigkeitssystem**“ (Z. 4 f.), in dem das Volk das Objekt der Machtausübung einer Regierung sei, die ihm „durch unerforschliche Ratschläge gesetzt“ (Z. 7 f.) worden sei, also durch die Selbstermächtigung der beiden sozialistischen Parteien (MSPD und USPD) zur „provisorischen Regierung“.
Zwar trage das **Bürgertum** durch seine „Schlappheit“ (Z. 14) eine Mitverantwortung dafür, dass es bei der Bildung der neuen Regierung übergangen worden sei, jedoch könne der neue deutsche Staat langfristig nicht „unter Entrechtung seines Bürgertums [...] im Zeichen des **Klassenkampfes**“ (Z. 23 f.) aufgebaut werden. Ein solcher Versuch werde über kurz oder lang im „**bolschewistischen Terror**“ (Z. 27) oder in der Anarchie enden.
Preuß appelliert an die neuen Machthaber, stattdessen einen Staat zu konstituieren, der auf der „Gleichberechtigung aller Volksgenossen“ (Z. 32 f.) aufbaut, und er fordert das deutsche Bürgertum auf, die Revolution als Tatsache hinzunehmen und an der neuen politischen Ordnung gleichberechtigt mitzuwirken.
Das Bürgertum dürfe sich nicht als „Vortrupp reaktionärer Bestrebungen“ (Z. 58) missbrauchen lassen, sondern solle mit den neuen Machthabern kooperieren, damit eine aus demokratischen Wahlen hervorgegangene **Nationalversammlung** den „deutschen Volksstaat“ (Z. 63) schaffen könne. Dieser neue Staat müsse die Grundgedanken der amerikanischen und der französischen Revolution aufgreifen und er müsse vom „Geiste eines kräftigen sozialen Fortschritts“ (Z. 64), nicht aber vom Geiste des Klassenkampfs erfüllt sein.

2. *Der Operator „erläutern“ fordert Sie dazu auf, die Ausführungen des Autors auf der Grundlage Ihres historischen Wissens über die deutsche Novemberrevolution einzuordnen und durch Beispiele und zusätzliche Informationen zu verdeutlichen (AFB II). Sie sollen also hier nicht die Geschichte der Novemberrevolution „herunterzählen“, sondern – auch aus Gründen der Zeitökonomie – sich auf diejenigen Ereignisse und Entwicklungen konzentrieren, die einen Bezug zu dem im Artikel von H. Preuß aufgeworfenen Thema haben: der Zusammenarbeit von sozialistischen und bürgerlichen Kräften und Parteien zum Zwecke der Abwehr der Gefahr des Bolschewismus (AFB I und AFB II).*

Im Frühherbst 1918 war die **Siegfriedenstrategie** der kaiserlichen **OHL** endgültig gescheitert. Die unerwartete und von der OHL lange verschleierte militärische Niederlage hatte den kaiserlichen Obrigkeitsstaat mit einem Schlag diskreditiert und entlegitimiert. Versuche im Oktober 1918, die **Monarchie** doch noch durch Reformen und der Beteiligung der Reichstagsmehrheit an der Regierung zu retten, waren fehlgeschlagen. Die rasche Ausdehnung der vom **Kieler Matrosenaufstand**

ausgegangenen **Rätebewegung** auf ganz Deutschland hatte offenbart, dass das monarchische Regime abgewirtschaftet hatte.
Die Konsequenz daraus zogen am 9. November sowohl **Phillipp Scheidemann** mit der Ausrufung der „deutschen Republik" und **Karl Liebknecht** mit der Ausrufung der „freien sozialistischen Republik Deutschland". Um der Machtübernahme linksradikaler Kräfte zuvorzukommen, bildete **Friedrich Ebert** mit dem „**Rat der Volksbeauftragten**" eine zu Anfang paritätisch aus MSPD und USPD zusammengesetzte provisorische Regierung, der sich neben der Unterzeichnung des **Waffenstillstands** und der Demobilmachung zwei Aufgaben stellten: die rasche Vorbereitung demokratischer Wahlen zu einer **verfassunggebenden Nationalversammlung** und bis dahin Aufrechterhaltung bzw. Wiederherstellung der staatlichen Ordnung.
Zu diesem Zweck ging Ebert ein **Bündnis mit General Groener**, dem Nachfolger Ludendorffs als Chef der Obersten Heeresleitung, ein, in dem Groener der neuen Reichsregierung die Loyalität des Militärs zusicherte und die Unterstützung der Reichswehr gegen linksrevolutionäre Aufständische wie **Spartakus** und KPD. Als Gegenleistung sicherte ihm Reichskanzler Friedrich Ebert zu, dass die militärische Befehlsgewalt unangetastet bliebe. Darüber zerbricht die Koalition aus MSPD und USPD und die Unabhängigen verlassen den Rat der Volksbeauftragten.
Ebert und die Mehrheitssozialdemokraten im Rat der Volksbeauftragten lehnen es ausdrücklich ab, den neuen Staat nach sowjetischem Modell am **Rätesystem** auszurichten und werden in dieser Haltung vom **Reichskongress der Arbeiter- und Soldatenräte** bestärkt, der Ende Dezember in Berlin tagt und sich mit großer Mehrheit für die Wahl einer Nationalversammlung am 19. Januar 1919 entscheidet. Als die Linksradikalen gegen diese Entscheidung zum bewaffneten Aufstand blasen, schreitet nach einem Hilfeersuchen der provisorischen Regierung die Reichswehr ein und schlägt den „**Spartakusaufstand**" nieder.
So können am 19. Januar die Wahlen zur Nationalversammlung abgehalten werden. Sie bringen einen überwältigenden Wahlsieg der gemäßigten Sozialdemokraten und der republikanischen bürgerlichen Parteien DDP und Zentrum, welche zusammen mit der SPD die „**Weimarer Koalition**" bilden und in der Nationalversammlung über eine Zwei-Drittel-Mehrheit verfügen.
Hugo Preuß wird federführend mit der Ausarbeitung der **Weimarer Verfassung** beauftragt; diese wird im August 1919 von der Mehrheit der Weimarer Koalition verabschiedet.
Bis dahin also läuft die politische Entwicklung exakt in die von Hugo Preuß in seinem Artikel vom 14. November propagierte Richtung: Die **Sozialdemokraten** wenden sich gegen Klassenkampf und Linksradikalismus und verhindern dessen Machtübernahme; sie sorgen für demokratische Wahlen zur Nationalversammlung und arbeiten mit den demokratischen Bürgerparteien nicht nur bei der Ausarbeitung der Verfassung zusammen, sondern gehen mit **DDP** und **Zentrum** auch die „Weimarer Koalition" ein. Der neue „demokratische Volksstaat" scheint auf einer soliden Basis zu stehen.

3. *Mit dem Operator „darstellen" werden Sie dazu angehalten, Entwicklungszusammenhänge mithilfe von Kenntnissen und bekannten Deutungen zu erklären. Konkret geht es darum, diejenigen Faktoren zu erläutern, die dafür verantwortlich sind, dass die erfolgreich begonnene Zusammenarbeit zwischen den Sozialdemokraten und den bürgerlichen Parteien am Ende der Weimarer Republik aufgekündigt wurde (AFB II und III).*

Die scheinbar so stabile Regierungsmehrheit der Weimarer Koalition geht bereits bei den ersten **Reichstagswahlen 1920** verloren und wird in der ganzen Weimarer Ära nie wieder erreicht. Um auf der Basis dieser **veränderten parlamentarischen Mehrheitsverhältnisse** Regierungen zu bilden, müssen weiter rechts stehende Parteien wie die **DVP** und zeitweise sogar die **DNVP** in die Regierungsverantwortung geholt werden, sog. „**Vernunftrepublikaner**", die eigentlich dem monarchischen Staat nachtrauern.
Die Sozialdemokraten sind nur noch 1919/20 und 1928–1930 in der Regierung und sorgen 1930–1932 durch Tolerierung für das Überleben der Regierung Brüning.
Die Schwächung der demokratischen Mittelparteien der Republik zugunsten der **radikalen Flügelparteien** seit 1920 hängt zusammen mit den Belastungen der Republik, für welche die Führung der Weimarer Koalitionsparteien zwar nicht verantwortlich ist, die ihnen aber von der radikalen Propaganda dennoch erfolgreich angelastet werden: **Versailler Vertrag**, **Dolchstoßlegende** und **Inflationskrise von 1923**.
Es ist ein meisterliches Schurkenstück der rechtskonservativen Propaganda, den Parteien, welche die Revolution gemacht oder doch davon profitiert hatten, über die Dolchstoßlegende die Verantwortung für die Kriegsniederlage und damit letztlich auch für die Bestimmungen des Versailler Friedensvertrags und alles, was daraus folgt, zuzuschieben. Der Erfolg dieser **Propaganda** schlägt sich in Wahlergebnissen nieder.
Die Linksradikalen wiederum beschimpfen die Sozialdemokraten als „Bluthunde", „**Arbeiterverräter**" und „Sozialfaschisten", weil sie die Kommunisten an der Errichtung ihrer Diktatur des Proletariats gehindert hatten. Und auch diese Sprüche bringen Wählerstimmen ein.
Nach der **Reichstagswahl von 1928**, in der die SPD, begünstigt durch die Prosperitätsphase der Republik, noch einmal einen Wahlsieg erringt, kommt es letztmals zur Erneuerung der Zusammenarbeit zwischen Sozialdemokraten und bürgerlichen Parteien – diesmal in der „**Großen Koalition**" unter Einschluss der von **Gustav Stresemann** geführten Deutschen Volkspartei.
Nach dem Tod Stresemanns und dem Ausbruch der **Weltwirtschaftskrise** im Herbst 1929 brechen jedoch die Interessengegensätze zwischen der SPD und ihrer Arbeiterklientel auf der einen und der DVP und ihrer Unternehmerklientel auf der anderen Seite so heftig auf, dass die Große Koalition daran auseinanderbricht. Damit ist der letzte Versuch einer Zusammenarbeit zwischen bürgerlichen Parteien und Sozialdemokraten auf Regierungsebene in der Weimarer Ära gescheitert. Die nachfolgenden **Präsidialregierungen** sollen nach dem ausdrücklichen Willen des konservativen Reichspräsidenten „**sozialistenrein**" zusammengesetzt sein. Und

diese Regierungen repräsentieren dann schon ein anderes politisches Konzept als den von Hugo Preuß geforderten „demokratischen Volksstaat". Insofern ist es nur konsequent, dass dessen Verfassung in der **Ära der Präsidialkabinette** systematisch ausgehöhlt wird, bevor sie dann von Hitler mit der – wenn auch erpressten – Zustimmung aller bürgerlichen Parteien durch das **Ermächtigungsgesetz** de facto aufgehoben wird.

4. *Der Operator „diskutieren" bedeutet, dass Sie zu einer Problemstellung, hier also zu der Frage, ob sich aus der Novemberrevolution von 1918 eine mit der Jakobinerdiktatur der Jahre 1793/94 vergleichbare Schreckensherrschaft hätte entwickeln können, eine Argumentation entwickeln und dazu begründet Stellung nehmen. Am Ende Ihrer Ausführungen sollten Sie ein Fazit ziehen (AFB II und III).*

Nach der Verabschiedung der Verfassung der **konstitutionellen Monarchie** im Herbst 1791 war die Revolution einem stetigen **Prozess der Radikalisierung** ausgesetzt, der von den **Jakobinern** und den revolutionären Volksmassen von Paris, den **Sansculotten**, vorangetrieben wurde.
Ansetzen konnten die Agitatoren der Jakobiner, inspiriert vom radikal-aufklärerischen Gedankengut z. B. **Rousseaus**, an der Figur des **Königs**, der nach seinem Fluchtversuch als Repräsentant der revolutionären Nation – und als solcher war er von der Verfassung definiert – **diskreditiert** war. Ein weites Agitationsfeld bot auch das **Zensuswahlrecht** der Verfassung mit seinen das Großbürgertum begünstigenden Wahlrechtsabstufungen, das viele sansculottische Revolutionäre vom Wahlrecht und vom Recht zum Waffentragen einfach ausschloss. Die liberale Wirtschaftspolitik der **Girondisten** in den Jahren 1791–93 leistete nach Ansicht der Sansculotten dem Spekulantentum und der Preistreiberei Vorschub und bot Gelegenheit zu heftiger Kritik an den gemäßigten Kräften der Revolution. Schließlich führte der sich verhärtende Widerstand von Teilen des Adels und der Kirche gegen das revolutionäre Regime, offensichtlich durch das Ausland unterstützt, allmählich zur Stigmatisierung der Revolutionsgegner als „Landesverräter" und „Volksfeinde", gegen die auch gewaltsames Vorgehen legitimiert sei.
Eine enorme Beschleunigung erfuhr dieser Radikalisierungsprozess durch den **Ausbruch des Krieges gegen Österreich und Preußen** im April 1792 und den Vormarsch der europäischen Koalition auf Paris.
Das „**Manifest des Herzogs von Braunschweig**", das die königliche Familie unter den ausdrücklichen Schutz der Koalitionsarmeen stellte, besiegelte nicht nur das Schicksal der Monarchie, sondern auch das des Monarchen. „Der König muss sterben, damit die Republik lebe", dekretierte **Robespierre** vor dem Konvent. Der Krieg gegen die „europäischen Tyrannen" (Brissot) wurde zur Legitimation für die **Notstandsdiktatur des Wohlfahrtsausschusses**, die Einrichtung der **Revolutionstribunale** und den Einsatz des **Terrors** gegen wirkliche und vermeintliche Revolutionsfeinde.
Nach dem Sturz und der **Entmachtung der Girondisten** im Frühjahr 1793 und der Verabschiedung des „**Gesetzes gegen die Verdächtigen**" wurden von den

Sansculotten „**Überwachungsausschüsse**" gebildet und das Regime nahm **totalitäre Züge** an.
Allein die Jakobinerführer bestimmten, was dem **Allgemeinwohl** entsprach und forderten von jedem Einzelnen aktiven Einsatz für die Revolution. Schon die falsche Kleidung, eine unpassende Anrede oder bloße Passivität konnten einen „Verdächtigen" vor das Revolutionstribunal und auf die **Guillotine** bringen. Am Ende fraß die Revolution die eigenen Kinder. **Danton**, der Volkstribun der Jakobiner und Revolutionär der ersten Stunde, wurde auf Befehl Robespierres als „**Gemäßigter**" hingerichtet, weil er mit seinen Freunden für die Aussetzung des Terrors eingetreten war.

In der Novemberrevolution des Jahres 1918 bestanden die „Bedingungen für die Ausbildung einer Schreckensherrschaft" deshalb nicht, weil der Prozess der Radikalisierung der Revolution nicht in Gang kam, da die gewaltbereiten **linksradikalen Kräfte** von den Sozialdemokraten im Bündnis mit der Reichswehr **abgefangen** wurden. Die Sozialdemokraten schlugen dann den bürgerlich-parlamentarischen Kurs ein, der in Aufgabe 2 beschrieben wurde.
Die Frage, ob die deutschen Linksradikalen zu ähnlichen Gewaltexzessen fähig gewesen wären wie die Jakobiner im 18. oder die Bolschewiki im 20. Jh., muss deshalb offenbleiben.
Allerdings war die Unterstützung für einen radikaleren Revolutionskurs nach den Erfahrungen mit der **russischen Revolution** und der Gewaltorgie des Weltkrieges in der deutschen Bevölkerung relativ gering. Man sehnte sich nach Frieden und wollte wieder ein normales Leben führen.
Der Krieg und dessen Ausgang – und hier liegt eine gewisse Parallele zur Französischen Revolution – führten zwar auch in Deutschland zum Ende der Monarchie, jedoch wurde der Kaiser von der Republik nicht hingerichtet, sondern in seinem holländischen Exil mit einer großzügigen Apanage bedacht.

Teilaufgabe	**AFB I**	**AFB II**	**AFB III**	**BE**
1	20			20
2	5	15		20
3		25	5	30
4		10	20	30
Summe	25	50	25	100

Hessen – Geschichte – Leistungskurs – 2009
Vorschlag C

Thema: *Außenpolitik der frühen Bundesrepublik im Vergleich mit derjenigen Bismarcks oder Stresemanns*

Aufgaben

1. Fassen Sie die Hauptpunkte der Kritik Heinemanns an der Außen- und Deutschlandpolitik Adenauers zusammen. (25 BE)
2. Erläutern Sie, in Anknüpfung an die Quelle, die außen- und deutschlandpolitische Konzeption Konrad Adenauers. (20 BE)
3. Vergleichen Sie die von Heinemann entwickelten Vorstellungen mit den Grundsätzen der Außenpolitik Bismarcks seit 1871 **oder** denjenigen Gustav Stresemanns in seiner Zeit als Außenminister der Weimarer Republik. (25 BE)
4. Diskutieren Sie die Prognose Heinemanns auf der Basis der Entwicklung der deutsch-deutschen Beziehungen zwischen 1955 und 1989: „Je mehr ein Teil von Deutschland sich in einem der Blocksysteme verliert, um so tiefer und unheilvoller werden wir als Deutsche auseinandergerissen." (30 BE)

Hinweis: Gustav Heinemann, 1899–1976, Jurist, seit 1934 Mitglied der Bekennenden Kirche, 1945–1967 Mitglied des Rates der Evangelischen Kirche in Deutschland, 1945–1949 Oberbürgermeister in Essen, 1949–Okt. 1950 Bundesinnenminister (CDU), 1951 Mitbegründer der „Notgemeinschaft für den Frieden Europas" (Gegner der bundesdeutschen Wiederbewaffnung), 1952 Austritt aus der CDU und Gründung der „Gesamtdeutschen Volkspartei", 1957 Eintritt in die SPD, Mitglied des Bundestages, 1966–1969 Bundesjustizminister, 1969–1974 Bundespräsident.

Die Rechtschreibung entspricht der des Originals.

Material

Gustav Heinemann über die Außenpolitik Konrad Adenauers (1951)

[…] Für beide Teilregierungen muß eine gesamtdeutsche Lösung die oberste Richtschnur sein und bleiben. Solange der Weg zu neuer deutscher Selbstbestimmung auch im Völkerleben nur dadurch gegangen werden kann, daß eine Teilregierung sich einem der Lager des Weltkonflikts gegen das andere Lager zur Verfügung stellt, halte ich dieses außenpolitische Bemühen für abwegig. Je mehr ein Teil von Deutschland sich in einem der Blocksysteme verliert, um so tiefer und unheilvoller werden wir als Deutsche auseinandergerissen.

Die Konzeption des Bundeskanzlers, der die Richtlinien der westdeutschen Politik bestimmt, sieht dennoch gerade in dieser Bereitwilligkeit den Ansatz und Hebelpunkt für ein schnelles Abstreifen der aus der bedingungslosen Kapitulation nachwirkenden Fesseln. Darum sein Eintreten für den Europarat, darum seine Forcierung des Schuman-Planes, darum seine Bereitwilligkeit, westdeutsche Soldaten für die westliche Verteidigungsgemeinschaft zur Verfügung zu stellen. Kein Zweifel, daß diese Politik eine positive Konzeption darstellt. Kein Zweifel auch, daß der Bundeskanzler sie trotz aller schweren Nackenschläge in der Saarfrage, in dem Streit um den Kohlenexport, um Vorkriegsschulden des Reiches und private Auslandsvermögen, in den Besatzungskosten usw. fortsetzen wird. Kein Zweifel aber auch, daß jede westdeutsche Selbstbestimmung zumal hinsichtlich der Eingliederung in eine westliche Verteidigungsgemeinschaft nicht dieser voraufgehen wird, so daß die Eingliederung wirklich in freier Selbstentscheidung der Bundesrepublik erfolgen könnte, sondern daß sie umgekehrt zuerst verbindlich zugesagt werden muß, ehe man der Bundesrepublik hinsichtlich des Besatzungsstatutes oder in anderen wesentlichen Fragen Konzessionen machen wird. Die Bundesrepublik wird jede neue Freiheit, jedes Stück sogenannter Souveränität durch Zusage anderweitiger Verpflichtungen erkaufen müssen. Und kein Zweifel vollends, daß uns dieses alles, wenn es geschieht, noch tiefer und unheilvoller vom deutschen Osten trennen und drüben entsprechende Entwicklungen fördern wird.

In seiner Bereitwilligkeit zur Aufrüstung trifft sich der Bundeskanzler mit der amerikanischen Konzeption. Es ist die der globalen militärischen Stärke gegen Rußland. Es ist sehr einfach zu verstehen, daß für die USA der militärische Aspekt im Vordergrund steht. Aller Kommunismus ist für die USA nur ein außenpolitisches Thema. Sie sind in sich selbst ideologisch und sozial gesund und empfinden den Kommunismus dementsprechend lediglich als ein militärisches Problem. Darauf beruht die Geschlossenheit, aber auch die beängstigende Enge ihrer politischen Konzeption, welche nicht gebührend der Tatsache Rechnung trägt, daß der Kommunismus überall in der Welt außerhalb der USA ein Anzeichen für viel schwerere Probleme darstellt, nämlich für ideologische und soziale Krisen im Inneren der Völker und in der Auseinandersetzung der Rassen. Indem der Bundeskanzler der amerikanischen Konzeption globaler militärischer Stärke entgegenkommt und bereit ist, Westdeutschland mit deutschen Truppen an einer militärischen Verteidigungsgemeinschaft zu beteiligen, gewinnt er das zur Zeit höchste Interesse der Amerikaner und damit den Ansatzpunkt für seine außenpolitischen Ambitionen. [...]

Der Osten will davor gesichert sein, daß Deutschland in die Waagschale des Westens fällt. Der Westen will davor gesichert sein, daß Deutschland in die Waagschale des Ostens fällt. Beide wollen davor gesichert sein, daß Deutschland erneut eine selbständige Gefahr für sie wird. Diese Besorgnisse müssen respektiert werden. Andererseits aber wollen wir davor bewahrt bleiben, daß man uns hüben und drüben stückweise in den Aufmarsch gegeneinander einbezieht und damit als Menschen desselben Volkes und als Glieder von Familien hüben und drüben in einen Krieg gegeneinander geraten läßt. Zu dieser Möglichkeit können wir nicht Ja sagen, auch wenn man uns hundertfältig einredet, daß sie in Kauf genommen werden müsse. Nach Lage der Dinge können wir allen Absichten in Ost und West, uns in eine solche Situation zu bringen, nur dadurch begegnen, daß wir jeder deutschen Inanspruchnahme für den Aufmarsch der Weltmächte gegeneinander widerstehen. In dieser Richtung liegen die Aufgaben insbesondere der Bundesrepublik, wenn sie wirklich gesamtdeutsche Politik treiben will. Sie würde damit nicht nur die russische Friedenspropaganda im deutschen

Volk überspielen, sondern könnte von solchem Boden aus auch in die russische Zone eine gleiche gesamtdeutsche Haltung hineintragen, wie sie hier im Westen zu entfalten wäre. Durch das bisherige Verhalten aber spielt die Bundesregierung dem genau entgegen.

Eine westdeutsche Aufrüstung, in welcher Form auch immer, würde die heute noch vorhandenen Reste eines gesamtdeutschen Lebens vernichten. So sehr dieses gesamtdeutsche Leben reduziert ist, so ist es doch nicht ganz erloschen. Wir alle haben ein Interesse daran, daß es erhalten und als Ansatz zu einer positiven Entwicklung benutzt wird. […]

Gustav Heinemann, Deutsche Friedenspolitik, in: Stimme der Gemeinde, 1. 9. 1951, zit. nach: Gustav Heinemann, Verfehlte Deutschlandpolitik, Irreführung und Selbsttäuschung. Artikel und Reden, Frankfurt/M. 1966, S. 9–15, hier S. 10–11 und 14.
Die „Stimme der Gemeinde" war eine protestantische Zeitschrift.

Lösungsvorschläge

Inhaltliche Schwerpunkte:
Die Aufgabe bezieht sich hauptsächlich auf das dritte Halbjahr 13/I: „Konflikt und Kooperation in der Welt nach 1945". Unter dem Schwerpunkt „Die deutsche Ebene: Teilung und Einheit" reicht die inhaltliche Spanne von den „Schritten auf dem Wege zur Teilung Deutschlands" bis zur „Vereinigung der beiden deutschen Staaten". Der Kursübergriff entsteht durch die Wahlaufgabe 3 entweder für Stresemann – 12/II: „Modernität und Antimodernität in der Zeit der Weimarer Republik und des Nationalsozialismus" mit dem Schwerpunkt der „Außenpolitik der Weimarer Republik" – oder für Bismarck – 12/I: „Gesellschaftliche Veränderungsprozesse am Beginn der Moderne" mit dem prüfungsdidaktischen Schwerpunkt „Der Imperialismus und seine Folgen"; inhaltlich betroffen ist allerdings eher die „Europäische Außenpolitik zur Zeit Bismarcks", ein Unterrichtsinhalt, der vom Lehrplan für den Leistungskurs allerdings nur fakultativ angeboten wird.

1. *Beginnen Sie mit einer kurzen Einordnung der Quelle. Dass der Text am 1. September 1951 veröffentlicht wurde, verdient erwähnt zu werden, denn der 1. September ist der Jahrestag des Ausbruchs des Zweiten Weltkrieges.*
   Beachten Sie, dass keine vollständige Zusammenfassung des Textes verlangt ist, sondern eine, die sich auf die Hauptpunkte der Kritik Heinemanns an der Außen- und Deutschlandpolitik Adenauers konzentriert. Dazu können auch Heinemanns (Gegen-)Forderungen gehören, insofern sie in kritischer Opposition zu Adenauers Vorstellungen stehen. Sie sollten dabei die Kritikpunkte nicht zwangsläufig in der Reihenfolge wie in der Quelle darstellen; besser ist es, wenn sie mit einem übergeordneten Punkt beginnen, zum Beispiel mit Heinemanns Forderung, „gesamtdeutsche Politik" (Z. 55) zu betreiben (AFB I).

   Gustav Heinemann (damals noch Mitglied der CDU), der im Oktober 1950 aus Protest gegen Tendenzen zur Wiederbewaffnung als Bundesinnenminister zurückgetreten ist, formuliert in seinem Aufsatz „Deutsche Friedenspolitik" zum **Jahres-**

tag des Ausbruchs des Zweiten Weltkrieges am 1. September 1951 seine **Kritik** an der Außen- und Deutschlandpolitik von Bundeskanzler Adenauer.
Heinemann fordert eine „wirklich gesamtdeutsche Politik" (Z. 55), eine **Politik im Interesse beider Teile Deutschlands**. Deshalb möchte er, dass weder die Bundesrepublik Deutschland noch die DDR sich im Westen bzw. im Osten integrieren, schon gar nicht in ein militärisches Bündnis ihrer jeweiligen Schutzmacht USA bzw. UdSSR. Denn dadurch würde zum einen die Teilung zementiert und zum anderen die Gefahr heraufbeschworen, dass im Kriegsfall Deutsche auf Deutsche schießen.
Adenauer aber bemühe sich nach Heinemanns Worten um eine **rasche Westbindung** der Bundesrepublik: Er trete für den **Europarat** ein, forciere den **Schuman-Plan** (Montan-Union) und biete westdeutsche Soldaten für eine **westliche Verteidigungsgemeinschaft** (EVG) an. Damit **wolle er besonders den USA gefallen**, die für ihren weltweiten Kampf gegen den Kommunismus militärische Verbündete brauchten. Als Gegenleistung erhoffe Adenauer sich die **Ablösung des Besatzungsstatuts** (von 1949) und **mehr staatliche Souveränität** für Westdeutschland.
Statt sich eine freiere Selbstbestimmung derart „erkaufen" (Z. 24) zu wollen, sollten nach Heinemanns Ansicht eher umgekehrt die Westmächte zuerst das Besatzungsstatut lockern, um den Westdeutschen dann die Möglichkeit zu geben, „in freier Selbstentscheidung" (Z. 20) über eine mögliche Bindung an den Westen abzustimmen.
Eine westdeutsche Aufrüstung würde die letzten Reste eines gesamtdeutschen Lebens unwiederbringlich vernichten; die noch vorhandenen Ansätze sollten lieber für eine positive gesamtdeutsche Entwicklung genutzt werden.

2. *Der Operator „erläutern" (AFB II) verlangt, dass Sie einen Sachverhalt (hier: Adenauers außen- und deutschlandpolitische Konzeption) selbstständig darstellen und durch zusätzliche Informationen und Beispiele erklären. Sie können dazu von den in der Quelle genannten Aspekten ausgehen (sofern sie sachlich richtig dargestellt sind). Beachten Sie dabei, dass es sich um eine Konzeption mit zwei Aspekten (Deutschland- und Außenpolitik) handelt, deren Zusammenhang Sie deutlich machen müssen.*

Adenauers außen- und deutschlandpolitische Konzeption war einer „**Politik der Stärke**" verpflichtet. Dazu gehörte eine uneingeschränkte Integration der Bundesrepublik in ökonomische und politische Zusammenschlüsse Westeuropas (Europarat, Montan-Union) und die Aufnahme in ein westliches Sicherheits- und Verteidigungssystem (EVG, NATO). Infolge dieser **strikten Westbindung** erreichte die Bundesrepublik zunehmend mehr **Souveränität im Inneren und außenpolitisch** (Deutschlandvertrag 1952, Pariser Verträge 1954/55).
Auf dieser Grundlage wurde die Bundesrepublik Deutschland rasch zu einem verlässlichen und anerkannten **Bündnispartner des Westens** – eine Ausrichtung, die Adenauer schon früh (1949) den Vorwurf einbrachte, „Kanzler der Alliierten" (Kurt Schumacher, SPD, 1949) statt der Deutschen zu sein.

Aber die Wirtschaftshilfen (Marshall-Plan) und Exportmöglichkeiten führten mit der Umsetzung der Sozialen Marktwirtschaft in der Bundesrepublik zu einem enormen wirtschaftlichen Aufschwung („Wirtschaftswunder"). Diese **ökonomische Stärkung** hatte im deutsch-deutschen Vergleich eine große Anziehungskraft auf die Bevölkerung der DDR („Magnettheorie", Fluchtbewegung bis zum Mauerbau 1961).
Die **DDR** wurde von Adenauer **nicht** als gleichwertiger (deutscher) Staat akzeptiert oder gar **anerkannt:** Die Bundesrepublik Deutschland bestand vielmehr auf dem **Alleinvertretungsanspruch** für Deutschland, seit 1955 verschärft durch die Hallstein-Doktrin, nach der jegliche Zusammenarbeit mit ausländischen Staaten, die die DDR anerkannten, abgelehnt wurde (Ausnahme: Sowjetunion). Innenpolitisch galt unter Adenauer eine **strikt antikommunistische Ausrichtung**. Die KPD wurde verboten (1952/56), der **17. Juni** wurde nach dem Arbeiteraufstand in der DDR 1953 zum nationalen Gedenktag in der Bundesrepublik erklärt und die **Oder-Neiße-Grenze** (die Ostgrenze der DDR) wurde **nicht anerkannt**.

3. *Das wesentliche Problem dieser Aufgabenstellung ist, dass Sie Heinemanns „Vorstellungen" nur seiner Auseinandersetzung mit Adenauers Konzeption (Text der Quelle) entnehmen können. Nicht zuletzt deswegen wird man zu wesentlichen Punkten der Außenpolitik von Bismarck oder Stresemann kein Pendant bei Heinemann finden.*
Eine zweite Schwierigkeit besteht darin, dass sich die historischen Voraussetzungen und Umstände der 1950er-Jahre erheblich von der Zeit Bismarcks oder der Weimarer Republik unterscheiden; Vergleiche zu ziehen ist deswegen oft schwierig.
Sie haben bei dieser Aufgabe die Wahl: Heinemanns Vorstellungen entweder mit Bismarcks oder mit Stresemanns Außenpolitik zu vergleichen. Welche Alternative Sie wählen, wird von Ihren Kenntnissen der jeweiligen Epoche abhängen.
Bei dem Vergleich könnten Sie jeweils von einzelnen thematischen Aspekten (Bündnispolitik, Einigungspolitik) ausgehen oder von der Darstellung der Außenpolitik Heinemanns oder der des zu vergleichenden Staatsmannes. Im Folgenden wird von der Konzeption des gewählten Staatsmannes (Bismarck oder Stresemann) ausgegangen (AFB II).

a) Bismarck
Bismarck provozierte 1870 den Einigungskrieg gegen Frankreich (Einheit durch „Blut und Eisen"), er musste diese **Einheit Deutschlands** dann nach der Reichsgründung 1871 allerdings erst wirklich herstellen. Bismarck setzte dafür erhebliche finanzielle Mittel ein, machte Zugeständnisse und musste entsprechende Konflikte durchstehen (Kulturkampf). Heinemann hatte ein ähnliches Ziel: Er wollte Deutschland, das geteilt war, (wieder) vereint sehen. Er war deshalb mit dem Status quo Deutschlands auch nicht zufrieden, während Bismarck den Status quo Deutschlands zu seiner Zeit erhalten wollte.

Bismarck bemühte sich außerdem um ein **Gleichgewicht der Kräfte** in Europa unter der Führung Deutschlands. Dazu ging er eine Reihe von Bündnisverpflichtungen ein; vor allem auch, um Frankreich, das möglicherweise auf kriegerische Rache sann, zu isolieren. Heinemann dagegen wollte keine bevorzugte Stellung Deutschlands und er wollte keinen Staat – schon gar nicht Frankreich – aus einem europäischen Friedenskonzept ausschließen. Er ist wie Bismarck zwar an einem **Frieden in Europa** interessiert, möchte deswegen aber gerade nicht, dass Deutschland Bündnisse eingeht, da sich dadurch seiner Ansicht nach die kriegerischen Konstellationen der Bündnisblöcke im Kalten Krieg verfestigen. Heinemann wollte Frieden lieber auf gegenseitiges Vertrauen und Verständigung gründen. Eine (Re-)Militarisierung jedenfalls lehnte Heinemann strikt ab, während Bismarcks Konzept einer europäischen Verständigungspolitik eine militärische Aufrüstung einschloss.
Zusammenfassend lässt sich feststellen, dass ein Vergleich zwischen Bismarck und Heinemann nur schwer möglich ist, **zu unterschiedlich sind die Rahmenbedingungen** für beide Politiker. Folglich überwiegen bei einem Versuch des Vergleichs die Unterschiede (Bismarck: „Blut und Eisen" – Heinemann: pazifistische Grundhaltung).

b) Stresemann
Vergleichbar ist die politische Ausgangslage für Stresemann und Heinemann dadurch, dass beide Politiker einige Jahre nach einem verlorenen (Welt-)Krieg versuchten, für Deutschland wieder **mehr Selbstständigkeit**, **Anerkennung und Souveränität** zu erlangen. Beiden musste der Status quo Deutschlands unbefriedigend erscheinen: Stresemann bemühte sich um eine Revision des Vertrages von Versailles (1920), Heinemann um eine Überwindung der Teilung Deutschlands in Ost und West.
Ähnlich sind auch die **ökonomischen Rahmenbedingungen:** Sowohl nach dem Krisenjahr 1923 als auch in den fünfziger Jahren blühte die Wirtschaft wieder auf (Goldene Zwanziger Jahre – Wirtschaftswunder).

Gemeinsam ist Stresemann und Heinemann auch das Bestreben, **keine eindeutige und feste Ost- oder Westorientierung** eingehen zu wollen: Deutschland sollte jeweils Vertragspartner für Ost und West gleichermaßen sein (1922 und 1926 Rapallo und Berliner Vertrag; 1925 Locarno-Vertrag). Gleichwohl orientierte Stresemann sich durch Locarno sowie durch die Regelung der Reparationen im Dawes- (1924/25) und im Young-Plan (1929) eher am Westen, an den USA. Die ökonomische Unterstützung aus den USA führte in der Folge einerseits zu einem wirtschaftlichen Aufschwung, andererseits zu einer Abhängigkeit, die dann durch die Weltwirtschaftskrise gravierende Folgen für Deutschland hatte (hohe Arbeitslosigkeit, politische Destabilisierung).
Stresemann half die Westorientierung, die Kriegsfolgen für Deutschland zu mindern (Abbau der Reparationsleistungen), während für Heinemann eine stärkere Westorientierung die Teilung Deutschlands vertieft hätte. Heinemanns Kritik an Adenauers Westorientierung trifft sich daher mit den zahlreichen Kri-

tikern von Stresemanns Locarno-Politik. Heinemanns Haltung ist aber grundsätzlich pazifistisch-national, während Stresemanns Kontrahenten auch chauvinistisch-revanchistisch orientiert waren.

Als Gemeinsamkeit kann verbucht werden, dass Stresemann und Heinemann ihre **Ziele mit friedlichen Mitteln erreichen** wollten. Stresemann erhielt für sein Engagement 1926 den Friedensnobelpreis. Heinemann zeigte seinen Pazifismus zum Beispiel durch die Gründung der „Notgemeinschaft für den Frieden Europas" (1951, vgl. den Hinweis auf dem Aufgabenblatt).
Zusammenfassend lässt sich sagen, dass Stresemann und Heinemann beide eine **Revision der Entscheidung der Siegermächte** nach dem jeweils verlorenen (Welt-)Krieg anstrebten und dabei auf nicht-militärische, friedliche Mittel einer Verständigungspolitik setzten. Politisches Ziel beider war es, **Deutschland zwischen Ost und West möglichst unabhängig** und neutral zu halten.

4. *Der Operator „diskutieren" (AFB III) verlangt hier eine Argumentation, an deren Ende eine (begründete) Bewertung von Heinemanns Ausspruch steht. Als Zeitrahmen für die „Diskussion" gelten die Jahre 1955 bis 1989. Sie beginnen also rund vier Jahre nach Heinemanns Aufsatz (mit den Pariser Verträgen, die 1955 in Kraft traten) und enden mit der Wiedervereinigung Deutschlands (1989/90).*
Entwerfen Sie Ihre Argumentation zunächst in Stichworten auf einem Schmierblatt. Dabei werden Sie auch feststellen, wie Sie den genannten Zeitrahmen am besten strukturieren; zum Beispiel so: 1. Phase bis 1961/62; 2. Phase bis Mitte der 70er-Jahre; 3. Phase Ende der 70er-Jahre bis Wiedervereinigung.

Für die Zeit **von 1955 bis 1961/62** scheint Heinemanns These zuzutreffen, dass die **Deutschen** bei einer zunehmenden Integration in die Blocksysteme **immer tiefer auseinandergerissen** wurden. Auf der Grundlage der Pariser Verträge wird die Bundesrepublik Deutschland um 1955 in das westliche Blocksystem aufgenommen: Besonders die Wiederbewaffnung und der Eintritt in die NATO markieren diese Integration. In der Folge – das hatte Heinemann grundsätzlich befürchtet (vgl. Z. 47 f.) – tritt die DDR dem Warschauer Pakt bei. Der Alleinvertretungsanspruch für Deutschland durch die Bundesrepublik und die Hallsteindoktrin von 1955 sind weitere Zeichen der Entfremdung und des Auseinanderreißens der beiden Teile Deutschlands. Dieser Prozess setzt sich fort (zum Beispiel durch die anhaltende Fluchtbewegung) bis zum **Bau der Berliner Mauer am 13. August 1961**.
Dieser **Tiefpunkt der Teilung** Deutschlands bot gleichwohl erstmals die Möglichkeit, von festen Standpunkten aus auf eine Verbesserung des deutsch-deutschen Verhältnisses hinzuwirken. Die in der Folge der Kuba-Krise von 1962 einsetzende Entspannung zwischen den Supermächten half den Deutschen gleichermaßen, aufeinander zuzugehen. Berlin verlor Mitte der 60er-Jahre seinen Status als „Frontstadt" des Kalten Krieges, globale Konflikte wie der Vietnamkrieg rückten in den Mittelpunkt der Auseinandersetzungen.
Die Deutschen begannen **Mitte der 60er-Jahre**, ihre Beziehungen auf eine neue Grundlage zu stellen. Es wurde ein „**Wandel durch Annäherung**" propagiert

(Egon Bahr; nach dem Regierungswechsel 1969 Willy Brandt). Reiseerleichterungen wurden ausgehandelt und Verträge geschlossen: die Ostverträge (mit Moskau und Warschau 1970) und der Grundlagenvertrag zwischen der Bundesrepublik und der DDR 1972 halfen, **gutnachbarschaftliche Beziehungen** zwischen beiden deutschen Staaten aufzubauen. Die gegenseitige staatliche Anerkennung der beiden deutschen Staaten führte 1973 zur gemeinsamen Aufnahme in den Kreis der nichtständigen Mitglieder des UN-Sicherheitsrats. Auf gleiche Weise entwickelte sich die Entspannung zwischen den Blocksystemen weiter, markiert durch die KSZE ab 1975 (Helsinki-Prozess).
Die Treue der beiden deutschen Staaten zu ihrem jeweiligen Block blieb allerdings ungebrochen. Das zeigte sich besonders deutlich durch den NATO-Doppelbeschluss von 1979 (unter Leitung von Bundeskanzler Helmut Schmidt), den der Osten nicht akzeptierte und der deshalb 1983 nicht zu Verhandlungen, sondern zur Stationierung von Pershing II Raketen in Deutschland und Mittelstreckenraketen in der Sowjetunion (SAM-Raketen) führte. Und doch entwickelte sich **Mitte der 1980er-Jahre** aus dieser „Politik der Stärke" die **Aufweichung des Ostblocks:** Gorbatschows Versuch einer Reform des sowjetischen Systems (Perestroika und Glasnost) führte 1989 zur Öffnung der Grenzen und in der Folge zum **Zerfall des Ostblocks**.

Als Fazit wäre festzuhalten: Heinemanns These von 1951 hat durchaus ihre Berechtigung, und zwar sowohl damals wie heute. Dies zeigt sich zunächst in der deutlichen Entfremdung zwischen beiden Teilen Deutschlands in Abhängigkeit ihrer fortschreitenden Einbindung in die Blocksysteme bis 1961. Doch auch die danach einsetzende Normalisierung der Beziehung und schließlich die Überwindung der Zweistaatlichkeit korreliert mit dem sich entspannenden Verhältnis der feindlichen Blöcke im Kalten Krieg. Deshalb fiel den Deutschen auch erst durch das Ende des Kalten Krieges die Wiedervereinigung zu.
Wie „tief und unheilvoll" (Z. 6) die Deutschen in der Zeit ihrer Blockzugehörigkeit auseinandergerissen worden sind, zeigt sich daran, dass bis heute, zwanzig Jahre nach dem Fall der Mauer, die einstige Teilung der Deutschen in Ost und West in den Köpfen der Menschen nicht vollständig überwunden scheint.

Teilaufgabe	AFB I	AFB II	AFB III	BE
1	25			25
2	5	15		20
3		20	5	25
4		10	20	30
Summe	30	45	25	100

Hessen – Geschichte – Grundkurs – 2010
Vorschlag A

Thema: Die Französische Revolution und das Scheitern der Weimarer Republik

Aufgaben

1. Fassen Sie zusammen, wie Riem die Leistungen des Revolutionärs Robespierre beurteilt. (Material) (20 BE)

2.1 Stellen Sie – ausgehend von der Quelle – in Grundzügen den Zeitabschnitt der Französischen Revolution zwischen Sommer 1792 und Sommer 1794 dar. (25 BE)

2.2 Erläutern Sie demgegenüber die revolutionären Ziele und Methoden im Jahr 1789. (25 BE)

3. Nehmen Sie, anknüpfend an Ihre Ausführungen zu Aufgabe 2, zu folgender These Stellung: Die Weimarer Republik ist auch deshalb gescheitert, weil es 1918/19 nicht gelungen ist, die Anhänger der alten Ordnung vollständig zu entmachten. (30 BE)

Hinweis: Andreas Riem (1749–1807), deutscher Theologe und Reiseschriftsteller.
Die Rechtschreibung entspricht der des Originals.

Material

Andreas Riem über Maximilien Robespierre (1800)

Wäre Robespierre ein Monarch in irgend einem Königreiche von Europa gewesen; hätte er alles, was er that, gegen Unterthanen gethan – die sich von den Feßlen des Despotismus[1] entziehen wollten, er würde bei dem sklavischen Theile der Europäer eben so viel, wo nicht noch mehrere Bewunderer gefunden haben, als der König von Neapel etc. etc., bei den[en] der Galgen, statt der Guillotine gegenwärtig an der Tages-Ordnung ist. Er würde tausende gefunden haben, welche die Schlachtopfer der niedrigsten Rache mit Strikken vor den Richter-Stuhl geschleppt hätten wie in Cißalpinien[2] geschieht, dessen Verfassung man anerkannt hatte, und folglich ihre Handlungen gerechtfertiget. Aber er schlachtete die Anhänger des Königthums, die fanatischen Priester, den hochfahrenden Adel und er ist ein Ungeheuer.

Ich bin nichts weniger willens, als ihn zum Heiligen zu machen. Alle, die handeln wie er, gekrönt oder im Kleide des Bürgers, sind Geiseln der Menschheit[3], und unwerth ihres Namens. Ich verabscheue ihn, weil er überhaupt mordete, Schuldige und Unschuldige, aber ich setze ihn tief, unter Pitt[4], und die Menschenschlächter der Coalition[5]. Diese handeln frei und mit kalter Überlegung und liefern ihre guten, getreuen, arbeitsamen Unterthanen auf die Schlachtbank. Sie verwüsten Länder und Provinzen und machen Einöden aus ihren eigenen Staaten. […]

So sind es gewöhnlich nur Vorurtheile, welche über den Werth oder Unwerth der Menschen entscheiden. Die Thoren[6] sind immer noch auf der Seite des Glücklichen, selten auf jener des Unglücklichen. Hätte Robespierre nachdem er es für anwendbar hielt, das System des Schrekkens mit jenem der Mäßigung vertauscht, hätte er der Republik eine volle Kraft und dauerhafte Existenz gegeben, oder hätte er nur [...] Glück gehabt, so hätte ihn ein großer Theil der Zeitgenossen für einen großen Mann erklärt, und wie bei andern Monarchen, ihm seinen Despotismus und seine Verbrechen kaum angerechnet. Robespierre hatte aber nicht die Zeit, seine Pläne zur Reife zu bringen; er wurde mitten in seiner grausamen Laufbahn glücklich unterbrochen, und niemand kann jetzt sagen, so oder so, würde er zuletzt gehandelt haben. Sein Tod vernichtete entweder schlechte Pläne auf Allein-Herrschaft, oder gute, zum Vortheil der Republik. Niemand kann jetzt sagen, das oder jenes war sein Zweck. Wir haben nur seine Greuelthaten kennen gelernt, und wenn er etwas Gutes bezweckte, so ging es mit ihm zu Grabe.

Indessen ist es nicht zu verkennen, daß die Republik seiner Grausamkeit sehr viel Gutes zu verdanken habe. Sie bildete entschlossene Generäle, eine brave Armee, befreite Frankreich von dem Vorwurfe der Feigheit, welche die monarchische Regierung auf es gebracht hatte, machte es furchtbar und groß in den Augen seiner Feinde, reinigte im Innern den Staat von seinen Blutsaugern und Feinden, stützte die Pfeiler der Gleichheit der Menschenrechte, vertilgte viele Vorurtheile des Aberglaubens und der Religion, und setzte die Verfassung in eine Lage, daß die Tugend der Mäßigung und der Gerechtigkeit nun ohne schädlich zu werden, aufs allgemeine Beste wirken konnte. Er ist ein Mann gewesen, wo ich gestehen muß: ich wage es eben so wenig ihn zu vertheidigen, als ganz zu verdammen, denn – seine Zwecke wurden nicht reif, und noch weniger bekannt. [...]

Theo Stammen/Friedrich Eberle (Hrsg.): Deutschland und die Französische Revolution 1789–1806, Darmstadt 1988, S. 460–461.

1 Fesseln der Gewaltherrschaft
2 Republik in Norditalien, 1797 unter Napoleon errichtet
3 Plage für die Menschheit
4 William Pitt (1759–1806): britischer Politiker, Premierminister 1783–1801, 1804–1806
5 die äußeren Gegner des revolutionären Frankreichs in den Revolutionskriegen ab 1792
6 die Verwirrten

Lösungsvorschläge

Inhaltliche Schwerpunkte:
Thematischer Schwerpunkt der Aufgabe ist die Französische Revolution, das Ausgangsthema der „Gesellschaftlichen Veränderungsprozesse am Beginn der Moderne" (12/I), und zwar unter dem Aspekt der „Radikalisierung der Revolution". Der halbjahresübergreifende Bezug ins Halbjahr 12/II („Modernität und Antimodernität in der Zeit der Weimarer Republik und des Nationalsozialismus") entsteht durch den Vergleich mit den „Entstehungsbedingungen der Republik im nationalen und internationalen Umfeld„ sowie mit der „Krise der Weimarer Republik und Ursachen ihres Scheiterns".

1. *Der Text ist nicht leicht zu verstehen. Gelegentlich irritiert die Schreibweise des Originals („Theile", Z. 3; „Strikken", Z. 7; „Richter-Stuhl", Z. 7 usw.). Außerdem kann es besonders am Anfang des Textes durch seine eigentümliche Syntax und den sprachlichen Ausdruck zu Missverständnissen kommen. So könnte Ihnen beim ersten Lesen nicht klar werden, ob Robespierre von Riem oder von anderen für ein Ungeheuer gehalten wird („er ist ein Ungeheuer", Z. 10). Im weiteren Verlauf der Quelle wird dann erst klar, dass Riem hier nur die Auffassung anderer über Robespierre wiedergibt, die er selbst aber nicht teilt.*
Gerade wegen der eigentümlichen sprachlichen Gestaltung der Quelle gilt es, sich von ihrem Wortlaut zu trennen und eigene passende Worte und Begriffe zu finden. Nach dem formellen Übersichtssatz zur Quellenart, dem Autor, der Datierung usw. könnten Sie zur inhaltlichen Einführung mit Riems Resümee seiner Beurteilung von Robespierre beginnen. Die Aufgabe gehört überwiegend zum AFB I.

Andreas Riem, ein evangelischer Theologe und Reiseschriftsteller aus Deutschland, der von 1749 bis 1807 lebte, würdigt im vorliegenden Text, einer **Primärquelle** aus dem Jahre 1800, den jakobinischen Führer in der Französischen Revolution, Maximilian Robespierre, sechs Jahre nach dessen gewaltsamem Tod.
Grundsätzlich sei es schwierig, sagt Riem, Robespierre abschließend zu beurteilen, denn er habe sein **revolutionäres Werk nicht vollenden** können. Betrachte man aber allein das Begonnene, so ständen den **Gräueltaten** durchaus bemerkenswerte **Verdienste** gegenüber – und wer könne wissen, wie viel Gutes noch aus seinen grausamen Taten geworden wäre.
Riem verabscheut Robespierre zwar wie jeden Menschen, der morde. Aber er verwahrt sich gegen jene, die Robespierre ein „Ungeheuer" (Z. 10) nennten, nur weil er die Anhänger und Vertreter der Monarchie habe umbringen lassen, während sie ihn achten würden, wenn er als Monarch seine Untertanen hätte umkommen lassen. Im Übrigen sei Robespierre längst nicht so schlimm gewesen, wie Frankreichs Gegner in den Koalitionskriegen, die frei hätten handeln können und die die Menschen mit kaltem Kalkül massenweise abgeschlachtet und die Länder verwüstet hätten.
Außerdem sähe man über Robespierres Schreckensherrschaft hinweg, wenn er nicht so früh gestorben wäre und seine Republik hätte kraftvoll verwirklichen können. Doch auch bis dahin sei aus seinen „Grausamkeiten" schon sehr viel Gutes entstanden: So habe Robespierre eine mutige und große Armee in Frankreich aufgebaut, den Staat auch im Inneren von den Feinden der Republik gesäubert, „Vorurtheile" (Z. 18) des Aberglaubens und der Religion beseitigt, die Gleichheit unter den Menschen gestärkt und eine republikanische Verfassung geschaffen, die Mäßigung und Gerechtigkeit versprochen habe.
Insgesamt mag Riem **weder verteidigen noch verdammen**, was Robespierre getan habe, da weitgehend unklar sei, was er wirklich vorgehabt habe: eine Diktatur oder wirklich eine Republik. Aber er gibt zu bedenken, dass wir sogar den Grausamkeiten Robespierres **viel Positives zu verdanken** hätten.

2.1 *Was wird in der Aufgabenstellung genau erwartet? Es soll die Französische Revolution vom Sommer 1792 bis zum Sommer 1794 dargestellt werden, und zwar mit Blick auf Riems Beurteilung von Robespierre (M 1); insgesamt also eine Aufgabe aus dem AFB II. Also gilt es, sich auf Ereignisse und Entwicklungen zu konzentrieren, mit denen Robespierres Handeln in Verbindung steht und die in der Quelle thematisiert werden. Der Fokus liegt daher auf der Radikalisierung der Revolution in diesen zwei Jahren. Die Eckdaten der Darstellung müssten einerseits der für Frankreich so bedrohliche Erste Koalitionskrieg sein (ab April 1792) und andererseits natürlich Robespierres Tod (im Juli 1794). Einleiten sollten Sie Ihre Darstellung mit einer groben Charakterisierung dieser Zeitspanne, danach müssen einschlägige Daten und Ereignisse folgen.*

Die Jahre 1792 bis 1794 der Französischen Revolution sind gekennzeichnet durch eine zunehmende **Radikalisierung** der Revolution bis hin zur **diktatorischen Schreckensherrschaft** („terreur") der Jakobiner.
Diese Entwicklung begann mit der Kriegserklärung Frankreichs an das monarchistische Ausland (im April 1792). Dieser **Erste Koalitionskrieg** gegen Österreich und Preußen überdeckte soziale und politische Konflikte innerhalb Frankreichs, radikalisierte und einte die Bevölkerung im Kampf gegen das feindliche Ausland; als Kriegslied für die französische Rheinarmee entstand in dieser Zeit die „Marseillaise", Frankreichs spätere Nationalhymne (ab 1795). Ende Juli 1792 sorgte das **Manifest des Herzogs von Braunschweig**, des Führers der feindlichen Koalitionstruppen, für eine Eskalation der revolutionären Unruhe. Er drohte allen Franzosen und besonders den Pariser Bürgern heftige Strafen und Vergeltung an für den Fall, dass König Ludwig XVI. etwas geschehen sollte; der französische König residierte damals seit seinem Fluchtversuch im Juni 1791 im Pariser Stadtschloss (in den Tuilerien), damit er unter besserer Beobachtung der Pariser Bevölkerung sei. Statt sich durch den Herzog von Braunschweig einschüchtern zu lassen, stürmten die Pariser unter Führung revolutionärer Kleinbürger, der **Sansculotten**, am 10. August 1792 die Tuilerien, und der König wurde verhaftet und gefangen gesetzt („**zweite Revolution**").
Nun sollte die Revolution erst recht weitergehen. Die Jakobiner begannen, mit großer Härte Gegner der Revolution zu verfolgen, Schuldige und Unschuldige kamen dabei zu Tode. Anfang September 1792 wurden in Pariser Gefängnissen circa 1 400 Häftlinge getötet („**Septembermorde**"). Parallel dazu feierte die Revolutionsarmee („furchtbar und groß", Z. 35) durch die **Kanonade von Valmy** einen ersten großen Sieg (20. September 1792). Kurz darauf rief der neu gewählte Nationalkonvent die **Republik** aus (22. September 1792) und begann, **Ludwig XVI. den Prozess** zu machen, an dessen Ende seine Verurteilung zum Tode stand; Mitte Januar 1793 wurde der König dann hingerichtet.
In der Folge formierte sich der **antirevolutionäre Widerstand** nicht nur im Ausland, sondern auch im Inneren des Landes, besonders heftig durch die Bauernaufstände in der Vendée. Die Jakobiner verschärften daraufhin ihr Vorgehen und regierten nun durch den sogenannten **Wohlfahrts- und Sicherheitsausschuss**, ein Gremium, das durch die Aufhebung der Gewaltenteilung über weitreichende

Kompetenzen verfügte. So entstand eine **republikanische Verfassung**, durch die „die Tugend der Mäßigung und der Gerechtigkeit" (Z. 38 f.) hätte wirken können; wegen des andauernden Kriegszustandes aber trat diese republikanische Verfassung **nie in Kraft**. Unter Robespierres Vorsitz (ab Juli 1793) erreichte die „Schreckensherrschaft" („**terreur**") der Jakobiner dann ihren Höhepunkt: Robespierre „reinigte im Innern den Staat von seinen Blutsaugern und Feinden" (Z. 36), wie Riem es formuliert (vgl. das „Gesetz gegen Verdächtige"), reglementierte die **Wirtschaft** („Großes Maximum") und trieb den **kulturellen Umbau des Staates** voran: So setzte Robespierre zum Beispiel an die Stelle der „Vorurtheile des Aberglaubens und der Religion" (Z. 37 f.) den Kult des „Höchsten Wesens".
Im Sommer 1794 wehrten sich dann Mitglieder des Konvents gegen die Willkürherrschaft Robespierres: Sie verhafteten und guillotinierten ihn (28. Juli 1794; Thermidorianer).

2.2 *Diese Aufgabenstellung baut auf den Ergebnissen der vorherigen Aufgabe auf und sie enthält eine wichtige Implikation: Es sollen nämlich die revolutionären Ziele und Methoden des ersten Revolutionsjahres im Kontrast zu dem in Aufgabe 2.1 über die Zeit von 1792 bis 1794 Erarbeiteten erläutert werden. Die Aufgabenstellung geht also von einem inhaltlichen Gegensatz zwischen den Zielen und Methoden in diesen beiden Zeitabschnitten aus – es wäre also wichtig, dass dieser Gegensatz bei Ihrer Darstellung auch deutlich zum Ausdruck kommt.*
Neben dieser Kontrastierung ist es auch wichtig, den Operator genau zu beachten. Im Gegensatz zu Aufgabe 2.1, in der ein Zeitabschnitt (nur) „dargestellt" werden sollte, soll nun ein Sachverhalt „erläutert" werden. „Erläutern" aus dem AFB II verlangt für die vorliegende Aufgabe, die revolutionären Ziele und Methoden von 1789 begründet in Zusammenhang zu bringen mit ihrer historischen Situation (erste Phase der Französischen Revolution) und sie durch weitere Informationen und Beispiele, die Sie dazu kennen, zu verdeutlichen.
Die Zeitspanne, „im Jahr 1789", konzentriert sich auf den Sommer dieses Jahres, in dem die revolutionären Maßnahmen mit der Einberufung der Generalstände im Mai beginnen und mit der Erklärung der Bürger- und Menschenrechte im August schon wieder auslaufen.

Das Jahr 1789 stellt den Beginn der Französischen Revolution dar und dadurch eine deutlichere Zäsur als die weitere Radikalisierung der Revolution von 1792 bis 1794. Dominiert wurde diese erste Phase der Revolution noch vom **(Groß-)Bürgertum**, während sich später das revolutionäre Kleinbürgertum, besonders in Paris, zum Träger der „zweiten Revolution" (10. August 1792) machte. Die **Ziele** des Bürgertums waren auch wesentlich **gemäßigter** als die in der Jakobinerzeit: Die Bürger wollten die Ständegesellschaft samt Absolutismus und feudalistischem Wirtschaftssystem ersetzen durch einen **Verfassungsstaat** mit **Gewaltenteilung** und Möglichkeiten der **politischen Partizipation**. 1789 gab es für dieses Staatsmodell in Form einer **konstitutionellen Monarchie** noch eine deutliche Mehrheit; die Jakobiner aber gingen weiter, schufen eine Republik und köpften den König. Sie gaben sich auch nicht zufrieden mit weiteren bürgerlichen Errungenschaften des Jahres 1789: der **Erklärung der Bürger- und Menschenrechte**, der formellen **Rechtsgleichheit** aller Bürger und der **wirtschaftlichen Freiheit** mit dem Recht am Eigentum. Sie ersetzten das Zensuswahlrecht mit der Einteilung in Passiv- und Aktivbürger aus der Septemberverfassung von 1791 durch ein **allgemeines Wahlrecht** und beschnitten die Wirtschaftsfreiheit der Bourgeoisie durch die staatliche Reglementierung von Löhnen und Preisen.

Angesichts der vorangegangenen Revolutionen in England und in Amerika verlangten die revolutionären Bürger des Jahres 1789 **in Frankreich nichts wesentlich Neues**; der Absolutismus und der Feudalismus hatten ohnehin ausgedient. Diesen Zielen der Revolutionäre entsprachen ihre Methoden: nach der Einberufung der Generalstände noch durch den König (Mai 1789) erklärten sich die anwesenden Delegierten zur (konstituierenden) Nationalversammlung (17. Juni 1789). Der passive Widerstand des Ballhausschwurs (am 20. Juni 1789), den sie in der Folge dabei leisteten, war das Äußerste ihres revolutionären Auftretens. Danach folgte auf dem Wege **parlamentarischer Beratung** und Abstimmung die Umwandlung des feudalistischen Absolutismus (4./5. August 1789) in eine konstitutionelle Monarchie (Verfassung 1791). Demgegenüber erscheinen die spätere gewaltsame Abschaffung der Monarchie und die diktatorische Regierung durch den Wohlfahrtsausschuss weitaus einschneidender. Allerdings wurde auch dieser konstitutionelle Umbau des Staates schon durch **teilweise gewaltsames Vorgehen** begünstigt und unterstützt: durch den Sturm auf die Bastille (am 14. Juli 1789), durch die Aufstände und Plünderungen der Bauern („Grande Peur“, 17. Juli 1789) und durch den „Zug der Marktfrauen“ nach Versailles (am 5./6. Oktober 1789), durch den der König zur Rückkehr nach Paris gezwungen wurde. Die **Schreckensherrschaft der Sansculotten**, der revolutionären bewaffneten Kleinbürger von Paris, wird diese revolutionäre Gewalt der Bürger und Bauern im Jahre 1789 jedoch bei Weitem übertreffen, denn ihnen ging das Erreichte, die konstitutionelle Monarchie, nicht weit genug.

3. *In dieser Aufgabe müssen Sie ein Sachurteil über die These fällen, ob die Weimarer Republik unter anderem auch daran gescheitert ist, dass es nicht gelungen ist, die alten Eliten ausreichend zu entmachten. Sie müssen Ihr Urteil begründen (durch Beispiele) und Sie müssen Ihren persönlichen Wertmaßstab (politische oder ethische Überzeugung, demokratische Haltung usw.) dabei deutlich machen. Inhaltlich ist zu beachten, dass die dargestellte These eine Festlegung enthält, die es nicht zu hinterfragen gilt; es ist davon auszugehen, dass „die Anhänger der alten Ordnung nicht vollständig“ entmachtet wurden. Es geht also darum, welche Auswirkungen der angenommene Erhalt der alten Kräfte auf den Bestand der Weimarer Republik hatte. Zuletzt müssen Sie auch andere Gründe des Scheiterns von Weimar (Verfassung, Weltwirtschaftskrise usw.) nennen und im Vergleich dann gewichten, welche Bedeutung das Überdauern der Anhänger der alten Ordnung für das Scheitern hatte.*

Lassen Sie sich von der Jahreszahl 1918/19 nicht dazu verleiten, nur auf die Monate der Novemberrevolution zu schauen. Gemeint ist das Fortbestehen alter Kräfte während der gesamten Weimarer Republik; die alten Kräfte hätten grundsätzlich auch noch in den Zwanzigerjahren entmachtet werden können. Die Jahreszahl kann Sie vielmehr deutlich darauf verweisen, dass in der Novemberrevolution wesentliche Entscheidungen für die nicht vollständige Entmachtung der alten Kräfte fielen.
Diese Überlegung führt zu einem letzten wichtigen Aspekt dieser Aufgabenstellung: Sie dürfen die Französische Revolution und Ihre Ergebnisse aus Aufgabe 2 nicht aus dem Blick verlieren, und zwar hinsichtlich der einschlägigen Frage, welche Rolle in der Französischen Revolution der Erhalt oder die Entmachtung der alten Eliten gespielt hat. Nicht zuletzt müssen Sie also vor dem Hintergrund des Scheiterns von Weimar auch zu Robespierres grausamem Weitertreiben der Revolution begründet Stellung nehmen. Eine auch methodisch anspruchsvolle Aufgabe, die überwiegend zum AFB III gehört.

Um bewerten zu können, inwiefern der Machterhalt der alten Eliten zum Scheitern der Weimarer Republik beigetragen hat, sollen die Ursachen und die Bedeutung dieses Machterhalts dargestellt und dann mit Blick auf andere Gründe ihr Anteil am Untergang von Weimar bewertet werden. Die abschließende Stellungnahme soll auch mit einbeziehen, wie während der Französischen Revolution mit den Anhängern der alten Ordnung umgegangen wurde.

Die besonderen Umstände, unter denen die Weimarer Republik entstand, sind entscheidend dafür, dass die alten Kräfte in den Führungspositionen von Staat und Gesellschaft weitgehend erhalten geblieben sind. Noch während des Krieges begann im Sommer 1917 mit der Bildung des **Interfraktionellen Ausschusses** (IFA) die **Parlamentarisierung** des Deutschen Reiches. In ihm fanden sich bis auf die Nationalliberalen schon alle **Parteien der späteren Weimarer Koalition** zusammen, vor allem, um Friedensverhandlungen einzuleiten („**Friedensresolution**"). Noch kurz vor Kriegsende gelang dann auch die verfassungsrechtliche Umwandlung Deutschlands, zunächst in eine parlamentarische Monarchie (**Oktoberverfassung**), bis angesichts revolutionärer Unruhen am 9. November 1918 Prinz Max von Baden die **Abdankung Kaiser Wilhelms II**. bekannt gab und damit den Weg frei machte für die erste deutsche Republik. Sie wurde noch am selben Tag und gleich zweimal ausgerufen: von Philipp Scheidemann (sozialdemokratisch für die SPD) und von Karl Liebknecht (sozialistisch für den Spartakusbund). Offensichtlich wollten die links von der SPD stehenden Kräfte der USPD und des Spartakusbundes mehr als die SPD, sie wollten eine sozialistische Republik nach sowjetischem Vorbild. Deshalb versuchte **Friedrich Ebert** (SPD) am nächsten Tag durch den „**Rat der Volksbeauftragten**" aus Mitgliedern der SPD (USPD und MSPD), das revolutionäre Geschehen unter Kontrolle zu bekommen. Der Staats- und Regierungswechsel war rasch vollzogen, die Revolution hätte zu Ende sein können. Zur Sicherung des Erreichten sah Ebert sich noch am selben Tag gezwungen, ein Bündnis mit der Obersten Heeresleitung (OHL) einzugehen (**Ebert-Groener-Pakt**) und bemühte sich auch sonst, mithilfe der alten Kräfte für Ruhe und Ordnung zu sorgen. Namentlich der sozialdemokratische Reichswehrminister entpuppte sich bei der **Niederschlagung des Spartakusaufstandes** Mitte Januar 1919 und bei der Ahndung der Morde an Rosa Luxemburg und Karl Liebknecht, den führenden Köpfen des Spartakusbundes, durch Freikorpsanhänger, als regelrechter Verfolger der politischen Linken. Damit hatte die SPD das parlamentarisch-demokratische System gegen das Rätemodell durchgesetzt und die **alten Eliten erhalten** oder – wie das Militär – lose an den neuen Staat gebunden. Am 19. Januar fanden die Wahlen zur Weimarer Verfassunggebenden Nationalversammlung statt.

Die fatalen Auswirkungen dieses Bündnisses der SPD mit den alten Kräften sollten sich dann in den Krisenjahren der Republik zeigen: von 1919 bis 1923 und von 1929 bis 1933. In dieser Zeit bekämpften die Konservativen nicht sozialistische Tendenzen, sondern **agierten offen gegen die Republik** und ihre Repräsentanten oder sie verhielten sich **distanziert gegenüber dem neuen Staat von Weimar**: Dazu zählten politische Morde von rechts (gegen „Erfüllungspolitiker" wie Matthias Erzberger, 1921, und Walther Rathenau, 1922), Aufstände (Kapp-Putsch 1920; Hitler-Ludendorff-Putsch 1923), die Übernahme des Offizierskorps in die Reichswehr („Dolchstoßlegende"; „Reichswehr schießt nicht auf Reichswehr"), eine parteiische Rechtsprechung gegen politisch links orientierte Täter (begünstigt durch die Übernahme des alten Beamtenstabs, besonders in der Justiz), die Bildung rechter und konservativer Parteien (NSDAP, DNVP, „Harzburger Front" usw.), die Wahl Paul von Hindenburgs zum Reichspräsidenten (1925 und 1932), die Präsidialkabinette mit Vertretern der alten Eliten in Regierungsverantwortung (Papen, von Schleicher) und schließlich durch den Druck aus konservativen Kreisen die Übergabe der Kanzlerschaft an Hitler.

Man sieht, dass der Machterhalt der alten Eliten die Weimarer Republik an ihrem Anfang und an ihrem Ende stark erschüttert hat. Gemessen an der gesamten Entwicklung der Weimarer Republik erscheinen diese Aspekte aber **weit weniger verantwortlich für ihr Scheitern** zu sein als andere Gründe. Denn schließlich hatte die Republik sich in den Zwanzigerjahren von den ersten Krisenjahren samt Inflation gut erholt. Unter Stresemanns Außenpolitik gelang nicht nur eine schrittweise Revision von Versailles, besonders eine Milderung der Reparationszahlungen, sondern es kam auch zu einer **wirtschaftlichen Stabilisierung** und **internationalen Anerkennung** Deutschlands (Berlin als kulturelles Zentrum, Friedensnobelpreis für Stresemann). Erst die **Weltwirtschaftskrise** ab 1929 führte den Untergang von Weimar herbei. Jetzt zeigten sich die **Defizite der Verfassung** wie das einfache Misstrauensvotum und die weitreichenden Befugnisse des Reichspräsidenten (Reichstagsauflösung und das Regieren mit Notverordnungen). Aber selbst diese verfassungsrechtlichen Möglichkeiten wären nicht zum Tragen gekommen, wenn sich auch in der Krise im Reichstag noch stabile Mehrheiten für eine parlamentarische Regierungsbildung gefunden hätten. Insbesondere erst die **Verweigerung der SPD** ermöglichte die Destabilisierung der Demokratie und führte zwangsläufig zu **Präsidialkabinetten**, von denen das letzte von Hitler geführt wurde. Der Aufstieg seiner Partei und die Machtübernahme in den Jahren 1933 und 1934 zeigen, dass hier nicht vorwiegend alte

Kräfte am Werk waren, sondern dass es offensichtlich den Rechten besser gelang, jüngere Leute für sich zu gewinnen und auch moderner zu handeln und aufzutreten als die etwas altbackenen bürgerlichen (Klientel-)Parteien.

Ähnlich wie in der Novemberrevolution 1918 hat man in der ersten Phase der Französischen Revolution in erster Linie eine **Verfassungsrevolution** durchgeführt. In Weimar beließ man es dann auch dabei – in Frankreich aber ging die Revolution weiter, weil die Jakobiner unter Robespierre u. a. **die alten Kräfte** nicht nur entmachten, sondern **völlig beseitigen** wollten. Würde man die alten Eliten für das Scheitern verantwortlich machen, müsste man Robespierres Schreckensherrschaft rechtfertigen; immerhin hätte sie – hypothetisch gesprochen – Hitlers Machtübernahme verhindert und damit unvergleichlich größeres Leid als die „terreur" verhindert.

Eine derart gewaltsame Entmachtung erscheint aber weder in der Französischen Revolution noch in Weimar gerechtfertigt. Und zwar vor allem, weil jeder Mensch, der mordet, wie Riem es in seinem Text sagt, verabscheuungswürdig ist. Aber es ist wohl auch politisch sinnlos. Denn entscheidend scheinen weder in Frankreich noch in Weimar die konservativen Kräfte gewesen zu sein als vielmehr die **Begeisterung und das Engagement der Jungen**. Deshalb ist es wohl am wichtigsten, die junge Generation für das Neue zu begeistern. So ist es zum Beispiel nach dem Zweiten Weltkrieg auch erst durch die nach dem Krieg Geborenen gelungen, die im Grundgesetz angelegte Demokratie nach der Adenauerzeit tatsächlich mit Leben zu erfüllen.

Teilaufgabe	**AFB I**	**AFB II**	**AFB III**	**BE**
1	15	5		20
2.1	5	20		25
2.2	5	20		25
3		5	25	30
Summe	25	50	25	100

Hessen – Geschichte – Grundkurs – 2010
Vorschlag B

Thema: Nationalsozialismus und Demokratie

Aufgaben

1. Fassen Sie zusammen, wie Goebbels die nationalsozialistische Machtübernahme darstellt. (Material) (20 BE)

2.1 Vergleichen Sie seine Darstellung mit den tatsächlichen Vorgängen vom Januar bis zum Sommer 1933. (30 BE)

2.2 Goebbels bezeichnet das nationalsozialistische Regime als eine „veredelte Art von Demokratie“ (Z. 16). Prüfen Sie die Angemessenheit dieser These anhand der Strukturen des NS-Staates und gegenüber den Grundprinzipien einer modernen Demokratie. (25 BE)

3. Beurteilen Sie, inwiefern die Bundesrepublik Deutschland politische bzw. verfassungsrechtliche Lehren aus dem Scheitern der Weimarer Republik und dem NS-Staat zog. (25 BE)

Hinweis: Die Rechtschreibung entspricht der des Originals.

Material

Reichspropagandaminister Goebbels vor Vertretern der internationalen Presse am 28. September 1933 in Genf

Die Welt lebt heute vielfach in der Auffassung, als habe die nationalsozialistische Bewegung mit Gewalt und unter Anwendung von rücksichtslosem Terror die Macht an sich gerissen, um sie brutal gegen ihre innenpolitischen Gegner auszunutzen. Diese Auffassung widerspricht dem tatsächlichen Verlauf der Dinge. Schon vor ihrer Machtübernahme war die nationalsozialistische Bewegung die weitaus größte und in ihrem Massenanhang einflußreichste Partei des parlamentarischen Deutschlands. Sie wurde legal in die Verantwortung berufen, und sie hat weiterhin legal ihre Machtpositionen ausgebaut.

Es stand ihr nach dem 30. Januar frei, nach eigenem Gutdünken und ohne Befragung des Volkes zu handeln. Sie hat das nicht getan, sondern im Gegenteil […] sich auch die Sicherheiten geschaffen, die im Rahmen des demokratischen Staates für ihre spätere Aufbauarbeit notwendig waren. Von Terror und Gewaltanwendung konnte dabei keine Rede sein. Es hat in Deutschland niemals eine Regierung gegeben, die sich so wie die nationalsozialistische auf ihre Übereinstimmung mit den breiten Volksmassen berufen konnte.

Der moderne Staatsaufbau in Deutschland ist eine veredelte Art von Demokratie, in der kraft Mandats des Volkes autoritär regiert wird, ohne daß die Möglichkeit gegeben ist, durch parlamentarische Zwischenschaltungen den Willen des Volkes nach obenhin zu verwischen oder gar unfruchtbar zu machen. Daß wir beim inneren Aufbau Deutschlands neue Methoden auch in der Gestaltung der öffentlichen Meinung unseres Landes anwenden mußten, lag in der Natur der Sache. Daß der groß angelegte Versuch, die Krise in Deutschland zu überwinden, nicht von vornherein böswilliger und zielzersetzender und auflösender Kritik ausgesetzt sein durfte, das war schon durch die Größe dieser Krise bedingt. […]

Wir übernahmen die Macht in einem Zeitpunkt, in dem die Arbeitslosigkeit in Deutschland ihren bisherigen Höhepunkt erreicht hatte, in dem der Bolschewismus drohend vor den Toren des Reiches stand […]. Wen kann es da wundernehmen, daß die nationalsozialistische Führung erst alles daransetzte, das Gefühl der Verzweiflung, das in Deutschland breiteste Kreise des Volkes ergriffen hatte, durch einen neuen gläubigen Optimismus zu überwinden und im Verlaufe dieses Aufrichtungsprozesses alles auszuschalten, was ihm und seiner glücklichen Durchführung von vornherein aus parteipolitischen Rücksichten feindlich gesinnt war und deshalb nur schwersten Schaden bringen konnte. […]

Der Nationalsozialismus steht wie jede echte politische Willenswirkung auf einem totalitären Standpunkt. Entweder ist er davon überzeugt, daß seine Weltanschauung und ihre praktischen Auswirkungen richtig sind, dann kann er niemanden neben sich dulden, oder er ist es nicht, dann verdient er gar nicht, daß er die Macht besitzt. Er ist da und aus dieser Überzeugung heraus mußte er einen Zustand im Ziele führen, in dem es außer ihm keinen ernsthaften Konkurrenten in der Inhaberschaft der Macht geben konnte. Nachdem die marxistischen Organisationen von Staats wegen aufgelöst waren, haben die bürgerlichen Parteien sich selbst aufgelöst. Der Nationalsozialismus übernahm damit die ganze Macht und die ganze Verantwortung. […]

Wir haben den Mut, dem Volke die wenn auch schwere Wahrheit zu sagen und erleben das Glück, daß das Volk uns versteht. Wenn es Sinn einer wahren Demokratie ist, die Völker zu führen und ihnen den Weg zu Arbeit und Frieden zu zeigen, dann glaube ich, ist diese wahre Demokratie in Deutschland, und zwar gegen die Parteien, die nur ihr Zerrbild abgeben, verwirklicht worden. […]

Was hat das junge Deutschland der Welt zu bieten? Eine Garantie des stabilen Zustandes im Innern mit einer festen Zentralgewalt, die verhandlungsbereit und verhandlungsfähig ist. Es hat die bolschewistischen Zündstoffe, die ganz Europa gefährdeten, aus sich ausgeschieden und sich zu einer einheitlichen und geschlossenen Willensentfaltung zusammengetan. […]

Cuno Horkenbach (Hrsg.): Das Deutsche Reich von 1918 bis heute, Berlin [1935], S. 423 ff.

Lösungsvorschläge

Inhaltliche Schwerpunkte:

Inhaltliche Grundlage der Aufgabe bildet die Konfrontation „Weimarer Republik versus nationalsozialistischer Führerstaat" unter dem Aspekt der „Ideologie und Wirklichkeit" und „Zerschlagung des demokratischen Rechtsstaates" des Halbjahres 12/II („Modernität und Antimodernität in der Zeit der Weimarer Republik und des Nationalsozialismus"). Durch den Bezug zu Grundprinzipien einer modernen Demokratie und zu den verfassungsrechtlichen Lehren, die die Bundesrepublik Deutschland aus dem Scheitern der Weimarer Republik gezogen hat, wird auch das Halbjahr 13/I („Konflikt und Kooperation in der Welt nach 1945") einbezogen, und zwar mit seinem prüfungsdidaktischen Schwerpunkt der deutschen Ebene von „Teilung und Einheit" unter dem Stichwort „Gründung der beiden deutschen Staaten".

1. *Die erste Aufgabe verlangt keine allgemeine Textwiedergabe, sondern die Fokussierung auf einen bestimmten Aspekt des Textes: die Art, wie Goebbels die Machtübernahme der Nationalsozialisten darstellt. Als zweites ist zu beachten, wie Goebbels seine Rede aufbaut und welches Ziel er verfolgt: Goebbels verwahrt sich gegen Vorwürfe an den Maßnahmen der Machtübernahme und rechtfertigt deswegen das Vorgehen der Nationalsozialisten. Damit hat die Rede eine Struktur, die sich sinnvollerweise in Ihrer Wiedergabe wiederfinden sollte: einerseits die Vorwürfe gegen die Maßnahmen bei der Machtübernahme und andererseits Goebbels' Erklärungen und Begründungen.*
   Formulieren Sie Goebbels' Äußerungen korrekt in der indirekten Rede. Diese Form sollten Sie grundsätzlich bei Textwiedergaben einhalten und nicht nur, um sich – wie hier vielleicht naheliegend – vom Inhalt der Vorlage ausdrücklich zu distanzieren. Die Aufgabe gehört überwiegend zum AFB I.

   Bei der vorliegenden Quelle handelt es sich um eine **Primärquelle**, und zwar um Auszüge aus einer **Rede** des Reichspropagandaministers Goebbels vom 28. September 1933. Nach nur knapp 8 Monaten nationalsozialistischer Herrschaft sieht Goebbels sich veranlasst, **Vorwürfen** zu begegnen, die nationalsozialistische Bewegung habe die Macht mit Terror und Gewalt an sich gerissen und ihre innenpolitischen Gegner unterdrückt (vgl. Z. 2 f.). Die Adressaten von Goebbels' Rede sind Vertreter der internationalen Presse, vor denen die Nationalsozialisten sich offensichtlich besonders **rechtfertigen** wollten, um als friedlich und „demokratisch" zu gelten und akzeptiert zu werden.
   Dazu stellt Goebbels die Machtübernahme aus der Sicht der Nationalsozialisten dar. Die Machtübernahme am 30. Januar 1933 durch die nationalsozialistische Bewegung mit der NSDAP als stärkster Fraktion im Reichstag sei ebenso **legal** gewesen wie der danach erfolgte Ausbau der Macht. Bei diesem sei es durchaus gerechtfertigt gewesen, „neue Methoden auch in der Gestaltung der öffentlichen Meinung" (Z. 20) anzuwenden. So sei es angesichts der großen Verantwortung der nationalsozialistischen Bewegung, die durch Massenarbeitslosigkeit und bolschewistische Bedrohung entstandene Krise Deutschlands zu überwinden, not-

wendig gewesen, zersetzende Kritik und feindlich gesinnte Parteien, insbesondere marxistische Organisationen, auszuschalten; die übrigen bürgerlichen Parteien hätten sich danach „selbst aufgelöst" (Z. 41).
Das **Vorgehen gegen Kritiker und politische Parteien** begründet Goebbels damit, dass der Nationalsozialismus keine Konkurrenz dulde. Er sei **totalitär**, denn er wisse, dass nur seine eigene **Weltanschauung** die richtige sei. Die politischen Parteien böten außerdem nur ein verfälschtes Bild der Wirklichkeit. Die nationalsozialistische Bewegung aber sage die „wenn auch schwere Wahrheit" (Z. 43). Ferner disqualifizierten parlamentarische Institutionen und politische Parteien sich dadurch, dass sie das Volk daran hinderten, seinen Willen unverfälscht zur Geltung zu bringen. Diese **unmittelbare Volksvertretung** gelinge nur der nationalsozialistischen Führung. Denn sie führe das Volk „kraft Mandats" (Z. 17) entschlossen und autoritär, und umgekehrt verstehe das Volk die nationalsozialistische Führung. Diese „**veredelte Art von Demokratie**" (Z. 16) sei die „wahre Demokratie" (Z. 46) und rechtfertige die Maßnahmen der Nationalsozialisten gegen ihre politischen Gegner im Zuge der Machtergreifung.

2.1 *In dieser Aufgabe soll Goebbels' Darstellung der historischen Wirklichkeit gegenübergestellt werden; damit gehört die Aufgabe zum AFB II. Sie haben dafür methodisch zwei Möglichkeiten: Sie können von Goebbels' Behauptungen ausgehen oder von den Maßnahmen der Nationalsozialisten. In beiden Fällen muss im Ergebnis der offenkundige Widerspruch zwischen Propaganda und Wirklichkeit deutlich werden. Im Folgenden wird von Goebbels' Anspruch ausgegangen, um direkt an das Ergebnis von Aufgabe 1 anknüpfen zu können.*

Goebbels' erste Behauptung, Hitler sei legal **zum Reichskanzler berufen** worden, ist verfassungsrechtlich gesehen zwar korrekt. Paul von Hindenburg hat als amtierender Reichspräsident Hitler, dessen Partei die größte Fraktion im Reichstag stellte, am 30. Januar 1933 zum Reichskanzler ernannt. Hitler führte nun ein weiteres sogenanntes **Präsidialkabinett** wie Brüning, Papen und Schleicher in den Jahren zuvor. Seine Berufung widersprach allerdings dem Geist der Verfassung von Weimar, denn er wollte die Weimarer Demokratie erklärtermaßen beseitigen.
Dass die NSDAP damals die „einflussreichste Partei des parlamentarischen Deutschlands" (Z. 6) gewesen sei, ergibt sich aus **Wahlergebnissen von 1932**. Mit den „Sicherheiten" (Z. 11), die Hitler sich nach dem 30. Januar 1933 besorgt habe, sind die **Neuwahlen vom 5. März** gemeint, mit denen man sich noch einmal auf ein Verfahren „im Rahmen des demokratischen Staates" (Z. 11) eingelassen habe. Aber diese Wahlen entsprachen aufgrund des von der NSDAP ausgeübten massiven Terrors und der Propaganda schon **nicht mehr demokratischen Grundsätzen**. Hitler gewann rund 43 % der Stimmen und musste mit der DNVP koalieren. Er hat also bei der dann folgenden **Gleichschaltung** keineswegs in grundlegender Übereinstimmung mit dem (gesamten) Volk gehandelt,

wie Goebbels es durch seine These von der „veredelten Art von Demokratie" (vgl. Z. 16) behauptet.

Die **Ausschaltung der Konkurrenten** um die Macht und um die politische Willensbildung beschreibt Goebbels zum Teil durchaus zutreffend: Die KPD wurde wenige Tage vor den Reichstagswahlen am 5. März 1933 „von Staats wegen" (Z. 40) durch die **Reichstagsbrandverordnung** vom 28. Februar 1933, die wesentliche Grundrechte einschränkte und die **Verfolgung politischer Gegner** legitimierte, aufgelöst.

Auf diesen Druck ist auch zurückzuführen, dass tatsächlich alle Parteien außer der SPD und der KPD, deren Mandate bereits annulliert worden waren, am 23. März 1933 dem **Ermächtigungsgesetz** zustimmten. Mit diesem verfassungsändernden Reichstagsbeschluss lösten die Parteien das Parlament bis auf weiteres auf. Goebbels spricht hier wohlweislich nur von den „bürgerlichen Parteien" (Z. 41): Die SPD nämlich musste eigens verboten werden (was dann im Juni 1933 geschah).

Auch im übrigen politischen Leben zeigten sich die **Zwangsmaßnahmen** der Nationalsozialisten zur massiven Einschüchterung politischer Gegner und demokratischer Einrichtungen: die SA als Hilfspolizei, willkürliche Verhaftungen nach dem Reichstagsbrand, erste Konzentrationslager (Dachau im März 1933), der bedrohliche Boykott jüdischer Geschäfte (am 1. April 1933), die Zerschlagung der Gewerkschaften (am 2. Mai 1933), die beginnende Gleichschaltung aller Institutionen des öffentlichen Lebens (z. B. der Länderparlamente) usw.

Die Machtübernahme verlief also bis zum Sommer 1933 nur im Ansatz und nur scheinbar formal legal, insgesamt aber mit **Gewalt, Terror** und **Unterdrückung**.

2.2 *Für die Lösung dieser Aufgabe ist es besonders wichtig, sich den Operator und alle inhaltlich relevanten Elemente der Aufgabenstellung genau klarzumachen. Es gibt nämlich drei inhaltliche Aspekte, die zu beachten sind: die Strukturen des NS-Staates, die „veredelte Art von Demokratie" und die Grundprinzipien einer modernen Demokratie. Durch den Operator „prüfen" miteinander verbunden lautet die zu untersuchende Fragestellung: Ist es angemessen zu sagen, die Strukturen des NS-Staates entsprechen einer „veredelten Art von Demokratie", wenn man als Maßstab die Grundprinzipien einer modernen Demokratie anlegt?*

Was Goebbels unter einer „veredelten Art von Demokratie" (vgl. Z. 16) versteht, können Sie dem Text entnehmen. Vielleicht kennen Sie aus dem Unterricht schon vergleichbare Vorstellungen von „wahrer Demokratie" von J. J. Rousseau (Identitätstheorie), die Robespierre zur Rechtfertigung seiner Schreckensherrschaft in der Französischen Revolution dienten.

Die Strukturen des NS-Staates und die Prinzipien einer modernen Demokratie müssen Sie selbst kennen und dann auswählen und anwenden. Diese recht anspruchsvolle Aufgabe gehört zum AFB II. Am Schluss Ihrer Prüfung sollten Sie ein zusammenfassendes Ergebnis formulieren.

Goebbels „veredelte Art von Demokratie“ (vgl. Z. 16) basiert auf der Überzeugung, dass die eigene Weltanschauung die einzig richtige und gute für das Volk sei. Deshalb vertrete die Führung in ihrer autoritären und totalitären Regierungsweise den Willen des Volkes. Aus dieser **Identität** von **Volk und Führung** leitet Goebbels gegenüber repräsentativ-parlamentarischen Demokratiesystemen den Anspruch ab, im NS-Staat im „Sinn einer wahren Demokratie“ (Z. 44) zu regieren.

Die **Prinzipien einer modernen Demokratie** haben sich in den bürgerlichen Revolutionen des 18. und 19. Jahrhunderts entwickelt. Zu ihnen gehören unverzichtbar die Anerkennung und Wahrung der **Grund- und Menschenrechte**, die grundsätzlich jedem Staatsbürger Freiheit und Gleichheit von Staats wegen garantieren; dazu zählen insbesondere die Gleichheit vor dem Gesetz, die Glaubens- und Meinungsfreiheit und die Versammlungsfreiheit. Dementsprechend verlangt ein demokratisches Staatswesen das Prinzip der **Volkssouveränität** mit dem Recht auf **freie Wahlen** und ein Mehrparteiensystem mit dem Recht auf Opposition und der Verantwortlichkeit der Regierung gegenüber dem vom Volk gewählten Parlament; dazu kommt eine grundsätzliche **Gewaltenteilung** im Staatswesen mit **unabhängigen Gerichten**.

Diese Kriterien **erfüllte das totalitäre Naziregime nicht**. Die Weimarer Verfassung galt im Dritten Reich zwar formal weiter, aber sie wurde ihrer demokratischen Prinzipien beraubt. Mit der Reichstagsbrandverordnung wurden wesentliche Grundrechte außer Kraft gesetzt, mit dem Ermächtigungsgesetz lösten sich das Parlament und die Parteien auf, die NSDAP wurde einzig zugelassene Staatspartei, wirkliche Wahlen wurden überflüssig, **Plebiszite** dienten der propagandistischen Bestätigung der Einheit von Führer und Volk. Das undemokratische **Führerprinzip** mit dem Grundsatz der Auswahl von oben beherrschte alle öffentlichen Bereiche. Die politische Willensbildung war damit dem **totalitären Führungsanspruch** des Führers und der Partei unterworfen, die Presse und alle gesellschaftlich relevanten Bildungseinrichtungen waren gleichgeschaltet. Rechtsstaatlichkeit und die Gleichheit aller Staatsbürger gab es nicht („Nürnberger Gesetze“ 1935 u. v. a.).

Mit seiner „veredelten Art der Demokratie“ (vgl. Z. 16) beschreibt Goebbels die **Herrschaftsstrukturen des NS-Staates** – der Anspruch, damit aber tatsächlich die „wahre Demokratie“ (vgl. Z. 44) zu vertreten, ist angesichts der Grundprinzipien einer modernen Demokratie **völlig unangemessen**. Ziel einer „wahren Demokratie“ kann es schließlich nicht sein, „die Völker zu führen“ (Z. 45), wie Goebbels es behauptet.

Dass Goebbels den totalitären Zwangsstaat als „veredelt demokratisch“ (vgl. Z. 16) beschreibt, kann eine **zynische Replik** sein gegen den von Demokraten geäußerten Vorwurf, die Nationalsozialisten regierten mit Terror und Gewalt. Wenn Goebbels seinen Anspruch aber ernst meinte, würde dies zeigen, dass der **Demokratiebegriff** so **positiv besetzt** war, dass auch die Nationalsozialisten ihn in Konkurrenz zu einer parlamentarisch-repräsentativen Demokratie für sich beanspruchen wollten.

3. *Vergegenwärtigen Sie sich auch hier die zu bearbeitenden inhaltlichen Aspekte der Aufgabe genau: es geht um politische und („bzw.") verfassungsrechtliche Lehren, die die Bundesrepublik Deutschland (mit dem Bonner Grundgesetz) zum einen aus dem Scheitern Weimars zog, zum anderen aus den Verbrechen des NS-Staates (Zerstörung der Demokratie, totalitärer Unrechtsstaat usw.).*
Der Operator „beurteilen" aus dem AFB III verlangt von Ihnen ein sachbezogenes Urteil zu der Frage, inwiefern (nicht „ob", was mit einem Ja oder Nein zu beantworten wäre) die Bundesrepublik aus den Fehlern von Weimar und der NS-Zeit entsprechende Lehren gezogen hat.

Sowohl in der Weimarer Verfassung als auch im politischen Alltag der Weimarer Republik lassen sich zahlreiche Aspekte erkennen, die ihr Scheitern sowie den Übergang zum NS-Staat begünstigt haben. Aus solchen Fehlern versuchten die Verfasser des Bonner Grundgesetzes 1948/1949 entsprechende **Konsequenzen** zu ziehen.
So nahm das Bonner Grundgesetz **grundlegende Werte der Demokratie** (Grundrechte, freiheitlich demokratische Grundordnung) in die **Verfassung** auf und schützte sie damit verfassungsrechtlich (Wertedemokratie). Das **Grundgesetz** schützt auch sich selbst gegen seine Gegner: Es kann in wesentlichen Bestandteilen nicht geändert werden, wie es die Nationalsozialisten aber mit der Weimarer Verfassung getan haben (z. B. durch die Reichstagsbrandverordnung und das Ermächtigungsgesetz). Das Grundgesetz gewährt sogar das **Recht zum Widerstand** gegen alle, die ihre Grundrechte zum Kampf gegen die freiheitlich demokratische Grundordnung missbrauchen (Art. 18). Mit einem solchen Schutz der Weimarer Verfassung hätte die NSDAP mit ihrer offenen Feindseligkeit gegenüber der Weimarer Demokratie wirksam bekämpft werden können. So kam es in der Bundesrepublik Deutschland 1952 (SRP) und 1956 (KPD) zum Verbot zweier als verfassungsfeindlich eingeschätzter Parteien. Solchen extremistischen Parteien wird außerdem seit 1952 der Zugang zum Bundestag durch die 5 %-Klausel erschwert. Hätte diese Sperre in Weimar gegolten, wäre die NSDAP bis 1930 – mit der kleinen Ausnahme einiger weniger Monate im Jahr 1924 – nicht im Reichstag vertreten gewesen und hätte in dieser Zeit die parlamentarische Bühne (Rederecht im Parlament, Vergünstigungen für Abgeordnete usw.) nicht für ihre demokratiefeindliche Hetze nutzen können.
Im Sinne der Sicherung und der höheren Verantwortlichkeit gegenüber der Demokratie wurden im Bonner Grundgesetz die politischen **Parteien** als Träger der politischen Willensbildung verfassungsrechtlich verankert und an demokratische Grundprinzipien gebunden. Den wichtigsten Schutz der Verfassung stellt aber das **Bundesverfassungsgericht** dar, das von allen politischen Organen und jedem Bürger angerufen werden kann, wenn eine Verletzung der Verfassung befürchtet wird.
Im Zusammenspiel der Bundesorgane wurde im Bonner Grundgesetz schließlich der **Präsident** gegenüber dem Kanzler und dem Parlament deutlich zurückgesetzt. Während der Weimarer Reichspräsident mit starker demokratischer Legitimation (für 7 Jahre und direkt vom Volk gewählt) große Möglichkeiten der poli-

tischen Einflussnahme hatte, besonders in parlamentarischen Krisenzeiten (Reichstagsauflösung, Notverordnungen, Heeresbefehl, Einsetzung des Kanzlers usw.), hat der bundesrepublikanische Präsident (für 5 Jahre und nur mittelbar vom Volk gewählt) vorwiegend repräsentative Aufgaben und Prüfungsrechte im Gesetzgebungsverfahren. Das Schwergewicht der politischen Macht und Verantwortung liegt dafür beim Bundestag und beim Kanzler, der nun frei vom Parlament gewählt wird (**Kanzlerdemokratie**).
Ferner konnte in Weimar der Reichstag die Regierungstätigkeit dadurch blockieren, dass er dem Kanzler das Misstrauen aussprach. Im Grundgesetz gibt es deshalb nur ein **konstruktives Misstrauensvotum**, das ggf. die Wahl eines neuen Kanzlers verlangt und nicht nur seine Abwahl.
Fazit: Das Bonner Grundgesetz und die politische Praxis der Bundesrepublik Deutschland haben sich umfassend bemüht, aus dem Scheitern von Weimar und dem Unrechtsstaat der NS-Zeit entsprechende Lehren zu ziehen. Schwerpunkte dabei sind die verfassungsrechtliche **Sicherung demokratischer Grundprinzipien** (Parteien, Grundrechte usw.), die **Wehrhaftigkeit der Demokratie** gegen extremistische Feinde und der **Zwang zu einer konstruktiven Arbeit** in den politischen Institutionen.

Teilaufgabe	AFB I	AFB II	AFB III	BE
1	15	5		20
2.1	5	25		30
2.2	5	20		25
3			25	25
Summe	25	50	25	100

Hessen – Geschichte – Grundkurs – 2010
Vorschlag C

Thema: Strategien zum politischen Umgang mit Deutschland

Aufgaben

1. Fassen Sie die wesentlichen Aussagen Morgenthaus zusammen. (Material) (25 BE)

2. Untersuchen Sie, ausgehend von der Quelle, die amerikanische Deutschlandpolitik zwischen 1941 und 1947. (45 BE)

3. Morgenthau geht mit Blick auf die Geschichte generell von kriegerischen Neigungen und Absichten Deutschlands aus.
Überprüfen Sie anhand von Beispielen zur deutschen Außenpolitik zwischen 1890 und 1939, inwieweit sich diese Befürchtung bestätigen oder entkräften lässt. (30 BE)

Hinweis: Henry Morgenthau Jr. (1891–1967), amerikanischer Politiker, hatte über die Großeltern deutsch-jüdische Wurzeln. Morgenthau, ein persönlicher Freund Präsident Roosevelts, war von 1933 bis 1945 Finanzminister.
Morgenthau schickte das Memorandum nicht ab. Es entstand zeitlich nach dem Morgenthauplan.

Material

Aus einem Memorandum Henry Morgenthaus Jr. an Präsident Roosevelt (10. Januar 1945)

Wir sind überzeugter denn je, dass es unbedingt notwendig ist, Deutschland seiner chemischen, metallurgischen[1] und elektrischen Industrie zu berauben, wenn wir wirklich beabsichtigen, es ihm unmöglich zu machen, in einigen Jahren wieder über die Fähigkeit zu verfügen, einen Krieg zu beginnen. Wir glauben nicht, dass dies allein den Frieden garantieren kann, aber wir sind überzeugt, dass dies einer der Schritte ist, den wir jetzt tun müssen.

Wir gründen diese Schlussfolgerung auf die folgenden Prämissen, die uns unwiderlegbar erscheinen:

1. Die Deutschen sind entschlossen, es wieder zu versuchen.
2. Programme zur Demokratisierung, Umerziehung und Freundlichkeit können diese Entschlossenheit in einer überschaubaren Zeit nicht zerstören.
3. Die Schwerindustrie ist der Kern des deutschen Rüstungspotentials.

Fast alle Amerikaner akzeptieren den ersten Punkt. Einige […] lehnen den zweiten Punkt ab, aber alles, was wir wissen und jüngst gelernt haben – z. B. unsere Erfahrungen mit Kriegsgefangenen –, spricht gegen sie. Was den dritten Punkt betrifft, scheinen die eigenen Leistungen der USA in den vergangenen vier Jahren eine eindeutige

Lektion dafür zu sein, was ein ähnlich vielseitig begabtes Volk tun kann. Aus dem größten Produzenten von nichtmilitärischen Gütern im Jahr 1940 wurden die USA 1944 in den weltgrößten Waffenproduzenten transformiert. Die Deutschen sind vielseitig begabt. Wenn wir ihnen die notwendige Schwerindustrie lassen, können sie so schnell und effizient arbeiten wie wir.

Je mehr ich über dieses Problem nachdenke und je mehr ich über die einschlägigen Diskussionen höre und lese, desto klarer erscheint es mir, dass das wirkliche Motiv derjenigen, die gegen eine Schwächung Deutschlands sind, nicht ist, dass sie mit den [genannten] drei Punkten nicht wirklich übereinstimmen. Es ist vielmehr die […] alte Idee eines „Bollwerks gegen den Kommunismus" – was einer der Faktoren war, die für den augenblicklichen Krieg verantwortlich waren.

Da die Leute, die diese Sicht vertreten, nicht bereit sind […], offen über ihre Ziele zu reden und ihre Karten auf den Tisch zu legen, werden von ihnen alle möglichen Vorwände formuliert und Täuschungsmanöver unternommen, um ihre These, dass Deutschland wiederaufgebaut werden müsse, zu unterstützen. Hier einige Beispiele:

1. Die falsche Annahme, Europa brauche ein starkes, industrialisiertes Deutschland.
2. Die Behauptung, dass ein sofortiger Wiederaufbau der deutschen Industrie nötig ist, damit Deutschland Reparationen zahlen kann und veranlasst werden kann, für die Zerstörungen zu zahlen, die es angerichtet hat.
3. Der naive Glaube, dass die Entfernung oder Zerstörung des deutschen Kriegsmaterials und der deutschen Rüstungsindustrie genügen werden, um zu verhindern, dass Deutschland einen neuen Krieg startet.
4. Die unlogische Annahme, ein „weicher" Frieden würde das Wachstum der Demokratie in Deutschland erleichtern.
5. Die unbegründete Behauptung, Deutschland zu einem hauptsächlich agrarischen Land zu machen, mit Leichtindustrie, aber ohne Schwerindustrie, würde bedeuten, die Deutschen verhungern zu lassen. […]

Dieser Zusammenhang muss der Öffentlichkeit klar gemacht werden. Ich bin in dieser Sache so stark engagiert, dass ich eine klare Sprache spreche. Wenn wir uns dieser Problematik nicht stellen, bin ich so überzeugt, wie man nur sein kann, dass wir zulassen werden, dass eine hohle, betrügerische Propaganda uns dazu bringt, wieder ein starkes Deutschland zu schaffen und aus Russland einen Feind zu machen. Ich erschauere um unserer Kinder willen, wenn ich daran denke, was hieraus folgen wird.

In meinen Augen gibt es nichts, was in diesem Augenblick mehr Vertrauen oder Misstrauen zwischen den USA und Russland erzeugen kann als die Haltung, die diese Regierung gegenüber dem deutschen Problem einnimmt.

Walter LaFeber (Hrsg.): The Dynamics of World Power. A Documentary History of United States Foreign Policy 1945–1973, Bd. II: Eastern Europe and the Soviet Union, New York u. a. 1973, S. 25 f. Übersetzung von Michael Wagner.

1 Metallurgie bezeichnet ein Verfahren zur Gewinnung und Nutzung von Metallen.

Lösungsvorschläge

Inhaltliche Schwerpunkte:

Der Aufgabenvorschlag thematisiert auf der Grundlage einer Denkschrift Henry Morgenthaus schwerpunktmäßig die amerikanische Deutschlandpolitik der Nachkriegszeit; damit bezieht sich die Aufgabenstellung vornehmlich auf das Halbjahresthema von 13/I „Konflikt und Kooperation nach 1945" und hier vor allem auf die thematischen Stichworte: „Interessen und Strategien der USA und der UdSSR", „Zerfall der Anti-Hitler-Koalition" und „Beginn des Ost-West-Konflikts".

Im dritten Teil der Aufgabe gerät jedoch die gesamte deutsche Außenpolitik zwischen 1890 und 1939 ins Blickfeld, damit wird ein doppelter kursübergreifender Bezug sowohl zum Halbjahr 12/I mit dem thematischen Stichwort „Der verspätete Imperialismus des deutschen Kaiserreichs" als auch zu 12/II mit dem Stichwort „Die Außenpolitik der Weimarer Republik versus nationalsozialistische Außenpolitik und Zweiter Weltkrieg" hergestellt.

1. *Der grundsätzlich dem AFB I zuzurechnende Operator „zusammenfassen" verlangt von Ihnen, den Text auf das Wesentliche zu reduzieren, dabei jedoch dessen Sinn beizubehalten. Die Tatsache, dass die Quelle ein in Gedankenführung und Sprache schwieriger Text ist, erklärt, dass in die Bewertung auch Anteile aus dem AFB II einfließen. Vor der inhaltlichen Wiedergabe sollten Sie den Text identifizieren, also den Autor, das Thema und die Art der Quelle, außerdem Entstehungszeitpunkt und Adressat benennen. Auch auf sprachliche oder stilistische Auffälligkeiten können Sie im Rahmen einer Zusammenfassung kurz eingehen.*

   Bei dem vorliegenden Text handelt es sich um einen Auszug aus einer Denkschrift des damaligen amerikanischen Finanzministers Henry Morgenthau an den US-Präsidenten Franklin D. Roosevelt, datiert vom 10. Januar 1945. In seinem „Memorandum" begründet er den nach ihm benannten **Morgenthau-Plan** aus dem Jahre 1944, der eine weitgehende **Entindustrialisierung Deutschlands** vorsah, und versucht, den Präsidenten von seinen Auffassungen zu überzeugen.
   Die Tatsache, dass diese Denkschrift aus dem Januar 1945 nicht mehr abgeschickt wurde, spricht dafür, dass Morgenthau angesichts der starken Opposition gegen seinen Plan wohl keine Chance mehr sah, den Präsidenten noch auf seine Seite zu ziehen.
   Der Text beginnt in der ersten Person Plural, („Wir sind überzeugter denn je …", Z. 1); ab Zeile 22wechselt er aber unvermittelt in die erste Person Singular über („Je mehr ich über dieses Problem nachdenke …"). Morgenthau bezeichnet sich selbst als „in dieser Sache […] stark engagiert" (Z. 44 f.); dieses persönliche Engagement, das in Anbetracht von Morgenthaus Biografie und den damals schon bekannten unsagbaren Verbrechen des NS-Regimes gegen das jüdische Volk nachvollziehbar ist, wird im unvermittelten Wechsel des Personalpronomens deutlich, aber auch darin, dass er die Auffassungen über Deutschland, die den eigenen widersprechen, als „hohle, betrügerische Propaganda" (Z. 47) und „Täuschungsmanöver" (Z. 30) abqualifiziert.

Für Morgenthau steht außer Frage, dass Deutschlands Chemie-, Metall- und Elektroindustrie zerstört werden müsse. Darin sieht er die einzige wirksame Maßnahme, um einen weiteren Krieg zu vermeiden. Denn die Deutschen seien entschlossen, einen neuen Krieg zu begehen, kein Umerziehungsprogramm könne sie daran hindern.
Das Hauptmotiv derjenigen Amerikaner, die dafür plädieren, Deutschland wiederherzustellen, sieht Morgenthau in falschem **antikommunistischen Denken**. Das Land solle in Wahrheit als „Bollwerk[ ] gegen den Kommunismus" (Z. 26) wiederaufgebaut werden, wobei diese Absicht durch eine Reihe von „falsche[n]" (Z. 32), „naive[n]" (Z. 36), „unlogische[n]" (Z. 39) und „unbegründete[n]" (Z. 41) Behauptungen verschleiert werde. Morgenthau äußert die Befürchtung, dass eine Politik, die den obigen Behauptungen folgte, „aus Russland einen Feind [...] machen" (Z. 48) und unabsehbare Gefahren für die USA beziehungsweise für das Verhältnis zwischen den USA und der Sowjetunion heraufbeschwören würde.

2. *Durch den Operator, der dem AFB II zugehört, werden Sie dazu angehalten, die amerikanische Deutschlandpolitik zwischen 1941 und 1947 unter dem Gesichtspunkt zu betrachten, inwieweit sie den Forderungen entsprach, die Morgenthau in seinem Memorandum aufgestellt hat. Allerdings sollte sich die Untersuchung der US-Deutschlandpolitik nicht auf diesen Gesichtspunkt beschränken, naturgemäß müssen in die Betrachtung die komplexen Zusammenhänge wie etwa der Kriegsverlauf, die Entwicklung der Beziehungen zur Sowjetunion und die Entwicklung in den deutschen Besatzungszonen einbezogen werden (AFB I). Dieser Aufgabenteil ist mit 45 % der Gesamtpunktzahl gewichtet. Deshalb sollten Sie ihm einen entsprechenden Aufwand an Zeit und Energie widmen.*

Mit dem Angriff Hitler-Deutschlands auf die Sowjetunion im Juni 1941 und der im Dezember 1941 folgenden Kriegserklärung an die USA war aus Hitlers europäischem Eroberungskrieg der **Zweite Weltkrieg** geworden.
Bereits vor dem amerikanischen Kriegseintritt, nämlich im September 1941, unterzeichneten Roosevelt und Churchill die **Atlantik-Charta**, in der wichtige Leitsätze der **Anti-Hitler-Koalition** vorweggenommen wurden, so zum Beispiel das Ziel der Vernichtung des Nationalsozialismus und die Schaffung einer Welt, in der das Selbstbestimmungsrecht der Völker gelten und Gewaltanwendung in den Beziehungen zwischen den Staaten keinen Platz mehr haben sollten.
Mit Hitlers Kriegserklärung wurden die USA direkt auch in den europäischen Krieg hineingezogen, an dem sie sich jedoch zunächst wegen der durch **Pearl Harbour** im Pazifik entstandenen bedrohlichen Lage nur mit Waffen- und Hilfslieferungen an Großbritannien und Russland, nicht aber mit eigenen Bodentruppen, beteiligen konnten.
Im September 1942 begannen die USA mit der britisch-amerikanischen **Invasion in Nordafrika** dann ihr direktes Engagement auf dem europäisch-afrikanischen Kriegsschauplatz. Es folgte im Januar 1943 die Aufnahme des systematischen **Bombardements deutscher Städte** durch die USA Air Force, und im Juli 1943

wurde mit der **Invasion in Sizilien** der erste Schritt zu der von Stalin lange geforderten Eröffnung der Zweiten Front in Westeuropa getan.
Die britisch-amerikanische **Invasion in der Normandie** vom Juni 1944 leitete die Endphase des Krieges ein und führte im Mai 1945 zur bedingungslosen Kapitulation Deutschlands an allen Fronten.
Auf mehreren Kriegskonferenzen konkretisierten die Führer der Anti-Hitler-Koalition ihre Ziele entsprechend dem Kriegsverlauf. Auf der **Konferenz von Casablanca** (Januar 1943) ergänzten Churchill und Roosevelt die Prinzipien der Atlantik-Charta um die Forderung nach „**bedingungsloser Kapitulation**" des Deutschen Reiches und verständigten sich auf „Germany first" als strategisch-taktische Marschroute.
Zum Zeitpunkt der **Konferenz von Teheran** im November 1943 war Deutschland bereits auf der Verliererstraße, und es wurden zwischen Churchill, Roosevelt und Stalin erste Verabredungen hinsichtlich der territorialen Gestalt Nachkriegsdeutschlands getroffen: Die **Westverschiebung Polens** zugunsten der Sowjetunion und auf Kosten Deutschlands wurde ins Auge gefasst; Die deutsche Bevölkerung sollte aus den neuen polnischen Gebieten „umgesiedelt" werden; als neue Ostgrenze wurde – zunächst vorläufig – die **Oder-Neiße-Linie** festgelegt. Das besiegte Deutschland sollte in drei **Besatzungszonen** aufgeteilt werden.
Auf der **Konferenz von Jalta** im Januar 1945 wurden diese Beschlüsse aufgrund des bevorstehenden Kriegsendes genauer gefasst: Deutschland sollte nach seiner bedingungslosen Kapitulation für die **Verbrechen des NS-Regimes** büßen und von den drei Mächten nach gemeinsamen Grundsätzen verwaltet werden. Der Sowjetunion wurde von den beiden Westmächten in Osteuropa eine Einfluss- und Sicherheitszone zugestanden – nicht zuletzt, weil man sich auf diese Weise die Unterstützung der Sowjetunion im Krieg gegen Japan, der noch andauerte, zu erkaufen hoffte.

In der Besatzungspolitik, die die Militärbehörden der USA nach der Kapitulation Deutschlands und der Errichtung des Besatzungsregimes in ihrer Zone praktizierten, finden sich partiell durchaus Elemente, die von Morgenthau inspiriert erscheinen, so etwa das **Fraternisierungsverbot**, die bürokratischen **Entnazifizierungsverfahren** der „Spruchkammern", die Sprengung von Rüstungsfabriken oder die weitgehenden Produktionsbeschränkungen der Besatzungsbehörden. Dennoch war der „Morgenthau-Plan" nie ein offizielles Dokument der amerikanischen Politik geworden. Der Widerstand aus anderen Teilen der amerikanischen Regierung und in der Öffentlichkeit war von Anfang an groß gewesen und schon im Oktober 1944 war auch der Präsident von Morgenthau abgerückt.
Die **Potsdamer Konferenz** fand acht Wochen nach dem Ende des europäischen Krieges statt; die „Großen Drei", nunmehr Stalin, Attlee und Truman, verständigten sich auf „gemeinsame Grundsätze" zur Gestaltung des Friedens in Europa und zur Behandlung Deutschlands. Die berühmten „four Ds." wurden beschlossen, nämlich die **Demilitarisierung, Denazifizierung, Demokratisierung und Dezentralisierung** Deutschlands. Ein **alliierter Kontrollrat** sollte dafür sorgen, dass diese Grundsätze in allen vier Besatzungszonen (auf Wunsch der Westmächte war

nun auch Frankreich eine Besatzungszone zugestanden worden) umgesetzt würden.

In der Praxis blieb die einheitliche Verwaltung Wunschdenken, und der alliierte Kontrollrat, in dem nur einstimmige Beschlüsse gefasst werden konten, erwies sich wegen unüberbrückbarer Gegensätze sehr bald als nicht handlungsfähig. Denn in den Monaten nach den Potsdamer Verhandlungen, insbesondere aber nach dem durch den Atombombenabwurf auf **Hiroshima** durch die USA siegreich beendeten pazifischen Krieg, wurden die ideologischen und die Interessengegensätze zwischen den beiden verbliebenen Großmächten Sowjetunion und USA allmählich unüberbrückbar:

- Die mit dem sowjetischen Einmarsch in Polen einsetzende systematische **Sowjetisierung Osteuropas** wurde vom Westen immer mehr als aggressiv und expansiv wahrgenommen; dass die Sowjetunion unter „Demokratisierung" im Grunde **die Errichtung von kommunistischen Parteidiktaturen** verstand, war kaum noch zu übersehen.
- Auch in anderen Teilen der Welt, so in Persien, in der **Türkei** und in **Griechenland**, schien das sowjetische Vorgehen auf expansive Absichten hinzudeuten, und in den USA entstand der Verdacht, die Sowjets wollten ihre Einflusszone über den in Jalta zugestandenen Einflussbereich hinaus ausdehnen.
- In Deutschland wurde die sowjetische Forderung nach Beteiligung an der internationalen Kontrolle des Ruhrgebiets als der Versuch interpretiert, den sowjetischen **Einfluss** auch auf westliches Besatzungsgebiet auszudehnen.
- Die hohen sowjetischen **Reparationsforderungen** und die sowjetische Praxis der Entnahme von Reparationsgütern gefährdeten nach Ansicht des amerikanischen Militärgouverneurs zunehmend die Grundversorgung der deutschen Bevölkerung.

Dass sich die weltpolitischen Interessengegensätze zwischen USA und Sowjetunion im Laufe der Jahre 1945 und 1946 immer deutlicher abzeichneten, blieb naturgemäß nicht ohne Auswirkungen auf die amerikanische Deutschlandpolitik. Im Laufe des Jahres 1946 verabschiedete sich die Truman-Administration von der Vorstellung, Deutschland gemeinsam mit den Sowjets durch den Kontrollrat nach gemeinsamen Grundsätzen zu regieren und konzentrierte sich klar auf die ökonomische und politische Konsolidierung der eigenen Interessensphäre. Die wirtschaftliche Konsolidierung bedingte aber naturgemäß den Verzicht auf weitere Demontagen und erzwang die Lockerung von Produktionsbeschränkungen, die Entfernung von Handelshemmnissen, ja sogar die Freisetzung von Wachstumskräften durch die Bereitstellung von Hilfen und die Übertragung von Initiative und Verantwortung auf die Deutschen selbst.

Bereits in seiner **Stuttgarter Rede** vom September 1946 entwickelte der amerikanische **Außenminister Byrnes** ein entsprechendes Programm und leitete damit die Wende der amerikanischen Deutschlandpolitik ein. Er kündigte an, die Deutschen insbesondere in Wirtschaft, Finanzen, Verkehr und Landwirtschaft wieder

an der Verantwortung beteiligen und die voneinander abgetrennten Besatzungszonen zunächst wirtschaftlich wieder miteinander vereinigen zu wollen. Mittelfristig stellte er den Deutschen sogar die Wiederauferstehung eines deutschen Staates im Rahmen der demokratischen Völkerfamilie in Aussicht.
Am 1. 1. 1947 wurde als praktische Konsequenz dieser Rede die sog. **Bizone** gegründet, der Zusammenschluss der britischen mit der amerikanischen Besatzungszone; eine der neugeschaffenen, demokratisch legitimierten und aus Deutschen rekrutierten „Beratungskörperschaften", der **Wirtschaftsrat** dieser Bizone, geführt von Ludwig Erhard, wurde im weiteren Verlauf zu der Einrichtung, die die soziale Marktwirtschaft in Deutschland begründete und die Weichen für das „Wirtschaftswunder" stellte.

Im März 1947 verkündete der amerikanische Präsident die **Truman-Doktrin**, damit ging die amerikanische Außenpolitik endgültig von der Kooperation zur Eindämmungspolitik über, gestützt auf die These, dass sich mit Ost und West zwei Welten mit entgegengesetzten Werten und Menschenbildern gegenüberstanden: die Welt der Freiheit und die der Tyrannei. Ein weiteres Vordringen der Sowjetunion sollte weder in Europa noch in anderen Teilen der Welt zugelassen und durch Wirtschafts- und Finanzhilfen an vom Totalitarismus bedrohte Länder verhindert werden.

Im Juni 1947 stellte **George Marshall** einen Plan vor, der den wirtschaftlichen Wiederaufstieg Europas zum Ziel hatte und großzügige amerikanische Wirtschafts- und Finanzhilfen für Europa, einschließlich der westlichen Besatzungszonen Deutschlands, vorsah. Durch eine wirtschaftliche Zukunftsperspektive sollte das im Krieg verarmte Europa für den Westen gewonnen und eingenommen werden.
Mit der Einbeziehung Westdeutschlands wurde deutlich, dass die USA das Gebiet der westlichen Besatzungszonen nunmehr zur „freien Welt" zählten und an Westeuropa anzubinden gedachten.
Frankreich, das ursprünglich eigene deutschlandpolitische Ziele verfolgte, sah sich vor dem Hintergrund der in Aussicht stehenden amerikanischen Marshallplan-Hilfen veranlasst, auf weitere deutsche Gebietsabtretungen zu verzichten und mit dem französischen Besatzungsgebiet der Bizone beizutreten, aus der auf diese Weise eine **Trizone** wurde.
Damit war der Weg geebnet für die Gründung eines separaten westdeutschen Staates an der Seite der USA und in enger Partnerschaft mit Westeuropa.

3. *Der Operator „überprüfen", der zum AFB III gehört, erfordert in diesem Zusammenhang die exemplarisch angelegte Untersuchung der Behauptungen Morgenthaus über den grundsätzlich aggressiven und kriegerischen Charakter der deutschen Außenpolitik. Diese Untersuchung könnte am Beispiel der deutschen Außenpolitik dreier verschiedener Zeitalter, nämlich des Kaiserreichs (nach 1890), der Weimarer Republik (um 1925) und des Dritten Reichs (1933 bis 1939) vorgenommen werden. Diese Darstellung umfasst überwiegend Leistungen aus dem AFB III (rund 2/3), sie enthält aber auch Elemente, die dem AFB II (rund 1/3) zuzuordnen sind. Jedenfalls sollten sowohl Epochen untersucht werden, deren Außenpolitik Morgenthaus These bestätigen als auch solche, die sie zu widerlegen scheinen. Erst auf dieser Grundlage kann ein abgewogenes Urteil gefällt werden.*

Morgenthaus Prämisse, derzufolge der deutsche Volkscharakter durch eine natürliche Neigung zum Kriege geprägt ist, soll hier exemplarisch an der deutschen „**Weltpolitik**" der **Wilhelminischen Ära**, an der rassistischen **Expansionspolitik der Nationalsozialisten** und an der „**Verständigungspolitik**" **Gustav Stresemanns** in den zwanziger Jahren erörtert werden.

Das Jahr 1890 steht für eine Zeitenwende in der deutschen Außenpolitik, weil mit dem erzwungenen Rücktritt **Otto von Bismarcks** dessen seit der Reichsgründung von 1871 auf Friedenserhaltung und Wahrung des europäischen Gleichgewichts ausgerichtete Politik durch die „Weltpolitik" **Wilhelms II**. abgelöst wurde, welche dem Reich seinen „Platz an der Sonne" verschaffen sollte. Zu diesem Zweck löste Wilhelm die vertraglichen Bindungen mit Russland auf, um völlige Handlungsfreiheit zu gewinnen, und entschied sich für die einseitige Unterstützung der Interessen Österreich-Ungarns auf dem Balkan. Er legte ein ehrgeiziges **Flottenrüstungsprogramm** auf, mit dem er Großbritannien zu einem Rüstungswettlauf zwang und als etablierte Seemacht herausforderte.
Auf dem Balkan, in Afrika, im Nahen und im Fernen Osten – überall trat das Reich, häufig auch der Kaiser persönlich, provozierend auf, erhob Anspruch auf den Status einer imperialen Macht und forderte so die etablierten Kolonialmächte, insbesondere England, immer wieder heraus.
Das Ergebnis war eine rasche **Veränderung der europäischen Bündniskonstellation**. Bereits 1893 schloss Russland mit Frankreich eine **Militärkonvention** und verhalf Frankreich zur Überwindung seiner Isolierung; 1904 überwanden Frankreich und England ihre Interessengegensätze und schlossen die **Entente Cordiale**, 1907 standen mit der **Triple Entente** nunmehr Frankreich, England und Russland gegen die beiden Mittelmächte.
Im Reich wuchs nunmehr die „**Einkreisungsfurcht**" und die Angst vor einem Zwei-Fronten-Krieg, auf welche die deutschen Militärs wiederum mit Präventivkriegsgedanken und der Entwicklung des Schlieffen-Plans reagierten.
In der **Juli-Krise des Jahres 1914** entstand aus dieser Konstellation die „**Blanko-Vollmacht**" Wilhelms II. an den österreichischen Bündnispartner, welche diesen zum Krieg gegen Serbien ermunterte.
Alles Weitere ergab sich aus wechselseitigen Bündnisverpflichtungen: die europäischen Nationalstaaten schlitterten einer nach dem anderen in den Krieg hinein.

Mitte August 1914 befanden sich die großen europäischen Nationen miteinander im Krieg.

Es macht aber m. E. wenig Sinn, aus dieser Abfolge der Ereignisse eine natürliche Neigung der Deutschen zum Kriege abzuleiten, vielmehr handelt es sich hier um eine Kette von Fehlentscheidungen und Fehleinschätzungen der politischen Elite Deutschlands, die es u. a. versäumte, den Primat der Politik gegenüber den Militärs durchzusetzen.
Ob der Entscheidungsprozess der politischen Eliten anderer Nationen zu dieser Zeit wesentlich stärker von Vernunft und Friedensliebe geprägt gewesen ist als der deutsche, das soll hier dahingestellt bleiben.

Dass die Außenpolitik der Nationalsozialisten zwischen 1933 und 1939 letztlich der Vorbereitung eines rassistischen Raub- und **Angriffskrieges gegen die Sowjetunion** diente, ist unstrittig und kann schon in Hitlers „Mein Kampf" nachgelesen werden. In der NS-Ideologie erscheint der Krieg als das rassenbiologisch angemessene legitime Mittel, das die „arische Herrenrasse" zur Erlangung ihrer Machtstellung einsetzt. Deshalb ist **die Erziehung der Jugend zum Kämpfertum**, die Durchdringung der gesamten Gesellschaft mit militärisch-soldatischem Geist und der Kampf gegen den „pazifistischen Ungeist" ein Hauptziel der **NS-Propaganda**.
Die NS-Außenpolitik trat ja keineswegs von Anfang an kriegshetzerisch auf, sondern nahm Rücksicht auf die Friedenssehnsucht der Menschen. Zumindest die ersten Schritte dieser Politik waren für das deutsche Publikum – und auch für das Ausland – nicht ohne weiteres als aggressiv oder gar kriegerisch durchschaubar. Der überraschende **Nichtangriffspakt mit Polen** aus dem Jahre 1934 oder das **deutsch-britische Flottenabkommen** aus dem Jahre 1935 wurden von der Weltöffentlichkeit eher als defensive Schritte wahrgenommen, und Hitler wurde in dieser Zeit nicht müde, seinen Friedenswillen zu erklären.
Hitlers Popularität im Deutschen Volk beruhte im Jahre 1939 nicht zuletzt darauf, dass ihm die **Revision des Versailler Vertrages**, der **Einmarsch ins Rheinland**, der **Anschluss Österreichs** und die **Angliederung des Sudetenlandes** auf der Grundlage der **Appeasementpolitik des Westens** friedlich, also ohne Krieg, gelungen war.
Bei Ausbruch des Krieges wird – anders als im Ersten Weltkrieg – nicht von überbordender Kriegsbegeisterung der deutschen Bevölkerung berichtet, sondern eher von gedrückter Stimmung.
Dass ein großer Teil des deutschen Volkes in den Jahren 1939 bis 1945 Hitler dann willig in seine Angriffskriege gegen Deutschlands europäische Nachbarn folgte und von den Siegen und den Verbrechen des Regimes ziemlich schamlos profitierte, ist ein Makel, den die Deutschen nicht mehr los werden. Unter diesem Eindruck formulierte Morgenthau sein vernichtendes Urteil über den deutschen Volkscharakter.

Nach der Niederlage des Deutschen Reiches im Ersten Weltkrieg fühlte sich ein Großteil der Deutschen durch den **Versailler Vertrag** gedemütigt. „Sprengung der Fesseln von Versailles" durch eine totale Revision des Vertrages – das war das Ziel der deutschen Außenpolitik der Nachkriegszeit. Dieser Kurs hatte direkt in

die Konfrontation des Jahres 1923 mit dem französisch-belgischen Einmarsch ins Ruhrgebiet, dem **Ruhrkampf** und der **Inflation** geführt. **Gustav Stresemann** erkannte diesen Kurs im Herbst des Jahres 1923 als Sackgasse.
Stresemann konzipierte eine neue Außenpolitik, die die Konfrontation zwischen Deutschland und Frankreich überwinden und Deutschland auf der Grundlage der **Anerkennung französischer Sicherheitsinteressen** in das Konzert der europäischen Mächte zurückführen sollte.
Dies gelang ihm gemeinsam mit **Aristide Briand** durch den Abschluss des **Locarno-Vertrages** im Jahre 1925, in dem Deutschland die neuen Westgrenzen gegenüber Frankreich und Belgien anerkannte. Wenig später folgte die Aufnahme Deutschlands in den **Völkerbund**.
Auch wenn sich nicht alle Hoffnungen erfüllten, die Stresemann an seine Verständigungspolitik mit Frankreich knüpfte, und auch wenn sich Stresemann zu einem ähnlichen Schritt gegenüber Polen nicht durchringen konnte, der Ausgleich zwischen Deutschland und Frankreich, den Stresemann in die Wege geleitet hat, bleibt ein markantes Beispiel für eine Außenpolitik, die Konflikte und Interessengegensätze mit diplomatischen und politischen statt mit kriegerischen Mitteln zu lösen versucht.
Es ist also nicht wahr, dass Deutschland zu einer solchen friedlichen Politik aufgrund seines Nationalcharakters nicht imstande wäre.

Teilaufgabe	**AFB I**	**AFB II**	**AFB III**	**BE**
1	15	10		25
2	10	35		45
3		5	25	30
Summe	25	50	25	100

Hessen – Geschichte – Leistungskurs – 2010
Vorschlag A

Thema: *Die Amerikanische Revolution im Vergleich mit europäischen Revolutionen*

Aufgaben

1. Fassen Sie zusammen, wie Daniel Dulany die Rolle der amerikanischen Kolonien innerhalb des britischen Kolonialsystems einschätzt und welche Forderungen er aufstellt. (Material) (20 BE)

2.1 Stellen Sie dar, auf Grund welcher Ereignisse sich zwischen 1763 und 1776 der Konflikt zwischen den amerikanischen Kolonien und dem britischen Mutterland verstärkte. (25 BE)

2.2 Untersuchen Sie die Position des Autors vor dem Hintergrund der Phasen der Unabhängigkeitsbewegung. (Material) (25 BE)

3. Diskutieren Sie die These, ob die Amerikanische Revolution überhaupt als Revolution bezeichnet werden kann.
Ziehen Sie hierzu vergleichend Befunde über das Ausmaß der grundlegenden politischen, gesellschaftlichen und ökonomischen Veränderungen in der Französischen Revolution und der Novemberrevolution 1918 heran. (Eine Schwerpunktbildung beim Vergleich ist möglich.) (30 BE)

Hinweis: Daniel Dulany (1722–1797), Rechtsanwalt und Politiker, 1751–1754 Abgeordneter der General Assembly von Maryland, 1757–1776 Mitglied im Gouverneursrat von Maryland, 1764 Bürgermeister von Annapolis (Maryland).

Material

Daniel Dulany über die Kolonien und Großbritannien (1765)

Die Einwohner der Kolonien haben keinen Anteil an dieser großen Ratsversammlung[1]. Keines ihrer Mitglieder wird von ihnen ernannt oder kann von ihnen ernannt werden oder ist in irgendeiner Weise von ihnen abhängig. Es gibt keine unmittelbare Verbindung; es besteht vielmehr im Gegenteil die Möglichkeit von Interessenkonflikten. […]

Wir [= die Kolonisten] verlangen, von jeglicher parlamentarischen Besteuerung befreit zu sein, sodass wir diejenigen Sicherheiten bezüglich unserer Rechte und Besitzungen genießen, die uns die Verfassung garantiert. Denn ein Untertan ist im Besitz dieser Sicherheiten aufgrund des Grundsatzes, dass niemand ohne seine Zustimmung besteuert werden darf, und ein Bewohner Amerikas kann seine Zustimmung einzig in den [parlamentarischen] Versammlungen [der Kolonien] geben. Nur in diesen Ratsversammlungen, die dort und nur dort existieren, hat er einen Anteil und solange er diesen besitzt, sind seine Rechte und Privilegien so gut gesichert wie diejenigen eines wahlberechtigten Engländers, der einen Anteil an den dortigen nationalen Ratsversammlungen [Parlamenten] hat, denn die Wörter Parlament und koloniale parlamentarische Versammlung *[assembly]* sind in dieser Hinsicht nur verschiedene Begriffe, um den gleichen Inhalt zum Ausdruck zu bringen. [...]

Die englischen Untertanen, die ihr Geburtsland verließen, um sich in der amerikanischen Wildnis anzusiedeln, hatten die gleichen Privilegien wie andere Engländer. Sie kannten ihren Wert und wollten sie an ihre Nachkommen weitervererben. Sie waren sich bewusst, dass ihre Zustimmung im nationalen Parlament [Großbritanniens] weder nachgefragt noch gegeben werden konnte, solange sie sich in Amerika aufhielten. [...]

Die Kolonien verlangen die Privilegien britischer Untertanen – es wurde nachgewiesen, dass es im Widerspruch zu diesen Privilegien steht, sie ohne ihre Zustimmung zu besteuern, und es wurde ferner dargelegt, dass eine Steuer, die das Parlament auferlegt, eine Steuer ohne ihre Zustimmung ist. [...]

Die Unterordnung der Kolonien und die Autorität des Parlaments, diese zu bewahren, werden voll anerkannt. Nicht nur die Wohlfahrt, sondern auch die Existenz des Mutterlandes als ein unabhängiges Königreich hängen vielleicht von ihrem Handel und ihrer Schifffahrt ab und diese wiederum [...] von ihrem Handel mit den Kolonien [...]. Die Autorität des Mutterlandes, den Handel der Kolonien zu regulieren, steht nicht in Frage. Es unterliegt selbstverständlich der Entscheidung des Parlaments festzulegen, welche Regulierungsmaßnahmen am besten hierfür geeignet sind, und wenn durch solche Regulierungen [= Zölle] auch zusätzlich Einnahmen anfallen sollten, so gibt es hiermit kein Problem.

Ein Recht, den Kolonien eine interne Steuer ohne ihre Zustimmung aufzuerlegen, wird hiermit bestritten, ein Recht, ihren Handel ohne ihre Zustimmung zu regulieren, wird akzeptiert.

Daniel Dulany: Considerations on the Propriety of Imposing Taxes in the British Colonies, Annapolis 1765, in: Bernard Bailyn (Hrsg.), Pamphlets of the American Revolution 1750–1776, Bd. 1: 1750–1765, Cambridge 1965, S. 632 f., 637 f. Übersetzt von Michael Wagner.

1 Gemeint ist das britische Parlament.

Lösungsvorschläge

Inhaltliche Schwerpunkte:
Die Aufgabenstellung, eine Problemerörterung auf der Grundlage von Material, bezieht sich vornehmlich auf das Kurshalbjahr „Gesellschaftliche Veränderungsprozesse am Beginn der Moderne" (12/I), speziell auf das Teilthema „Die großen Revolutionen und ihre Folgen", sowie halbjahresübergreifend auf das Kurshalbjahr „Modernität und Antimodernität in der Zeit der Weimarer Republik und des Nationalsozialismus" (12/II), hier besonders auf das Teilthema „Weimarer Demokratie versus nationalsozialistischer Führerstaat". Insgesamt soll an verschiedenen Beispielen das Charakteristische revolutionärer Entwicklungen herausgearbeitet werden.

1. *Zunächst ist, wie bei jedem historischen Material, ein quellenkritischer Blick angeraten: Wer hat die Quelle zu welchem Anlass mit welcher Intention verfasst? Erst nach dieser einleitenden formalen Bestimmung, die auch die Quellenart, das übergeordnete Thema und den Sprachstil der Quelle beinhaltet, sollte der Inhalt der Quelle mit Blick auf die beiden geforderten Aspekte – die Rolle der amerikanischen Kolonien innerhalb des britischen Kolonialsystems sowie die aufgestellten Forderungen – zusammengefasst werden (AFB I). Sie sollten dabei Textbelege angeben. Am Ende der Antwort ist der Kern der Aussage noch einmal zu benennen.*

In seiner **Streitschrift** über die Beziehungen zwischen den nordamerikanischen Kolonien und dem Mutterland Großbritannien aus dem Jahr 1765 stellt Daniel Dulany, ein Rechtsanwalt und Politiker aus Maryland, **Missstände im Bereich der steuerpolitischen Mitsprache** der Kolonien fest und leitet aus dieser Zustandsbeschreibung Forderungen ab.
Kennzeichnend für diese Textform ist die deutliche Kritik an den herrschenden Zuständen, verbunden mit daraus abgeleiteten Forderungen, die zeigen, dass der Autor Partei ergreift. Im Text zeigt sich dies daran, dass Dulany sich zum Fürsprecher der Kolonisten macht (vgl. Z. 6) und keinen Zweifel an dem lässt, was er ablehnt bzw. befürwortet (vgl. z. B. Z. 37 ff.). Der Verfasser kritisiert die fehlenden Mitbestimmungsmöglichkeiten der Amerikaner bei der Wahl von Volksvertretern im britischen Parlament (Z. 1–4), was zu **Interessenkonflikten zwischen Kolonien und Mutterland** führen könne (Z. 4 f.). Die Erhebung von Steuern in Amerika durch das britische Parlament sei abzulehnen, weil nur die parlamentarischen Einrichtungen der Kolonien das Recht hätten, Steuern zu erheben (Z. 6–17, Z. 24–27). Er reklamiert für die Untertanen der britischen Krone in Amerika dieselben Rechte, wie sie die Briten auf der Insel für sich beanspruchen (Z. 18–23).
Aus dieser Position heraus fordert Dulany die Wahrung des verfassungsmäßigen Rechts, **Steuern nur mit Zustimmung der betroffenen Bevölkerung** zu beschließen. Zwar erkennt er die „Unterordnung der Kolonien und die Autorität des Parlaments" an, doch nur in Bezug auf die für das Königreich zentrale Frage von Handel und Schifffahrt (Z. 28–36, Z. 37 f.).
Die Kernbotschaft Dulanys ist die Ablehnung der Steuerhoheit des Mutterlandes über die vom britischen Parlament nicht vertretenen amerikanischen Kolonien.

2.1 *Der Operator „darstellen" verlangt eine Auswahl jener Ereignisse, die den Konflikt zwischen Mutterland und Kolonien im genannten Zeitraum verstärkten, sowie die Einbettung dieser Ereignisse in einen schlüssigen Erklärungszusammenhang (AFB II). Daher empfiehlt es sich, die maßgeblichen Vorkommnisse im Zuge der Eskalation zu nennen (AFB I) sowie sie mitsamt ihres Konfliktpotenzials zu erläutern und das Prozesshafte hin zum Bruch zwischen Mutterland und amerikanischen Kolonien herauszuarbeiten (AFB II).*

Seit Mitte der 1760er-Jahre wurde die britische Kolonialherrschaft zunehmend als Ausbeutung empfunden. Dazu trugen zahlreiche Steuergesetze der britischen Krone bei, die die Staatskasse nach dem kostspieligen Siebenjährigen Krieg (1756–1763) wieder auffüllen sollten. Im Jahr 1764 erließ das britische Parlament das Zuckergesetz („**Sugar Act**"), demzufolge die Importzölle auf diverse Waren wie Zucker und Kaffee ausgeweitet wurden und das den Handelsverkehr der Kolonien erheblich beeinträchtigte. 1765 sorgte das Stempelgesetz („**Stamp Act**") für großen Unmut, weil der Erlös der Besteuerung von Schriftstücken, die mit einer zu bezahlenden Marke versehen werden sollten, direkt nach Großbritannien floss. Nach **gewaltsamem Widerstand** wurde das Vorhaben aufgegeben, und auch der Sugar Act wurde zurückgenommen, obwohl die Besteuerung im Vergleich zu der im Mutterland eher moderat war. Bei beiden Gesetzen fühlten sich die Kolonisten deswegen ungerecht behandelt, weil der Grundsatz „**no taxation without representation**" missachtet wurde.
Die Elite der Kolonien formierte sich gegen die zunehmende Steuerlast, die im Falle der zuvor genannten Gesetze zwar durch den Widerstand der Kolonisten verhindert werden konnte; das prinzipielle Recht des britischen Parlaments, Gesetze für die Kolonien zu erlassen, verteidigte die Krone allerdings vehement.
Entscheidender Schritt auf dem Weg zum Bruch zwischen Amerika und dem Mutterland war der „**Tea Act**" von 1773. Zwar hatte man die meisten Importzölle in Nordamerika im Jahr 1770 wieder abgeschafft, doch den Zoll auf Tee behielt die britische Regierung nicht zuletzt aus Gründen der Machtdemonstration bei. Finanziell lohnte sich dies für die Krone nicht, denn die Kolonisten boykottierten den britischen Tee und griffen zu niederländischer Schmuggelware. Um dies zu verhindern, senkte man durch Aufhebung der Importzölle nach England den Teepreis, was auch den Preis für die Amerikaner gesenkt hätte. Diese, vor allem die Zwischenhändler, deren Rolle im Zuge des Gesetzes überflüssig wurde, befürchteten indes ein Monopol der begünstigten britischen Ostindiengesellschaft und ein Unterlaufen des Boykotts. So kam es, dass ein mit Tee beladenes Schiff gestürmt und die Ladung von als Indianer verkleideten Kolonisten ins Meer geworfen wurde.
Die Ereignisse im Zusammenhang mit dieser **Boston Tea Party** im Dezember 1773 lösten als Gegenmaßnahmen der britischen Krone die **Intolerable Acts** von 1774 aus. Vor allen anderen Kolonien sollte hierbei Massachusetts in Form von Auflagen und Sanktionen in die Schranken gewiesen werden (Schließung des Hafens von Boston, Versammlungsverbot u. a.). Dies führte zu einem Solidarisierungseffekt bei den übrigen Kolonien. Auf Vorschlag Virginias trafen sich Vertreter der 13 Kolonien im September 1774 zum **ersten Kontinentalkongress** in Philadelphia. Dort beschloss man neben anderen, den Konflikt mit dem Mutterland verschärfenden Maßnahmen, eine **einjährige Import- und Exportsperre gegen Großbritannien**. Zudem richtete man sich mit einem Brief direkt an König Georg III., was einen Affront gegenüber dem britischen Parlament bedeutete.
Auf dem **zweiten Kontinentalkongress**, der 1775 begann, wurde dann mit der **Aufstellung einer Kontinentalarmee** unter dem Oberbefehl von George

Washington und der **Einführung einer eigenen Währung**, dem Kontinental-Dollar, die Revolution vorbereitet. Anfang Februar 1775 erklärte London Massachusetts zur abtrünnigen Kolonie, im **New England Restraining Act** von Ende März wurden Bestrafungsaktionen gegen aufrührerische Kolonien beschlossen.
Im April 1775 kam es zu ersten bewaffneten Auseinandersetzungen in Lexington und Concord und in der Folge zum Versuch, Kanada unter die Kontrolle der Kontinentalarmee zu bekommen, was jedoch scheiterte. Wegweisend für die Erklärung der amerikanischen Unabhängigkeit war **Thomas Paines Flugschrift „Common Sense"**, in der er im Januar 1776 die Trennung von Großbritannien als Voraussetzung für die Schaffung eines demokratischen Systems, basierend auf den Menschenrechten, propagierte. Am **4. Juli 1776** erfolgte die **Unabhängigkeitserklärung** der 13 nordamerikanischen Kolonien, in der gleich zu Beginn von den unveräußerlichen Rechten „life, liberty and the pursuit of happiness" die Rede ist. Der Krieg gegen die Truppen der britischen Krone dauerte bis 1783, als die Unabhängigkeit der Vereinigten Staaten besiegelt war.

2.2. *Hier gilt es, den Standpunkt des Autors innerhalb des Prozesses der Unabhängigkeitsbewegung zu verorten, was der Operator „untersuchen" anzeigt. Dazu muss dieser Prozess im Zeitrahmen von 1763 bis 1776, der in 2.1 vorgegeben ist, zunächst in Phasen untergliedert werden, wobei deutlich werden sollte, inwiefern sich diese Phasen unterscheiden (AFB II). Sodann ist Ihre begründete Einschätzung bezüglich der Einordnung der vorliegenden Position Dulanys gefragt (AFB III).*

Die Unabhängigkeitsbewegung in den amerikanischen Kolonien, die von 1763 bis zur Unabhängigkeitserklärung 1776 führte, lässt sich in zwei Phasen aufteilen.
Die **erste Phase (1764–1773)** ist gekennzeichnet durch zunehmende Unzufriedenheit der Kolonisten mit der Haltung der britischen Krone. Dabei konzentriert sich die Kritik, wie in der vorliegenden Quelle von Dulany deutlich wird, auf die Steuergesetze des britischen Parlaments. Man bestreitet dessen Gesetzgebungskompetenz in Bezug auf die Kolonien und fordert eine eigenständige Regierung durch gewählte Volksvertreter der Kolonien. Dabei berufen sich die Kolonisten auf die Verfassungsprinzipien des Mutterlandes und fordern dieselben Rechte und Privilegien wie dessen Bürger. Bei alldem wird weder die Zugehörigkeit zum Britischen Empire noch die Hoheit der Krone bezüglich Fraugen des Handels und der Schifffahrt infrage gestellt. Zugleich beginnt allerdings die Kooperation der 13 Kolonien in Nordamerika, und es kommt zu ersten vereinzelten militanten Aktionen gegen britische Amtsträger.
In der **zweiten Phase (1773–1776)** radikalisiert sich die Bewegung. Die Kolonisten lehnen die Zuständigkeit des britischen Parlaments für die Kolonien grundsätzlich ab und stellen die Autorität des Königs offen infrage. Man greift beim Widerstand gegen die Zoll- und Steuergesetze zu Formen des Handels-

boykotts. Dabei berufen sich die Kolonisten auf universelle Menschenrechte und demokratische Herrschaftsformen, wie sie in der Aufklärung, z. B. von John Locke und dessen Modell eines Gesellschaftsvertrags zur Sicherung von Rechtsgleichheit und Menschenrechten, propagiert werden. Eine politische und sogar militärische Kooperation im Rahmen der Entscheidungen des Kontinentalkongresses weist den Weg in Richtung Unabhängigkeit, die 1776 zunächst in der Gründung eines Bundesstaates mündet.

Dulany ist eindeutig der ersten Phase zuzuordnen. Er akzeptiert die Hoheit des britischen Parlaments in Fragen des Handels und lässt keinen Zweifel daran, dass die Kolonisten Untertanen des englischen Königs seien. Da sie britische Untertanen seien, fordert er die gleichen Rechte für Kolonisten, wie sie den Einwohnern auf der Insel zugestanden werden, und er verweist auf die britische Verfassung, um die Praxis der Steuergesetzgebung als unrechtmäßig zu brandmarken. Insgesamt ist es das **Ziel Dulanys, die Fehlentwicklungen zu beseitigen** und die britische Verfassung in seinem Sinne zu deuten. An eine Loslösung von Großbritannien denkt er nicht, wohl aber deutet er an, dass der Handel mit den Kolonien für das Mutterland essenziell ist.

3. *Bei der Beantwortung ist eine differenzierte Erörterung der Frage notwendig. Ob Zustimmung, Ablehnung oder Relativierung der These – zunächst gilt es, die charakteristischen Aspekte der Amerikanischen Revolution herauszufiltern (AFB II) und dann mit denen der Französischen bzw. der deutschen Novemberrevolution zu vergleichen. Da man gemeinhin für alle drei Phänomene den Begriff der Revolution verwendet, ist es naheliegend, die These nicht vollständig zu verwerfen, sondern eher die Vielschichtigkeit des Revolutionsbegriffs anhand der gegebenen Beispiele herauszuarbeiten. Der Operator „diskutieren" verweist auf den AFB III: Zu einer These sollen Sie eine Argumentation entwickeln, die zu einer begründeten Bewertung führt. Diese abschließende Einschätzung kann selbstverständlich unterschiedlich ausfallen, sollte aber angesichts der gesamten Argumentation plausibel sein. Die Aufgabenstellung sieht zwar keine Auswahl, aber ausdrücklich eine Schwerpunktsetzung beim Vergleich der Revolutionen vor. Das sollten Sie bei Ihrer Zeitplanung berücksichtigen.*

Die **Amerikanische Revolution** gründet in der als ungerecht empfundenen Besteuerung der Kolonien durch das Mutterland. Die Kolonisten, vornehmlich deren Führungsschicht, verlangen zumal im Bereich der Steuergesetze nach politischer Mitsprache und fordern die gleichen Rechte ein, die die Krone der englischen Bevölkerung zugesteht. Staatstheoretische Grundlage bilden die aufklärerischen Prinzipien **Volkssouveränität**, Garantie der **Grund- und Menschenrechte** sowie **Gewaltenteilung**. Soziale Konflikte in den Kolonien spielen keine Rolle. Vielmehr geht die **Revolution „von oben"** aus, d. h. die gesellschaftlichen Eliten stärken ihre Position als Konsequenz der Unabhängigkeit von der britischen Krone: Kaufleute, Anwälte, Bankiers, Plantagenbesitzer sind Nutznießer der Revolution, ohne dass man davon sprechen kann, dass es in den un-

teren Schichten Verlierer gäbe. Der amerikanische Unabhängigkeitskrieg wird von den Zeitgenossen in Europa als Revolution wahrgenommen und von den aufgeklärten Schichten gefeiert.
Die **Französische Revolution** hat ihre Ursache in sozialen Verwerfungen, konkret der zunehmenden Steuerbelastung der Bauern im Zuge einer Finanzkrise, die nicht zuletzt durch die Beteiligung Frankreichs am amerikanischen Unabhängigkeitskrieg gegen die britische Krone verschärft wurde. Es handelt sich um eine Auflehnung des Dritten Standes **gegen die Ständegesellschaft** mit ihren Privilegien für Adel und Klerus. Der Dritte Stand verlangt nach politischer Mitbestimmung sowie nach der Verwirklichung der **Menschen- und Bürgerrechte (1789)** und der **Gewaltenteilung (Verfassung von 1791)**. Freiheit, Gleichheit und Brüderlichkeit sind die zentralen Schlagworte der revolutionären Bewegung. Sie führt zur Abschaffung des Absolutismus und Hinrichtung des Königs sowie Tausender Gegner der Revolution, Enteignung des Kirchenbesitzes, Beseitigung der feudalen Ordnung. Gewinner ist das Bürgertum, während der Adel politisch und wirtschaftlich geschwächt wird.
Im Vergleich mit der Amerikanischen Revolution, die eine große Ausstrahlung auf die politische Entwicklung in Europa hat, ist auffällig, dass in Frankreich eine **Machtverschiebung vom Adel hin zum Bürgertum** erfolgt, während die Führungsschicht in Amerika ihre Macht nach der Revolution ausbauen kann. Dabei spielt natürlich eine Rolle, dass in Amerika kein über Jahrhunderte hinweg etabliertes Gesellschaftssystem existierte, sich der Konflikt vielmehr zwischen innen (Kolonien) und außen (Mutterland) abspielte und sich das **Ziel der Unabhängigkeit**, nicht aber der Umwälzung des Machtgefüges innerhalb der Gesellschaft abzeichnete. Gemeinsam ist beiden Entwicklungen die Auflehnung gegen als ungerecht empfundene Steuerbelastungen und der Ruf nach politischer Mitbestimmung, letztlich Selbstbestimmung. Die Maximen der Unabhängigkeitserklärung gehen auf dieselben **aufklärerischen Gedanken** zurück wie die Ideen der Französischen Revolution (Locke, Montesquieu). Allerdings „entartet“ die Französische Revolution im Zuge der Schreckensherrschaft und mündet im Kaisertum Napoleons, während sich in Amerika ein demokratisches Staatswesen entwickelt.
Die **deutsche Novemberrevolution** des Jahres 1918 mündet in der **Abschaffung der Monarchie** und der Ausrufung einer **demokratischen Republik** am 9. November durch Philipp Scheidemann. Die Etablierung einer sozialistischen Räterepublik nach dem Vorbild der russischen Oktoberrevolution gelingt Karl Liebknecht in Deutschland nicht. Zwar hat der Reichspräsident in der Weimarer Republik durch die Reichsverfassung die Stellung eines „Ersatzkaisers“, aber an der demokratischen Struktur kann kein Zweifel bestehen (absolutes Verhältniswahlrecht – auch für Frauen –, Direktwahl des Präsidenten, Plebiszite). Dennoch bleiben die alten **Eliten des Kaiserreichs in den Führungspositionen**, eine nicht unerhebliche Hypothek für die junge Republik.
In Militär, Justiz, Verwaltung, Industrie und Agrarwirtschaft dominieren dieselben Führungsschichten wie in der Monarchie, die **Macht- und Besitzverhältnisse werden folglich nicht umgewälzt**, auch wenn es diesbezügliche Bestre-

bungen von Seiten der Sozialisten gab. Die Wahrung des sozialen und politischen Gefüges entspricht den Vorgängen in den amerikanischen Kolonien in den 1770er-Jahren. Jedoch standen die Eliten in Amerika an der Spitze der revolutionären Bewegung, während sich die Führungsschicht des Kaiserreichs 1918 zurückhält und viele ihrer Vertreter der Demokratie mit Skepsis begegnen und der Monarchie nachtrauern.

Beim Vergleich der drei Revolutionen wird klar, dass es **kein einheitliches Muster** gibt, das alle revolutionären Entwicklungen beschreiben kann. So muss es nicht zwangsläufig zu einem völligen Umsturz der Macht- und Besitzverhältnisse kommen, zumal sich die **Ausgangslagen unterscheiden**: Im Falle der amerikanischen Kolonien handelt es sich um einen Konflikt zwischen dem Mutterland und dessen unzufriedenen Kolonien; im Falle Frankreichs ist eine sozialrevolutionäre Bewegung am Werk; im Zuge der Novemberrevolution bezahlt die Monarchie für einen von ihr verantworteten, verlorenen Weltkrieg. Allen drei Phänomenen gemein ist die **Neuordnung des staatlichen Systems**: Die „Verlierer" der Revolutionen in Amerika und Frankreich haben die Chance verpasst, durch rechtzeitige Reformen oder Zugeständnisse an das Heer der Abtrünnigen die Revolution abzuwenden und zumindest einen Teil der Macht zu behalten, während die Novemberrevolution am Ende des Ersten Weltkriegs in ein Machtvakuum stieß.

Auch wenn die Amerikanische Revolution innerhalb der Gesellschaft der Kolonien keine Umwälzungen hervorbrachte, auch wenn die Macht- und Besitzverhältnisse weitgehend unangetastet blieben, so ist der **Revolutionsbegriff durchaus angemessen**. Denn es war eine Revolution, die sich gegen das Mutterland richtete und als Ziel die Souveränität, die Unabhängigkeit hatte, aus der etwas wahrhaft revolutionäres hervorging: die **amerikanische Unabhängigkeitserklärung** von 1776 und in deren Folge die Gründung der Vereinigten Staaten von Amerika.

Teilaufgabe	AFB I	AFB II	AFB III	BE
1	20			20
2.1	5	20		25
2.2		20	5	25
3		10	20	30
Summe	25	50	25	100

Hessen – Geschichte – Leistungskurs – 2010
Vorschlag B

Thema: *Nationalsozialistische Ideologie und Französische Revolution*

Aufgaben

1. Fassen Sie zusammen, wie Rosenberg die Französische Revolution und ihre Folgen sieht. (Material) (20 BE)
2. Rosenberg spricht vom Sturm auf die Bastille als „Geburtstag“ (Z. 2 f.) und Befreiungstag der „Gefangenen des alten Königs-Regimes“ (Z. 4). Erläutern Sie demgegenüber Ursachen und Bedeutung des Sturms auf die Bastille für die Anfangsphase der Französischen Revolution. (25 BE)
3. Charakterisieren Sie – ausgehend von der Quelle – die zentralen Elemente der nationalsozialistischen Ideologie. (30 BE)
4. Diskutieren Sie, ob es angemessen ist, die nationalsozialistische Machtübernahme als Revolution zu bezeichnen. (25 BE)

Hinweis: Alfred Rosenberg (1893–1946), der Chefredakteur des „Völkischen Beobachters“, des Zentralorgans der NSDAP, betrachtete sich als den ideologischen Vordenker und führenden „Kulturpolitiker“ des Nationalsozialismus. Er veröffentlichte zahlreiche Propagandaschriften. Ein Vorstoß in die erste Reihe der NS-Führung gelang ihm jedoch nicht.

Die Rechtschreibung entspricht der des Originals.

Material

Alfred Rosenberg über die Französische Revolution (1939)

In Frankreich haben die Vorbereitungen zur Feier des Gedenktages der sogenannten großen französischen Revolution bereits begonnen. Sie begehen dort den 150. Geburtstag dieser Revolution, sie feiern den Tag, da die Bastille in Paris gestürmt und die Gefangenen des alten Königs-Regimes befreit wurden. […]

Diese Revolution bleibt der Versuch, einem mittelalterlichen Universalismus[1] eine ebenso wurzellose Demokratie entgegenzusetzen, ein Unternehmen, das sich gegen die aristokratischen Gesetze der Natur erhob, viele Schwärmer und Träumer um sich sammelte, aber auch den Weg für viele Verschwörer und politische Spekulanten ebnete. Wenn am 14. Juli dieses Jahres der 150. Geburtstag der französischen Revolution begangen wird, so darf man sicher sein, daß die sogenannte demokratische Welt hier noch einmal eine riesige Weltpropaganda aufmacht, um die Herrlichkeiten der Weltdemokratien zu demonstrieren. Aber es scheint uns, daß gerade das schon aufdringlich einsetzende Freudengeläute nur ein Grabesläuten über ein untergehendes Zeitalter ist. Denn, was einmal Hochschwung und revolutionäres Absterben eines unerträglichen Zustandes war, wie im 18. Jahrhundert, ist in alle Niederungen eines entarteten[2] sozial-politischen Lebens hinabgestiegen. Mit der Judenemanzipation begann der Verrat an Europa, und die Negeremanzipation, die heute grundsätzlich zugestanden ist […], ist ein neuer Schritt, der, wenn er weitere politische Ereignisse zeitigen wird, den Untergang einer ganzen großen Kultur herbeiführen muß. […]

Möglich ist nun, daß die demokratische Idee, die im tiefsten Innern keine Rangordnung und keine innere Leistung, sondern als Ziel die zwangsweise Gleichmachung durch skrupelloses Geschäftsgebaren kennt, nicht so verheerende Auswirkungen gehabt hätte, wie wir sie heute beobachten, wenn nicht eine Neuerscheinung der Geschichte ihre lebenswidrige Grundlage besonders deutlich enthüllt hätte.

Um die Mitte des 19. Jahrhunderts brach das technische Industriezeitalter über die Welt herein. […]

Es ist menschlich und auch politisch verständlich, wenn sich verzweifelte Millionen nunmehr ungehemmt einer faszinierenden Idee ergaben und dann zu einer Internationale als Lösung aus ihrem Elend beteten. Ebenso ist es eine naturnotwendige Auswirkung, daß der nunmehr emanzipierte Jude sich in verstärktem Maße in die Wunde der Völker als Parasit hineinsaugte und somit, anstatt sie heilen zu helfen, diese Wunden noch weiter aufriß.

Durch die Verbindung einer uferlosen, demokratischen Idee mit der sozialen Krise waren die Vorbedingungen für die radikale marxistische Bewegung gegeben. Aus diesem Grunde […] kann man die Geschichte unserer Zeit nicht schreiben, ohne sie als Ergebnis auch des französischen Zusammenbruchs von 1789 zu begreifen. Das 18. Jahrhundert hatte die Macht, morsch gewordene Bindungen zu zerstören; es fehlte ihm aber die schöpferische Kraft, neue Bindungen für das europäische Leben zu schaffen.

Wolfgang von Hippel (Hrsg.): Freiheit, Gleichheit, Brüderlichkeit? Die Französische Revolution im deutschen Urteil, München 1989, S. 354–356

1 eine die Grenzen einzelner Staaten und Völker übergreifende politische oder religiöse Strömung oder Organisation (z. B. Papsttum und Katholische Kirche)

2 in der Terminologie der Nationalsozialisten: der eigenen „Art“ (= „Rasse“) widersprechend, degeneriert

Lösungsvorschläge

Inhaltliche Schwerpunkte:
Die Aufgabe bezieht sich hauptsächlich auf das Kurshalbjahr 12/II mit seinem Thema „Modernität und Antimodernität in der Zeit der Weimarer Republik und des Nationalsozialismus".
Der Schwerpunkt der Aufgabe liegt dabei auf dem Aspekt der Ideologie und Wirklichkeit im NS-Staat. Dazu gehören Kenntnisse über die Zerschlagung des demokratischen Rechtsstaates, Terror und Propaganda, den Prozess der „Gleichschaltung" und die Situation ausgegrenzter und verfolgter Minderheiten. Weiterhin sind auch Gesichtspunkte des Scheiterns der Weimarer Republik zu berücksichtigen.
Die halbjahresübergreifenden Bezüge werden durch die ersten beiden Aufgaben hergestellt. Vor allem in Aufgabe 2 sind Kenntnisse aus 12/I „Gesellschaftliche Veränderungsprozesse am Beginn der Moderne" wichtig. Insbesondere geht es um die Krise des Ancién Regime und die Französische Revolution.

1. *Einleitend sollten Sie einige Bemerkungen über den Autor, die Art der Quelle und den Zeitpunkt der Veröffentlichung der Quelle machen. Fassen Sie den Text zusammen, indem Sie nach einschlägigen Aussagen aus allen Teilen der Quelle suchen. Eine eingehende Kommentierung ist zunächst nicht erforderlich. Die Auseinandersetzung und teilweise Bewertung findet erst im 4. Aufgabenteil statt. Achten Sie daher auf eine sprachliche Distanz zu den Aussagen des Autors (Benutzung des Konjunktivs). Die Arbeitsanweisung verlangt von Ihnen vor allem Leistungen im AFB I.*

   Die Quelle ist ein Auszug aus einer **Rede** von Alfred Rosenberg aus dem Jahr 1939, offenbar aus der Zeit vor Kriegsausbruch, denn ein entsprechender Hinweis ist im Text nicht enthalten. Rosenberg war Chefredakteur des „Völkischen Beobachters", des Zentralorgans der NSDAP, und Reichsleiter des Außenpolitischen Amtes der NSDAP. Er sah sich als ideologischen Vordenker und führenden „Kulturpolitiker" des Nationalsozialismus.
   Rosenberg nutzt den historischen Jahrestag des Sturms auf die Bastille 1789 zu einer polemischen **Abrechnung mit der Französischen Revolution und den Ideen der Demokratie**. Die Französische Revolution sei ein rein destruktives Phänomen gewesen und die demokratische Idee habe bis in die Gegenwart „verheerende Auswirkungen" gehabt (Z. 22). Doch stehe die demokratische Welt trotz der im Umfeld des 14. Juli 1939 zu erwartenden Propaganda vor dem Ende. Die zu erwartenden Äußerungen seien das „Grabesläuten" vor dem Untergang (Z. 10–14). Die Demokratie sei eine wurzellose Erscheinung und stehe im Widerspruch zur Natur, die eine hierarchische („aristokratische") Gliederung der Gesellschaft verlange (Z. 7). Die Revolution sei das Werk von Schwärmern und Träumern, aber auch von Verschwörern und politischen Spekulanten (Z. 7 f.). Die Anhänger der Revolution hätten mit der Durchsetzung der Gleichberechtigung (Emanzipation) der Juden „Verrat an Europa" begangen, die bevorstehende Gleichberechtigung der Schwarzen markiere den Untergang der Kultur (Z. 16 ff.). Die Verbin-

dung der Ideen der Revolution mit der sozialen Frage im Jahrhundert habe dem Marxismus den Boden bereitet und den Einfluss der Juden gesteigert (Z. 33 ff.).

2. *Bei der Bearbeitung dieses Aufgabenteils geht es darum, durch Darlegung historischer Kenntnisse die verkürzte Charakterisierung des Sturms auf die Bastille in der Quelle zu erweitern. Dabei sollten Sie laut Aufgabenstellung zwischen den beiden Aspekten Ursachen und Bedeutung unterscheiden. Zur Darstellung der Ursachen gehört auch die Einbettung des Sturms auf die Bastille in die Ereignisse des Jahres 1789. Die Erläuterung verlangt von Ihnen Leistungen hauptsächlich im AFB II.*

Der Sturm auf die Bastille erfolgte in einer politisch angeheizten Atmosphäre. Die enormen **Wirtschaftsprobleme** und die weitere Verschlechterung der wirtschaftlichen Lage hatten zu einer **revolutionären Stimmung** insbesondere unter der städtischen Bevölkerung geführt. Die **Entlassung des populären Finanzministers Jacques Necker**, dem am ehesten noch die Lösung der enormen Wirtschaftsprobleme zugetraut wurde, am 11. Juli trug ebenso zur Verschärfung der Situation bei, wie die Gerüchte, **der König ziehe seine Truppen um Paris zusammen**, um die Bevölkerung in Schach zu halten.
In den Wochen und Monaten zuvor hatte sich der Zusammenbruch des absolutistischen Regimes angedeutet. **Finanzkrise, Reformstau** und die **Forderung nach politischer Mitsprache** waren die Merkmale dieser Krise. Darauf reagierte der König 1788 mit der **Einberufung der Generalstände**, die sich am 5. Mai 1789 in Versailles einfanden. Die Frage des **Abstimmungsmodus** in den Generalständen – Abstimmung nach Ständen oder Köpfen – offenbarte den Konflikt zwischen den Privilegierten und den Abgeordneten des Dritten Standes. Am 17. Juni 1789 erklärten sich der Dritte Stand und einige wenige Abgeordnete des Ersten und Zweiten Standes zur **Nationalversammlung** und forderten die beiden anderen Stände auf, sich mit ihm zu vereinigen. Am 20. Juni gelobten sich diese Abgeordneten im **Ballhausschwur**, nicht eher auseinanderzugehen, bevor sie Frankreich eine Verfassung gegeben hätten. Am 9. Juli ernannte sich die Nationalversammlung zur **Verfassunggebenden Nationalversammlung**, in der nicht mehr nach Ständen, sondern nach Köpfen abgestimmt werden sollte.
Der Sturm auf die **Bastille** steht symbolhaft für die Französische Revolution. Manche Historiker sehen in ihm den Beginn der Französischen Revolution. Die Bastille, ein Staatsgefängnis, **repräsentierte den Despotismus des Ancien Régime**, wenngleich zum Zeitpunkt der Ereignisse lediglich sieben Gefangene einsaßen. Mit der Erstürmung dieses Gefängnisses wird sowohl symbolisch als auch in der Folge politisch das Regime überwunden. Erst das Ereignis vom 14. Juli löste ein Bündel erstaunlicher Entwicklungen aus: die Bauernrevolution, die Abschaffung des Feudalsystems, die Erklärung der Menschen- und Bürgerrechte, Revolutionskrieg und Terrorherrschaft; kurzum: es erfolgte eine komplette **Neuordnung von Staat und Gesellschaft**.

Von zentraler Bedeutung ist zudem die soziale Zusammensetzung der Beteiligten an dem Sturm. In der Mehrheit waren Handwerker, Kaufleute, Arbeiter und Angehörige kleingewerblicher Berufe an der Erstürmung des Gefängnisses beteiligt. Ihre Aktion wird zum Ausdruck der Macht der revolutionären Massen. Hatte sich in den vorherigen Wochen das Augenmerk auf die Nationalversammlung konzentriert, die jedoch in ihrer Zusammensetzung keineswegs repräsentativ für die französische Bevölkerung steht, erhält nun die Revolution eine **Legitimation durch breite Volksschichten**. Und schließlich steht der Tag für die scheinbare Aufgabe der gegenrevolutionären Pläne Ludwigs XIV. Fortan bestimmten die Ereignisse in **Paris und nicht in Versailles** den Verlauf der revolutionären Ereignisse.

3. *Bei der Bearbeitung dieses Aufgabenteils geht es darum, Textstellen zu finden, die auf zentrale Elemente der NS-Ideologie verweisen. Diese Textstellen sollen Sie herausarbeiten und in knapper Form erläutern, auf welchen Aspekt der NS-Ideologie sie sich beziehen. Dabei gilt es, auch das menschenverachtende Gesamtbild deutlich zu machen und zu kommentieren (AFB II und III).*

Als Elemente der NS-Ideologie lassen sich folgende herausarbeiten: Die Ausführungen Rosenbergs tragen **antidemokratische Züge** („wurzellose Demokratie", „uferlose, demokratische Idee"). Mit der Ablehnung der Demokratie einhergehend verweist er auf die „aristokratischen Gesetze der Natur". Dies kann man gleichfalls als **Ablehnung von Egalität und Demokratie** zugunsten eines hierarchischen, elitären Gesellschaftsverständnisses lesen. Jedoch sprach sich Hitler nie für eine Herrschaft der Aristokratie im klassischen Verständnis aus, ganz im Gegenteil. Die NS-Bewegung sah sich als etwas vollkommen Neues, das auch über die aristokratischen Ansprüche hinwegging. Hinter den „aristokratischen Gesetzen der Natur" stehen die Vorstellungen von der Existenz einer Rangordnung. Diese werden im „**Führerprinzip**" politisch umgesetzt.

Die Darlegungen Rosenbergs machen auch den **antiemanzipatorischen Charakter** der NS-Ideologie deutlich. Explizit wendet er sich gegen die „Judenemanzipation" und „Negeremanzipation". Die Ausführungen in diesem Zusammenhang offenbaren auch den **rassistischen und antisemitischen Charakter der NS-Ideologie**. Rosenbergs Rassismus lässt sich an der Prognose ablesen, dass die rechtliche Gleichstellung der Farbigen den Untergang einer „ganzen großen Kultur" herbeiführen würde. Aus der Beschreibung der Untergangsszenarios lässt sich zudem die **sozialdarwinistische Vorstellung** der NS-Ideologie ableiten. In der sozialdarwinistischen Vorstellung gab es einen „Kampf ums Dasein", der eine Selektion der Schwachen durch die Starken mit sich brachte.

Die rechtliche Gleichstellung (Emanzipation) der Juden diskreditiert Rosenberg als „Verrat an Europa". Die antisemitische Haltung Rosenbergs tritt offen in seiner Wortwahl zutage („Parasit"). Die **menschenverachtende biologistische Sprachwahl** ist ein wesentliches Merkmal der NS-Ideologie.

Andeutungsweise lässt sich auch der **Antimarxismus** der NS-Ideologie erkennen. Bei Rosenberg wird der Marxismus als radikale Bewegung charakterisiert. Diese

sei erst durch „die Verbindung einer uferlosen, demokratischen Idee mit der sozialen Krise“ möglich gewesen.
In ökonomischer Hinsicht spricht Rosenberg vom „skrupellosen Geschäftsgebaren“, dies ist ein Hinweis auf die **antikapitalistische Rhetorik der NS-Ideologie**. Da diese Charakterisierung auch im Zusammenhang mit der bürgerlich-demokratischen Idee gebraucht wird, lässt sich dies als **antibürgerliche Haltung** interpretieren.
In seinen Ausführungen präsentiert Rosenberg den Nationalsozialismus als Verteidiger Europas gegen die drohende Zerstörung durch die Ideen der französischen Revolution. Auch wird der Nationalsozialismus als konstruktive Kraft geschildert, der die Zukunft gehöre, während die Tage der Demokratie gezählt seien.
Die Ausführungen Rosenbergs enthalten zahlreiche wesentliche Merkmale der NS-Ideologie, sind jedoch nicht umfassend, möchte man alle ideologischen Komponenten erfassen. So fehlt beispielsweise in diesem Text die nationalsozialistische Vorstellung der Notwendigkeit eines Kampfes um „Lebensraum“ für das germanische Volk, vor allem im Osten Europas.

4. *Die Aufgabenstellung verlangt von Ihnen, ausgehend von einem Begriff („Revolution“) bzw. einer These („Die nationalsozialistische Machtübernahme war eine Revolution“), zu einer begründeten Bewertung zu kommen. Beschäftigen Sie sich zunächst mit dem Begriff „Revolution“ und überlegen Sie, welche Verwendungsformen es für diesen Begriff gibt. Im zweiten Schritt sollten Sie dann überprüfen, ob der Begriff im Zusammenhang mit dem zuvor formulierten Verständnis auf die NS-Machtübernahme zutrifft.*

Der **Begriff der Revolution** kann in unterschiedlicher Form benutzt werden. Revolution kann als **tiefgreifende, politische, gesellschaftliche Umwälzung der Verhältnisse** gesehen werden. Diese Veränderung geschieht zumeist plötzlich und gewaltsam, sie kann aber auch prozesshaft über einen längeren Zeitabschnitt stattfinden, z. B. die Industrielle Revolution. Wendet man diese Definition auf die Epoche des Nationalsozialismus an, kann man zu folgenden Ergebnissen kommen:

Der **Aufstieg der NSDAP** erfolgte **in kürzester Zeit**. Innerhalb von vier Jahren entwickelte sich die Partei von einer bedeutungslosen Splitterpartei zur stärksten politischen Kraft im Reichstag. In der Reichstagswahl 1928 erzielten die Nationalsozialisten lediglich 2,6 % der Stimmen, zwei Jahre später wurden sie bereits zweitstärkste Kraft im Reichstag. Im Juli 1932 wurden sie schließlich stärkste Partei.
Die Veränderungen nach dem 30. Januar 1933 sprechen gleichfalls dafür, dass der Begriff der Revolution angemessen ist. **Innerhalb weniger Monate** wurde die **Demokratie abgeschafft**, der **Rechtsstaat** wurde **zerstört**, die **politische Opposition beseitigt**. An die Stelle der Weimarer Republik trat ein neuartiges **totalitäres Herrschaftssystem**. Auf politischer Ebene wurden die Verfechter des „Zähmungskonzepts“, die glaubten, die NSDAP für sich instrumentalisieren zu können, in kürzester Zeit politisch marginalisiert. Die **konservativ-deutschnationale Gruppe** um Hugenberg musste feststellen, dass sie nur wenige Monate nach der

Regierungsbildung an den Rand gedrängt worden war und **fortan politisch einflusslos** blieb.
Die Nationalsozialisten verwendeten selbst den Begriff der Revolution. Vor allem die SA hoffte nach der ersten Phase der Machtsicherung auf eine „**zweite Revolution**". Die damit verbundene Hoffnung war aber auch zugleich Ausdruck der Kritik. Die Hoffnung der „alten Kämpfer" auf eine soziale Umwälzung, die sie in entsprechende Positionen bringen würde, erfüllte sich nicht. Dementsprechend wäre die Anwendung des Revolutionsbegriffes für die **sozialen Verhältnisse nicht zutreffend**. Die von den Nationalsozialisten stilisierte „Machtergreifung" trifft im Kern gleichfalls nicht die historischen Umstände, handelte es sich doch bei dem 30. Januar 1933 um den Tag der **Machtübertragung** des greisen Reichspräsidenten Hindenburg an Hitler.

Der **Revolutionsbegriff** wird aber mitunter auch **positiv besetzt**. Revolution wird als Aufstand einer unterdrückten, benachteiligten Bevölkerungsschicht gesehen, die im Sinne von Aufklärung, Freiheit und Emanzipation für eine „bessere" Ordnung kämpft. Die Anwendung dieser Definition auf die NS-Zeit ist aus mehreren Gründen **abzulehnen**. Die Ideologie des Nationalsozialismus war **inhuman und antidemokratisch**. Die **Grundrechte** wurden **beseitigt, die Gewaltenteilung** wurde **aufgehoben**. Die Parteien und Gewerkschaften wurden ausgeschaltet. Der Staatsapparat wurde zur **Unterdrückung und Vernichtung der politischen Gegner** und gesellschaftlicher **Minderheiten** eingesetzt. Die **Gesellschafts- und Kulturpolitik** des Regimes stand im eklatanten **Widerspruch** zu den **Prinzipien der Aufklärung**. Auch erfolgte zu Beginn der Herrschaft eine enge Kooperation der NSDAP mit den alten Eliten („Harzburger Front", Regierung Hitler-Papen-Hugenberg, Koalition mit der NSDAP).
Fazit: Der Begriff der Revolution lässt sich nur dann auf die nationalsozialistische Machtübernahme anwenden, wenn man ihn von Vorstellungen wie Freiheitsstreben, Kampf um eine gerechtere Gesellschaft und Aufhebung unterdrückter Volksmassen loslöst.

Teilaufgabe	**AFB I**	**AFB II**	**AFB III**	**BE**
1	20			20
2	5	20		25
3		20	10	30
4		10	15	25
Summe	25	50	25	100

Hessen – Geschichte – Leistungskurs – 2010
Vorschlag C

Thema: *Die Entstehung des Kalten Krieges*

Aufgaben

1. Fassen Sie die wesentlichen Aussagen der Quelle in eigenen Worten zusammen. (Material) (20 BE)

2.1 Ordnen Sie das Schreiben des amerikanischen Handelsministers in die Geschichte der amerikanisch-sowjetischen Beziehungen zwischen 1941 und 1946 ein. (25 BE)

2.2 Prüfen Sie, inwieweit die Konzeption von Wallace mit der 1946 im Entstehen begriffenen Containment-Politik der Regierung Truman vereinbar war. (25 BE)

3. Diskutieren Sie die These, Wallace habe nach 1945 eine Appeasement-Politik gegenüber der Sowjetunion befürwortet. (30 BE)

Hinweis: Henry A. Wallace war von 1940 bis 1944 Vizepräsident der USA und danach Handelsminister. Er wurde im September 1946 von Truman entlassen.

Material

Der amerikanische Handelsminister Henry A. Wallace an Präsident Truman (23. Juli 1946)

[Die amerikanische Rüstung] erweckt den Eindruck, dass wir (1.) entweder uns darauf vorbereiten, einen Krieg zu gewinnen, den wir für unvermeidbar halten, oder (2.) versuchen, eine solche militärische Überlegenheit aufzubauen, dass wir den Rest der Menschheit einschüchtern können. Wie würden wir reagieren, wenn Russland die Atombombe hätte und wir nicht, wenn Russland Bomber mit einem Aktionsradius von 10 000 Meilen und Luftwaffenstützpunkte innerhalb von 1 000 Meilen vor unserer Küste hätte und wir nicht? […]

Meiner Meinung nach tragen folgende Faktoren zum Misstrauen der Russen gegenüber den USA und dem Westen bei:

Erstens die russische Geschichte, die wir vor Augen haben müssen, da sie in russischen Augen der Rahmen für alles politische Handeln der restlichen Welt ist. Die russische Geschichte ist seit über eintausend Jahren eine Folge von – häufig erfolglosen – Abwehrversuchen gegen fremde Eindringlinge und Eroberung – vonseiten der Mongolen, Türken, Schweden, Deutschen und Polen.

Die kurze Zeit des 30-jährigen Bestehens der Sowjetregierung ist für die Russen immer noch die Fortsetzung des historischen Kampfes um ihre Existenz als Nation. Während der ersten vier Jahre des neuen Regimes, von 1917–1921, mussten japanische, englische und französische Versuche, mit einer gewissen amerikanischen Unterstützung die neue Staatsform zu zerstören, genauso abgewehrt werden wie die von verschiedenen weißrussischen Armeen, die von westlichen Mächten ermuntert und finanziert wurden.

1941 wurde dann der sowjetische Staat beinahe von den Deutschen erobert, und das nach einem Zeitraum, in dem die westeuropäischen Mächte eine Wiederbewaffnung Deutschlands offensichtlich in dem Glauben hingenommen hatten, dass die Nazis versuchen würden, sich eher nach Osten als nach Westen auszudehnen. Die Russen empfinden ihre Situation daher verständlicherweise als Überlebenskampf in einer feindlichen Welt.

Daraus folgt, zum Zweiten, dass alle sicherheits- und verteidigungspolitischen Maßnahmen westlicher Mächte für die Russen nur aggressiven Charakter haben können [...]. Es könnte sein, dass wir gleichermaßen dächten, wenn die USA das einzige kapitalistische Land der Erde wären und die führenden sozialistischen Länder in einem Maße aufrüsten würden wie nie zuvor in ihrer Geschichte. [...]

Unser Interesse, in Osteuropa, wo es im Großen und Ganzen nie Demokratien gegeben hat, demokratische Systeme zu errichten, erscheint Russland als ein Versuch, die Einkreisung [der Sowjetunion] durch unfreundliche Nachbarn wiederherzustellen, die nach dem [Ersten Weltkrieg] bestanden hat und die als Ausgangspunkt für einen neuerlichen Versuch dienen könnte, die Sowjetunion zu zerstören.

Wenn diese Analyse richtig ist – und es gibt eine Menge Beweismaterial dafür –, dann ist klar angezeigt, welche Schritte zu unternehmen sind, um die Lage zu verbessern. Grundlegendes Ziel müsste es sein, jegliche vernünftigen Anhaltspunkte für Furcht, Verdacht und Misstrauen auf russischer Seite zu vermindern. Wir müssen erkennen, dass sich die Welt verändert hat und dass es heute keine „Eine Welt"[1] geben kann, wenn nicht die USA und Russland irgendeine Form des Zusammenlebens finden. [...]

Wir sollten uns anstrengen, der irrationalen Furcht vor Russland entgegenzuwirken, die systematisch unter den Amerikanern durch gewisse Individuen und Veröffentlichungen verbreitet wird. Das Schlagwort, dass Kommunismus und Kapitalismus, politische Gängelung und Demokratie nicht in ein und derselben Welt fortbestehen können, ist aus historischer Sicht reine Propaganda. [...]

Es ist von allergrößter Wichtigkeit, dass wir mit den Russen in freundschaftlicher Weise ihre langfristigen ökonomischen Probleme und die Zukunft unserer kommerziellen Zusammenarbeit [mit der Sowjetunion] diskutieren. Das Wiederaufbauprogramm der UdSSR und die Pläne für die weitere Entwicklung des Landes bieten dem amerikanischen Export und amerikanischen Technikern gewaltige Perspektiven.

Ich denke, eine progressive Führung, die eine Politik nach Maßgabe der hier gemachten Vorschläge verfolgt, würde die Interessen der großen Mehrheit unserer Bevölkerung zum Ausdruck bringen, diese fördern [...] und schließlich [...] die neue Entwicklung hin [...] zu einem vernichtenden Atomkrieg aufhalten.

Barton J. Bernstein/Allen J. Matusow (Hrsg.): The Truman Administration. A Documentary History, New York 1968, S. 238–243. Übersetzung von Michael Wagner

1 Das *One-World*-Konzept bezeichnet das Kriegsziel der USA seit 1941, die ganze Welt im Zeichen von Demokratie und wirtschaftlicher Freiheit neu zu ordnen.

Lösungsvorschläge

Inhaltliche Schwerpunkte:
Der prüfungsdidaktische Schwerpunkt der Aufgabe liegt beim Kurshalbjahr 13/I: „Konflikt und Kooperation in der Welt nach 1945", speziell bei den thematischen Stichworten „Die unterschiedlichen Ausgangssituationen, Interessen und Strategien der USA und der UdSSR" sowie „Der Zerfall der Anti-Hitler-Koalition und der Beginn des Kalten Krieges".
Der dritte Teil der Aufgabe öffnet das Thema in Richtung 12/II – „Modernität und Antimodernität in der Zeit der Weimarer Republik und des Nationalsozialismus" – und verschafft ihm damit eine kursübergreifende Dimension. Im Vordergrund stehen in diesem Teil der Aufgabe die Stichworte: „Außenpolitik der Weimarer Republik versus Nationalsozialistische Außenpolitik und Zweiter Weltkrieg", speziell: „außenpolitische Strategie und Taktik Hitlers" und „Deutsche Expansionspolitik im Vorfeld des Krieges".

1. *Die Zusammenfassung des Textes, also die Reduzierung der Aussagen Wallace' auf das Wesentliche unter Beibehaltung ihres Sinnes, sollte Ihnen bei diesem Text nicht schwerfallen. Bitte denken Sie daran, einleitend die Art der Quelle, den Autor und den Adressaten sowie den Entstehungszeitpunkt und das Thema des Textes anzugeben. Wörtliche Zitate müssen gekennzeichnet werden; bei Wiedergabe von Aussagen in indirekter Rede muss die korrekte Form des Konjunktivs verwendet werden (AFB I).*

   Bei dem vorliegenden Text handelt es sich um ein Schreiben des damaligen amerikanischen Handelsministers **Henry A. Wallace** an den Präsidenten **Harry S. Truman** vom 23. Juli 1946, zu einer Zeit also, in der bereits erste Anzeichen des Kalten Krieges sichtbar wurden.
   In diesem Brief, der in einem sachlich-argumentativen Stil abgefasst ist, plädiert Wallace für eine rücksichtsvolle, kooperative Politik der **USA** gegenüber der **Sowjetunion**. Eine „progressive Führung" der USA (Z. 55) könne die akute Gefahr eines Atomkrieges bannen.
   Wallace leitet sein Schreiben mit einer Kritik an der amerikanischen Rüstungspolitik ein. Diese müsse von der Sowjetunion als bedrohlich wahrgenommen werden, zumal Russland seit über 1 000 Jahren, vor allem aber seit der Gründung des Sowjetstaates, gegen fremde Mächte und Eindringlinge um seine Existenz kämpfen müsse.
   Der Versuch einer Installierung demokratischer Systeme in den Randstaaten Russlands werde von den Sowjets in Erinnerung an die Ereignisse nach dem Ersten Weltkrieg als **Einkreisungspolitik** gesehen, als ein neuer Versuch, die Sowjetunion zu zerstören.
   Die amerikanische Politik solle sich demgegenüber bemühen, Ängste und Misstrauen auf sowjetischer Seite abzubauen und der Entstehung „irrationaler Furcht" (Z. 45) vor der Sowjetunion von vornherein entgegenzuwirken.

Russland und die USA, Kommunismus und Kapitalismus, könnten nach Meinung von Wallace durchaus „irgendeine Form des Zusammenlebens" (Z. 43) finden. Zum Beispiel böte eine Zusammenarbeit zwischen der amerikanischen Industrie und den Sowjetbehörden beim **Wiederaufbau** der Sowjetunion und bei der Lösung der langfristigen ökonomischen Probleme Russlands „gewaltige Perspektiven" (Z. 54), insbesondere für die amerikanische Exportindustrie.

2.1. *In diesem Teil der Aufgabe sollen Sie die russlandpolitische Konzeption von Wallace in den Zusammenhang der Entwicklung der sowjetisch-amerikanischen Beziehungen zwischen 1941 und 1946 einordnen. Es kommt dabei entscheidend darauf an herauszuarbeiten, dass und warum sich diese während des Krieges kooperativen Beziehungen nach Kriegsende schnell und grundlegend verändern, während Wallace das kooperative Verhältnis der Kriegszeit in die Nachkriegszeit hinüberretten möchte (AFB I, überwiegend aber AFB II).*

Durch die Kriegserklärung des **Deutschen Reiches** an die Vereinigten Staaten im Dezember 1941 waren die Sowjetunion und die USA zu Waffenbrüdern im Kampf gegen das nationalsozialistische Deutschland und seine Verbündeten geworden. Eine **Anti-Hitler-Koalition** aus ideologisch durchaus gegensätzlichen Partnern – **Churchill, Roosevelt und Stalin** – hatte den Kampf gegen Hitlers verbrecherischen Weltherrschaftsanspruch aufgenommen. Mehrere **Kriegskonferenzen** (Casablanca 1941, Teheran 1943, Jalta Januar 1945 und Potsdam Juli 1945) dienten den „Großen Drei" zur Absprache über strategische Entscheidungen, wie etwa über die Forderung nach „bedingungsloser Kapitulation" der Deutschen, und zu Erörterungen über die gemeinsame Gestaltung der Weltordnung nach Kriegsende.
Die ideologischen Gegensätze zwischen Ost und West traten in der Zeit des Kampfes gegen den gemeinsamen Feind in den Hintergrund. Die USA belieferten die Sowjetunion seit 1941 massiv mit Kriegsgerät und griffen durch die **Eröffnung des Luftkrieges** (Januar 1943), die **Invasion in Sizilien** (Juli 1943) und schließlich die britisch-amerikanische **Invasion in der Normandie** (Juni 1944) auch aktiv und mit Bodentruppen in den Kampf ein, um die Sowjets, die die Hauptlast des Kampfes gegen Nazi-Deutschland trugen, durch die Eröffnung neuer Fronten zu entlasten.
Auch über die Grundzüge der Gestaltung Nachkriegseuropas erzielte man in Teheran und Jalta Einvernehmen: Der **Nationalsozialismus** sollte vernichtet, Deutschland besetzt und von drei **Besatzungsmächten** nach einheitlichen Richtlinien verwaltet werden, Polen sollte auf Kosten Deutschlands nach Westen verschoben und die der Sowjetunion vorgelagerten Staaten Zwischeneuropas in Anerkennung russischer Sicherheitsinteressen als **sowjetische Einflusszone** respektiert werden.
Diesen Charakter der Beziehungen zwischen den USA und der Sowjetunion wollte der amerikanische Handelsminister erhalten. Nach seiner Auffassung

sollte die kriegsbedingte bewährte Zusammenarbeit zwischen den Großmächten auch nach dem Ende des Krieges fortgesetzt werden.
Auf der **Konferenz von Potsdam**, zu der sich im Juli/August 1945 **Stalin, Attlee und Truman** trafen, schien sich das Einvernehmen zwischen den Großmächten zunächst auch fortzusetzen; als gemeinsame Leitlinien für den Umgang mit dem besiegten Deutschland wurden die **vier Ds**. – **Demilitarisierung, Denazifizierung, Demokratisierung und Dezentralisierung** – festgeschrieben. Die Einteilung in Besatzungszonen und die **Westverschiebung Polens** – einschließlich der „Umsiedlung" der deutschen Bewohner – wurde bestätigt; allerdings zeigten sich nun auch erste Interessengegensätze zwischen den beteiligten Mächten.
Bezüglich des Ansinnens, ihre hohen **Reparationsforderungen** aus dem Industriepotential ganz Deutschlands, insbesondere des Ruhrgebiets, zu befriedigen, konnten sich die Sowjets nicht durchsetzen; jede Besatzungsmacht wurde vielmehr im Potsdamer Abkommen zur Befriedigung ihrer Reparationsforderungen grundsätzlich auf die eigene Zone verwiesen. Zum ersten Mal wurde dadurch deutlich, dass die Westmächte ihre eigene Einflusszone vor sowjetischem Zugriff zu schützen suchten.
Die großen wirtschaftlichen Probleme, vor die sich die Besatzungsbehörden im kriegszerstörten Deutschland gestellt sahen und die äußerst **schwierige Versorgungslage** in den Besatzungszonen veranlassten die britischen und amerikanischen Besatzungsbehörden im Laufe des Jahres 1946 zur allmählichen **Reduzierung der Demontagen**, zur Aufhebung von Produktionsbeschränkungen und zu der Überlegung, die durch Zonengrenzen künstlich geschaffenen Handelshemmnisse durch die **wirtschaftliche Integration der Besatzungszonen** zu beseitigen. Von der Beteiligung deutscher Fachleute bei der Wirtschafts- und Finanzverwaltung des neuen größeren Wirtschaftsraums versprach man sich Effizienz- und Kompetenzgewinne und einen Motivationsschub für die Deutschen, die für ihre Versorgung mehr Eigenverantwortung übernehmen sollten.
Im September 1946 fasste der amerikanische Außenminister **Byrnes** all diese Gedanken in programmatischer Form in seiner **Stuttgarter Rede** zusammen und leitete damit die Wende der amerikanischen Deutschland-Politik ein.
Mit dem 1. Januar 1947 wurden die amerikanische und die britische Zone zur „**Bizone**" zusammengeschlossen. Die Sowjetunion und zunächst auch Frankreich beteiligten sich demonstrativ nicht an diesem Projekt.
Mit wachsendem Misstrauen beobachteten die Westmächte, dass die von der Roten Armee befreiten Staaten Osteuropas durch Stalin sukzessive einem Prozess der **Sowjetisierung** unterworfen wurden, und im Laufe der Jahre 1945 und 1946 überall kommunistische Parteien die Macht übernahmen.
Zum Bruch zwischen der Sowjetunion und den USA und zur Aufkündigung der Zusammenarbeit zwischen den Großmächten kam es schließlich, als klar wurde, dass die sowjetischen Expansionsabsichten über die in Jalta gezogenen Grenzen hinausgingen, z. B. in **Griechenland** und in der **Türkei**.
Die von Wallace verfochtene politische Position war damit obsolet geworden.

Mit der Verkündung der **Truman-Doktrin** im März 1947 vor dem amerikanischen Kongress begann die Containment-Politik der Vereinigten Staaten und die offene Polarisierung zwischen Ost und West.

2.2. *Dass die Konzeption Wallace' und die Containment-Politik der Truman-Administration sich zueinander wie Feuer und Wasser verhielten, liegt klar auf der Hand. Eine synoptische Darstellungsform wäre hier eigentlich angemessen. Dieser am nächsten kommt im Rahmen einer Abiturarbeit eine stichwortartige Gegenüberstellung der wichtigsten Elemente beider Konzeptionen (AFB II, zu einem geringen Teil auch AFB III).*

Wie die Entlassung von Henry A. Wallace durch Präsident Harry S. Truman zeigt, widersprach Wallace' Konzeption der Containment-Politik auf ganzer Linie:
- Wallace plädiert für die Fortsetzung der vertrauensvollen Zusammenarbeit zwischen der Sowjetunion und den USA über das Kriegsende hinaus,
- er tritt für eine freiwillige Rüstungsbeschränkung des Westens und die Respektierung der sowjetischen Sicherheitsinteressen, insbesondere in Osteuropa, ein,
- er sieht keinen unüberwindlichen Systemgegensatz zwischen Kapitalismus und Kommunismus, Demokratie und „politische[r] Gängelung" (Z. 48); beide Systeme könnten durchaus friedlich und zu beiderseitigem Vorteil koexistieren (One-World-Konzept).
- Wallace tritt für den Ausbau des Handels und der wirtschaftlichen Zusammenarbeit zwischen der Sowjetunion und den USA ein, die USA könnten Hilfe leisten beim Wiederaufbau der Sowjetunion.
- Auf diese Weise könne ein vernichtender Atomkrieg zwischen den Großmächten verhindert werden.

Die Containment-Poltik, welche die Truman-Administration ab 1947 betrieb, zeichnet sich demgegenüber durch die folgenden Grundannahmen aus:
- Es besteht ein unüberwindlicher **Systemgegensatz** zwischen Marktwirtschaft und Kommunismus, die gleichgesetzt werden mit Freiheit und Tyrannei.
- Die Sowjetunion unternimmt in vielen Teilen der Welt den Versuch, den Menschen mit Gewalt das kommunistische System aufzuzwingen und dadurch ihren Einflussbereich auf immer neue Regionen auszudehnen.
- Die Vereinigten Staaten dürfen die **Expansion** des totalitären Kommunismus nicht länger hinnehmen, sondern müssten den bedrohten Staaten wirtschaftliche Hilfe und finanziellen Beistand leisten.

Gegensätzlichere politische Grundanschauungen als die von Wallace und Truman sind kaum denkbar. Die Entlassung von Wallace durch Truman im September 1946 war also ein folgerichtiger Schritt.

3. *In diesem abschließenden Teil der Aufgabe sollen Sie zu der Frage, ob Wallace' Konzeption als Appeasementpolitik bezeichnet werden könne, eine Argumentation entwickeln und zu einer begründeten Bewertung kommen (AFB II und III). Die im Folgenden vertretene Argumentation bejaht die Frage sehr dezidiert. Eine andere Antwort auf die aufgeworfene Frage, basierend auf einer anderen Einschätzung der amerikanischen und/oder der sowjetischen Politik, ist natürlich möglich. Sie müsste aber genauso historisch-argumentativ begründet sein und dürfte nicht nur behauptet werden.*

Als „Appeasement-Politik" bezeichnen die Historiker die politische Haltung der Westmächte, vor allem Großbritanniens, gegenüber der Rüstungs- und Expansionspolitik Hitlers ab Mitte der 1930er-Jahre.
Vor allem der britische Premierminister Chamberlain versuchte damals durch die Hinnahme von Hitlers **Verstößen gegen den Versailler Vertrag** (Wiedereinführung der Wehrpflicht, Aufrüstung, Einmarsch ins Rheinland, Anschluss Österreichs) und durch **territoriale Konzessionen** auf Kosten Dritter das Deutsche Reich doch noch in eine europäische Friedensordnung einzubinden und dadurch den drohenden Krieg abzuwenden.
Als Höhepunkt der Appeasementpolitik wird das **Münchner Abkommen** vom September 1938 gesehen, in dem das bis dahin zur Tschechoslowakei gehörende **Sudetenland** von den Westmächten an das Reich abgetreten wurde.
Die Appeasementpolitik wurde noch von Chamberlain selbst beendet, nachdem Hitler durch den Einmarsch der Deutschen Wehrmacht in Prag im März 1939 das Münchner Abkommen ad absurdum geführt hatte.

Die Sowjetpolitik, die Wallace seiner Regierung empfiehlt, weist durchaus eine Reihe von Ähnlichkeiten mit der Appeasementpolitik Chamberlains auf:

- Auch Wallace glaubt nicht an einen ideologisch motivierten Expansionismus des Gegenübers, sondern geht davon aus, dass der Westen mit der Sowjetunion, dass Kommunismus und Kapitalismus friedlich zusammenleben könnten (**One-World-Konzept**).
- Auch Wallace legt seinen Empfehlungen **keine Analyse** des politischen Systems und der Ideologie zugrunde, um die es geht, sondern formuliert seine Ratschläge auf der Basis von Alltagspsychologie.
- Auch Wallace befürwortet Zugeständnisse und **Vorleistungen** an die Sowjetunion, um das Wohlwollen und die Kooperationsbereitschaft des Partners zu erlangen; er rät den USA, ihre Rüstungsanstrengungen zu vermindern, weil diese auf die Sowjetunion provokativ wirken könnten, und er deutet an, dass die Errichtung von demokratischen Systemen in Osteuropa für die Sowjetunion unzumutbar sei („Einkreisung durch unfreundliche Nachbarn" Z. 35) und deshalb besser unterbleiben solle.
- Der Westen, so formuliert Wallace sehr konsequent, dürfe der Sowjetunion keinerlei „Anhaltspunkte für Furcht, Verdacht und Misstrauen" (Z. 40 f.) geben.

Aber gab denn die Sowjetunion Josef Stalins dem amerikanischen Handelsminister wirklich keinerlei Anhaltspunkt für Furcht und Misstrauen?
Angesichts des totalitären, menschenfeindlichen Charakters des kommunistischen Systems in seiner stalinistischen Spielart, angesichts der Vorgänge, die sich damals in Osteuropa vor den Augen der Weltöffentlichkeit abspielten, und angesichts der offensichtlich expansiven Grundtendenz des damaligen Sowjetsystems erscheinen Wallace' Ratschläge naiv und blauäugig. Chamberlains Appeasementpolitik wäre noch übertroffen worden, wenn die amerikanische Politik seinen Empfehlungen gefolgt wäre.
Sie hat es auch deshalb nicht getan, weil man aus dem katastrophalen Scheitern der Appeasementpolitik der 1930er-Jahre gelernt hatte.
Henry A. Wallace kandidierte bei den Präsidentschaftswahlen des Jahres 1948 für die *Progressive Party*. Er erhielt keine einzige Wahlmännerstimme und zog sich anschließend aus der Politik zurück. Das zeigt, dass eine neue Appeasementpolitik gegenüber der Sowjetunion à la Wallace im Gegensatz zu der Containmentpolitik Trumans in der amerikanischen Bevölkerung keinerlei Basis hatte.

Teilaufgabe	**AFB I**	**AFB II**	**AFB III**	**BE**
1	20			20
2.1	5	20		25
2.2		20	5	25
3		10	20	30
Summe	25	50	25	100

Hessen – Geschichte – Grundkurs – 2011
Vorschlag A

Thema: Ursachen von Revolutionen

Aufgaben

1.1 Beschreiben Sie, wie Wieland die Französische Revolution bis 1792 darstellt. (Material 1) (25 BE)

1.2 Arbeiten Sie heraus, wie der Revolutionsausbruch 1789 in Material 2 dargestellt wird. (20 BE)

2. Erläutern Sie unter Bezugnahme auf den Text (Material 1) den Verlauf der Revolution zwischen Mai 1789 und Januar 1793. (30 BE)

3. Wieland erwähnt die Befürchtung, dass vergleichbare Ursachen, die in Frankreich zur Revolution führten, auch in Deutschland „ähnliche Wirkungen hervorbringen könnten." (Z. 12)
Diskutieren Sie, inwiefern die Ursachen der deutschen Revolution von 1918/1919 mit denen der Französischen Revolution von 1789 vergleichbar sind. (25 BE)

Hinweis: Christoph Martin Wieland (1733–1813), deutscher Philosoph, Schriftsteller und Journalist. Er gab die Zeitschriften „Teutscher Merkur" und „Neuer Teutscher Merkur" heraus. Die vorliegende Abhandlung wurde im „Neuen Teutschen Merkur" publiziert.

Die Rechtschreibung entspricht der Textvorlage. Auf Kursivschrift wurde verzichtet.

Material 1

Christoph Martin Wieland: Betrachtungen über die gegenwärtige Lage des Vaterlandes (Januar 1793)

An Dingen, welche vieles mit einander gemein haben, fällt die Ähnlichkeit weit stärker in die Augen als die Verschiedenheit, und die Urteile des großen Haufens[1] bestimmen sich meistens nach jener, ohne diese in gehörige Betrachtung zu ziehen. Da auch in Deutschland ein großer Teil der Verfassung[2] auf die Grundlage des alten Feudalsystems und, so zu sagen, mit den Trümmern desselben erbaut ist; da auch wir einen mit großen Vorrechten ausschließlich begabten hohen und niedern Adel, Bischöfe und Äbte die zugleich Fürsten und regierende Herren sind, [...] haben [...]; da also auch bei uns der Mangel an persönlicher Freiheit und freiem Besitz des Eigentums, und die enorme Ungleichheit zwischen einem verhältnismäßig ziemlich kleinen Teile der Staatsbürger und allen übrigen auffallend ist: so war nichts natürlicher als die Wahrnehmung dieser Ähnlichkeiten, und der Gedanke an die Möglichkeit, daß ähnliche Ursachen auch bei uns ähnliche Wirkungen hervorbringen könnten. Kein Wunder also, daß sich bei Gelegenheit der Französischen Revolution auch die Deutsche

Nation in Parteien teilte, die, wenn gleich, Dank sei dem Himmel! die öffentliche Ruhe nicht durch sie unterbrochen worden ist, darum nicht weniger existierten, und ihr Dasein durch allerhand Äußerungen spürbar machten.

Kaum erhielt in Frankreich die Volkspartei die Oberhand über die so genannten Aristokraten, so zeigte sich auch in Deutschland eine Partei, die viel zu wünschen, und eine andere, die viel zu befürchten hatte. […]

Noch ein Umstand, der auf den großen Haufen[3] sehr starke Eindrücke machen mußte, war, daß die Volkspartei in Frankreich bei allen Gelegenheiten den Sieg erhielt, und ihn notwendig erhalten mußte, weil sie ihn bloß dadurch erhielt, daß sie ihren Gegnern an physischer Stärke so entscheidend überlegen war. Die Hofpartei verließ sich Anfangs zu viel darauf, daß gewisse moralische Ursachen noch eben so mächtig auf das Volk wirken würden, als sie seit Jahrhunderten gewirkt hatten. Sie waren gewiß, daß der Tiers-état[4], der schon so lange und so tief unter ihnen gekrochen war, und den, wenn er es auch wagen wollte sein Angesicht zu erheben, ein einziges Machtwort (wie sie glaubten) stracks wieder zu Boden werfen könnte, nimmermehr so viel Mut zusammen bringen würde, um gegen ein königliches tel est notre plaisir[5], das ihm aus einander zu gehen befahl, versammelt zu bleiben. Aber die Vorstellungsart, von welcher ein solches Machtwort seine Kraft erhält, war nicht mehr da; und die Deputierten[6] des Tiers-état, stark durch die Arme eines großen Volks das sein angelegenstes Interesse in ihre Hände gestellt hatte, wagten es, dem Höfling, der ihnen den Befehl des Königs ankündigte, zu sagen, sie würden es darauf ankommen lassen, ob man sie mit Bajonetten[7] aus einander treiben wollte.

Nun setzte man seine Hoffnung auf die Treue der Armee. Aber die Soldaten […] erinnerten sich auf einmal, daß sie Bürger seien, und anstatt gegen das Volk zu agieren, stellten sie sich auf die Seite desselben.

Nachdem diese zwei sonst immer bewährten […] Mittel nicht angeschlagen hatten, glaubte man wenigstens noch auf ein drittes rechnen zu können, das noch nie gefehlt hatte, auf die beispiellose Anhänglichkeit der Französischen Nation an ihre Könige. Aber der sechste Oktober[8], der zwanzigste Junius[9], der zehnte August[10] und der ein und zwanzigste September[11] bewiesen, wie schwach auch dieser Rohrstab war, den bloß die Meinung des Volks zu einem einst so gewaltigen Pfeiler gemacht hatte.

Das einzige Wort Freiheit, von einer ganzen Nation tief gefühlt, vernichtete […] die einst allmächtige Wirkung aller Zauberwörter, die ihre Kraft bloß vom Glauben an sie erhalten. So wie diese Meinung sich änderte, dieser Glaube nicht mehr war, was vermochte ein Einzelner – zumal einer, der als bloßer Mensch unter Tausenden kaum Einen fand, dem die Natur den Stempel eines Mannes nicht kräftiger aufgedrückt hätte – was vermochten seine Freunde, seine Ratgeber, seine Schmeichler, seine Knechte, (wenn sie auch bei ihm ausgehalten hätten) gegen die physische Überlegenheit so vieler Millionen, die, aufs äußerste getrieben, plötzlich und alle zugleich ihre wirkliche Macht zu fühlen, und mit der wirklichen Schwäche ihrer Feinde zu vergleichen anfingen!

Christoph Martin Wieland: Betrachtungen über die gegenwärtige Lage des Vaterlandes, in: Neuer Teutscher Merkur, Januar 1793, zit. nach: Horst Günther (Hg.): Die Französische Revolution. Berichte und Deutungen deutscher Schriftsteller und Historiker, Frankfurt/Main 1985, S. 542 f., S. 545 f.

1 abwertend für: die dumme Masse
2 gemeint: das politisch-gesellschaftliche System
3 siehe Anmerkung 1
4 Dritter Stand
5 das ist unser Wunsch
6 Abgeordnete
7 Aufsatz, mit dem man ein Gewehr als Stichwaffe benutzen kann
8 6. 10. 1789: Zug der Marktfrauen nach Versailles
9 20. 6. 1791: Fluchtversuch der königlichen Familie
10 10. 8. 1792: Sturm auf die Tuilerien
11 21. 9. 1792: Der Nationalkonvent beschließt die Abschaffung des Königtums.

Material 2

„Das Erwachen des Dritten Standes" (1789)

Entnommen aus: Andreas Anderhub/Berthold Roland (Hg.): Die Bastille – Symbolik und Mythos in der Revolutionsgraphik. 14. Juli 1989. Eine Ausstellung des Landesmuseums Mainz und der Universitätsbibliothek Mainz, Mainz 1989, S. 49

Hinweis: Übersetzung der Bildüberschrift: „Das Erwachen des Dritten Standes"
Übersetzung der Bildunterschrift: „Meine Güte, es war für mich höchste Zeit aufzuwachen, denn die Last meiner Ketten verursachte mir etwas zu starke Angstträume."

Die Originalquelle ist farbig.

Lösungsvorschläge

Inhaltliche Schwerpunkte:
Die Aufgabe bezieht sich hauptsächlich auf das Kurshalbjahr 12/I: Gesellschaftliche Veränderungsprozesse am Beginn der Moderne mit den Unterrichtsinhalten „Die Französische Revolution“, „Die Krise des Ancien Régime“ und „Die Radikalisierung der Revolution“. In der letzten Teilaufgabe erfolgt der kursübergreifende Bezug zum Halbjahr 12/II mit dem Thema „Deutschland zwischen Demokratie und Diktatur“ und den Unterrichtsinhalten „Weimarer Republik versus nationalsozialistischer Führerstaat – Entstehungsbedingungen der Republik im nationalen und internationalen Umfeld“.

1.1 *Nach Identifizierung von Autor und Quelle sollen Sie in eigenen Worten, aber unter Verwendung der Fachsprache, darstellen, wie C. M. Wieland die Französische Revolution, ihre Ursache und ihren Verlauf sieht. Bitte achten Sie darauf, dass Teile des Artikels sich nicht mit der Französischen Revolution beschäftigen, sondern mit deren Resonanz in Deutschland. Da die Aufgabe keine reine Textzusammenfassung fordert, sondern auch bekannte Deutungen und Sachverhalte in Ihre Ausführungen einfließen sollten, sind überwiegend Anforderungen aus dem AFB I, aber zum Teil auch aus dem AFB II gefordert.*

In dem vorliegenden Auszug aus den „Betrachtungen über die gegenwärtige Lage des Vaterlandes“ aus dem Jahre 1793 erläutert der deutsche Schriftsteller und Philosoph Christoph Martin Wieland einige **Ursachen und den Verlauf der Französischen Revolution**. Er konstatiert aus der Sicht des Zeitzeugen, dass die Revolution auch die deutsche Öffentlichkeit stark bewegt habe, zumal hierzulande in vielerlei Hinsicht ähnliche Verhältnisse herrschten. Allerdings sei es in Deutschland bisher nicht zu Störungen der öffentlichen Ordnung gekommen.
Die französische Gesellschaft vor der Revolution sei, wie übrigens auch die deutsche, „auf der Grundlage des alten **Feudalsystems**“ (Z. 4 f.) aufgebaut gewesen; **Adel** und **Klerus**, also ein sehr kleiner Teil der Gesellschaft, seien mit großen Vorrechten ausgestattet und die Gesellschaft insgesamt durch Ungleichheit und einen Mangel an Freiheit und persönlichem Eigentum aufseiten der Bürger gekennzeichnet gewesen.
Die „**Volkspartei**“, mit der Wieland offenbar sympathisiert, habe in dem Moment ihre ersten Siege errungen, in dem sie sich ihrer physischen Stärke und Überlegenheit bewusst geworden sei. Die **Privilegierten** hätten es nicht für möglich gehalten, dass der **Dritte Stand** je einen eigenen Herrschaftsanspruch anmelden würde und darauf gesetzt, dass die Delegierten des Dritten Standes im Ernstfall durch ein „Machtwort“ zur Räson gebracht werden könnten. Als dies nicht mehr wirkte, habe man auf die **Armee** gesetzt, die aber zum Dritten Stand übergelaufen sei; schließlich habe man auf die Loyalität der Franzosen gegenüber ihrem **König** gebaut; diese Hoffnung sei aber vor der **Freiheitssehnsucht der Volksmassen** zerstoben. Die Schwäche des Königs habe es dem Volke leicht gemacht, sich der eigenen Stärke bewusst zu werden.

1.2 *Hier geht es um die Interpretation einer zeitgenössischen Lithografie; dabei ist bereits deren Titel hilfreich. Sie müssen erkennen, wofür die dargestellten Personen stehen und welchen historischen Kontext der Zeichner durch die Darstellung der Position, der Posen und der Bewegungen seiner Figuren heraufbeschwört. Vergessen Sie nicht, auf die Bedeutung der Gegenstände im Vordergrund und der Figuren und Gebäude im Hintergrund einzugehen. Die materialgestützte Erschließung von Sachverhalten erfordert zu gleichen Teilen Leistungen aus den AFB I und II.*

Die **Karikatur** „Das Erwachen des Dritten Standes" wurde im Jahre 1789 in Frankreich, offenbar nach dem Bastillesturm, veröffentlicht; über den Zeichner und den originalen Erscheinungsort sagt zumindest die vorliegende Version nichts aus. Die Lithografie wurde dem Katalog zu einer Ausstellung der Mainzer Universität aus dem Jahre 1989 über „Symbolik und Mythos in der Revolutionsgraphik" entnommen, die aus Anlass des 200. Jahrestages der Französischen Revolution veranstaltet wurde.

Die **Farblithografie** zeigt im Vordergrund einen noch am Boden liegenden, sich aber gerade aufrichtenden Mann in bürgerlicher Kleidung. Mit der rechten Hand streift er die **Ketten** ab, an die er bis dahin gefesselt war. Sein Gesichtsausdruck zeigt Erstaunen, aber auch Entschlossenheit. Auf dem Boden neben ihm liegen **Waffen**, Gewehre mit aufgepflanztem Bajonett, ein Säbel und eine Pistole. Eines der Gewehre ergreift der Mann mit der linken Hand; offenbar will er sich bewaffnen. Der Mann steht eindeutig für den **Dritten Stand**, der sich soeben seiner Ketten entledigt hat und nun selbstbewusst und furchtlos für seine Ziele zu kämpfen beginnt.

Diese Szene wird beobachtet von zwei weiteren Männern, einer in der Uniform eines adeligen Offiziers mit einem Degen am Gürtel, der andere in der schwarzen Soutane eines katholischen Priesters. Die beiden repräsentieren die bis dahin **privilegierten Stände**, den Adel und den Klerus. Beide stehen da mit weit aufgerissenen Augen und Mündern, sie haben jeweils eine Hand hilfesuchend zum Himmel erhoben, mit der anderen halten sie sich aneinander fest. Ihre Mienen zeigen Erschrecken, Furcht und Entsetzen über das, was da vor ihren Augen geschieht. Sie können es beide nicht fassen und wenden sich zur Flucht.

Rechts im Hintergrund erhebt sich ein festungsartiges Gebäude, erkennbar als die **Bastille** in Paris, deren Mauern allerdings morsch erscheinen und bereits bröckeln, links erkennt man eine mit Piken bewaffnete Menge.

Das Ereignis, auf das der Zeichner mit dieser Karikatur anspielt, ist zweifellos der **„Sturm auf die Bastille"** vom 14. Juli 1789, der erste Höhepunkt der Französischen Revolution, zu dem sich Angehörige des Dritten Standes bewaffneten und unter dem Schlachtruf „A la Bastille!" das militärische Bollwerk mitten in Paris, das damals als Staatsgefängnis und Waffenlager diente und als **Symbol des Despotismus** und des **Ancien Régime** galt, erstürmten. Der Dritte Stand demonstrierte damit zum ersten Mal seine Entschlossenheit, für eine politische Ordnung ohne Privilegien für Adel und Klerus notfalls auch bewaffnet zu kämpfen und

eine neue Gesellschaft aufzubauen, die auf den Prinzipien von **Freiheit, Gleichheit und Brüderlichkeit** gründen sollte.
König, Adel und Klerus wichen damals – wie die Figuren in unserer Karikatur – vor der Entschlossenheit des Dritten Standes zurück. Die **Nationalversammlung**, die der König bis dahin noch hatte auseinanderjagen wollen, wurde nun vom König anerkannt und begann mit den **Beratungen über eine neue Verfassung**. Noch im August 1789 verzichteten Adel und Klerus auf alle Privilegien.

2. *Bei der Erläuterung des Revolutionsverlaufs im vorgegebenen Zeitraum sollten Sie, ausgehend von dem Quellentext, die wichtigsten Etappen der Revolution nicht einfach hintereinander aufzählen, sondern deren kausale Zusammenhänge durch Rückgriff auf eigene Kenntnisse verdeutlichen. Die Aufgabe verlangt überwiegend Leistungen aus dem AFB II, aber auch reproduktive Leistungen (AFB I) und Reflexion (AFB III).*

Wegen des drohenden Staatsbankrotts und des hartnäckigen Widerstandes des Adels gegen eine **Finanzreform** war **Ludwig XVI.** gezwungen gewesen, die Versammlung der **Generalstände** nach langer Zeit wieder einzuberufen. Schon die Wahlen zu den Delegierten der drei Stände hatten die Bevölkerung aufgewühlt und politisiert. Der Dritte Stand, beeinflusst von den **Philosophen der Aufklärung**, war mit dem Ancien Régime unzufrieden und verlangte einschneidende Reformen. Die Versammlung wurde im Mai 1789 vom König feierlich eröffnet, nach seiner Auffassung und der des Adels und des Klerus' sollten die 300 Delegierten der beiden ersten und die 600 Abgeordneten des Dritten Standes jedoch getrennt voneinander tagen und die **Abstimmung „nach Ständen“** erfolgen, was den Privilegierten eine 2 : 1-Mehrheit gegenüber dem Dritten Stand gesichert hätte. Deshalb forderten die Vertreter des Dritten Standes eine gemeinsame Tagung aller Delegierten und beharrten auf der **„Abstimmung nach Köpfen“**, was ihnen eine Gleichberechtigung gegenüber den Privilegierten gesichert hätte.
Weil der Streit Mitte Juni eskalierte und der König den Versammlungsraum des Dritten Standes absperren ließ, kam es zum berühmten **„Ballhausschwur“**. Die Vertreter des Dritten Standes revoltierten zum ersten Mal gegen den König, sie erklärten sich zur verfassunggebenden Nationalversammlung und tagten fortan „in Permanenz“ in einer Ballsporthalle (Jeu de Paume).
Als der König daraufhin einen beim Volk beliebten Minister entließ und sich in Paris das Gerücht verbreitete, der König ziehe Truppen zusammen, um die Nationalversammlung auseinanderzujagen, stürmten Pariser Bürger die Waffenarsenale und anschließend die **Bastille**, das Symbol des Despotismus, was im ganzen Land Unruhen und Revolten gegen Schlösser, Burgen und Adelssitze auslöste.
Nach diesen Ereignissen gab der König nach und akzeptierte die Nationalversammlung als neue **„Konstituante“**. Schon Anfang August verzichteten die Vertreter von Adel und Klerus im Vorgriff auf die neue Verfassung auf alle Privilegien; Ende August folgte die feierliche **Erklärung der Menschenrechte**. Die Verfassungsberatungen zogen sich bis in den September 1791 hin. Da die Ver-

sorgungskrise und die wirtschaftlichen Probleme des Landes ungelöst waren, kam es in der Zwischenzeit immer wieder zu Manifestationen und **Hungerrevolten.** Eine dieser Demonstrationen führte im Oktober 1789 „die Marktweiber" von Paris in das Schloss von Versailles, von dort begleiteten sie den König in seine Pariser Residenz, wo er vom Elend des Volkes mehr mitbekommen sollte und – wie man glaubte – das Volk ihn besser unter Kontrolle hätte.

Die Nationalversammlung versuchte im November die finanzielle Lage des Staates durch die **Verstaatlichung** und den **Verkauf der Kirchengüter** zu verbessern, was aber nicht nur die Inflation antrieb, sondern auch den Widerstand der Kirche und der Priester herausforderte, die nun vom Staat bezahlt werden mussten und dadurch von ihm abhängig wurden.

Der König hatte zwar die Nationalversammlung anerkannt, versuchte jedoch, deren Entscheidungen durch den exzessiven Gebrauch des ihm eingeräumten **suspensiven Vetorechts** aufzuschieben und zu blockieren. Was er von der ganzen Entwicklung wirklich hielt, das zeigte sich im Juni 1791, als er mit der königlichen Familie in Varennes auf der **Flucht** in das damals österreichische Rheinland erkannt und nach Paris zurückgebracht wurde.

Trotz des Fluchtversuchs verabschiedete die eher besitzbürgerliche Mehrheit der Nationalversammlung gegen den Widerstand der Jakobiner im September 1791 eine **Verfassung der konstitutionellen Monarchie**, die dem bereits unglaubwürdig gewordenen König weiterhin ein Veto einräumte, während sie das aktive und das passive Wahlrecht dem ärmeren, nicht steuerzahlenden Teil der Bevölkerung durch ein **Zensuswahlrecht** vorenthielt.

Die linke Opposition gegen das Zensuswahlrecht und die Verfassung der konstitutionellen Monarchie ging aus den Wahlen zur neuen **Legislative** denn auch gestärkt hervor.

Die Mehrheit in der neuen Versammlung unterstützte aber zunächst die sogenannten **Girondisten**, die im April 1792 zur Abwehr der konterrevolutionären Bedrohung durch ein Heer adeliger französischer Emigranten an der französischen Rheingrenze dem Kaiser von Österreich den Krieg erklärten. Durchdrungen von ihrer revolutionären Mission glaubten die Girondisten an ein Überlaufen der österreichischen Soldaten zu den freiheitsliebenden Franzosen.

Aber es kam anders. Die französische Kriegführung war zu Beginn ein Fiasko, viele adelige Offiziere des französischen Heeres desertierten, und die Truppen der europäischen Koalition aus Österreich und Preußen konnten weit nach Frankreich vordringen. Im Juli 1792 gab deren Oberkommandierender, der **Herzog von Braunschweig**, ein **Manifest** heraus, in dem er unverblümt die Wiederherstellung der absolutistischen Ordnung in Frankreich ankündigte und allen Bürgern und Gemeinden mit Vernichtung drohte, die es an Loyalität gegenüber dem König fehlen ließen.

Das Resultat dieses Manifests und der damit offenkundig gewordenen Unterstützung des Königs durch die Feinde Frankreichs waren die **Radikalisierung der Revolution** und der **Sturm** des bewaffneten Volkes **auf das Königsschloss in den Pariser Tuilerien** am 10. August 1792, die Gefangennahme und Festsetzung der königlichen Familie, die Neuwahl eines Nationalkonvents mit einer Mehrheit

für die Gegner des Königtums und die **Ausrufung der Republik** im September 1792.
Die militärische Lage Frankreichs besserte sich durch den Sieg in der **Kanonade von Valmy** am 20. September 1792 und das Ausscheiden Preußens aus dem Krieg.
Im Dezember 1792 wurde Ludwig XVI. durch den Nationalkonvent der Prozess gemacht: Er wurde des Hochverrats für schuldig erklärt; auf Antrag von Robespierre wurde mit knapper Mehrheit die **Todesstrafe** beschlossen und im Januar 1793 wurde sie auf der Guillotine vollstreckt.

3. *Die Frage, inwieweit die Ursachen der Französischen Revolution von 1789 und der Deutschen Revolution von 1918 vergleichbar sind, beantwortet man am besten, indem man einige wichtige Ursachen noch einmal prägnant gegenüberstellt (AFB II, überwiegend aber AFB III).*
Eine abschließende Stellungnahme über die Frage der Vergleichbarkeit der Ursachen sollte nicht fehlen (AFB III).

Ein berühmtes Flugblatt aus der ersten Phase der **Französischen Revolution** stellt die Frage: „Was ist der Dritte Stand?“ Die Antwort lautet: „Nichts!“ „Was will er werden?“, fragt die Flugschrift weiter, und die Antwort lautet: „Alles!“
Dieser knappe Dialog erfasst prägnant das Hauptmotiv der Großen Revolution: Der Dritte Stand, also 98 % der Bevölkerung, will sich nicht länger der Herrschaft von zwei Prozent Privilegierten beugen. Sie sind es leid, von den Privilegierten alle Lasten, Steuern und Pflichten auferlegt zu bekommen, dafür aber keinerlei Rechte zu erwerben. Sie haben festgestellt, dass alle für die Existenz einer Nation wichtigen Güter und Dienstleistungen von den Angehörigen des Dritten Standes produziert und erbracht werden; die Privilegierten sind als parasitär entlarvt. **Rousseau** hat ihnen gesagt, dass die Menschen frei geboren werden, und nun haben sie beschlossen, ihre Ketten abzuwerfen.
Deshalb erklärten sich die 600 Delegierten des Dritten Standes im Juni 1789 zur „Nationalversammlung“ und signalisierten damit den Privilegierten, dass es auf Adel und Klerus künftig nicht mehr ankomme; sie dürften sich einreihen und als Bürger mitdiskutieren wie alle anderen auch. Dieses Motiv, der **Wunsch nach der Abschaffung der Privilegien** des Geburtsadels **und nach der Herstellung der Gleichheit aller Bürger vor dem Gesetz** ist zweifellos die wichtigste Antriebskraft der Französischen Revolution gewesen.

Ein ähnlich prägnantes positives Hauptmotiv für die **Deutsche Revolution** der Jahre 1918/19 ist nicht zu erkennen. Ohne die sich deutlich abzeichnende **Niederlage im Weltkrieg** wäre es in Deutschland nicht zur Revolution gekommen. Im Gegenteil, im Falle des Sieges wäre der Kaiser wohl gefeiert worden. So aber brach die Revolution aus, weil nunmehr die ungeheure Zahl der Opfer, die man gebracht, der Hunger, den man gelitten hatte, in keinem Verhältnis mehr stand zum Ergebnis: einer schmählichen, für das Volk völlig überraschenden, unerwarteten Niederlage. Diejenigen, die das zu verantworten hatten, sollten weg.

Noch wenige Wochen zuvor hatte die **Oberste Heeresleitung** (OHL) das Ziel eines „**Siegfriedens**" verkündet und für realisierbar gehalten, gerade jetzt, wo man Russland besiegt hatte und sich ganz auf die Westfront konzentrieren konnte.

Aber die letzte große Offensive war im Frühsommer 1918 von den Alliierten erfolgreich abgewehrt worden; die OHL hatte Ende September die Regierung zur sofortigen Aufnahme von **Waffenstillstandsverhandlungen** aufgefordert und damit die **deutsche Niederlage** eingestanden. Dieses Eingeständnis hatte auf die Bevölkerung, die den Durchhalteparolen der OHL bis zuletzt Glauben geschenkt hatte, wie ein Schock gewirkt. Es hatte die Glaubwürdigkeit der militärischen Führung, aber auch die des Kaisers, der sie eingesetzt hatte, ein für alle Mal zerstört.

Besonders unglaubwürdig und verhasst hatte sich die **Marineführung** gemacht, die der Kieler Kriegsflotte Ende Oktober trotz des bereits verlorenen Krieges den Befehl zum Auslaufen in die Themsemündung erteilt hatte. Das Ergebnis war der **Kieler Matrosenaufstand**, Meuterei und Befehlsverweigerung, die Gefangennahme der Offiziere, die Wahl von Soldatenräten und das Ausschwärmen der Kieler Matrosen in die deutschen Großstädte, wo sie die Wahl von weiteren **Arbeiter- und Soldatenräten** nach dem Vorbild der sozialistischen russischen **Oktoberrevolution** von 1917 und damit die Novemberrevolution initiierten.

In erster Linie war also der Krieg, bzw. dessen Ausgang, für den Ausbruch der deutschen Revolution entscheidend. Er bewirkte die **Abrechnung mit dem Regime**, das den Krieg vom Zaun gebrochen und den Menschen quälend lange zugemutet hatte.

Da es in der Französischen Revolution um die **Verwirklichung der großen Menschheitsziele** ging, die von der Aufklärung gestellt worden waren, in der Deutschen Revolution aber hauptsächlich um die Beseitigung eines Regimes, das einen mörderischen Krieg verloren hatte, sind die beiden oben diskutierten **Ursachen nur bedingt vergleichbar**. Es gäbe auch noch weitere Ursachen, die man diskutieren könnte, etwa wirtschaftliche und politische, dies sprengt aber den Rahmen dieser Arbeit.

Teilaufgabe	AFB I	AFB II	AFB III	BE
1.1	15	10		25
1.2	10	10		20
2	5	20	5	30
3		5	20	25
Summe	30	45	25	100

Hessen – Geschichte – Grundkurs – 2011
Vorschlag B

Thema: Holocaust und die Politik der Bundesrepublik Deutschland

Aufgaben

1. Geben Sie die wesentlichen Inhalte der Quelle in eigenen Worten wieder. (Material) (20 BE)

2.1 „In kürzester Zeit fand man sich jeder Faser menschlicher Würde beraubt.“ (Z. 34)
Analysieren Sie – Bezug nehmend auf das Zitat – die Grundzüge der NS-Rassenideologie. (20 BE)

2.2 Erläutern Sie unter Berücksichtigung der Quelle die nationalsozialistische Politik gegenüber der jüdischen Bevölkerung von 1938 bis 1945. (30 BE)

3. Überprüfen Sie, inwiefern die Erfahrung von NS-Staat und Holocaust die Politik der Bundesrepublik Deutschland in verfassungsrechtlicher und politischer Hinsicht prägt(e). (30 BE)

Hinweis: Anita Lasker-Wallfisch (geboren 1925) stammt aus einer jüdischen Familie. Nach Kriegsbeginn wurde ihre Familie immer stärkerem Druck ausgesetzt und auseinandergerissen. Anita Lasker-Wallfisch wurde wegen „Dokumentenfälschung“ inhaftiert und zu Zwangsarbeit verurteilt. Anschließende Lagerhaft in Auschwitz und Bergen-Belsen überlebte sie vermutlich aufgrund ihres musikalischen Talents: Sie wurde als Cellistin im Lager-Orchester eingesetzt.
Die Kursiv- sowie die Rechtschreibung entsprechen der Textvorlage.

Material

Anita Lasker-Wallfisch: Ihr sollt die Wahrheit erben (1996)

Im November oder Dezember 1943 war es soweit: Ich wurde nach unten gerufen und mußte zu einer „medizinischen Untersuchung“. Es ist kaum zu glauben, aber ich sollte auch ein Papier unterschreiben, daß ich *freiwillig* nach Auschwitz ginge. […]

Ich verließ das Gefängnis am nächsten Morgen mit der „Grünen Minna“[1], dann bestieg ich einen Gefängnis-Zug. Dort wurde ich mit einigen anderen Gefangenen eingeschlossen, und wir fuhren ab: Richtung OSTEN. Wir kamen in Auschwitz-Birkenau am Abend an. Ich weiß nicht, um welche Zeit. Weiß nur, daß es dunkel war. Wir wurden in eine Baracke gebracht und warteten. […]

Meine Reisegefährten und ich warteten in dieser Baracke bis Tagesanbruch. Damals wußte ich noch nicht, daß ich die erste Hürde bereits übersprungen hatte. Wenn Transporte in Birkenau ankamen, war eine Empfangskommission von SS-Männern am Bahnsteig, die selektierten, wer ins Lager gelassen würde und wer direkt in die Gaskammer kam.

Mir blieb dieser Selektionsprozeß erspart, und ich verstand den Grund dafür erst später: Ich bin nicht mit einem der üblichen Sammeltransporte für Juden angekommen, sondern in einem Gefängnis-Transport mit relativ wenigen Häftlingen, von denen alle einen Prozeß und eine Verurteilung zu Gefängnisstrafen hinter sich hatten. Dieser Umstand machte uns zu „Karteihäftlingen". Wir durften nicht sofort vergast werden, denn man könnte uns eventuell noch einmal zu weiteren Zeugenaussagen vor Gericht rufen. [...]

Beim ersten Tageslicht wurden wir in einen anderen Block gebracht. Dort sollte die „Willkommens-Zeremonie" stattfinden. Ich mußte mich ausziehen, mein Kopf wurde rasiert, und die Nummer 69 388 wurde auf meinen linken Arm tätowiert. All dies wurde, wie ich erst später verstand, nicht von Deutschen, sondern von Häftlingen gemacht, die in diesem Block arbeiteten. [...]

Das Tätowieren war nicht gerade angenehm, denn es wurde mit einem primitiven Gerät ausgeführt, einer Art Federhalter, an dem statt einer Feder eine dicke Nadel befestigt war. Natürlich tat es weh, und ich erinnere mich an Blut und an eine Schwellung. Wahrscheinlich war die Nadel infiziert. Ich glaube kaum, daß sie jemals gesäubert worden ist. [...] Wahrscheinlich hat mich das Abrasieren der Haare doch letzten Endes am tiefsten traumatisiert. Man fühlt sich vollkommen nackt, unendlich verwundbar und zu einem *Niemand* reduziert.

Da stand ich also, splitternackt und ohne Haare, mit einer Nummer auf dem Arm. In kürzester Zeit fand man sich jeder Faser menschlicher Würde beraubt. Wir waren plötzlich kaum noch voneinander zu unterscheiden. [...]

Ich wartete und wartete ... ohne Vorstellung, worauf ich eigentlich wartete. Inzwischen war der Block leer geworden, und ich war allein. Ich sah mich um und bemerkte, daß an der Decke Duschen angebracht waren. Es sah genau so aus, wie ich mir die Gaskammern vorgestellt hatte. Was ich nicht wusste, war, daß ich mich in der „Sauna" befand. So nannte man damals diesen Block. Es war der „Entlausungs- und Badeblock".

Ich war vollkommen verwirrt und dachte, daß nun der Moment gekommen sei, auf den ich mich in so vielen qualvollen Nächten im Gefängnis vorzubereiten versucht hatte. Man hatte zu Anfang nur eine ganz vage Vorstellung, wie eine Gaskammer funktioniert. Später haben wir einiges dazugelernt. [...]

Den größten Teil der Zeit verbrachte man beim Zählappell. Man stand im Freien, in Eiseskälte oder Regen, vollkommen unzulänglich bekleidet, fünf lange Reihen, und wartete darauf, abgezählt zu werden.

Diese deutsche Manie, uns abzuzählen, habe ich niemals verstanden. Die Deutschen waren damit beschäftigt, so viele von uns wie möglich zu vernichten – warum sollte es dann so wichtig sein, daß wir alle da sind? So war es aber, und Appellstehen bedeutete eine besondere Tortur. Es war streng verboten, sich zu bewegen, und da diese Prozedur manchmal Stunden und Stunden dauerte, kann man sich vorstellen, was das für Menschen bedeutete, die fast ausnahmslos an Durchfall litten. Auf deutsch: Man stand da, mit fürchterlichen Krämpfen, während die Scheiße einem an den Beinen hinunterlief. Wie leicht war es, uns „dreckige Schweine" zu nennen! Keiner, der nicht dort war, kann sich vorstellen, wie groß unser Elend war.

Anita Lasker-Wallfisch: Ihr sollt die Wahrheit erben, übers. von Stefan Weidl, Weidle Verlag Bonn 1997.

1 „Grüne Minna" bezeichnet einen Gefangenentransportwagen der Polizei.

Lösungsvorschläge

Inhaltliche Schwerpunkte:
Im Zentrum der Aufgabe steht das Kursthema 12/II: „Modernität und Antimodernität in der Zeit der Weimarer Republik und des Nationalsozialismus“ mit den Unterrichtsinhalten „Weimarer Demokratie versus nationalsozialistischer Führerstaat“ und „Die Verfolgung und Ermordung der europäischen Juden“. Der Kursübergriff zum Halbjahresthema 13/I: „Konflikt und Kooperation in der Welt nach 1945“ erfolgt in Aufgabe 3. Hier werden die Themen „Die Teilung Europas im Zuge des Kalten Krieges“, „Kooperation und Integration in Westeuropa“ sowie „Die deutsche Ebene: Teilung und Einheit“, „Gründung der beiden deutschen Staaten“ und „Die Vereinigung der beiden deutschen Staaten in internationaler Perspektive“ aufgegriffen.

1. *Zunächst sollen Sie die von der Autorin geschilderte Behandlung der Gefangenen in eigenen Worten ausdrücken. Bitte kennzeichnen Sie wörtliche Zitate mit Anführungszeichen und Zeilenzahl. Bei der Wiedergabe in indirekter Rede verwenden Sie bitte den Konjunktiv. Die Reproduktion des Textinhalts erfordert ausschließlich Leistungen im AFB I.*

In dem vorliegenden **autobiografischen, aus langjährigem Abstand entstandenen Bericht**, verfasst im Jahre 1996 und erschienen 2005 unter dem Titel „Ihr sollt die Wahrheit erben“, schildert Anita Lasker-Wallfisch, eine Hamburger Jüdin, was mit ihr und ihren Mitgefangenen auf dem Transport nach **Auschwitz** und anschließend im **Konzentrationslager** geschah.
Frau Lasker-Wallfisch wurde im Winter 1943 zusammen mit weiteren Häftlingen in einem Gefängnistransport von Hamburg nach Birkenau gebracht, wo man sie mit ihren Gefährten bei Dunkelheit in einer Baracke einschloss. Als verurteilte „Dokumentenfälscherin“ war sie zum „Karteihäftling[.]“ (Z. 18) geworden und auf diese Weise der sonst üblichen **Selektion** durch die **SS** an der Rampe entgangen.
Am Morgen nach ihrer Ankunft mussten sich die Gefangenen nackt ausziehen, es wurde ihnen der Kopf geschoren und jedem von ihnen wurde mit einer dicken, schmutzigen Nadel eine fünfstellige Nummer in den linken Arm tätowiert. Diese Tätigkeiten erledigten andere Auschwitz-Häftlinge, was Frau Lasker-Wallfisch – wohl aufgrund des Redeverbots – damals aber noch nicht wusste. Man sei durch diese Prozedur „zu einem Niemand reduziert“ (Z. 32) und „jeder **Faser menschlicher Würde beraubt**“ (Z. 34) worden. Als Frau Lasker-Wallfisch anschließend in einen Duschraum geführt wurde, überkamen sie Todesängste, weil sie glaubte, in eine **Gaskammer** geraten zu sein. Es handelte sich aber um den „Entlausungs- und Badeblock“ (Z. 40 f.).
Als eine besonders peinigende und entwürdigende Tortur beschreibt Frau Lasker-Wallfisch die vielen zum normalen Lagerleben gehörenden „**Zählappelle**“, bei denen die Häftlinge bei Regen oder Eiseskälte, geplagt von Krämpfen und Durchfall, oft stundenlang im Freien stehen mussten und sich nicht bewegen durften.

2.1 *Hier soll die Rassenideologie des Nationalsozialismus im Zusammenhang dargestellt (AFB I) und herausgearbeitet (AFB II) werden, dass die entwürdigende, unmenschliche Behandlung der jüdischen Häftlinge in Auschwitz aus dieser Weltanschauung folgte.*

Dass die jüdischen Häftlinge in Auschwitz, wenn sie der sofortigen Selektion für die Gaskammer entgingen, bereits unmittelbar nach ihrer Ankunft durch die von Frau Lasker-Wallfisch drastisch geschilderte schikanöse Prozedur „jeder Faser menschlicher Würde beraubt" wurden, war Ausdruck des Rassismus, der ein zentrales Element der nationalsozialistischen Ideologie („Weltanschauung") ausmacht. Im rassischen Antisemitismus wurden die Juden als Feinde der „Arier" in einem ewigen „**Kampf der Rassen**" um „**Lebensräume**" gebrandmarkt.
Die **Arier** und die arischen Deutschen seien als Angehörige einer „**Herrenrasse**" entsprechend dem **Recht des Stärkeren** dazu ausersehen, die Weltherrschaft zu gewinnen und neuen „**Lebensraum**" für sich zu erobern. Dabei stehe es ihnen zu, nicht-arische Völker wie etwa die Slawen zu unterwerfen und sich dienstbar zu machen.
Die **Juden** wurden von den NS-Ideologen als „Untermenschen" tituliert, die nicht zur deutschen „**Volksgemeinschaft**" gehörten. Weil die Juden den arischen Herrschaftsanspruch nicht anerkennen würden und sich insbesondere gegen Deutschland verschworen hätten, seien die arischen deutschen „Herrenmenschen" zum Kampf gegen die „jüdische Rasse" gezwungen und im Kriegsfalle zu deren Vernichtung geradezu verpflichtet. Die NS-Ideologie beruht also auf dem **Sozialdarwinismus**, ein ideologisch begründeter, scheinwissenschaftlicher Biologismus tritt an die Stelle der bis dahin gültigen humanistischen Prinzipien des christlichen Abendlandes.
Man hat die NS-Ideologie als einen **Rückfall hinter die Aufklärung** bezeichnet, und in der Tat: die Gleichheit all dessen, was Menschenantlitz trägt und der daraus folgende Respekt vor der **Würde jedes einzelnen** menschlichen Individuums wird von den Nationalsozialisten radikal abgelehnt. In ihren Augen sind die Menschen nicht gleich, ihr Wert richtet sich vielmehr nach ihrer Rassenzugehörigkeit und die Bedeutung des Einzelnen verschwindet hinter dem völkischen Kollektiv („**Volksgemeinschaft**"): „Du bist nichts, dein Volk ist alles!"
Der Bericht von Frau Lasker-Wallfisch über die Behandlung der jüdischen Gefangenen in Auschwitz ist ein einprägsamer Beleg für die radikale Umsetzung dieser verbrecherischen Ideologie in den Vernichtungslagern.

2.2 *Die Aufgabe fordert, die Entwicklung der nationalsozialistischen Judenverfolgung ab 1938 unter Bezugnahme auf die Quelle darzustellen und zu verdeutlichen (überwiegend AFB II, aber auch Anteile aus AFB I und III).*

Nachdem die **Ausgrenzung** und **Entrechtung** der deutschen Juden in den Jahren zwischen 1933 und 1938 durch eine permanente antisemitische Propaganda sowie auf der Grundlage von NS-Gesetzen und Bestimmungen wie den **Nürnberger Gesetzen**, der Aberkennung der deutschen Staatsbürgerschaft,

Berufsverboten, „Arisierungen" jüdischer Betriebe und unzähligen weiteren Schikanen und Demütigungen vorangetrieben worden war, begann mit der **Reichspogromnacht** am 9. November 1938 die Phase der offenen Verfolgung, die letztlich in den **Holocaust** mündete.
In dieser Nacht stürmten SA und SS auf Befehl von Goebbels die Synagogen und verbliebenen jüdischen Geschäfte; das Inventar wurde zertrümmert, die Gebäude in Brand gesteckt, viele Juden festgesetzt und sogar an Ort und Stelle ermordet. Für den Schaden, den die SA in dieser „Reichskristallnacht" anrichtete, mussten die überlebenden Juden aufkommen, ihnen wurde eine **Sonderabgabe** auferlegt.
Im Januar 1939 kündigte Adolf Hitler im Deutschen Reichstag öffentlich an, das Ergebnis des nächsten Weltkriegs werde „die Vernichtung der jüdischen Rasse in Europa" sein.
Nach Kriegsbeginn wurden Juden in **Arbeitshäusern** kaserniert und zur **Zwangsarbeit** herangezogen, nach der raschen Niederlage Polens wurde mit der **Ghettoisierung** der polnischen Juden begonnen. In Warschau, Lodz und anderen Städten entstanden große Judenghettos, in denen man die polnischen Juden zusammenpferchte, um sie von der Außenwelt abzuriegeln, unter strikter Kontrolle zu halten und für demütigende Arbeitseinsätze verfügbar zu machen. In den Ghettos herrschten Hunger und Seuchen.
Nach dem **Angriff auf die Sowjetunion** und dem deutschen Vorstoß in deren Westgebiete im Juni 1941 begannen hinter der Front **Einsatzkommandos der SS** mit dem Zusammentreiben und Erschießen Tausender russischer und ukrainischer Juden, die sich ihre Massengräber teilweise vorher selbst ausheben mussten. Weil diese Hinrichtungsarbeit langwierig und für die ausführenden Männer belastend war, suchte man nach „rationelleren" Methoden zur **organisierten Massentötung**. So entstanden ab 1941 Auschwitz, Treblinka und die anderen **Vernichtungslager**, in denen die Menschen mit Zyklon B vergast und anschließend verbrannt wurden.
Im Januar 1942 beriet in Berlin unter der Leitung von **Reinhard Heydrich** die sogenannte **Wannseekonferenz** über die „**Endlösung der Judenfrage**". Dort wurde von den versammelten NS-Bürokraten beschlossen, die Juden aus ganz Europa und allen von Deutschland besetzten Gebieten systematisch festzusetzen und sie nach einer Phase der Zwangsarbeit in dafür errichteten Vernichtungslagern in Osteuropa zu töten. Bis Kriegsende wurden in diesen Lagern mehr als **sechs Millionen Juden** unter barbarischen Umständen ermordet. Frau Lasker-Wallfisch entging dieser Vernichtung nur deshalb, weil sie als Cellistin im Lagerorchester von Auschwitz eingesetzt war.

3. *In dieser Aufgabe geht es um eine Problemorientierung (AFB III), mit der auch der kursübergreifende Bezug hergestellt wird. Sie sollten in Ihren Ausführungen mindestens jeweils zwei Beispiele für die Beeinflussung von Verfassung und Politik der Bundesrepublik Deutschland durch die traumatische Erfahrung des Dritten Reichs anführen (AFB II).*

Die Erfahrungen von NS-Staat und Holocaust haben die Beratungen des **Grundgesetzes** im **Parlamentarischen Rat** im Jahr 1948 nachhaltig beeinflusst. Vor allem wollten die Väter und Mütter der Verfassung verhindern, dass sich noch einmal, wie die Weimarer Republik, ein demokratischer Staat durch einige wenige **Notverordnungen** und Reichstagsbeschlüsse in ein totalitäres Regime verwandelt, das außerhalb von Verfassung und Recht agieren konnte.
Daher hat man an den Anfang des Grundgesetzes einen **Katalog von Grund- und Menschenrechten** gestellt, der die entscheidenden Grundlagen des demokratischen Staates vor Übergriffen von Extremisten schützen soll. Folgende **Verfassungsprinzipien** sind nach dem Grundgesetz **unantastbar:** Menschenwürde, Grund- und Menschenrechte, Demokratieprinzip, föderalistische Ordnung, Rechtsstaat, also die Bindung der Staatsorgane an Verfassung, Recht und Gesetz; das Mehrparteienprinzip und das Prinzip der Gewaltenteilung sind ebenfalls im Grundgesetz verankert.
Außerdem wurde in der Verfassung implizit der Grundsatz der „**wehrhaften Demokratie**" verankert: Wer demnach die demokratischen Freiheits- und Grundrechte gegen die freiheitliche Ordnung missbraucht, der kann sie „verwirken". Das bedeutet, dass etwa eine Versammlung, auf der zum Kampf gegen die freiheitliche Ordnung aufgerufen wird, durch die Polizei aufgelöst werden oder ein Verein, der antisemitische Flugblätter verteilt, verboten werden kann, und selbst eine Partei, die gegen die demokratische Ordnung vorgeht, setzt sich der Überwachung durch den **Verfassungsschutz** bzw. dem Verbot aus. Das **politische Strafrecht** kennt den Tatbestand der **Volksverhetzung**. Demnach kann mit Gefängnis bis zu fünf Jahren bestraft werden, wer zum Hass gegen Teile der Bevölkerung aufstachelt.

Auf der Bundesrepublik Deutschland lastet der Holocaust bis heute als eine schwere Hypothek. Während die Deutschen unmittelbar nach dem Krieg und in den 1950er-Jahren trotz der **Nürnberger Kriegsverbrecherprozesse** die Nazi-Verbrechen eher verdrängten, wurden diese mit dem **Eichmann-Prozess** in Jerusalem und dem **Auschwitz-Prozess** in Frankfurt seit den 60er-Jahren auch durch die Medien in das öffentliche Bewusstsein der nachfolgenden Generation gerückt. Es begann eine Phase der **Aufarbeitung der Vergangenheit**, in deren Verlauf sich die deutsche Politik, aber auch das deutsche Volk, der Schwere und der Einmaligkeit dieser Verbrechen bewusst wurde.
Besonders stark hat der Holocaust naturgemäß das Verhältnis Deutschlands zu dem jungen **Staat Israel** geprägt, der ja erst unter dem Eindruck des Holocaust geschaffen wurde. Sehr bald nach ihrer Gründung hat die Bundesrepublik unter **Kanzler Konrad Adenauer** durch **Wiedergutmachungszahlungen** an überlebende jüdische Familien in Israel einen wichtigen Beitrag zum Aufbau und zur

Konsolidierung des jüdischen Staates geleistet. Seit der Aufnahme diplomatischer Beziehungen zwischen beiden Staaten im Jahre 1965 ist jede Bundesregierung auf eine besondere Pflege des deutsch-israelischen Verhältnisses bedacht.

Als 1949, keine fünf Jahre nach dem Krieg, im Zuge des sich verschärfenden **Ost-West-Gegensatzes**, auf Initiative der Alliierten in Westdeutschland überraschend schnell wieder ein Staat entstand – wenn auch nur ein Teilstaat –, da war sich Konrad Adenauer, der erste Kanzler dieses Staates, im Gegensatz zu vielen seiner Landsleute darüber im Klaren, dass man angesichts der deutschen Vergangenheit lange brauchen würde, um bei Deutschlands Nachbarn und Partnern wieder Vertrauen aufzubauen. Adenauer sah in der Einbindung der Bundesrepublik in internationale Bündnisse, die nach dem **Petersberger Abkommen** vom November 1949 grundsätzlich möglich wurden, große Chancen. So sprach er sich für die **Montanunion**, die **EVG** und eine deutsche **NATO-Mitgliedschaft** aus, auch wenn die Bundesrepublik anfangs nicht immer voll gleichberechtigter Partner war. Für ihn waren diese Integrationsschritte **vertrauensbildende Maßnahmen**, er vermied bewusst jede Geste nationalen Auftrumpfens und jeden Verdacht, einen nationalen Sonderweg gehen zu wollen. Mit der Bekundung einer unverbrüchlichen **Westbindung Deutschlands** zog Adenauer die Lehren aus der damals noch sehr präsenten nationalsozialistischen Vergangenheit.
Die sozialdemokratische Opposition schwenkte nach schweren Kämpfen Anfang der 1960er-Jahre außenpolitisch auf Adenauers Kurs ein. So erlangte sie die Handlungsfreiheit, nach dem Regierungswechsel von 1969 gegenüber den osteuropäischen Ländern nachzuholen, was Adenauer gegenüber Westeuropa gelungen war. Durch die **Neue Ostpolitik**, den Verzicht auf die in Hitlers Krieg verlorenen Ostgebiete und die Anerkennung der Nachkriegsgrenzen gelang **Willy Brandt**, dem ehemaligen Widerstandskämpfer, in den 1970er-Jahren für Deutschland ein Stück **Aussöhnung mit den Ländern Osteuropas**, die unter dem Weltkrieg und den Verbrechen der Nazis in besonderer Weise gelitten hatten.
Erst durch diesen doppelten Aussöhnungsprozess wurden die Voraussetzungen dafür geschaffen, dass die westlichen und die östlichen Nachbarn Deutschlands die Wiederherstellung der **deutschen Einheit** akzeptieren konnten, als sich im Jahre 1990 die Chance dazu bot.

Teilaufgabe	AFB I	AFB II	AFB III	BE
1	20			20
2.1	5	15		20
2.2	5	20	5	30
3		10	20	30
Summe	30	45	25	100

Hessen – Geschichte – Grundkurs – 2011
Vorschlag C

Thema: Die Außenpolitik Konrad Adenauers und die deutsche Wiedervereinigung

Aufgaben

1.1 Fassen Sie die Aussagen Helmut Kohls in eigenen Worten zusammen. (Material) (20 BE)

1.2 Erläutern Sie – ausgehend vom Text – die Grundlinien der Außen- und Deutschlandpolitik Adenauers von 1949 bis 1955. (20 BE)

2. Charakterisieren Sie die unterschiedlichen Ausgangsbedingungen für die Außenpolitik der Bundesrepublik Deutschland und der Weimarer Republik. (30 BE)

3. „Der Mauerfall am 9. November 1989 und die deutsche Wiedervereinigung am 3. Oktober 1990 sind daher nicht zuletzt die beeindruckende, späte Bestätigung von Adenauers konsequentem Kurs der Westbindung mit Wiedervereinigungsvorbehalt […]“. (Z. 47 ff.)
Überprüfen Sie, inwieweit diese Einschätzung Helmut Kohls zutrifft. (30 BE)

Hinweis: Helmut Kohl, geb. 1930, CDU-Politiker, 1969 bis 1976 Ministerpräsident des Landes Rheinland-Pfalz, 1982 bis 1998 Bundeskanzler der Bundesrepublik Deutschland.

Die Rechtschreibung entspricht der Textvorlage.

Material

Helmut Kohl über den Fall der Mauer und die deutsche Wiedervereinigung (2009)

Dass die Mauer irgendwann fallen und Deutschland wieder vereint würde, daran hatte ich nie einen Zweifel. Aber wie und wann dies geschehen würde, war für mich immer eine offene Frage. Lange Zeit wusste ich nicht einmal, ob sich dies noch zu meinen Lebzeiten ergeben würde. Es war immer klar, dass dafür vieles zusammenkommen musste – so, wie es in den Jahren 1989 und 1990 dann auch geschah. Nicht allein der Freiheitswillen der Menschen in der DDR, nicht allein Glasnost und Perestroika[1], nicht allein die Entspannungspolitik zwischen Ost und West, nicht allein der amerikanische Präsident George Bush, nicht allein der sowjetische Generalsekretär Michail Gorbatschow, nicht allein der deutsche Bundeskanzler – niemand allein hätte ausgereicht, um die Mauer zu Fall und die Wiedervereinigung zustande zu bringen. Es bedurfte dazu vielmehr einer glücklichen, ich möchte sagen einer historischen Konstellation von Personen und Ereignissen. […]

Auf die Wiedervereinigung unseres Landes hatte ich immer hingearbeitet. Es entsprach meiner tiefsten Überzeugung, dass wir die deutsche Frage offenhalten mussten, bis der Moment kommen würde. Ich habe mich dabei immer in der Kontinuität Konrad Adenauers gesehen. Der erste Bundeskanzler der Bundesrepublik Deutschland hat die entscheidenden Weichen in der deutschen Frage gestellt. Von Beginn an hatte Adenauer einen klaren Kompass. Er wollte Deutschland nach dem Zweiten Weltkrieg wieder in die Gemeinschaft der freien Völker zurückführen, er wollte ein freies und geeintes Europa mit einem freien und geeinten Deutschland. Er stand klar auf der Seite des freiheitlichen Westens, er war kein Wanderer zwischen West und Ost. Die Integration der Bundesrepublik in den freien Westen und die Bindung an die USA standen für ihn eindeutig vor der deutschen Wiedervereinigung, die er gleichwohl immer fest im Blick hatte. [...]

Was heute manchem wie eine Selbstverständlichkeit erscheint, war in den insgesamt labilen Jahren nach dem Zweiten Weltkrieg in höchstem Maße unsicher. Der Schuman-Plan von 1950 als Grundstein der heutigen Europäischen Union, der Deutschlandvertrag von 1952 mit der Aufhebung des Besatzungsstatuts und zugleich der Verpflichtung der Westmächte auf ein wiedervereinigtes Deutschland, der Beitritt der Bundesrepublik Deutschland zur Nato im Mai 1955, um nur einige wenige Punkte zu nennen – all dies trägt Adenauers Handschrift. Adenauer war sich sicher, dass die Attraktivität des Westens und der Freiheit irgendwann zur deutschen Wiedervereinigung führen müsste. Und er war immer auch klug genug, dies nicht um den Preis der Neutralität erreichen zu wollen.

Die brutale Niederschlagung des Volksaufstands in der DDR am 17. Juni 1953 durch sowjetische Truppen hat Konrad Adenauer darin bestärkt, dass es keine verantwortbare Alternative zur Integration in den Westen gab. Es war richtig, dass die Westalliierten als Antwort auf die Stalin-Note von 1952 im Einklang mit dem deutschen Bundeskanzler freie Wahlen in ganz Deutschland als Voraussetzung für weitere Schritte gefordert hatten. Denn die Bedingung Stalins war ein neutrales Deutschland gewesen. Adenauer ging zu Recht davon aus, dass eine Neutralisierung Deutschlands zu einem Machtvakuum in Europa führen würde, das die Sowjetunion ausfüllen würde. [...]

Aus meiner Sicht hatten Adenauers Überzeugungen nie an Aktualität verloren: Eine Wiedervereinigung ohne feste Einbettung in die westlichen Bündnisse hätte unser Land in die Neutralität geführt. Die Folge wäre letztlich ein unfreies Deutschland im Machtbereich der Sowjetunion gewesen. Der Mauerfall am 9. November 1989 und die deutsche Wiedervereinigung am 3. Oktober 1990 sind daher nicht zuletzt die beeindruckende, späte Bestätigung von Adenauers konsequentem Kurs der Westbindung mit Wiedervereinigungsvorbehalt, an dem wir über die Jahre festgehalten hatten.

Helmut Kohl: Vom Mauerfall zur Wiedervereinigung. Meine Erinnerungen, München 2009, S. 8 –12.

1 „Glasnost" (Transparenz, Öffentlichkeit) und „Perestroika" (Umbau) waren zentrale Strukturmerkmale der sowjetischen Reformpolitik unter Michail Gorbatschow seit 1985.

Lösungsvorschläge

Inhaltliche Schwerpunkte:
Bei der Aufgabenstellung handelt es sich um eine Problemerörterung auf der Basis von Material, in diesem Fall um eine retrospektive Betrachtung eines politisch Handelnden. Hauptsächlich bezieht sich die Thematik auf das Kurshalbjahr 13/I („Konflikt und Kooperation in der Welt nach 1945"); hier werden gleich drei Teilthemen aufgegriffen: „Die weltpolitische Ebene: von der Bipolarität zur Multipolarität", „Die europäische Ebene: Integration und neue Nationalismen" und nicht zuletzt „Die deutsche Ebene: Teilung und Einheit". In Aufgabe 2 wird auch das Kurshalbjahr 12/II („Modernität und Antimodernität in der Zeit der Weimarer Republik und des Nationalsozialismus") behandelt, dabei besonders das Teilthema „Weimarer Demokratie versus nationalsozialistischer Führerstaat".

1.1 *Hier ist eine Zusammenfassung der Quelleninhalte gefordert, d. h., die wesentlichen Aussagen Helmut Kohls sollten in eigenen Worten dargestellt werden (ausschließlich AFB I). In der Einleitung ist auf die formale Bestimmung der Quelle und die Nennung der Thematik zu achten.*

In dem Textausschnitt, der den 2009 erschienenen **Erinnerungen** des früheren Bundeskanzlers **Helmut Kohl** entstammt, beschäftigt sich der Autor mit den historischen Bedingungen von **Mauerfall** und **Wiedervereinigung**. Dabei verweist er besonders auf die richtungsweisenden Entscheidungen des ersten Bundeskanzlers der BRD, **Konrad Adenauer**, in dessen Tradition sich Kohl sieht.
Der Autor betont, er habe stets an die Wiedervereinigung geglaubt, fraglich sei nur der Zeitpunkt gewesen. Als sie 1989/90 eintrat, sei dies einer glücklichen „historischen Konstellation von Personen und Ereignissen" (Z. 11 f.) zu verdanken gewesen. Als wichtige Voraussetzung sieht Kohl die von ihm betriebene **Politik des Offenhaltens der deutschen Frage nach dem Vorbild Adenauers**. Die konsequente Politik der **Westintegration** und die Zurückweisung von Angeboten seitens der Sowjetunion zur Wiedervereinigung um den Preis der Neutralität seien der klugen Politik Adenauers zu verdanken. Die Einbettung der Bundesrepublik in die westliche Wertegemeinschaft sei Ergebnis der systematischen Politik Adenauers gewesen, als deren Etappen Kohl den **Schuman-Plan 1950**, den **Deutschlandvertrag 1952** und den **NATO-Beitritt 1955** anführt. Adenauers Überzeugung, die Anziehungskraft des freiheitlichen Westens werde auf lange Sicht zur Wiedervereinigung führen, sei genauso richtig gewesen wie die Handlungskonsequenz, die sich daraus ergeben habe: die Ablehnung jeder Politik, die die Aufgabe der Westbindung beinhaltete, da die daraus resultierende Neutralität in eine Abhängigkeit von der Sowjetunion und eine Preisgabe der Freiheit gemündet hätte.
In der Rückschau, bilanziert Kohl, sei Adenauers konsequente Deutschlandpolitik mit dem Mauerfall 1989 und der Wiedervereinigung 1990 eindrucksvoll bestätigt worden.

1.2 *Die Antwort sollte dem Leser einen strukturierten Überblick über die Gestalt der Außen- und Deutschlandpolitik Adenauers geben. Sie sollen der Quelle zielgerichtet Hinweise zu den Grundlinien dieser Politik entnehmen und diese sowie weitere im Zeitraum von 1949 bis 1955 darstellen. Die Aufgabe beinhaltet zu gleichen Teilen Leistungen aus dem Bereich der Reproduktion (AFB I) als auch der Reorganisation (AFB II), da Sie Elemente der Politik Adenauers zum einen aus der Quelle entnehmen, zum anderen aber auch – darauf verweist der Operator „erläutern" – durch zusätzliche Informationen und weitere Beispiele in einen Erklärungszusammenhang stellen sollen.*

Die Grundsatzentscheidungen in der Deutschlandpolitik der **Ära Adenauer** wurden zwischen 1949 (Gründung beider deutscher Staaten) und 1955 (NATO-Beitritt und Aufhebung des Besatzungsstatuts) getroffen. Bereits bei der Gründung der Bundesrepublik spielte Konrad Adenauer als Vorsitzender des **Parlamentarischen Rats**, d. h. der **Verfassunggebenden Versammlung**, eine bedeutende Rolle. In der Folgezeit agierte er in seinem Amt als Bundeskanzler (1949–1963) nach der Maxime, gegenüber der Sowjetunion müsse eine Politik der Stärke verfolgt werden, bei der die westliche Welt geschlossen unter Führung der USA agiere. Dabei bemühte er sich stets um eine **Zurückgewinnung der eingeschränkten Souveränität** sowie eine **Aussöhnung mit Frankreich**. Dies lässt sich an verschiedenen politischen Etappen der bundesdeutschen Außenpolitik belegen.
In dem vorliegenden Textauszug betont **Helmut Kohl** die Bedeutung der **Westintegration** bei gleichzeitigem **Wiedervereinigungsvorbehalt**. Für diesen politischen Kurs Adenauers führt Kohl konkrete Beispiele an. Der **Schuman-Plan** (1950), den Kohl als „Grundstein der heutigen Europäischen Union" (Z. 27) bezeichnet, sah eine gemeinsame französisch-deutsche Verwaltung der Kohle- und Stahlproduktion beider Länder vor. Im Folgejahr unterzeichneten neben Frankreich und der Bundesrepublik auch Italien und die Benelux-Staaten den Vertrag zur Gründung einer Europäischen Gemeinschaft für Kohle und Stahl (**EGKS**), der gemeinhin als Grundstein für die weitere wirtschaftliche und politische **Einigung Europas** gilt. Der **Deutschlandvertrag** (1952) beinhaltete, wie Kohl schreibt, das Ende des **Besatzungsstatuts**. Die Bundesrepublik erhielt weitgehend die Rechte eines souveränen Staates, zugleich wurde der Geltungsbereich des Vertrags auch auf ein wiedervereinigtes Deutschland ausgeweitet. Weil das französische Parlament das Inkrafttreten des Vertrags zunächst verhinderte, mussten dessen Ziele über den Umweg der **Pariser Verträge** (1954) verwirklicht werden, die zugleich den Weg für den Beitritt der Bundesrepublik in die **Westeuropäische Union (WEU)** und in die **NATO** ebneten. Im Zuge der **Stalin-Noten** (1952), die von den West-Alliierten in Übereinstimmung mit der Regierung Adenauer zurückgewiesen wurden, machte die Bundesrepublik deutlich, dass ihr der Preis für eine **Wiedervereinigung**, den die UdSSR verlangte, zu hoch war. Die Gefahr eines neutralen Deutschlands in der Mitte Europas bestand darin, dass sie über kurz oder lang – so die Befürchtung – in den Einflussbereich der Sowjetunion geraten konnte. Schon frühzeitig hatte Adenauer anlässlich des

Koreakriegs, der die Konfrontation in einem geteilten Land vor Augen führte, die **Wiederbewaffnung** zur Sprache gebracht und damit heftige innenpolitische Kontroversen ausgelöst. Eine **Europäische Verteidigungsgemeinschaft** (EVG), die über Truppen der EGKS-Staaten unter einem supranationalen Kommando hätte verfügen können, konnte wegen französischer Bedenken nicht verwirklicht werden. So erfolgte 1955 der **Beitritt zur NATO**, der die Bundesrepublik nun auch militärisch in das westliche Bündnis integrierte. Der **Aufbau der Bundeswehr** begann. Damit war ein möglicher Weg zur Neutralität Deutschlands endgültig versperrt, die Westintegration unumkehrbar.
Der **Alleinvertretungsanspruch** und damit der Versuch, die offizielle Anerkennung eines Staates DDR zu verhindern, wurde in der **Hallsteindoktrin** auch nach der Aufnahme von diplomatischen Beziehungen mit der Sowjetunion im Jahr 1955 aufrechterhalten. Auch in der Folgezeit wurde das Dilemma der Deutschlandpolitik Adenauers zwischen Westintegration und Lösung der deutschen Frage immer wieder sichtbar.

2. *Der Operator „charakterisieren" deutet auf den AFB II hin: Sie sollen Ihnen bekannte Sachverhalte der Außenpolitik Weimars und der BRD hinsichtlich der Ausgangslage vergleichen. Inwieweit Sie die Ausgangssituationen jeweils zusammenhängend (wie in dem Lösungsvorschlag unten) oder schrittweise anhand bestimmter Kategorien darstellen, bleibt Ihre Entscheidung. Am Ende sollte auf jeden Fall ein Fazit des Vergleichs erfolgen. Daher beinhaltet die Aufgabe auch Anteile des AFB III, der eigenständigen Beurteilung.*

Die Entstehung sowohl der Bundesrepublik als auch der Weimarer Republik spielte sich im Zuge gravierender **politischer Umwälzungen** ab, bei denen außenpolitische Entwicklungen von innenpolitischen Veränderungen begleitet wurden. Im Folgenden sollen zunächst die prägenden Merkmale der Bonner Außenpolitik, danach die von Weimar im Zusammenhang entfaltet werden, um schließlich eine vergleichende Einschätzung vornehmen zu können.
Die **Außenpolitik der Bundesrepublik** war vorgezeichnet durch das **Auseinanderbrechen der Anti-Hitler-Koalition** und den sich daraus entwickelnden **Kalten Krieg**. Die bipolare Weltordnung, die sich herausbildete, entsprach der **Konkurrenz zweier Gesellschaftssysteme**, die nicht miteinander vereinbar waren: im Westen das System der freiheitlichen Demokratie mit marktwirtschaftlicher Ordnung, im Osten **Sozialismus** und **Planwirtschaft**. Die deutsche Teilung und die Gründung von Bundesrepublik und DDR im Jahre 1949 verliefen nach den Vorgaben bzw. unter den Augen der jeweiligen Siegermächte. Alliierte Vorbehalte waren es auch, die die **Souveränität der Bundesrepublik einschränkten** und ihren außenpolitischen Spielraum verringerten. In Ermangelung eines offiziellen Friedensvertrags und durch die Offenhaltung der Wiedervereinigung, die im Grundgesetz als Ziel festgeschrieben wurde, blieb der westdeutsche Staat ein **Provisorium**. Das **Besatzungsstatut** übertrug den drei westalliierten Kommissaren die Außenvertretung, wobei gerade Konrad Adenauer in den entscheidenden

außenpolitischen Fragen mit den Westmächten übereinstimmte. Das **Grundgesetz beinhaltete normative Vorgaben**, die die wesentliche Richtung der Außenpolitik festschrieben, wie das erwähnte **Wiedervereinigungsgebot** in der Präambel oder die dezidierte Abwendung von der militaristischen Vergangenheit des Deutschen Reiches. Zwar waren die verschiedenen demokratischen Parteien nicht immer einer Meinung über die konkrete Ausgestaltung der Außenpolitik und die Priorität, die man Westbindung bzw. Wiedervereinigung beimaß; aber an der generellen Übereinstimmung in Fragen der Westorientierung bestand innenpolitisch kein Zweifel.

Die **Ausgangsbedingungen der Weimarer Außenpolitik** nahmen sich wie folgt aus: Mit dem Ende des Ersten Weltkriegs traten die **USA als neue Weltmacht** in Erscheinung, das „alte Europa" büßte seine Vormachtstellung ein. Mit der **Entstehung der UdSSR** verlagerte sich die sich aus dem **Nationalismus** speisende Mächtekonkurrenz in Richtung **ideologischer Konflikte**. In dieser Situation hatte der **Erhalt der Einheit und der Souveränität des Deutschen Reiches** für die deutsche Politik Priorität. Deutschland war außenpolitisch zunächst isoliert, versuchte aber schnell, einen Weg zwischen Ost- (**Rapallo**) und Westbindung (**Locarno**) einzuschlagen, um sich in die Staatengemeinschaft zu integrieren. Trotz der harten Bedingungen des **Versailler Vertrages** blieb Deutschland die Perspektive, seinen **Status als europäische Großmacht** zu behalten. Dabei war trotz der neuen Staatsform eine **Kontinuität im politischen Denken** erkennbar, was sich in der negativen Grundeinstellung vieler Entscheidungsträger, aber auch Bürger gegenüber der Republik manifestierte. Die **Handlungsspielräume der Außenpolitik** waren zunächst ebenfalls **begrenzt** – die Reduzierung der Armee auf 100 000 Mann und die Entmilitarisierung des Rheinlandes sind hier zu nennen –, die von allen maßgeblichen Parteien betriebene **Revisionspolitik** hatte allerdings von Beginn an die Überwindung der einengenden Bestimmungen von Versailles zum Ziel. Die konstruktiven politischen Kräfte gerieten dabei ins Visier der **deutschnationalen Propaganda**, die ihren Niederschlag unter anderem in Schmähbegriffen wie „Novemberverbrecher" oder dem Konstrukt der „**Dolchstoßlegende**" fand.

Aus vergleichender Perspektive ist festzuhalten, dass trotz allgemeiner Übereinstimmungen, was die eingeschränkten Handlungsspielräume eines im Krieg unterlegenen Staates betrifft, wesentliche Unterschiede zu verzeichnen sind. Diese gründen vor allem in der **veränderten weltpolitischen Ausgangslage**, dem **Ausmaß der Niederlage Deutschlands** und der daraus resultierenden **Möglichkeit des Eingreifens der Siegermächte** in die Außenpolitik der Weimarer Republik einerseits bzw. der Bundesrepublik andererseits. Konkret bedeutete dies für die Bundesrepublik eine in größerem Maße vorgezeichnete Richtung der Außenpolitik, als dies zu Beginn der Weimarer Republik der Fall war.

3. *Sie stehen vor der Aufgabe, die von Helmut Kohl geäußerte These auf ihre Haltbarkeit hin zu überprüfen. Hier ist zunächst die selbstständige Auswahl der Ihnen bekannten Sachverhalte zu leisten, die Sie als Ursachen für die Möglichkeit der deutschen Wiedervereinigung erkennen (AFB II). Sodann ist Ihre Urteilskompetenz nach Abwägung des Für und Wider der These Kohls gefragt (AFB III). Selbstverständlich ist bei entsprechend plausibler Argumentation auch eine von der folgenden abweichende Beurteilung möglich.*

Helmut Kohl nennt in seinen Ausführungen die Politik Adenauers als einen maßgeblichen Grund für die Ermöglichung der Wiedervereinigung Deutschlands. Diese These gilt es anhand der historischen Entwicklung bis 1989/90 zu überprüfen.
Zunächst ist festzustellen, dass sich nach der **Aufhebung des Besatzungsstatuts** im Jahr 1955 die Teilung verschärfte und im **Mauerbau** 1961 und der systematischen Errichtung der Grenzanlagen manifestierte. Diese Maßnahmen gingen einher mit der Abgrenzungspolitik vonseiten des Ostens.
Erst im Zuge der **„Neuen Ostpolitik" der sozial-liberalen Regierung** unter Willy Brandt strebte die Bundesrepublik eine Entspannung nach dem Motto „Wandel durch Annäherung" an, ohne die grundsätzliche Westbindung aufzugeben. Der **KSZE-Prozess**, der mit Unterzeichnung der Schlussakte von Helsinki 1975 ein Etappenziel erreichte, ebnete den Weg unter anderem für ein konsequentes Einfordern der Einhaltung der **Menschenrechte** gegenüber den Ostblock-Staaten. Die Wirkung dieses neuen Politikansatzes ist demnach auch bei dem Zerfall der sozialistischen Staaten des Ostblocks nicht zu unterschätzen.
Ein weiterer Faktor dürfte die von Kohl erwähnte „Attraktivität des Westens und der Freiheit" (Z. 32) gewesen sein. Die Bevölkerung der DDR erfuhr durch Medien und Bekannte von den **Vorzügen der Marktwirtschaft** und der **Reisefreiheit**, die mit dem Modell der freiheitlichen Demokratie verbunden waren. Die Westintegration als Basis der wirtschaftlichen Stärke der Bundesrepublik schuf somit eine wichtige Voraussetzung dafür, dass die Ostdeutschen die Wiedervereinigung unter dem Mantel des Grundgesetzes in ihrer überwältigenden Mehrheit erstrebten. Nicht zuletzt belegten die **Krisen der sozialistischen Staaten Osteuropas** in den 1980er-Jahren die Unterlegenheit des Modells der Zentralverwaltungswirtschaft. Michail **Gorbatschow** reagierte angesichts des bevorstehenden finanziellen Ruins mit seiner Politik von **Glasnost** (Offenheit nach außen) und **Perestroika** (Umbau im Inneren). Dies erst ermöglichte dem vereinten Deutschland die Mitgliedschaft in der NATO, eine für die Westmächte essenzielle Bedingung für die Zustimmung zur Wiedervereinigung. Es war sicher auch dem diplomatischen Geschick der Regierung Kohl zu verdanken, dass in den Monaten der Wende außenpolitische Vorbehalte vor allem Großbritanniens und Frankreichs durch Zusicherungen zerstreut werden konnten und der Weg für den 2plus4-Vertrag 1990 bereitet wurde. Die **Dynamik der Ereignisse in der DDR** im Sommer und Herbst des Jahres 1989 – zunehmende wirtschaftliche Krise, Anschwellen der Opposition, Ausreisewelle – trug dazu bei, dass sich eine Wiedervereinigung in den Augen der meisten Ostdeutschen schnellst-

möglich vollziehen musste, und dies war auf dem Wege des **Beitritts der DDR** zum Geltungsbereich des Grundgesetzes möglich.

Nach eingehender Analyse der Entwicklung von 1949 bis zur Wende ist von einer **multikausalen Erklärung für den Prozess der Wiedervereinigung** auszugehen. Sicherlich trug Adenauer mit seiner konsequent verfolgten Westbindung maßgeblich dazu bei, dass die Bundesrepublik fest auf der Seite von Freiheit und Demokratie verankert war und die DDR ökonomisch überragte. Dennoch sollten aber auch die zahlreichen anderen Faktoren in ihrer Bedeutung nicht unterschätzt werden: die Neue Ostpolitik der Ära Brandt; die Entspannungspolitik der Großmächte, die unter Reagan und Gorbatschow große Fortschritte gemacht hatte; schließlich die Eigendynamik, die der Zerfall des Ostblocks entwickelte und die sich aufseiten der DDR in dem Wunsch nach der D-Mark, aber auch nach umfassenden Freiheitsrechten niederschlug.

Teilaufgabe	**AFB I**	**AFB II**	**AFB III**	**BE**
1.1	20			20
1.2	10	10		20
2		25	5	30
3		10	20	30
Summe	30	45	25	100

Hessen – Geschichte – Leistungskurs – 2011
Vorschlag A

Thema: *Industrialisierung und die Rolle der Arbeiterbewegung*

Aufgaben

1. Geben Sie Mehrings Sicht zur Lage der Gewerkschaften und der Sozialdemokratie nach 1871 wieder. (Material 1) (25 BE)

2. Erläutern Sie unter Verwendung der Tabellen 1–3 die wirtschaftlichen und gesellschaftlichen Entwicklungen im Deutschen Kaiserreich nach 1871. (Material 2) (40 BE)

3. Zur Rolle der Arbeiterbewegung im Kaiserreich schreibt Mehring am Ende seiner historischen Abhandlung:
„Die deutsche Arbeiterklasse war in den Schwerpunkt der historischen Entwicklung gerückt, aus dem sie keine Macht der Welt mehr verdrängen konnte.“[1]

   Diskutieren Sie, ob diese These Mehrings über die Rolle der Arbeiterklasse und ihrer politischen Vertreter im Kaiserreich auch für die Gründung und die Anfänge der Weimarer Republik (1918/19) gelten kann. (35 BE)

   1 Franz Mehring: Deutsche Geschichte, Berlin 1923, S. 238.

Hinweis: Franz Mehring (1846–1919), deutscher Journalist und Politiker, führender marxistischer Historiker.
Die Rechtschreibung entspricht der Textvorlage.

Material 1

Franz Mehring über die Arbeiterbewegung im Kaiserreich (1910)

Das neudeutsche Reich[1] erwies sich dem Proletariat von vornherein als hartherzige Stiefmutter. Seine offiziellen Gewalten besaßen nicht einmal soviel politischen Anstand und Takt, die elenden Verfolgungen einzustellen, die sie während des Krieges gegen die Eisenacher Fraktion[2] eingeleitet hatten. […]

Selbst der Milliardensegen[3] wurde dem Proletariat zum Unsegen. Er machte das Geld billiger und den notwendigen Lebensbedarf der Arbeiterklasse teurer; wollte sie ihren Reallohn auf derselben Höhe erhalten, so mußte sie ihren Geldlohn[4] steigern. So entstand eine lebhafte Streikbewegung […].

Mit gleicher Gehässigkeit suchten die bürgerlichen Parteien die Keime der gewerkschaftlichen Bewegung auszurotten, die sich aus den Streiks entwickelten. […] Jeder Streik und jede Gewerkschaft wurden von der bürgerlichen Presse als „sozialdemokratische Machenschaft“ denunziert, als eine künstliche Aufhetzung der Arbeiter durch gewissenlose Demagogen. Dabei dachten die sozialdemokratischen Fraktionen nicht im Traume daran, Streiks zu provozieren; sie wurden vielmehr nicht müde, den

Arbeitern einzuschärfen, daß sie sich erst eine tüchtige Organisation schaffen müßten, ehe sie zu der zweischneidigen Waffe der Arbeitseinstellung griffen. Freilich schlug auch in diesem Falle wie gewöhnlich die bürgerliche Untreue ihren eigenen Herrn; sie drängte den Arbeitermassen die Erkenntnis auf, daß sie unter allen politischen Parteien nur in der Sozialdemokratie eine allezeit zuverlässige Freundin besäßen.

Auf politischem Gebiete empfing die Arbeiterbewegung einen nicht minder kräftigen Anstoß. Das altpreußische Regierungssystem, das unverändert im neudeutschen Gemeinwesen fortbestand, machte aller schwärmerischen Begeisterung für Kaiser und Reich ein sehr schnelles Ende. Die Militär- und Steuerlasten nahmen nicht ab [...]. Neben dem Soldatwerden und Steuerzahlen blieb auch das Mundhalten in altpreußischen Ehren.[5] Bismarck verlangte vom Reichstage einen neuen Kautschukparagraphen[6] des Preßgesetzes[7], durch den Angriffe auf die Familie, das Eigentum, die allgemeine Wehrpflicht mit schweren Strafen geahndet werden sollten. Wie das Kontraktbruchgesetz[8] auf ökonomischem, so war dieser Paragraph auf politischem Gebiete das erste Ausnahmegesetz Bismarcks gegen die Sozialdemokratie, doch ging auch er der bürgerlichen Reichstagsmehrheit einstweilen noch über den Spaß.

Bei den Wahlen von 1874 erreichten die beiden sozialdemokratischen Fraktionen[9] die Gesamtziffer von 351 670 Stimmen, die sich ziemlich gleichmäßig auf sie verteilten. [...] Die fast gleiche Zahl der Stimmen, die jede der Fraktionen aufgebracht hatte, wirkte abkühlend auf die gegenseitige Ueberreizung. [...] Die persönliche Berührung im Reichstage trug auch zur Milderung der noch vorhandenen Mißstimmungen bei, zumal da für beide Fraktionen ringsum nur Feinde waren, die bürgerlichen Parteien sie mit hochnasigem Hohne als „Gäste" behandelten, die sich manierlich zu betragen hätten, wenn sie geduldet werden wollten, und Bismarck sofort wieder mit den beiden Ausnahmegesetzen anrückte, mit denen er beim vorigen Reichstage abgeblitzt war und zunächst allerdings auch bei diesem Reichstage abblitzte.

Franz Mehring: Deutsche Geschichte, Berlin 1923, S. 212 f. (erstmals publiziert 1910)

1 Gemeint ist das 1871 gegründete Deutsche Kaiserreich.

2 1869 in Eisenach von Bebel und Liebknecht gegründete SDAP als Vorläuferpartei der SPD

3 kurzfristiger Wirtschaftsaufschwung infolge der Kriegsentschädigungszahlungen Frankreichs nach dem Deutsch-Französischen Krieg 1870/71

4 Während Geldlohn den ausbezahlten Arbeitslohn bezeichnet, versteht man unter Reallohn den Lohn, der der tatsächlichen Kaufkraft entspricht.

5 „Steuern zahlen, Soldat sein, Maul halten" war eine Kritik der süddeutschen Staaten an Bismarcks politischer Praxis im Norddeutschen Bund, der beitretenden Staaten nur höhere Steuern, eine umfassende Wehrpflicht und eine strenge Zensur bescheren würde.

6 abwertende Bezeichnung für eine auslegbare, da unbestimmte Rechtsbegriffe beinhaltende Gesetzesbestimmung

7 Pressegesetz von 1874, das reichseinheitlich die Pressefreiheit festsetzte, jedoch weiterhin polizeilich-gerichtliche Eingriffsmöglichkeiten zuließ

8 1873 von Bismarck eingebrachte Gesetzesvorlage, die Arbeitsvertragsbrüche zu kriminalisieren trachtete, aber vom Reichstag abgelehnt wurde

9 vgl. Hinweise zu Material 2, Tabelle 3

Material 2

Tabelle 1: Die industrielle Produktion 1780–1888
(in Millionen englischen Pfund)

Land	1780	1800	1820	1840	1860	1888
England	177	230	290	387	577	820
Frankreich	147	190	220	264	380	485
Deutschland	50	60	85	150	310	583

Manfred Görtemaker, Deutschland im 19. Jahrhundert, Bonn [5]1996, S. 155.

Tabelle 2: Beschäftigte nach Wirtschaftssektoren (Deutschland)

	1867		1913		Zunahme	
	in Tsd.	in %	in Tsd.	in %	in Tsd.	in %
primärer Sektor						
Landwirtschaft, Forsten, Fischerei	8 333	51,5 %	10 701	34,5 %	+ 2 368	28,4 %
sekundärer Sektor						
Industrie, Handwerk	4 155	25,7 %	10 857	35,1 %		
Bergbau	225	1,4 %	863	2,8 %		
insgesamt	4 380	27,1 %	11 720	37,8 %	+ 7 340	167,6 %
tertiärer Sektor						
Verkehr	271	1,7 %	1 174	3,8 %		
Handel, Banken, Versicherungen	879	5,4 %	3 474	11,2 %		
häusliche Dienste	1 422	8,8 %	1 542	5,0 %		
sonstige Dienste	508	3,1 %	1 493	4,8 %		
Verteidigung	378	2,3 %	864	2,8 %		
insgesamt	3 458	21,4 %	8 547	27,6 %	+ 5 089	147,2 %
gesamte Volkswirtschaft	16 171		30 968		+ 14 797	91,5 %

Thomas Nipperdey, Deutsche Geschichte 1866–1918, Band 1, Arbeitswelt und Bürgergeist, München 1998, S. 269.

Tabelle 3: Stimmen für die SPD bei den Reichstagswahlen 1871–1912

Reichstag	1871	1874	1877	1878	1881	1884	1887
Stimmen (in Tausend)	124,0	352,0	493,3	437,2	312,0	550,0	763,1
Stimmenanteil (in %)	3,2	6,8	9,1	7,6	6,1	9,7	10,1

Reichstag	1890	1893	1898	1903	1907	1912
Stimmen (in Tausend)	1 427,3	1 786,7	2 107,1	3 010,8	3 259,0	4 250,4
Stimmenanteil (in %)	19,7	23,3	27,2	31,7	29,0	34,8

Manfred Görtemaker, Deutschland im 19. Jahrhundert, Bonn [5]1996, S. 267.

Hinweis zur Tabelle 3: Die Ergebnisse von 1871 und 1874 beziehen sich auf den Allgemeinen Deutschen Arbeiterverein (ADAV) und die Sozialdemokratische Arbeiterpartei (SDAP), von 1877 bis 1887 auf die Sozialistische Arbeiterpartei Deutschlands (SAPD) und seit 1890 auf die Sozialdemokratische Partei Deutschlands (SPD).

Lösungsvorschläge

Inhaltliche Schwerpunkte:
Der Schwerpunkt der Aufgabe liegt im Kurshalbjahr 12/I: „Gesellschaftliche Veränderungsprozesse am Beginn der Moderne", und zwar auf dem Unterrichtsinhalt „Die Industrielle Revolution und ihre Folgen" mit den Stichworten „Die technischen, ökonomischen und sozialen Veränderungen; die ‚soziale Frage' und die Lösungsversuche"; auch das Thema „Der Imperialismus und seine Folgen" wird berührt. Der kursübergreifende Bezug zu 12/II: „Modernität und Antimodernität in der Zeit der Weimarer Republik und des Nationalsozialismus" ergibt sich durch die letzte Aufgabe, die das Thema „Entstehungsbedingungen der [Weimarer] Republik im nationalen und internationalen Umfeld", das dem Unterrichtsinhalt „Weimarer Demokratie versus nationalsozialistischer Führerstaat" zugeordnet ist, aufgreift.

1. *Beginnen Sie mit einem Einleitungssatz, der Ihnen auch selbst klarmacht, dass es sich hier um den Auszug aus einem Geschichtsbuch handelt, geschrieben von einem damaligen Zeitgenossen, der als „marxistischer Historiker"(vgl. Anmerkung) Partei ergreift für die Arbeiterbewegung, deren Entwicklung im Kaiserreich er darstellt. Lassen Sie sich von den zahlreichen Erläuterungen in den Fußnoten nicht beeindrucken, sie helfen Ihnen, den Text zu verstehen, sie müssen aber in Ihrer Zusammenfassung nicht vorkommen.*
   Vergessen Sie nicht, Ihre Zusammenfassung (überwiegend AFB I, zu einem geringen Teil auch AFB II) konsequent in der indirekten Rede (Konjunktiv) zu schreiben, und geben Sie nach Möglichkeit am Ende ein kurzes Fazit des Textauszuges.

   In dem Auszug aus seinem 1910 erschienenen Buch zur „**Deutschen Geschichte**" beschreibt **Franz Mehring** (1846–1919) aus der Sicht eines marxistischen Historikers die **Schwierigkeiten und Erfolge der Sozialdemokratie** und der Gewerkschaften zu Beginn des Deutschen Kaiserreichs.

Die **Verfolgung der Arbeiterbewegung** (damals noch „Eisenacher Fraktion“) sei direkt nach der Reichsgründung von 1871 durch Reichskanzler Bismarck und die bürgerlichen Parteien fortgesetzt worden. Erste **Ausnahmegesetze** Bismarcks gegen die Sozialdemokratie wie das Kontraktbruchgesetz von 1873 und das Pressegesetz von 1874 seien allerdings noch von den bürgerlichen Parteien im Reichstag abgelehnt worden.
Die Diskriminierungsversuche hätten den Zulauf zu den Sozialdemokraten indessen nur erhöht. Auch die wegen des Sinkens der Reallöhne angewachsene **Streikbewegung** habe die Sozialdemokratie gestärkt, weil die Arbeiter sie zunehmend als ihre einzige Interessensvertretung im Reichstag erkannten.
Die **Anfeindung durch die bürgerlichen Parteien** und den konservativen Bismarck habe schließlich dazu geführt, dass die Arbeiterbewegung ihre politischen Kräfte bündelte und die **zwei sozialdemokratischen Fraktionen** im Reichstag sich nach den Wahlen von 1874 **vereinten**. Auch in dieser Legislaturperiode habe Bismarck wieder seine Ausnahmegesetze gegen die Sozialdemokraten im Reichstag eingebracht, aber nach wie vor keine Mehrheit dafür gefunden.
Franz Mehring zeigt, wie sich die **Sozialdemokratie** in den Anfangsjahren des Kaiserreichs gegen ihre politischen Gegner **erfolgreich durchsetzte** und zunehmend **an Bedeutung gewann**.

2. *Bei dieser Aufgabe müssen Sie statistisches Material auswerten. Machen Sie sich zunächst klar, was die Tabellen aussagen und was nicht (Überschriften beachten!). Unterscheiden Sie relative und absolute Zahlen sowie Anteile und Zuwächse: So bezeichnen in Tabelle 2 Prozentangaben einerseits einen Anteil (sek. Sektor: 27,1 % und 37,8 %), andererseits aber einen Zuwachs (sek. Sektor: 167 %); außerdem kann die Skalierung in gleich breiten Spalten unterschiedlich sein: In Tabelle 1 sind es im letzten Abschnitt 28 Jahre, sonst immer zwanzig, und auch in Tabelle 3 sind die Intervalle unterschiedlich.*
Es geht in der Aufgabe aber nicht allein um eine Auswertung der drei Tabellen, sondern Sie sollen auch einbringen, was Sie über die Erklärung der Zahlen hinaus über die wirtschaftliche und gesellschaftliche Entwicklung im Deutschen Kaiserreich wissen.
Auch wenn sich das Zahlenmaterial zum Teil auf die Zeit vor 1871 bezieht, erläutern sollen Sie die Entwicklung nur im Deutschen Kaiserreich, also ab 1871. Der Operator „Erläutern“ weist die Aufgabe im Wesentlichen dem AFB II zu; insofern die Daten aus den Tabellen ermittelt werden, ist auch AFB I betroffen.

Im Zuge der Industrialisierung fanden auch in Deutschland im 19. Jahrhundert umfassende ökonomische, gesellschaftliche und politische **Strukturveränderungen** statt, die sich besonders nach der Reichseinigung 1871 rasch verstärkten. Bei der folgenden Erläuterung dieser Entwicklung sollen drei wesentliche Bereiche untersucht werden: die industrielle **Produktion**, die (arbeitende) **Bevölkerung** und die **Sozialdemokratie**.

Wie an Tabelle 1 deutlich zu erkennen ist, hat die **industrielle Produktion** in den drei ausgewiesenen europäischen Ländern England, Frankreich und Deutschland von 1780 bis 1888 **kontinuierlich zugenommen**. In Deutschland stieg die industrielle Produktion besonders deutlich nach der wirtschaftlichen Einigung durch den Deutschen Zollverein um 1840 (fast eine Verdoppelung der Industrieproduktion) und nach 1860 (mehr als eine Verdoppelung) durch die politische Einigung im Deutschen Kaiserreich. **Deutschlands verspätete Industrialisierung** und seinen Aufholprozess gegenüber England und Frankreich zeigt am deutlichsten ein Vergleich der absoluten Zahlen: Während Deutschland von 1780 bis 1888 seine Produktion mehr als verzehnfachte (50: 583 Mio. Pfund), steigerten sich England und Frankreich nur um das Drei- bis Vierfache (England 177: 820 Mio. Pfund; Frankreich 147: 485 Mio. Pfund). Frankreich wurde durch Deutschland etwa mit der Reichsgründung 1871 eingeholt und dann deutlich überflügelt; hier dürften die hohen Reparationskosten, die Frankreich an Deutschland zahlen musste, eine Rolle gespielt haben. Für England, das seine dominierende Stellung behauptete, wurde Deutschland bis 1888 zum Hauptrivalen in Europa. Ab 1888 zeigte sich diese Konkurrenz dann auch am **Aufblühen des deutschen Imperialismus** im Wilhelminischen Kaiserreich und an der rasanten Aufrüstung der deutschen Flotte.

Die Steigerung der industriellen Produktion ging überall einher mit einer deutlichen **Zunahme der Bevölkerung**. Die Menschen zogen vermehrt in Städte (**Landflucht**) und es entstanden ganze Industriegebiete (zum Beispiel an Rhein und Ruhr). Die **Großstadt** wurde zu einem neuen Lebensraum, soziale Strukturen und Lebensumstände veränderten sich grundlegend (Auflösung der ländlichen Großfamilien, Trennung von Wohnung und Arbeit, Leben in städtischen Mietskasernen, Aufkeimen neuer Krankheiten). Die **Arbeitsteilung** differenzierte sich weiter aus, neue Berufe entstanden, das Bildungswesen wurde angepasst (Ingenieur, allgemeine Schulpflicht, Realschulwesen). Tabelle 2 gibt die entsprechenden Veränderungen der drei Wirtschaftssektoren in Deutschland zu erkennen. In allen Wirtschaftssektoren hat die Anzahl der Beschäftigten in der Zeit von 1867 bis 1913 in absoluten Werten zugenommen, allerdings unterschiedlich stark. Im sekundären, vorwiegend industriellen Sektor am meisten (mit 167 %) und auch im tertiären, dem Dienstleistungssektor (mit 147 %) deutlich, während die Anzahl der Landwirte, Förster und Fischer im primären Sektor nur um rund 28 % zunahm. Anders ausgedrückt: Während 1867 noch über die Hälfte aller Beschäftigten im Agrarsektor tätig war, arbeitete 1913 nur noch ein Drittel in der Landwirtschaft (34 %) und **die meisten Menschen im industriellen Sektor** (37 %).
Neben dieser **Zunahme des Industrieproletariats** stieg im **Dienstleistungssektor** besonders der Anteil an Bediensteten in Handel, Banken und Versicherungen (von 5,4 % auf 11,2 %). So entstanden **neue gesellschaftliche Gruppen** und soziale Klassen (Arbeiter, Angestellte, Unternehmer), die unterschiedliche Interessen verfolgten (Gegensatz von Lohnarbeit und Kapital). Soziale Spannungen und gesellschaftliche Konflikte waren die Folge. Im Mittelpunkt stand die **soziale Frage**, und alle gesellschaftlichen Institutionen bemühten sich um Lösungen, auch die

Politik (Etablierung der Arbeiterbewegung in der Sozialdemokratie, Arbeiter- und Sozialversicherungen ab 1883 usw.).

Im Zuge der Verschärfung der sozialen Frage fand die Arbeiterbewegung zunehmend in der **SPD** ihre politische Vertretung. Tabelle 3 zeigt, dass der Stimmenanteil der SPD bei den Reichstagswahlen im Kaiserreich (von 1871 bis 1912) fast kontinuierlich anstieg. Die SPD wurde im Kaiserreich zu einer **Massenpartei**, die für ihre Mitglieder nicht nur die beruflichen Interessen vertrat, sondern auch ein umfassendes Kultur- und Freizeitangebot offerierte.
Reichskanzler **Bismarck** und die bürgerlichen Parteien dagegen schürten immer wieder die Angst der Bevölkerung vor angeblich revolutionären Umtrieben durch die SPD; nach mehreren Attentatsversuchen auf Wilhelm I. konnte Bismarck im Reichstag die **Sozialistengesetze** (1878 bis 1890) durchsetzen, die der SPD das öffentliche Auftreten untersagten und die Verfolgung ihrer Mitglieder erleichterten. In dieser Zeit ging der Stimmenanteil der SPD zwar etwas zurück (1878 von 9,1 auf 7,6 % und 1881 weiter auf 6,1 %), aber ab 1884 (9,7 %) und unter Wilhelm II., der das Sozialistengesetz 1890 nicht fortführte, war der **Aufstieg der SPD** unaufhaltsam. Die Wahlergebnisse zeigen, dass die bürgerlichen und konservativen Kräfte in Staat und Gesellschaft es nicht vermochten, die SPD als politische Kraft kleinzuhalten.
Bei den letzten Wahlen, 1912, wurde die SPD sogar die **stärkste Fraktion im Reichstag** (mit 34,8 % der Stimmen) – trotz ihrer offensichtlichen Benachteiligung durch das Mehrheitswahlrecht. Diese parlamentarische Dominanz der SPD hatte am Ende des Ersten Weltkrieges die weitreichende Konsequenz, dass die SPD (zusammen mit der USPD) die Verantwortung für die **Gestaltung der neuen Weimarer Republik** mit übernehmen konnte.
Insgesamt zeigen die drei Tabellen wesentliche Strukturveränderungen und politische Entwicklungen im Zuge der zunehmenden Industrialisierung in Deutschland: Durch die wirtschaftliche und politische Einigung wurde Deutschland in der zweiten Hälfte des 19. Jahrhunderts zur **führenden Industrienation** auf dem europäischen Kontinent, es fand eine Verlagerung des Schwerpunkts vom ersten auf den zweiten und dritten Wirtschaftssektor statt, und die Sozialdemokratie setzte sich als politische Interessensvertretung des Industrieproletariats durch und wurde zur stärksten Fraktion im Deutschen Reichstag.

3. *Bevor Sie mit dem Schreiben beginnen, machen Sie sich in allen Einzelheiten klar, was mit den Begriffen in der Aufgabenstellung gemeint ist:*
Der Operator „Diskutieren“ verlangt, zu einer These – das ist hier Mehrings Zitat – eine Argumentation, ein Pro und Kontra, mit abschließender begründeter Bewertung zu entwickeln. Diese Aufgabe verlangt also von Ihnen ein hohes Maß an Selbstständigkeit; Sie müssen Ihr Wissen problemorientiert anwenden und als Grundlage Ihrer Bewertung einsetzen (AFB II, überwiegend aber AFB III).
Ferner gilt es zu beachten, dass das Zitat aus demselben Buch wie die Quelle (Material 1) stammt, es wurde also 1910 veröffentlicht und nicht erst 1923, wie man aufgrund der Fußnote denken könnte. Außerdem sollten Sie berücksichtigen,

dass Franz Mehring parteiisch urteilt, denn er ist Anhänger der Sozialdemokratie, wie Sie bereits bei der Auswertung der Quelle feststellen konnten.
Schließlich müssen Sie sich klarmachen, dass Sie Mehrings Einschätzung vom Kaiserreich auf die Gründung und Anfänge der Weimarer Republik übertragen sollen: also circa auf die Zeit von 1918 bis 1920. Die „Arbeiterklasse" und ihre politischen Vertreter (Politiker, Abgeordnete) sind in dieser Zeit in ganz unterschiedlichen Organisationen zu suchen, auf jeden Fall bei den Gewerkschaften, der SPD, der USPD, dem Spartakusbund und der KPD.
Vergessen Sie nicht ein abschließendes Fazit, das Ihre Bewertung zusammenfasst.

Franz Mehring sagt zu Recht, dass die **Arbeiterbewegung** zu Beginn des 20. Jahrhunderts eine **bedeutende politische Kraft** geworden war. Der stetige **Aufstieg der SPD** (vgl. Tabelle 3) und Mehrings Parteinahme als „marxistischer Historiker" (vgl. Anmerkung) für die Sozialdemokratie lassen ihn allerdings auch erwarten, dass „keine Macht der Welt" die Sozialdemokratie je wieder aus dem „Schwerpunkt der historischen Entwicklung" werde verdrängen können. Ob diese Prognose für die bald darauf folgende Gründung und die Anfänge der **Weimarer Republik** gelten kann, soll die folgende Auseinandersetzung zeigen.
1914 hatte die SPD sich dazu durchgerungen, den Kriegskrediten und damit dem Kriegseintritt zuzustimmen (**Burgfrieden**). An dieser schon damals in der Partei umstrittenen Entscheidung zerbrach die SPD jedoch während des Krieges, denn 1917 spaltete sich die **USPD** aus Gegnerschaft zum Krieg von der SPD (jetzt MSPD) ab. Angesichts der militärischen Niederlage im Herbst 1918 fiel der SPD als **stärkster Fraktion** im Reichstag dann gleichwohl die Aufgabe zu, den Übergang von der Monarchie zur Republik zu gestalten. Das war eine große Chance für die SPD, ihre politischen Vorstellungen in einem neuen Staatswesen zur Geltung zu bringen, und sie stand damals ganz in Mehrings Sinne im „Schwerpunkt der historischen Entwicklung".
So bildeten sich im November 1918 mit Unterstützung der SPD und der USPD für eine Übergangszeit **Arbeiter- und Soldatenräte**. Doch es sollte sich schon bald zeigen, dass es der Arbeiterbewegung nicht gelang, eine einheitliche Strategie zu entwickeln. Deutliches Zeichen dafür war die **doppelte Ausrufung der Republik** durch Philipp Scheidemann von der SPD („deutsche Republik") einerseits und durch den revolutionär eingestellten Karl Liebknecht vom Spartakusbund („freie sozialistische Republik") andererseits.
Auch die Folgezeit war davon geprägt, dass die „Arbeiterklasse und ihre Vertreter" die politischen Geschicke Deutschlands zwar lenkten, aber eher **gegeneinander** als miteinander handelten. Der SPD-Vorsitzende Friedrich Ebert übernahm die Übergangsregierung zusammen mit Mitgliedern der USPD im „Rat der Volksbeauftragten". Er wollte eine parlamentarische Demokratie und keine sozialistische Republik. Um für diese Vorstellung Rückhalt zu bekommen und linksrevolutionäre Bestrebungen abzuwehren, diente ihm sowohl das Bündnis mit der neuen Leitung der OHL (**Ebert-Groener-Bündnis**) als auch das **Stinnes-Legien-Abkommen** zwischen Unternehmern und Gewerkschaften. Das Militär und die Unternehmer waren damit fürs Erste in der neuen Republik eingebunden und die SPD

und die Gewerkschaften konnten einige ihrer langjährigen **Forderungen durchsetzen** (8-Stundentag, Tarifverhandlungen, betriebliche Mitbestimmung); zugleich wurde durch diese **Bündnisse mit den alten Eliten** eine dauerhafte **Räterepublik mit verstaatlichten Industriebetrieben ausgeschlossen**.
Auf dem Reichsrätekongress im Dezember 1918 unterlag dann auch nach heftiger Diskussion unter den Delegierten das Rätemodell, die neue Verfassung sollte eine **parlamentarische Demokratie** sein. Weitere revolutionäre Erhebungen ließ die SPD gewaltsam niederschlagen, im Januar 1919 wurden gar die beiden Führer der neu gegründeten KPD, **Karl Liebknecht und Rosa Luxemburg, ermordet**. Am 19. Januar 1919 fanden die **Wahlen zur Verfassunggebenden Nationalversammlung** statt. Die SPD bildete gemeinsam mit der DDP und dem Zentrum die **Weimarer Koalition**, Philipp Scheidemann wurde Reichsministerpräsident (1919) und Friedrich Ebert Reichspräsident. In dieser Phase der Entstehung der Weimarer Republik konnte die SPD entscheidende Regierungspositionen besetzen und bei der Ausarbeitung der Weimarer Verfassung im Sommer 1919 ihre Vorstellungen weitgehend durchsetzen (parlamentarische Demokratie, Frauenwahlrecht, absolutes Verhältniswahlrecht). Der Preis für die Regierungsverantwortung der SPD war allerdings, dass sie den Versailler Vertrag im Juni 1919 mitunterzeichnen musste.
Insgesamt stand die Arbeiterbewegung bei der Gründung und in den Anfängen der Weimarer Republik durchaus **im „Schwerpunkt der historischen Entwicklung“** (Mehring). Sie konnte durch die SPD und die Gewerkschaften wesentliche politische und soziale Vorstellungen, die im Kaiserreich nicht zu verwirklichen waren, durchsetzen. Aber der Preis dafür waren die **unkalkulierbare Einbeziehung der alten Eliten** in die neue Republik (Militär, Unternehmer) und die **harsche Spaltung der Arbeiterbewegung** in SPD und KPD. Beides belastete die Arbeiterbewegung in der Folgezeit schwer. Schon bald nach dem Bruch der Weimarer Koalition (1920) verdrängten bürgerliche und konservative Kräfte die SPD aus dem „Schwerpunkt der historischen Entwicklung“ und ließen die Weimarer Republik nicht zu einer stabilen demokratischen Republik im Sinne ihrer Anfänge werden.

Teilaufgabe	**AFB I**	**AFB II**	**AFB III**	**BE**
1	20	5		25
2	10	25	5	40
3		10	25	35
Summe	30	40	30	100

Hessen – Geschichte – Leistungskurs – 2011
Vorschlag B

Thema: *Konservatismus und nationalsozialistischer „Führerstaat"*

Aufgaben

1. Fassen Sie die Haltung Moeller van den Brucks zur Demokratie im Allgemeinen und zur Weimarer Republik im Besonderen zusammen. (Material) (25 BE)
2. Erläutern Sie unter Berücksichtigung der Position des Autors die politische und ökonomische Situation der Weimarer Republik 1923. (20 BE)
3. Untersuchen Sie unter Berücksichtigung geeigneter Beispiele der nationalsozialistischen Machtergreifung, wie der von Moeller van den Bruck propagierte „Führergedanke" im nationalsozialistischen Staat umgesetzt wurde. (30 BE)
4. Diskutieren Sie die These, der Konservatismus des frühen 19. Jahrhunderts habe wesentliche Gedanken Moeller van den Brucks vorweggenommen. (25 BE)

Hinweis: Arthur Moeller van den Bruck (1876–1925), Schriftsteller, der Titel seines 1923 erschienenen Buches „Das dritte Reich" diente dem Nationalsozialismus als politisches Schlagwort.
Die Rechtschreibung entspricht der Textvorlage.

Material

Arthur Moeller van den Bruck: Das dritte Reich (1923)

Das Genie des deutschen Volkes ist nicht revolutionär. Es ist erst recht nicht liberal. Es ist konservativ. […]

Der liberale Mensch verstand, die Jahre zu nutzen, die hinter uns liegen. Er befestigte während dieser Zeit seine politische Stellung in den demokratischen Errungenschaften der Revolution und, wenn es nur eben anging, durch ergebene Erfüllung des Friedens von Versailles. Er nahm die Verhältnisse hin, zu denen der Ausgang des Weltkrieges das Reich heruntergebracht hatte, ja, er suchte sich mit ihnen abzufinden und fand sie, indem er sie nach Möglichkeit beschönigte, durchaus erträglich und wohlgefällig. Der liberale Mensch ist immer Bejaher, schon um des Lebens willen, das er so liebt. Also bejahte er auch dieses Leben, das wir nach dem Befehle unserer Führer führen mußten. Der liberale Mensch frißt jede Schande, die man ihm hinwirft. […]

Welche Sache ist heute unsere Sache? Welche kann sie nur sein? Welche muß sie sein? Der liberale Mensch möchte noch immer eine westliche Sache aus ihr machen, und der revolutionäre Mensch seine weltproletarische. Alle Erfahrungen von Versailles haben den Einen, alle Erfahrungen mit Moskau und der Nationalisierung des Sowjetstaates haben den Anderen nicht von gehegten Lieblingsvorstellungen abzubringen vermocht. Der konservative Mensch ist sich klar darüber, daß es sich für uns nunmehr und nur noch um die deutsche Sache handelt.

[…] Die Entstehung der deutschen Republik ist beispiellos. Sie entstand aus der Revolution. Und die Revolution entstand aus Verrat. Und der Verrat entstand aus Dummheit.

Es wird schwer sein, es wird vielleicht ganz unmöglich sein, wenn erst das Volk sich als Nation fühlt, diese Zusammenhänge jemals aus der Erinnerung seiner Menschen zu löschen. Am neunten November[1], der ein so unreines Ereignis gewesen ist, wie der erste August[2] ein reines Erlebnis gewesen war, wurde die politische Erneuerung verfehlt. […]

Wir brauchen nicht Demokraten, die von vornherein Partei sind, sondern volkliche Führer, die wir, ob sie nun in demokratischer oder aristokratischer Prägung, als Mariuscharaktere oder als Sullanaturelle[3] erscheinen, gar nicht erst zu fragen brauchen, welcher Partei sie angehören, weil ihre Partei von vornherein Deutschland ist. […]

Wir brauchen, es ist sehr möglich, vielleicht sogar eine sehr lange und wechselnde Folge von solchen Führern, in denen sich die Politisierung der Nation als Nationalisierung des Volkes verkörpert; von Führern, in denen sich der Übergang von der deutschen Geschichte von Gestern über die Revolution hinweg in eine deutsche Geschichte von Morgen vollzieht, in die wir ohne sie führerlos hineintreiben würden […].

Die Enttäuschung durch den Parteigedanken bedeutet Bereitschaft für den Führergedanken. Und die Jugend hat sich diesem Führergedanken ganz unterstellt. In der Monarchie war kein Raum für ihn. Die Monarchie beanspruchte selber die Führung. Aber sie tat es mit einer Ausschließlichkeit, die nicht mehr auf Verdienst, sondern auf Herkommen beruhte. Erst die Revolution hat den Führergedanken freigegeben. Sie selber hat ihn als revolutionären Führergedanken in den Verführern verfehlt. Aber sie hat ihn als konservativen Führergedanken ausgelöst und dem Manne überantwortet, der nicht zersetzt, sondern erhält.

Arthur Moeller van den Bruck: Das dritte Reich, ³1931 (zuerst erschienen 1923), S. 249 f., 275 f., 279 ff.

1 Gemeint ist der 9. November 1918 als ein Datum, das für den Beginn der Weimarer Republik steht.

2 Gemeint ist der 1. August 1914 als ein Datum, das für den Beginn des Ersten Weltkrieges steht (deutsche Kriegserklärung an Russland).

3 Gaius Marius (157–86 v. Chr.), aus dem Bauernstand stammend, und Lucius Cornelius Sulla (138–78 v. Chr.), führender Vertreter der konservativen Adelspartei, waren römische Feldherren, Konsuln und Diktatoren in der Zeit der Krise der Römischen Republik.

Lösungsvorschläge

Inhaltliche Schwerpunkte:
Die Aufgabe bezieht sich hauptsächlich auf das Kurshalbjahr 12/II mit seinem Thema „Modernität und Antimodernität in der Zeit der Weimarer Republik und des Nationalsozialismus“.
Der Schwerpunkt der Aufgabe liegt dabei auf dem Aspekt der Bedeutung des Führerprinzips im Nationalsozialismus und dessen Umsetzung in der Praxis. Dazu gehören Kenntnisse über die Zerschlagung des demokratischen Rechtsstaates, Terror und Propaganda, den Prozess der „Gleichschaltung“, die Wirtschafts- und Sozialpolitik im Nationalsozialismus und die Situation ausgegrenzter und verfolgter Minderheiten. Weiterhin sind auch Gesichtspunkte der NS-Ideologie zu berücksichtigen.
Die halbjahresübergreifenden Bezüge werden durch die letzte Aufgabe hergestellt. Dazu benötigen Sie Kenntnisse aus 12/I: „Gesellschaftliche Veränderungsprozesse am Beginn der Moderne“. Insbesondere geht es um die Restaurationszeit und die Wiederherstellung der vorrevolutionären Ordnung in Deutschland.

1. *Einleitend sollten Sie einige Bemerkungen über den Autor, die Art der Quelle und den Zeitpunkt ihrer Veröffentlichung machen. Fassen Sie den Text zusammen, indem Sie nach einschlägigen Aussagen aus allen Teilen der Quelle suchen. Für die Zusammenfassung sollen Sie zwischen zwei Gesichtspunkten unterscheiden: die Haltung des Autors zur Demokratie im Allgemeinen und die Haltung des Autors zur Weimarer Republik im Besonderen. Benennen Sie zunächst auf der Grundlage des Textes Aussagen über Moeller van den Brucks Haltung zur Demokratie. Eine eingehende Kommentierung ist hier nicht erforderlich, jedoch sollte aus der Zusammenfassung die politische Einordnung des Verfassers hervorgehen. Achten Sie auf eine sprachliche Distanz zu den Aussagen des Autors (Benutzung des Konjunktivs). Die Arbeitsanweisung verlangt von Ihnen vor allem Leistungen im AFB I.*

   Der vorliegende Textauszug stammt aus einem Buch, das im Jahr 1923 erschien. Autor ist der Schriftsteller **Arthur Moeller van den Bruck**, der sich mit seinem Werk „Das dritte Reich“ an ein **breites Lesepublikum** wendet. In der Quelle rechnet er mit dem liberal-demokratischen System der Weimarer Republik ab und sieht im **Führerstaat** die Herrschaftsform der Zukunft.

   Zur **Demokratie im Allgemeinen** äußert er sich folgendermaßen:
   Gleich zu Beginn seiner Ausführungen verortet der Autor die **politische Grundhaltung** der Deutschen im **Konservatismus**. Damit einhergehend erfolgt die **Ablehnung des Parteienpluralismus** demokratischer Prägung: So sei die politische Veranlagung („Genie“) der Deutschen nicht liberal (Z. 1). Auch benötige Deutschland keine Demokraten, sondern „**volkliche Führer**“ (Z. 28 f.). In diesem Zusammenhang verweist der Autor auf die beiden römischen Feldherren, Gaius Marius und Lucius Cornelius Sulla, die in Krisenzeiten vom römischen Senat zum Diktator bestellt wurden. Als **zentrale Aufgabe** der kommenden Führung sieht er die „**Nationalisierung des Volkes**“ (Z. 34 f.) an. Dabei mag dieser Prozess über eine längere und wechselnde Folge von Führern erfolgen. Eine **monarchische Führung**

wird von Moeller van den Bruck **abgelehnt**, da diese nicht auf Verdienst, sondern auf Herkommen beruhe (Z. 42 f.). Die **Revolution von 1918/19** habe zwar den **Führergedanken freigesetzt**, deren Protagonisten seien aber den Aufgaben nicht gewachsen gewesen. Im abschließenden Satz bringt er den Führergedanken erneut mit dem Konservatismus in Zusammenhang (vgl. „konservativen Führergedanken", Z. 45).

Die **Weimarer Republik** stellt Moeller van den Bruck in folgenden Zusammenhang:
Die **Republik** sei aus der Revolution hervorgegangen, diese wiederum aus dem **Verrat** (Z. 20 ff.). Jedoch **habe keine politische Erneuerung** stattgefunden, vielmehr sei der 9. November ein „unreines Ereignis", dagegen der 1. August, der Beginn des Ersten Weltkriegs, ein „reines Erlebnis" (Augusterlebnis, Z. 25 ff.) gewesen. Die neue politische Führung habe ihre Machtstellung unter anderem durch die Erfüllung der Friedensbedingungen gesichert (Z. 5 f.). Mit scharfen Worten zeichnet Moeller van den Bruck das vermeintliche Bild eines **opportunistischen Systems**. Der liberale Mensch sei immer ein Bejaher und fresse jede Schande, die man ihm hinwerfe (Z. 9 ff.). Auch der Frieden von Versailles sei durch „ergebene Erfüllung" zustande gekommen. Die Erfahrungen von Versailles hätten jedoch weder die Anhänger der „westlichen Sache" noch die Anhänger der proletarischen Weltrevolution von ihren Vorstellungen abgebracht. So verbleibe letztlich nur der **konservative Mensch**, der für die „**deutsche Sache**" einstehe (Z. 18 f.).

2. *Bei der Bearbeitung dieses Aufgabenteils geht es darum, durch Darlegung historischer Ereignisse und Beispiele die politische und wirtschaftliche Situation der Weimarer Republik im Jahr 1923 zu erläutern. Auch ist es möglich, unter Berücksichtigung der Quelle Bezüge zu weiteren Ereignissen der ersten Phase der Weimarer Republik herzustellen. Die Erläuterung verlangt von Ihnen Leistungen hauptsächlich im AFB II.*

Zum Zeitpunkt der Veröffentlichung des Buches befand sich die Republik in einer schweren Krise. Zu den **Belastungsfaktoren für die junge Weimarer Republik** gehörte der von Moeller van den Bruck **angesprochene Versailler Vertrag**, der das Deutsche Reich zu Gebietsabtretungen, Reparationszahlungen und zu einer umfassenden Abrüstung verpflichtete. Besonders schwer wog zudem der **Kriegsschuldartikel** (Artikel 231), der Deutschland und seinen Verbündeten die Hauptschuld am Ersten Weltkrieg zuschrieb und von großen Teilen der Bevölkerung als Schmach und Ungerechtigkeit empfunden wurde. Der in der Quelle angesprochene „Verrat" (Z. 21) lässt sich mit der „**Dolchstoßlegende**" in Verbindung bringen. Die von führenden Vertretern der Obersten Heeresleitung in Umlauf gebrachte und von rechtsextremen und völkischen Gruppen weiter fabulierte Verschwörungstheorie schob die Schuld der Kriegsniederlage Liberalen, Sozialdemokraten und Juden zu. Das deutsche Heer sei im Ersten Weltkrieg „im Felde unbesiegt" geblieben und habe erst in der Revolution durch oppositionelle „vaterlandslose" Zivilisten aus der Heimat einen „Dolchstoß von hinten" erhalten. Diese damit verbundene **Diskreditierung der Republik** macht sich auch Moeller van den Bruck zu eigen.

Das Jahr **1923** gilt gemeinhin als das „**Krisenjahr**" der Weimarer Republik.
Im Januar 1923 kam es zur Eskalation des bis dahin schwelenden **Reparationskonflikts**. Die alliierte Reparationskommission rügte eine Verfehlung Deutschlands bei den Kohlelieferungen, kurz darauf marschierten französische und belgische Truppen in das Ruhrgebiet ein. Die Reichsregierung verkündete daraufhin den „passiven Widerstand", der sogenannte „**Ruhrkampf**" begann. Politisch und wirtschaftlich war diese Maßnahme nicht durchzuhalten. Im September 1923 erfolgte der Abbruch des passiven Widerstands an der Ruhr.
Der Ruhrkampf beschleunigte den **Verfall der deutschen Währung**, da der Staat in dieser Zeit die Löhne der Arbeiter übernehmen musste und dafür mehr Geld drucken ließ. Der Grundstein der Inflation war indessen bereits bei Kriegsbeginn 1914 mit den Gesetzen zur Kriegsfinanzierung gelegt worden. Schon während der Kriegsjahre verdoppelten sich die Kosten für die Ernährung. Die Teuerung ebbte auch nicht wie erhofft mit dem Kriegsende ab, sondern entwickelte sich vielmehr bis 1922 von einer schleichenden zu einer **galoppierenden Inflation**. Grund für den explosionsartigen Verfall der Mark war die ansteigende Nachfrage nach Importgütern, nachdem der Versailler Friedensvertrag unterzeichnet wurde und Deutschland wieder Zugang zum Weltmarkt hatte. Dadurch stieg das Angebot der Mark im Ausland deutlich, der Geldwert sank, sodass sich die Importe weiter verteuerten. Die deutschen Exporteure zogen aus dieser Entwicklung zwar kurzfristig Nutzen, da sie ihre Produkte auf dem Weltmarkt billiger anbieten konnten. Zu den **Inflationsverlierern** gehörte aber längerfristig insbesondere der **Mittelstand,** der infolge der zunehmenden Verproletarisierung von den demokratischen Repräsentanten des Weimarer Systems abrückte.
Nach dem Ende der Weimarer Koalition und mehreren Neuwahlen kam es im August 1923 zu einer „**Großen Koalition" unter Gustav Stresemann**. Die Regierung Stresemann sah sich weiteren innenpolitischen Herausforderungen gegenüber. **Separatistische Bewegungen** waren vor allem im Westen des Reiches, im Rheinland und in der Pfalz, aktiv. Unter dem Schutz französischer und belgischer Truppen sammelten Separatistenführer ihre Anhänger. Ziel der Bewegung war die Bildung eines an Frankreich angelehnten „Pufferstaates". Das Ziel eines vom Deutschen Reich abgetrennten Rheinlands verfolgte die französische Außenpolitik bereits seit 1918/19. Einen Höhepunkt erreichten die Separatismusbewegungen, als am 21. Oktober 1923 in Aachen die „**Rheinische Republik**" ausgerufen wurde, auf die Besetzungen der deutschen Amtsgebäude in Mainz, später auch in anderen rheinischen Städten folgten. Insgesamt waren die Separatisten in der Bevölkerung beinahe vollständig isoliert und konnten ihr Ziel nie ernsthaft erreichen. Trotz der einhelligen Ablehnung des Separatismus war im Spätherbst des Jahres die Gefahr einer partiellen Autonomie oder gar die Abtrennung aus finanziellen Gründen jedoch sehr realistisch gewesen.
In **Sachsen** kam es am 10. Oktober 1923 zu einer Linksregierung (SPD/KPD) unter dem sozialdemokratischen Ministerpräsidenten Erich Zeigner. Die Kommu-

nisten übernahmen dabei die Ministerien für Wirtschaft und Finanzen. Kaum eine Woche später folgte ein gleiches Regierungsbündnis auf strikt legalem Wege in **Thüringen**. Wie zu erwarten war, nahm die Reichswehr die **Bildung linker Einheitsfrontregierungen** nicht tatenlos hin. Am 13. Oktober erließ General Müller, Inhaber der vollziehenden Gewalt in Sachsen, ein Verbot der „Proletarischen Hundertschaften", mit deren Aufstellung die Landesregierung begonnen hatte. Drei Tage später gab Müller nach Rücksprache mit dem Reichswehrminister der Regierung Zeigner bekannt, dass ab sofort die sächsische Polizei der unmittelbaren Befehlsgewalt der Reichswehr unterstellt sei.

Die Haltung der sächsischen Sozialdemokraten führte zu Differenzen mit der Parteiführung in Berlin. Auch innerhalb der KPD waren die Auffassungen über ein derartiges Bündnis nicht einheitlich. Während ihr linker Flügel die Koalition mit den Sozialdemokraten als Verrat sah, hofften die Befürworter der Einheitsfront, diese als Ausgangspunkt für die Radikalisierung der Arbeiterschaft zu nutzen und von Sachsen aus einen „**deutschen Oktober**" inszenieren zu können. Ohne einen förmlichen Kabinettsbeschluss erfolgte am 22. Oktober der Einmarsch der Reichswehr in Sachsen; fünf Tage später erfolgte der **Reichsexekutionsbeschluss**, die Einsetzung eines zivilen Staatskommissars. Der **kommunistische Aufstand in Hamburg** am 23. Oktober endete bereits einen Tag später erfolglos.

Eine wesentlich weniger energische Haltung als gegenüber der sächsischen Regierung legten Reichsregierung und -wehrführung gegenüber **Bayern** an den Tag. Hier bestand weiterhin der Konflikt, dass der von der bayerischen Regierung bestellte Staatskommissar Kahr formell ein Untergebener der Reichswehr war. Am 20. Oktober hatte gar die bayerische Regierung die Verfügung über die in Bayern stehenden Reichswehrtruppen übernommen. Als bayerischer Landeskommandant wurde **General Lossow** eingesetzt, der damit der Führung in Berlin **den Gehorsam verweigerte**.

Die zögerliche Haltung der Reichsregierung und Reichswehrführung hatte zur Folge, dass die SPD am 3. November aus der Großen Koalition im Reich ausschied. Die von Ebert gewünschte Reichsexekution erklärte **General von Seeckt** für unmöglich. Stattdessen forderte er von Ebert **Diktaturvollmachten**, was dieser ablehnte. Seeckt ließ gegenüber Kahr große Sympathien für seine Vorstellungen erkennen, beharrte aber auf der Legalität des Machtwechsels.

Um den Plänen Kahrs zuvorzukommen und seine eigenständige politische Rolle zu sichern, versuchte Hitler sich an die Spitze der Aufstandsbewegung zu setzen. Die Gelegenheit bot sich am 8. November bei einer Kundgebung im Bürgerbräukeller in München. Hitler ließ das Versammlungslokal umstellen und zwang die Veranstalter Lossow, Kahr und Seißer, sich auf seine Seite zu stellen. Diese revidierten ihre Entscheidung aber noch in derselben Nacht. Der Marsch **Ludendorffs und Hitlers** am Morgen des **9. November** durch die Münchener Innenstadt zur Feldherrnhalle („Hitlerputsch") endete im Kugelhagel.

Das politische **Verdienst der Regierung Stresemann** im Jahr 1923 kann man gar nicht hoch genug veranschlagen. So gelang es ihr, die Alliierten für eine Mitwirkung an der Ordnung der finanziellen und wirtschaftlichen Verhältnisse zu interessieren. Diese Mitwirkung führte zu der Einberufung des Gremiums von internationalen Experten, das im Januar 1924 zusammentrat und unter dem Namen **Dawes-Komitee** bekannt geworden ist. Die rechten und linken Putschversuche wurden niedergeschlagen. Insgesamt ging die Republik gestärkt aus dem Krisenjahr 1923 hervor. Die **Umsturzfantasien Moeller van den Brucks** scheinen am Ende des Jahres jeden **Bezug zur Realität verloren** zu haben.

3. *Bei der Bearbeitung dieses Aufgabenteils geht es darum darzustellen, wie der von Moeller van den Bruck propagierte Führergedanke im Nationalsozialismus umgesetzt wurde und dies durch geeignete Beispiele zu belegen (AFB II). Dabei reicht es, eingangs kurz auf die zweifelsfreie Tatsache der Umsetzung zu verweisen, jedoch nachfolgend diese an den gewählten Beispielen deutlich zu machen und entsprechend der Aufgabenstellung zu kommentieren (AFB III).*

Der **Führergedanke** fand in der Person Adolf Hitler seine Umsetzung im Dritten Reich. Bereits in der Weimarer Republik erfuhr die **Erwartung eines charismatischen Führers**, der das deutsche Volk aus Not und Krise führen würde, starken Zulauf. Hitler selbst trug viel dazu bei, sich als **über den Parteien** (auch der eigenen) stehende Figur zu stilisieren, die über jeden Zweifel erhaben war und unnahbar wirkte („Wenn das der Führer wüßte."). Innerhalb der **NS-Ideologie** war das „Führerprinzip" ein zentraler Baustein, der mit der Ablehnung liberaler und demokratischer Züge einherging. Die NS-Bewegung sah sich als etwas vollkommen Neues, das, wie Moeller van den Bruck postulierte, auch über die aristokratischen Ansprüche hinwegging.
In der politischen und gesellschaftlichen Praxis fand die Umsetzung des Führergedankens in verschiedenen Formen statt. Die „**Gleichschaltungspolitik**" der Nationalsozialisten richtete alle Institutionen, Organisationen und Verbände nach dem „Führerprinzip" aus, die **Hitlerjugend** etwa ebenso wie die Wirtschaft. Die **Gewerkschaften wurden verboten** und durch die Deutsche Arbeitsfront (DAF) ersetzt. Die **Wehrmacht** versicherte ihre Loyalität gegenüber Hitler, indem die Soldaten ab August 1934 den **Eid auf den „Führer"** ablegten. Das Führerprinzip wird auch in der Titelbezeichnung ganz offensichtlich. Hitler hatte nach dem Tod Hindenburgs offiziell den **Titel „Führer und Reichskanzler"** angenommen. Aber auch die Durchdringung der Gesellschaft mit dem Führerprinzip bis ins Alltäglichste wird durch den **Hitlergruß** („Heil Hitler!") deutlich.
Durch **Propaganda** und **Massenveranstaltungen** wurde das Führerprinzip kultiviert. Zusätzlich stärkten die Hitler zugeschriebenen **Erfolge in der Wirtschafts- und in der Außenpolitik** bis 1939 den Glauben an den „Führer".

Betrachtet man die politische Errichtung des Führerstaats, in dem alle institutionellen Ansatzpunkte für die Entwicklung organisierter und individueller Gegenkräfte ausgeschaltet wurden, so muss man den Blick auf die **erste Phase der Machtsicherung** vom 30. Januar 1933, der Ernennung Hitlers zum Reichskanzler, bis zum Tod Hindenburgs im August 1934 richten.

Die „**Reichstagsbrandverordnung**“ vom 28. Februar 1933 setzte die wesentlichen Grundrechte außer Kraft: Freiheit der Person, Meinungs-, Presse-, Vereins- und Versammlungsfreiheit, Post- und Fernsprechgeheimnis, Unverletzlichkeit von Eigentum und Wohnung. Die offiziell noch in der Brandnacht erlassene Notverordnung des Reichspräsidenten „zum Schutz von Volk und Staat“ gehört zusammen mit dem **Ermächtigungsgesetz** vom 23. März zu den wichtigsten Instrumenten der nationalsozialistischen Machteroberung. Das Ermächtigungsgesetz zur „Behebung der Not von Volk und Staat“ vom 23. März 1933 bedeutete die Ausschaltung des Parlaments und der Weimarer Verfassung. Die Regierung konnte nun Gesetze verfassungsändernden Inhalts, soweit sie nicht die Einrichtung des Reichstags und Rechte des Reichspräsidenten berührten, erlassen. Damit ging die Legislative in die Hände der Regierung Hitlers über.
Bei der **Gleichschaltung der Länder** mussten diese ihre Hoheitsrechte auf das Reich übertragen. Zwischen dem 5. und dem 9. März 1933 erfolgte die Eroberung der nicht-nationalsozialistischen Länder. Dieser Vorgang verlief zumeist nach dem gleichen Muster: SA- und SS-Leute sorgten für Provokationen und Kundgebungen des sogenannten „Volkszorns“. Der Reichsinnenminister setzte unter Berufung auf Artikel 2 der „Reichstagsbrandverordnung“ die Landesregierung ab und dafür einen Kommissar, in der Regel den zuständigen Gauleiter der NSDAP oder einen anderen führenden Nationalsozialisten, ein und ernannte auch kommissarische Polizeipräsidenten. Durch das „**Gesetz zur Wiederherstellung des Berufsbeamtentums**“ vom 7. April 1933 wurden politisch unliebsame Personen und Juden vom Beamtenstatus ausgeschlossen.
Unter dem Vorwand eines unmittelbar drohenden Putsches der SA („**Röhm-Putsch**“) wurden zwischen dem 30. Juni und dem 3. Juli 1934 höhere SA-Führer, darunter Röhm, von der Gestapo und der SS verhaftet und ohne Verfahren erschossen. Auch etliche andere politische Gegner und Konkurrenten, derer sich das Regime entledigen wollte, wurden bei dieser Aktion ermordet.
Am 22. Juni 1933 wurde die **SPD verboten**. Bis zum 5. Juli lösten sich die übrigen Parteien selbst auf. Der Vorgang veränderte auch die Situation im Koalitionskabinett, denn mit der Ausschaltung des Reichstags verlor der nationalistische Minister Hugenberg die Basis seines Einflusses. Als seine Partei, die DNVP, sich selbst auflöste, trat auch er als Minister zurück. Das Gesetz gegen die Neubildung von Parteien vom 14. Juli 1933 verwandelte Deutschland schließlich in einen **Einparteienstaat**.

4. *Die Aufgabenstellung verlangt von Ihnen, die Aussagen der Quelle in Beziehung zum Gedankengut einer anderen Epoche (frühes 19. Jahrhundert) zu setzen. Beschäftigen Sie sich zunächst mit dem Begriff „Konservatismus des frühen 19. Jahrhunderts“ und überlegen Sie, welche Verwendungsformen es für diesen Begriff gibt. Anschließend untersuchen Sie, welche Gemeinsamkeiten und Unterschiede es im Gedankengut des Autors und des Konservatismus des frühen 19. Jahrhunderts gibt. Kommen Sie abschließend zu einer begründeten Bewertung der These. Die Teilaufgabe erfordert ausschließlich Leistungen im AFB III.*

Der Konservatismus der **Restaurationszeit** verteidigte die auf dem **Wiener Kongress** (1814/15) etablierte Ordnung gegen die Kräfte, die in Deutschland einen liberalen oder demokratisch organisierten Nationalstaat errichten wollten. Im Interesse des Adels ging es ihm um die **Bewahrung eines monarchischen Staates** und einer ständisch strukturierten Gesellschaft. Die **Karlsbader Beschlüsse** (1819) sollten als Maßnahme die auf dem **Wartburgfest** (1817) geäußerten Forderungen nach **nationaler Einheit und volksrepräsentativer Verfassung** unterdrücken. Auch das Vorgehen gegen die **Göttinger Sieben**, Professoren, die 1837 entlassen wurden, ist in diesem Zusammenhang zu sehen. Der wichtigste **Repräsentant** der restaurativen Politik war der österreichische Staatskanzler **Metternich**, der die **Politik des Deutschen Bundes** bis 1848 bestimmte.

Betrachtet man die Vorstellungen Moeller van den Brucks und die des Konservatismus im frühen 19. Jahrhundert näher, so lassen sich eine Reihe von **Gemeinsamkeiten** feststellen. Beide lehnen die Ideen der Aufklärung und der Französischen Revolution ab und geben sich ausgesprochen **antiliberal**. Damit einhergehend werden demokratisches Gedankengut, aber auch Ideen des Frühsozialismus abgelehnt. Sowohl Moeller van den Bruck als auch beispielsweise Metternich hatten Angst vor einer „Zersetzung" der Verhältnisse durch revolutionäre Elemente und befürworteten **autoritäre Herrschaftssysteme**. Ebenso waren beide überzeugt von einer grundsätzlichen **konservativen Einstellung der Bevölkerung**.

Doch es gibt auch gewichtige **Unterschiede**. Geht es dem Konservatismus um die **Verteidigung der Erbmonarchie**, so lehnt Moeller van den Bruck gerade das monarchische Prinzip ab und möchte eine konservative Führerschaft sehen. Zwischen den adeligen, monarchischen Eliten gab es eine internationale Solidarität, wie sie beispielsweise in der **Heiligen Allianz** zwischen Österreich, Preußen und Russland (1815) deutlich wird. Moeller van den Bruck betont hingegen die „deutsche Sache" und den **völkischen Nationalismus**. Schließlich ging es in der Restaurationszeit um die **Verteidigung der bestehenden Verhältnisse**, während der Autor zum Zeitpunkt seiner Buchveröffentlichung die bestehende Ordnung infrage stellt.

Trotz mancher grundsätzlicher Gemeinsamkeiten kann man daher **nicht** davon ausgehen, dass der Konservatismus des frühen 19. Jahrhunderts wesentliche Gedanken Moeller van den Brucks **vorweggenommen** hat.

Teilaufgabe	**AFB I**	**AFB II**	**AFB III**	**BE**
1	20	5		25
2	5	15		20
3	5	20	5	30
4			25	25
Summe	25	40	30	100

Hessen – Geschichte – Leistungskurs – 2011
Vorschlag C

Thema: *Der Zusammenbruch der DDR 1989*

Aufgaben

1.1 Fassen Sie zusammen, was die Plauener Gruppe an den Verhältnissen in der DDR kritisiert und welche Schlussfolgerungen sie zieht. (Material) (20 BE)

1.2 Ordnen Sie den Zeitpunkt des Aufrufs in die Ereignisse in der DDR zwischen Frühjahr 1989 und März 1990 ein. (20 BE)

2. Erläutern Sie die Hauptursachen für die Krise in der DDR im Jahre 1989. (30 BE)

3. „Wenn wir diese Entwicklung in ihrer Gesamtheit betrachten […], so müssen wir feststellen, dass wir Deutsche in der DDR aus der Geschichte des verderbenbringenden 3. Reiches nichts, aber auch gar nichts gelernt haben! 40 Jahre nach der Gründung der DDR zeigen sich hierzu erschreckende Parallelen.“
(Z. 21–24)
Beurteilen Sie, inwieweit sich die DDR mit dem Dritten Reich vergleichen lässt. (30 BE)

Hinweis: Die Gestaltung entspricht der Textvorlage. Rechtschreibung, Zeichensetzung und Grammatik wurden behutsam angepasst.

Das zweiseitige getippte Flugblatt ist undatiert.

Material

Flugblatt einer Plauener Gruppe der oppositionellen Bürgerbewegung in der DDR (Anfang Oktober 1989)

MITTEILUNG UND AUFRUF DER „INITIATIVE ZUR DEMOKRATISCHEN ERNEUERUNG DER GESELLSCHAFT“

BÜRGER DER STADT PLAUEN!

Seit Monaten führt das SED-Regime eine bisher beispiellose Hetz- und Verleumdungskampagne gegen alle demokratisch gesinnten Kräfte in Europa! Besonders die BRD und Ungarn müssen als Zielscheibe für die sich immer mehr zuspitzende wirtschaftliche und politische Lage in unserem Land herhalten. Da wird dem einstigen „Bruderstaat“ Ungarn im Rahmen der Flüchtlingsausreise vorgeworfen, sich von der BRD dazu verleiten lassen zu haben – ja man beschuldigt die Regierung der UVR[1] sogar des Menschenhandels!! Dies stellt nicht mehr nur eine grobe Beleidigung des ungarischen Volkes dar, sondern ist bereits ein Angriff auf die Souveränität dieses Staates!

Doch am schlimmsten sind die Fußtritte des SED-Regimes gegen das eigene Volk! In Funk, Fernsehen und Presse der DDR werden wir offen für unmündig erklärt. Die SED betreibt eine zügellose Volksverhetzung. Ein weltweiter Skandal war die Erklärung der Volkskammer der DDR zu den Vorgängen in China[2], die gleichzeitig als Drohung für das eigene Volk gedacht war. […] Dieses SED-Regime […] stellt sich mit solchen verbrecherischen Regierungen einfach auf eine Stufe und bekennt sich offen zu ihnen!

Ein weiterer Punkt: Wahlbetrug bei den Kommunalwahlen im Mai dieses Jahres. […]

Wenn wir diese Entwicklung in ihrer Gesamtheit betrachten […], so müssen wir feststellen, dass wir Deutsche in der DDR aus der Geschichte des verderbenbringenden 3. Reiches nichts, aber auch gar nichts gelernt haben! 40 Jahre nach der Gründung der DDR zeigen sich hierzu erschreckende Parallelen. Auch wenn es nicht in der Absicht dieses Staates steht und es ihm auch nie möglich sein wird, einen Krieg vom Zaune zu brechen, so sind es doch diejenigen, die am lautesten nach „Frieden" schreien und am wenigsten dafür tun! […] Wie können die sogenannte NVA und die Grenztruppen der DDR für sich in Anspruch nehmen, eine „Armee des Friedens" zu sein, wenn Menschenverachtung, Kadavergehorsam und faschistischer Ungeist den Charakter bestimmen! Kampfgruppen und Bereitschaftspolizei üben bereits in großem Stile unter Anleitung des Staatssicherheitsdienstes die Niederschlagung von Streiks und Demonstrationen – und damit den Krieg gegen das eigene Volk! Das gesamte SED-Regime stellt nichts weiter als eine verdeckte Militärdiktatur dar, die sich nun immer mehr enthüllt und ihr wahres Gesicht zeigt! […]

40 Jahre lang wurde den Menschen in unserem Staat jegliches Mitspracherecht verweigert, sie wurden politisch und ideologisch verdummt, eingelullt, unmündig gemacht und eingeschüchtert. Überall spürt man die Ohnmacht des Volkes, deren Folge meist Resignation und Verweigerung sind, und für viele ist die Ausreise die einzige Alternative. Doch es gibt noch eine zweite Alternative, in der jeder einzelne von uns seinen Beitrag leisten kann – ja muss, und die heißt: Schluss mit Resignation und stummem Protest! Wir müssen endlich handeln – aktiven und energischen Widerstand leisten! Veränderungen können nur ERZWUNGEN werden. Was wir brauchen, ist eine starke Opposition! Oder wollen wir unsere Identität als Deutsche vollkommen verlieren, indem wir weiter abwarten, was geschieht, und auf Hilfe von außen hoffen? Was wollen wir noch alles über uns ergehen lassen – haben wir wirklich so viel zu verlieren? Doch eins steht fest – wenn wir nicht sofort aufwachen und uns von unserer Gleichgültigkeit befreien, dann verlieren wir auch noch unser „Gesicht" und unsere Würde. Es geht doch nicht nur um uns, es geht auch um ein geeintes, friedliches Europa, das mit dem Fortbestand solcher Diktaturen wie in der DDR, der CSSR oder Rumänien überhaupt nicht denkbar wäre! Und schließlich ist auch die Einheit Deutschlands, als ganz natürlicher, nie wegzuleugnender Wunsch aller Deutschen, nur in einem geeinten und gleichberechtigten europäischen Haus möglich. Dasselbe trifft dabei auch für den Kampf gegen die katastrophale Umweltsituation zu.

Dieser angeblich „sozialistische" Staat DDR entbehrt jeder Logik und Philosophie des gesunden Menschenverstandes. Es ist das am perfektesten organisierte und funktionierende Ausbeutersystem in der Geschichte der Menschheit.

AM 7. OKTOBER, dem 40. Jahrestag der DDR, findet deshalb eine großangelegte Protestdemonstration auf dem Plauener THEATERPLATZ statt.

BEGINN: 15.00 UHR

UNSERE FORDERUNGEN LAUTEN:
- Versammlungs- und Demonstrationsrecht
- Streikrecht
- Meinungs- und Pressefreiheit
- Zulassung der Oppositionsgruppe „Neues Forum“
- Freie, demokratische Wahlen
- Zulassung unabhängiger Parteien und Umweltgruppen
- Reisefreiheit für alle

BÜRGER DER STADT PLAUEN! Gestaltet Plakate mit diesen oder anderen von euch erhobenen Forderungen! Schließt euch zusammen! Die Zeit ist mehr als reif! Der Erfolg dieser Demonstration hängt zunächst nur von uns selber ab! Niemand muss Angst haben, denn was wir am 7. Oktober fordern, sind unsere grundlegendsten demokratischen Rechte. Die staatlichen Organe können und werden es nicht wagen, eine friedliche Demonstration mit mehreren tausend Menschen auseinanderzuschlagen!

BÜRGER! Überwindet eure Lethargie[3] und Gleichgültigkeit!
Es geht um unsere Zukunft!
JETZT ODER NIE!!!

Die Bundesbeauftragte für die Unterlagen des Staatssicherheitsdienstes der ehemaligen DDR (BStU), Außenstelle Chemnitz, XIV 102/89 operativer Vorgang (OV) „Lunte“.

1 UVR: ungarische Volksrepublik

2 Studentenunruhen bzw. Massendemonstrationen auf dem „Platz des himmlischen Friedens“ in Peking wurden am 4. 6. 1989 durch die chinesische Armee gewaltsam beendet. Es gab zahlreiche Tote; Verhaftungen und Hinrichtungen folgten. In einer Erklärung vom 8. 6. 1989 unterstützte die Volkskammer der DDR das Vorgehen der chinesischen Führung.

3 Gleichgültigkeit, Teilnahmslosigkeit

Lösungsvorschläge

Inhaltliche Schwerpunkte:
Der Zusammenbruch der DDR gehört unter dem Halbjahresthema von 13/I: „Konflikt und Kooperation in der Welt nach 1945" zu dem Aspekt „Die deutsche Ebene: Teilung und Einheit"; hier ist allerdings nicht vom „Zusammenbruch der DDR" die Rede, sondern – positiv formuliert – von der „Vereinigung der beiden deutschen Staaten (Ursachen, Verlauf und Folgen)". Durch die dritte Aufgabe, die die DDR in Beziehung zum Nationalsozialismus setzt, wird auf Gesichtspunkte aus dem Halbjahr 12/II: „Modernität und Antimodernität in der Zeit der Weimarer Republik und des Nationalsozialismus" zurückgegriffen.

1.1 *Der Operator „Zusammenfassen" verlangt von Ihnen zunächst Angaben zur Art der Quelle, ihrem Titel, ihrem Thema, ihrem Kontext usw. Diese gängige Einleitung ist bei dieser Quelle von besonderer Wichtigkeit, denn es handelt sich bei ihr um ein anonym verfasstes und heimlich verteiltes Flugblatt gegen ein totalitäres Regime. Heute wissen wir: Das Flugblatt hat der damals 21-jährige Werkzeugmacher Jörg Schneider geschrieben und zusammen mit Freunden in der Nacht vom 2. auf den 3. Oktober 1989 in Plauen plakatiert und ausgelegt; er rief darin zu einer Demonstration gegen das damalige DDR-Regime auf. 2010 verlieh ihm die Stadt Plauen für dieses mutige Auftreten die Stadtplakette, da er sich in besonderem Maße um das Ansehen der Stadt und ihrer Bürger verdient gemacht habe. Für Ihren Einleitungssatz sollten Sie aber nur Informationen verwenden, die der Aufgabenstellung zu entnehmen sind.*
Die Zusammenfassung des Textes fokussiert sich gemäß der Aufgabenstellung auf zwei Aspekte der Quelle: den Inhalt der Kritik und die Schlussfolgerungen aus ihr. Beides soll „komprimiert" und „strukturiert" (so die Erläuterung des Operators) dargestellt sein. Deshalb dürfen Sie die Kritikpunkte nicht einfach in der Reihenfolge ihres Auftretens zusammenfassen, sondern Sie müssen zunächst sämtliche Kritikpunkte zusammensuchen und sinnvoll gliedern, bevor Sie sie zusammenfassen. Das gleiche Vorgehen gilt dann für die Schlussfolgerungen.
Die Kritikpunkte finden sich im Wesentlichen im ersten Teil der Quelle, die Schlussfolgerungen im zweiten Teil (ab Zeile 39); allerdings lässt sich auch aus den Forderungen, die gegen Ende des Flugblattes aufgelistet sind (Z. 60–67), eine entsprechende Kritik an den Verhältnissen in der DDR ableiten. Die Aufgabe stellt ausschließlich Anforderungen im AFB I.

Bei der Quelle handelt es sich um den Abdruck eines **Flugblattes** von Anfang **Oktober 1989**, das die Bürger der Stadt Plauen zu einer Demonstration gegen das DDR-Regime am 7. Oktober 1989 aufruft; an diesem Tag feierte die DDR den **40. Jahrestag** ihrer Gründung. Absender des Flugblattes ist eine „Initiative zur demokratischen Erneuerung der Gesellschaft" (Z. 1 f.). Solche **oppositionellen Gruppen** hatten sich in der DDR seit dem Sommer 1989 vielfach ge-

bildet. Sie traten für einen **demokratischen Umbau** der DDR ein und äußerten ihre Kritik zunehmend selbstbewusster und öffentlich.
In dem Flugblatt wird die DDR, wie die ČSSR und Rumänien auch, als **Diktatur** bezeichnet (vgl. Z. 49), die deutliche Parallelen zum Dritten Reich aufweise und die Ausbeutung der Menschen unvergleichlich perfekt systematisiert habe (vgl. Z. 55 f.). Das DDR-Regime verweigere seinen Bürgern wesentliche **Grundrechte** wie die Versammlungsfreiheit, das Demonstrationsrecht, die Meinungs- und Pressefreiheit und **Freizügigkeit**. Den Menschen werde jegliche **politische Mitsprache** verwehrt (Z. 35 f.), und es gebe keine freien, demokratischen **Wahlen**. Dies zeigten zum Beispiel die staatlichen Manipulationen bei den Kommunalwahlen im Mai 1989.
Militär und Polizei der DDR seien geprägt von einem menschenverachtenden Geist und führten wie in einer **Militärdiktatur** „Krieg gegen das eigene Volk" (Z. 32). Man übe sogar schon die Niederschlagung von Demonstrationen. Empörend sei es gewesen, dass die DDR-Regierung das gewaltsame Vorgehen der chinesischen Armee im Juni 1989 gegen die Massenproteste der Studenten ausdrücklich gutgeheißen habe. Genauso skandalös sei die **Hetze gegen die demokratischen Kräfte** im eigenen Land und in ganz Europa. Die eigene Bevölkerung werde öffentlich für unmündig erklärt und die BRD und Ungarn würden wegen ihrer Unterstützung der Flüchtlingsausreise von der DDR-Regierung heftig attackiert.
Die Schlussfolgerungen aus dieser Kritik am SED-Regime sind im Flugblatt eindeutig: Während viele Menschen jetzt einfach resigniert ausreisten, gelte es, **in der DDR zu bleiben** und engagiert für grundlegende Veränderungen **zu kämpfen**. Das gemeinsame Ziel müssten der **demokratische Umbau der DDR** und ein **geeintes Deutschland** sowie eine gemeinsame **Umweltpolitik** in einem **ungeteilten Europa** sein. Um diese Ziele zu erreichen, werden die Plauener Bürger eindringlich aufgerufen, sich zusammenzuschließen, gegen das SED-Regime aktiv Widerstand zu leisten und zur Protestdemonstration am 40. Jahrestag der Staatsgründung der DDR auf den Plauener Theaterplatz zu kommen.

1.2 *Machen Sie sich als erstes die Aufgabenstellung genau klar. Der Operator fordert historisch „einzuordnen", und zwar den Plauener Protestaufruf „in die Ereignisse in der DDR". Infrage kommen hier solche Ereignisse, die in Zusammenhang mit dem Inhalt und Thema des Aufrufs („Zusammenbruch der DDR") stehen. Zuletzt wird der Zeitrahmen für diese Einordnung angegeben: Es ist das eine Jahr vom Frühjahr 1989 bis zum März 1990. Ausgangspunkt könnte also die Diskussion in der DDR über die Bedeutung von Reformen nach sowjetischem Vorbild (Perestroika und Glasnost) sein; den Schlusspunkt bilden offensichtlich die ersten freien (Volkskammer-)Wahlen in der DDR im März 1990, wie sie auch die Quelle fordert (Z. 65).*
Die Aufgabe gehört sowohl zum AFB I als auch zum AFB II, denn Sie müssen Ihr Wissen über die historische Entwicklung in der DDR zu dieser Zeit (AFB I) mit Bezug auf die vorliegende Quelle darstellen (AFB II).

Ende 1988/Anfang 1989 verschärfte sich in der DDR die Auseinandersetzung um eine demokratische Erneuerung des Landes. Staats- und Parteichef Erich **Honecker lehnte Gorbatschows Reformpolitik ab**. Zugleich beantragten aber immer mehr DDR-Bürger ihre **Ausreise** in den Westen und es bildeten sich erste **Bürger-Initiativen** und **Oppositionsgruppen**. Zum öffentlichen Streitfall wurde der Vorwurf oppositioneller Bürgerrechtler, die Ergebnisse der **Kommunalwahlen im Mai 1989** seien gefälscht gewesen. Die Unzufriedenheit mit dem SED-Regime wuchs und äußerte sich zunehmend in öffentlichen **Protestkundgebungen und Demonstrationen**. Umso bedrohlicher wirkte da die offen geäußerte Solidarität der SED-Regierung mit den chinesischen Machthabern bei der blutigen Niederschlagung der Studentenunruhen in Peking auf dem „Platz des Himmlischen Friedens" im Juni 1989.
Die anhaltende **Verweigerung** der Staatsführung der DDR, **Reformen** zuzulassen, führte im Sommer 1989 zu einer Eskalation der Lage: Zum einen erlebte die **Ausreisewelle** durch die Öffnung der Grenze zwischen Ungarn und Österreich (vgl. Z. 7 ff.) einen neuen Höhepunkt, zum anderen schlossen sich die Gebliebenen zu immer neuen Oppositionsgruppen zusammen und es kam zu immer mächtigeren **Massendemonstrationen**; besonders wirkungsvoll waren die Montagsdemonstrationen in Leipzig ab September 1989.
Am 7. Oktober 1989 feierte sich das Regime zum 40. Jahrestag der Staatsgründung der DDR mit Aufmärschen und Paraden ein letztes Mal, während am gleichen Tag in Ost-Berlin und vielen anderen Städten der DDR Tausende den demokratischen Umbau der DDR forderten.

Der vorliegende Aufruf des Plauener Flugblattes ist das Beispiel einer solchen **Initiative von Bürgerrechtlern** in dieser Phase des Zusammenbruchs der DDR. Bei den Feierlichkeiten in der Hauptstadt betonte auch der sowjetische Staatschef Gorbatschow die Notwendigkeit demokratischer Reformen in der DDR und warnte die DDR-Regierung mit seinen berühmt gewordenen Worten: „Wer zu spät kommt, den bestraft das Leben".
Und noch im Oktober 1989 reagierte die SED: **Honecker trat zurück**, sein Nachfolger **Egon Krenz** versprach die Wende in der DDR und übernahm nach und nach alle wichtigen Ämter in Staat und Partei. Aber die Ausreisewelle wuchs weiter und die **Protestbewegung** forderte uneingeschränkte **Reisemöglichkeiten** (vgl. Z. 67). Schließlich gab die Regierung so weit nach, dass die innerdeutsche Grenze ab dem 9. November praktisch geöffnet war („**Fall der Mauer**").
Danach musste die **alte Riege der Parteielite abtreten** (Honecker, Krenz, Stoph u. a.) und die Oppositionsgruppen gewannen mehr Einfluss auf die politische Entwicklung der DDR („runder Tisch"). Ende 1989 verstärkte sich in der Bürgerbewegung der DDR, aber auch in der Bundesrepublik Deutschland, der **Wunsch nach einer Wiedervereinigung** (vgl. Z. 50 f.). Diese Tendenz verstärkte sich im Wahlkampf zu den ersten freien **Volkskammerwahlen** in der DDR, die die CDU-nahe „Allianz für Deutschland" **im März 1990** mit fast

50 % der Stimmen überlegen gewann; das **Bündnis 90** der Oppositionsbewegung erreichte dagegen nur 2 % der Wählerstimmen.

Insgesamt zeigt sich, dass der Plauener Demonstrationsaufruf von Anfang Oktober 1989 gut in die historische Entwicklung der oppositionellen Bürgerrechtsbewegung passt: Das herrschende Regime wurde zwar heftig kritisiert (Diktatur, vgl. Z. 49), aber im Gegensatz zu den vielen DDR-Bürgern, die jetzt ohne Hoffnung auf Besserung ausreisten, hielt man die DDR grundsätzlich für reformierbar. Deshalb ruft das Flugblatt zu politischem Engagement auf. Diesem Aufruf folgten damals tatsächlich viele Menschen (neue Initiativen entstanden, die Demonstrationen wurden immer größer), und bis zum März 1990 waren alle Forderungen der Plauener Initiative umgesetzt (vgl. Z. 60–67). Selbst die Wiedervereinigung, die der Aufruf schon im Blick hatte (vgl. Z. 50 f.), war zu diesem Zeitpunkt auf dem besten Wege, Wirklichkeit zu werden.

2. *Diese Aufgabe knüpft inhaltlich an die ersten beiden Aufgaben an: Nach den Kritikpunkten, den Forderungen und den Ereignissen im Krisenjahr 1989 folgt nun der Blick auf die Ursachen des Zerfalls der DDR. Gefragt sind nicht unterschiedslos alle möglichen Ursachen, sondern Hauptursachen. Hier gilt es also, selbstständig eine strukturierende Gewichtung und Auswahl zu treffen (AFB III). So könnte man über die in der Musterlösung genannten Aspekte hinaus noch auf die empfindliche Störung des als eigentlich eng postulierten Verhältnisses zwischen Staat und Bürgern hinweisen (gefälschte Kommunalwahlen, neues Bewusstsein für fehlende politische Partizipation) sowie auf die sich dagegen mobilisierende Protestbewegung („Neues Forum") und neu entstandene Demonstrationskultur; auch das aufkommende Bewusstsein für die Umweltzerstörung in der DDR hat die Proteste verstärkt. Der Operator „erläutern" (AFB II) fordert Sie schließlich auf, deutlich zu machen, warum damals welche Phänomene die Krise und den Zusammenbruch der DDR verursachten.*
Zunächst empfiehlt es sich, eine Stoffsammlung aller möglichen Ursachen anzulegen. Dann werden die Aspekte übergeordneten Begriffen zugeordnet und in ihrem Zusammenhang miteinander dargestellt.

Ganz wesentlich wurde die Krise durch **außenpolitische Ereignisse** angestoßen: Seit Mitte der 1980er-Jahre entwickelte sich in der in wirtschaftliche Not geratenen UdSSR unter Staatschef **Gorbatschow** eine **Reformpolitik**, die auch alle anderen sozialistischen Länder des Ostblocks unter Zugzwang setzte. Einige Staaten folgten ihr, die DDR-Führung aber verweigerte sich einer Erneuerung und geriet dadurch immer mehr unter Druck, denn die UdSSR war auch nicht mehr bereit, die sozialistischen Bruderstaaten gegen oppositionelle Bewegungen zu unterstützen (**Ende der Breschnew-Doktrin**).
Zudem ermöglichten Ungarn, Polen und die ČSSR DDR-Bürgern die **Ausreise** in den Westen, sodass insgesamt die **Auflösung** des Zusammenhalts und der

Solidarität unter den sozialistischen Bruderstaaten des Ostblocks, angeführt von der UdSSR, die krisenhafte Entwicklung in der DDR anstieß.
Der **Entspannungsprozess im Kalten Krieg** seit den 1970er-Jahren (KSZE usw.) hatte die alten ideologisch begründeten Feindbilder aufgeweicht. Der **innerdeutsche Gegensatz** hatte sich zusätzlich durch Reiseerleichterungen und vielfältige Kontakte in allen Bereichen des gesellschaftlichen Lebens und in der Wirtschaft (Kredite und Handelsbeziehungen) weiter normalisiert.
Die Kredite aus dem Westen verdeckten zuletzt den drohenden **Staatsbankrott** der DDR. Es fehlten die Mittel, im Rahmen der sozialistischen Planwirtschaft auch unrentable Wirtschaftszweige am Leben zu erhalten, Produktionsstätten zu modernisieren, die **Grundversorgung** zu gewährleisten und die steigenden **Konsumwünsche** der Bevölkerung in ausreichendem Maße zu befriedigen – erst recht nicht in Konkurrenz zum allgegenwärtigen Westen.
Diese außenpolitischen und ökonomischen Ursachen der Krise korrespondierten mit einem dritten Problemfeld der brüchig gewordenen DDR: der **Innenpolitik**. Die Führung von Staat und Partei war personell und geistig überaltert und weder willens noch in der Lage, die DDR möglicherweise noch rettende Neuerungen einzuführen. Zudem fanden die spektakuläre Ausreisewelle und die wachsende Protestbewegung durch die Medien (des Westens) ein Forum, das sie populär machte und damit die Krise weiter verschärfte. Das Staatsjubiläum zum 40. Jahrestag der Gründung der DDR am 7. Oktober 1989 lenkte erst recht die mediale Aufmerksamkeit auf die DDR. Dieses Interesse war ursprünglich für die Staatsfeier sehr erwünscht gewesen – jetzt aber wurde so vor allem der **Autoritätsverlust** des DDR-Regimes vor aller Welt gezeigt (Bilder der Protestbewegung, Gorbatschows mahnende Worte).
Zusammenfassend erscheint der Widerstand gegen den von der UdSSR ausgehenden Versuch, die sozialistischen Staaten des Ostblocks grundlegend zu reformieren, eine Hauptursache für den vollständigen Zerfall der DDR zu sein, denn so war es unmöglich, den **wirtschaftlichen Niedergang** aufzuhalten und den **gesellschaftspolitischen Forderungen** nach Demokratie im Rahmen der DDR nachzukommen.

3. *Diese Aufgabe erfordert durch das „Beurteilen" das höchste Maß an Selbstständigkeit (Schwerpunkt im AFB III). Sie sollen beurteilen, inwieweit sich die beiden historischen Regime miteinander vergleichen lassen, das heißt: welche Unterschiede und Gemeinsamkeiten Ihrer Ansicht nach zwischen dem Dritten Reich und der DDR bestehen. Der Vergleich für sich genommen gehört zum AFB II. Bei Ihrer Beurteilung ist nicht so sehr Ihre persönliche Meinung gefragt, sondern Ihre Einschätzung, die begründet sein muss und sich auf Fachwissen stützt.*
Das die Aufgabenstellung einleitende Zitat aus dem Flugblatt dient dabei nur als Aufhänger, denn es geht in der Aufgabe nicht nur um Parallelen, die sich nach 40 Jahren DDR zeigen, sondern um einen grundsätzlichen Vergleich der beiden totalitären Staaten.

Legen Sie sich zunächst eine Stoffsammlung aller Aspekte an, die Ihnen zu dem Vergleich einfallen; solche Aspekte könnten zum Beispiel auch die Militarisierung der Gesellschaft in beiden Systemen sein, der fehlende Personen- und Führerkult in der DDR, die im Dritten Reich stärkere Übernahme der alten Eliten oder die Art des Endes der beiden Regimes: Nazideutschland wurde von außen zu Fall gebracht, die DDR von innen. Ordnen Sie Ihre Gesichtspunkte dann Oberbegriffen zu (Ideologie, Wirtschaft usw.). Damit erreichen Sie eine übersichtliche Strukturierung Ihrer Darstellung. Am Ende sollte ein zusammenfassendes Fazit Ihrer Beurteilung stehen (AFB III).

Die Frage, inwieweit sich die DDR und das Dritte Reich miteinander vergleichen lassen, soll in den folgenden Ausführungen anhand von drei Schwerpunkten beurteilt werden: dem **Herrschaftssystem**, der **Außenpolitik** und dem **politischen Alltag**.

Das **Herrschaftssystem** beider Staaten beruhte gleichermaßen auf einer starken **ideologischen Ausrichtung**: Das Dritte Reich vertrat einen völkischen Rassismus, einen radikalen Antisemitismus und einen leidenschaftlichen Antibolschewismus – die DDR propagierte den proletarischen Klassenkampf in der Tradition des wissenschaftlichen Sozialismus (von Marx und Engels) und einen militanten Antifaschismus. Das Dritte Reich war dabei extrem national ausgerichtet, die DDR international (Internationale Arbeiterbewegung).

Entsprechend ihrer ideologischen Orientierung waren beide Regime **totalitär**. Alle relevanten gesellschaftlichen Bereiche waren gleichgeschaltet und unter offener und subtiler Kontrolle staatlicher Institutionen: Einparteiensystem, Überwachungsstaat (Gestapo, Stasi), Repressalien im Alltag, Jugendorganisationen (HJ, FDJ) usw. Passend dazu duldeten beide Systeme keinen Liberalismus und keinen Pluralismus in Staat und Gesellschaft.

In der **Wirtschafts- und Sozialpolitik** gab es eher Unterschiede zwischen beiden Systemen. Während die DDR eine weitreichende Verstaatlichung aller Produktionsbereiche anstrebte (LPGs, VEBs), duldete das Dritte Reich Privatbesitz; allerdings gab es im Faschismus auch Ansätze einer Planwirtschaft, wie sie in der DDR grundlegend war. Dazu gehörte eine durchstrukturierte Sozialpolitik, die in der DDR, dem Arbeiter- und Bauernstaat, mehr als im Dritten Reich möglichst jeden Einzelnen im Arbeitsleben und in der Freizeit erfasste, einband, aber auch versorgte.

Auch in **staatsrechtlicher Hinsicht** wirkt die DDR radikaler, denn sie hatte eine eigens geschaffene Staatsverfassung, während das Dritte Reich die Weimarer Verfassung formal bestehen ließ und sich mit – allerdings einschneidenden – Verfassungsänderungen und entsprechenden Gesetzen begnügte.

Unterschiedlich scheint auch die **Akzeptanz** beider Regime **in der Bevölkerung** gewesen zu sein. Während die Machtübernahme der Nationalsozialisten auf der Weimarer Verfassung (durch den Reichspräsidenten) und vorangegangenen Wahlen (1932) basierte und große Bevölkerungsteile bis zu seinem Ende zum Nazi-Regime standen, konnte sich die DDR nur aufgrund der totalen Kriegsniederlage und im Schutz der UdSSR etablieren und behaupten (SED-

Zwangsvereinigung, 17. Juni, Mauerbau usw.). Umgekehrt hatten die Menschen in der DDR weniger als 1933 die Deutschen die Möglichkeit, ihr Regime zu verhindern.
Ihrer **Entstehung** entsprechend blieb die DDR wie alle anderen Ostblockstaaten von der Führung der UdSSR abhängig und konnte keine eigenständige Innen- oder gar Außenpolitik betreiben. Nazideutschland dagegen entwickelte sich – durch die Revision von Versailles und über die Appeasementpolitik – zu einer souveränen Großmacht. Seine **Machtfülle** führte das NS-Regime dann allerdings zu einem verbrecherischen Vernichtungskrieg und Völkermord, wofür es in der eingebundenen DDR – trotz stalinistischer Anfänge – nichts Vergleichbares gab.
Hauptunterschied zwischen beiden Regimen sind demnach die **Kriegsverbrechen** und der **Holocaust** im Dritten Reich. Weitere Unterschiede sind demgegenüber eher geringfügig: die Akzeptanz in der Bevölkerung, die Intensität der staatlichen Wirtschafts- und Sozialpolitik, das Maß an politischer Eigenständigkeit. Vergleichbar sind die totalitären Strukturen beider Herrschaftssysteme mit einer staatstragenden Ideologie, einer umfassenden Gleichschaltung und einem Netz von staatlicher Überwachung und unmenschlichen Repressalien im politischen Alltag.

Teilaufgabe	**AFB I**	**AFB II**	**AFB III**	**BE**
1.1	20			20
1.2	10	10		20
2		20	10	30
3		10	20	30
Summe	30	40	30	100

Leerseiten verbilligen in diesem Fall die Herstellung des Buches!

Ihre Meinung ist uns wichtig!

Ihre Anregungen sind uns immer willkommen. Bitte informieren Sie uns mit diesem Schein über Ihre Verbesserungsvorschläge!

Titel-Nr.	Seite	Vorschlag

Bitte hier abtrennen

Lernen • Wissen • Zukunft
STARK

Bitte hier abtrennen

Zutreffendes bitte ankreuzen!

Die Absenderin/der Absender ist:

- ☐ Lehrer/in in den Klassenstufen: ____
- ☐ Fachbetreuer/in
  Fächer: ____
- ☐ Seminarlehrer/in
  Fächer: ____
- ☐ Regierungsfachberater/in
  Fächer: ____
- ☐ Oberstufenbetreuer/in
- ☐ Schulleiter/in
- ☐ Referendar/in, Termin 2. Staatsexamen: ____
- ☐ Leiter/in Lehrerbibliothek
- ☐ Leiter/in Schülerbibliothek
- ☐ Sekretariat
- ☐ Eltern
- ☐ Schüler/in, Klasse: ____
- ☐ Sonstiges: ____

Unterrichtsfächer: (Bei Lehrkräften!)

____

STARK Verlag
Postfach 1852
85318 Freising

21-VM6

Bitte ausfüllen und im frankierten Umschlag an uns einsenden. Für Fensterkuverts geeignet.

Kennen Sie Ihre Kundennummer? Bitte hier eintragen.

Absender (Bitte in Druckbuchstaben!)

Name/Vorname

Straße/Nr.

PLZ/Ort/Ortsteil

Telefon privat

Geburtsjahr

E-Mail

Schule/Schulstempel (Bitte immer angeben!)

(Bitte blättern Sie um)

Politik und Wirtschaft

Wirtschaft – Wirtschaftliches Handeln im Sektor Unternehmen · Wirtschaftliches Handeln im Sektor Ausland .... Best.-Nr. 84852
Abitur-Wissen Demokratie .... Best.-Nr. 94803
Abitur-Wissen Sozialpolitik .... Best.-Nr. 94804
Abitur-Wissen Die Europäische Einigung .... Best.-Nr. 94805
Abitur-Wissen Politische Theorie .... Best.-Nr. 94806
Abitur-Wissen Internationale Beziehungen .... Best.-Nr. 94807
Abitur-Wissen Volkswirtschaft .... Best.-Nr. 94881
Abitur-Wissen Rechtslehre .... Best.-Nr. 94882
Kompakt-Wissen Abitur Volkswirtschaft .... Best.-Nr. 948501
Kompakt-Wissen Abitur Grundlagen der nationalen und internationalen Politik .... Best.-Nr. 948001
Kompakt-Wissen Abitur Grundbegriffe Politik .... Best.-Nr. 948002

Landesabitur

Optimale Unterstützung für Schülerinnen und Schüler bei der selbstständigen Vorbereitung auf das **Landesabitur in Hessen:**

- Wertvolle **Hinweise** zum Ablauf des Landesabiturs.
- **Original-Prüfungsaufgaben und Übungsaufgaben im Stil des Abiturs** machen mit den Inhalten vertraut und geben Gelegenheit zum selbstständigen Üben unter Prüfungsbedingungen.
- Ausführliche, **schülergerechte Lösungen** sowie hilfreiche Tipps und Hinweise zum Lösen der Aufgaben.

Abiturprüfung Mathematik LK mit CD – Hessen Best.-Nr. 65000
Abiturprüfung Mathematik GK mit CD – Hessen Best.-Nr. 65100
Abiturprüfung Physik GK/LK – Hessen .... Best.-Nr. 65300
Abiturprüfung Deutsch LK – Hessen .... Best.-Nr. 65400
Abiturprüfung Deutsch GK – Hessen .... Best.-Nr. 65410
Abiturprüfung Englisch GK/LK – Hessen .... Best.-Nr. 65460
Abiturprüfung Französisch GK/LK – Hessen .... Best.-Nr. 65500
Abiturprüfung Latein GK/LK – Hessen .... Best.-Nr. 65600
Abiturprüfung Biologie LK – Hessen .... Best.-Nr. 65700
Abiturprüfung Biologie GK – Hessen .... Best.-Nr. 65710
Abiturprüfung Chemie GK/LK – Hessen .... Best.-Nr. 65730
Abiturprüfung Geschichte GK/LK – Hessen .... Best.-Nr. 65760
Abiturprüfung Politik und Wirtschaft GK/LK – Hessen .... Best.-Nr. 65800

Natürlich führen wir noch mehr Titel für alle Fächer und Stufen: Alle Informationen unter www.stark-verlag.de

Studi-Kompass

Wie geht es nach dem Abitur weiter?

Die Reihe **Studi-Kompass** gibt Antworten auf Fragen zum Studium:

- ➜ Detaillierte Informationen zu jeder Hochschule – und Hochschulstadt – in Deutschland sowie alle wichtigen Adressen und Ansprechpartner
- ➜ Zahlreiche Berufsbilder, mögliche Tätigkeitsfelder und Arbeitsmarktprognosen für Absolventen
- ➜ Online-SelfAssessment zur Unterstützung der Schülerinnen und Schüler bei der persönlichen Studienentscheidung

Leitfaden zum Online-SelfAssessment inkl. Aktivierungscode .... Best.-Nr. 20000
Aktivierungs-Code zum Online-SelfAssessment .... Best.-Nr. 20000C
Rechtswissenschaften, Ausgabe Nord .... Best.-Nr. 20085A
Rechtswissenschaften, Ausgabe Süd .... Best.-Nr. 20085B
Sprach- und Literaturwissenschaften .... Best.-Nr. 20040
Kulturwissenschaften .... Best.-Nr. 20076
Politik- und Sozialwissenschaften .... Best.-Nr. 20020
Medien, Ethnologie und Journalistik .... Best.-Nr. 20080

Ab März 2012 erhältlich:

Wirtschaftswissenschaften und Wirtschaftsingenieurwesen .... Best.-Nr. 20088
Biologie, Chemie, Pharmazie .... Best.-Nr. 20073
Ingenieurwissenschaften .... Best.-Nr. 20010
Psychologie und Pädagogik .... Best.-Nr. 20094

21-VM6

Bestellungen bitte direkt an:
STARK Verlagsgesellschaft mbH & Co. KG · Postfach 1852 · 85318 Freising
Tel. 0180 3 179000* · Fax 0180 3 179001* · www.stark-verlag.de · info@stark-verlag.de
*9 Cent pro Min. aus dem deutschen Festnetz, Mobilfunk bis 42 Cent pro Min.
Aus dem Mobilfunknetz wählen Sie die Festnetznummer: 08167 9573-0

Lernen • Wissen • Zukunft
STARK